沉思与对话：城市图书馆运营创新

刘淑华　刘锦山　著

國家圖書館出版社
National Library of China Publishing House

图书在版编目(CIP)数据

沉思与对话:城市图书馆运营创新/刘淑华,刘锦山著. --北京:国家图书馆出版社,2014.3

ISBN 978-7-5013-5346-0

Ⅰ.①沉… Ⅱ.①刘… ②刘… Ⅲ.①市级图书馆—运营管理—研究 Ⅳ.①G258.22

中国版本图书馆 CIP 数据核字(2014)第 049887 号

书　　名　沉思与对话:城市图书馆运营创新
著　　者　刘淑华　刘锦山　著
责任编辑　高　爽　杨晓利

出　　版　国家图书馆出版社(100034　北京市西城区文津街 7 号)
(原书目文献出版社　北京图书馆出版社)
发　　行　010-66114536　66126153　66151313　66175620
66121706(传真),66126156(门市部)
E-mail　btsfxb@nlc.gov.cn(邮购)
Website　www.nlcpress.com ——→投稿中心
经　　销　新华书店
印　　装　北京科信印刷有限公司
版　　次　2014 年 3 月第 1 版　2014 年 3 月第 1 次印刷

开　　本　710×1000(毫米)　1/16
印　　张　21.5
字　　数　300 千字

书　　号　ISBN 978-7-5013-5346-0
定　　价　90.00 元

目　　录

第三部分　案例:城市图书馆运营创新案例研究

序

随着我国城镇化进程的不断加快，城市图书馆迎来了新的发展高潮。对于城市图书馆的研究，近年来也日益引起图书馆界的关注，其具体表现为：一方面是城市图书馆界对城市图书馆发展的自觉，另一方面是学术界对城市图书馆的发展展开了深入的研究。经过20余年的发展，我国的城市图书馆已经走过了外延式规模扩张的发展阶段，正在向内涵式质量提升的发展阶段演变。在这种背景下，城市图书馆事业实践中出现的一系列问题亟待从理论上加以阐明。因此，城市图书馆的运营研究引起了大家的积极关注。

许多图书馆界同仁和专家学者，对于城市图书馆的办馆理念、办馆模式、发展思路、运营成本、服务效益，以及可持续发展等诸多具体问题进行了有益的实践和研究，取得了不小的成果。但是，无论国内还是国外，并没有从“运营”的视角出发对城市图书馆进行系统的研究。当前仍存在着城市图书馆事业的发展滞后于城市化发展进程、城市图书馆系统建设水平偏低、城市图书馆办馆理念有待进一步提升、城市图书馆的管理运营水平有待进一步提高等诸多问题，而这些问题都需要在城市图书馆事业的发展及具体运营实践中加以解决。这就需要通过创新来不断提升城市图书馆的服务效能和服务质量、优化馆藏结构、提升人员素质、降低运营成本，促进城市图书馆系统的可持续发展。因而，“创新”也就成为“城市图书馆运营”的必然选择。

本书围绕“城市图书馆运营创新”这一主题展开。全书共分为“绪论”“关于城市图书馆运营创新的思考”“专访：城市图书馆运营创新”“案例：城市图书馆运营创新案例研究”和“附录”五个部分。

“绪论”部分包括城市图书馆与城市图书馆系统、城市图书馆运营研究现状、城市图书馆运营研究范围、城市图书馆运营的必然选择、本书的宗旨与目的及其价值等五部分内容。

“关于城市图书馆运营创新的思考”包括办馆理念、发展战略、管理、人力资源、资源建设、用户服务、技术工作、馆舍建设、图书馆联盟、运营评估等城市图书馆运营过程中涉及的诸多问题，通过理论与实践相结合的方法，详细介绍城市图书馆运营过程中如何创新的问题。

“专访:城市图书馆运营创新”收录了对陈传夫、李国新、索传军、倪晓建、吴建中、任竞、郑智明、李晓秋、褚树青、李静霞、吴晞、张伟、李东来、屈义华、颜务林、郑炯文等16位专家学者以及相关图书馆领导的专访,就城市图书馆运营创新展开深入讨论与探索。

“案例:城市图书馆运营创新案例研究”以案例形式为读者呈现了赤峰市图书馆、东莞图书馆、佛山市图书馆、杭州图书馆、金陵图书馆、宁波大学园区图书馆、浦东图书馆、武汉图书馆、美国华盛顿州塔科马港市的皮尔斯县图书馆系统、美国兰乔库卡蒙加公共图书馆等在城市图书馆运营创新方面的案例,读者可以感性地领略上述图书馆在运营管理方面的创新之处。

“附录”部分是城市图书馆运营管理与创新方面参考书目、专业站点索引,收录了与城市图书馆运营管理及创新相关的书目与站点。由此,读者可以较为全面地了解和掌握城市图书馆运营管理及创新的知识,进而更好地开展图书馆运营工作。

本书在创作过程中,得到了国内图书馆界的热情支持,我们要特别感谢严峰以及上述专家学者与图书馆。正是由于他们富有成效的前瞻性实践和研究成果,本书才能在此基础上得以顺利完成。

另外,崔凤雷、刘锦秀、刘剑英完成了部分专访与案例的撰写,在此对他们的工作表示衷心的感谢。

我们希望本书对于我国城市图书馆运营创新能够起到切实有效的帮助,进而降低城市图书馆运营成本,提高城市图书馆运营效益,推动我国城市图书馆事业不断向前发展。

由于水平所限,不足之处在所难免,恳请读者朋友们批评指正。

刘淑华

2013年10月1日

绪　论

一、城市图书馆与城市图书馆系统

随着我国城镇化进程的不断加快,城市图书馆也迎来了新的发展高潮。对于城市图书馆的研究,近年来也日益引起图书馆界的关注。我们可以从两个方面看出近年来城市图书馆迅速发展的情况及其受到的关注。首先是城市图书馆界对城市图书馆发展的自觉,这种自觉表现在最近20多年来出现的各种不同类型的城市图书馆论坛。1987年,全国15个计划单列市的公共图书馆共同发起召开“第一届全国十五城市公共图书馆工作研讨会”①,到2012年已经连续召开了24届会议②。2004年12月25日,“第一届长江三角洲城市图书馆发展论坛”在上海举办③,2005年11月3—4日、2007年12月9日,第二届、第三届长江三角洲城市图书馆发展论坛分别在浙江和江苏召开④⑤。1991年,国家图书馆主办了“第一届全国省、自治区、直辖市、单列市图书馆馆

---

① 中国图书馆学会.第23届全国十五城市公共图书馆工作研讨会在南京召开(图)[EB/OL].(2011-09-20)[2013-06-15].http://www.chinalibs.net/ArtInfo.aspx?titleid=237443.

② 深圳图书馆.24届全国十五城市公共图书馆工作研讨会纪要(图)[EB/OL].(2012-12-25)[2013-06-15].http://www.chinalibs.net/ArtInfo.aspx?titleid=276904.

③ 王展.首届长江三角洲城市图书馆发展论坛暨上海市图书馆学会2004年学术年会2004年12月25日上午在中共上海市委党校召开[EB/OL].(2005-01-06)[2013-06-15].http://www.chinalibs.net/ArtInfo.aspx?titleid=55639.

④ 吴荇.第二届长江三角洲城市图书馆发展论坛在浙举行[EB/OL].(2006-01-15)[2013-06-15].http://www.chinalibs.net/ArtInfo.aspx?titleid=77605.

⑤ 南京图书馆.荟萃图书馆精英　共谋长三角发展　第三届长江三角洲城市图书馆发展论坛暨江苏省图书馆第十一次科学讨论会在宁隆重举行[EB/OL].(2008-09-18)[2013-06-15].http://www.chinalibs.net/ArtInfo.aspx?titleid=112479.

长联席会议”①,从第四届会议起,将其中的“单列市图书馆”改为“较大城市图书馆”,会议名称变为“全国省、自治区、直辖市、较大城市图书馆馆长联席会议”,到2011年,该会议已经召开了13届②。上述会议或为全国性的会议或为区域性会议,每届会议具体主题虽有不同,但均围绕城市图书馆发展这一总的主题展开。

其次是理论研究方面对城市图书馆的发展展开了深入的研究。从上个世纪80年代起,以城市图书馆作为研究对象的研究论文数量逐年增加,雷素芳和肖新华对1986—2009年发表的关于城市图书馆的研究论文进行了文献计量学分析,统计显示,截至2009年12月,关于城市图书馆的研究论文有419篇③。笔者以“城市图书馆”为检索词在CNKI数据库中进行主题检索,发现从2010年1月到2013年12月发表的相关文章有237篇,其中关于城市图书馆的研究论文为153篇。2007年1月,东莞图书馆与《图书馆建设》合作开辟了“城市图书馆专栏”,探讨城市图书馆发展中遇到的问题及其解决办法④。2012年6月,杭州图书馆主办的《城市图书馆研究》出版,其目的是为“关注城市图书馆事业、从事城市图书馆职业以及研究城市图书馆工作的人员提供一个理论问题探研、学术思想碰撞、实践经验交流与分享的园地”⑤。据不完全统计,自北京图书馆出版社(现国家图书馆出版社)2005年出版李东来等编著的《城市图书馆集群化管理研究与实践》以来,截至2013年6月,国内出版的关于城市图书馆的专著有20余种,其中2006—2012年之间出版的专著有10余种,其编著者如吴建中、李东来、刘洪辉、王世伟、褚树青、吴晞、屈义华等多为城市图书馆领域的实践者。我们可以很有把握地说,经过10余年的发展,我国的图书馆学界已经形成了一个“城市图书馆学派”。

---

① 国家图书馆. 第十二届全国省、自治区、直辖市、较大城市图书馆馆长联席会议在昆明召开(图)[EB/OL]. (2009-11-18)[2013-06-15]. http://www.chinalibs.net/ArtInfo.aspx? titleid=157939.

② 国家图书馆. 第十三届全国省、自治区、直辖市、较大城市图书馆馆长联席会议在广西南宁召开(图)[EB/OL]. (2011-11-21)[2013-06-15]. http://www.chinalibs.net/ArtInfo.aspx? titleid=240903.

③ 雷素芳,肖新华. 我国城市图书馆研究析论[J]. 新世纪图书馆,2011(1).

④ 李东来. 城市图书馆:充满希望的新天地[J]. 图书馆建设,2007(1).

⑤ 褚树青. 城市图书馆研究. 第一卷第一辑[M]. 北京:国家图书馆出版社,2012:167.

需要指出的是，尽管城市图书馆发展的实践与理论研究日渐丰富和深入，但是对于城市图书馆的概念目前还没有一个统一的定义，对于城市图书馆所涉及的范围还没有一个确切的界定。为使本书的研究得以顺利进行，有必要对城市图书馆与城市图书馆系统的范畴进行必要的梳理和明晰。

大致说来，关于城市图书馆的定义及其所涉范围目前有两种比较广泛的观点。第一种观点认为：城市图书馆是包括城市里的街道社区图书馆、区域级图书馆、市级图书馆三个层次。王世伟认为"从全球城市图书馆发展的一般规律而言，城市图书馆都有不同的层级，可划分为顶层、中层和底层，如市级图书馆、区域级图书馆、街镇社区图书馆等；从服务对象而言，又可分为成人图书馆和少年儿童图书馆；从专业角度划分，又可分为科学技术图书馆、地方文献图书馆、特种文献图书馆等"①。程亚男认为"从北京、上海、天津、广州等大都市现状看，可将都市社区分为三级，其中街道、镇以下为一级社区，区、县为二级社区，城市本身为三级社区。城市图书馆则相应分为三个层次，市、区、县图书馆与城市图书馆是部分和整体的关系"②。在上述定义中的城市图书馆包括城市辖区内的各级公共图书馆。第二种观点认为：城市图书馆是包括城市辖区内的各级各类图书馆。李东来认为，"城市图书馆在地域概念上可以包括人口在10万以上的小城市，也可以包括人口在1000万以上的大都市；在图书馆行业层面，则既涵盖城市所属的市、区、街道（市属乡镇）、社区等各级公共图书馆、少年儿童图书馆，也可以包括位于城市行政区划范围内的高校系统图书馆、科研系统图书馆及其他各种类型的图书馆，如工会、部队、中小学、企事业单位内部图书馆（室）"③。显然，这里的城市图书馆是相对于农村图书馆而言的，举凡在城市辖区内的所有图书馆均属城市图书馆的范畴。

城市图书馆作为一个范畴进入研究者视域，充分说明实践中城市图书馆对于推动我国图书馆事业的发展已经产生了广泛而深远的影响，由此引起了图书馆界的关注。但是，如同任何一门学科中的范畴一样，范畴自身也有一个不断发展的过程，其内涵、所涉范围等有一个从不甚明晰到逐步明晰、不甚

① 王世伟. 关于特大型城市图书馆顶层设计的思考[J]. 图书馆建设，2007(5).

② 程亚男. 城市化发展与城市图书馆发展战略[J]. 图书馆，1996(4).

③ 李东来等. 城市图书馆集群化管理研究与实践[M]. 北京：北京图书馆出版社（今国家图书馆出版社），2005：5.

确切到逐步确切的过程,这一过程就是一个研究不断深入的过程。上述两种关于城市图书馆的定义,虽然前者指的是城市辖区内的各级公共图书馆,后者指的是城市辖区内的各级各类图书馆,后者比前者范围更加广泛,涵盖了高校图书馆、科研图书馆等。从实质上来看,二者基本上是一致的,即以行政区划来确定城市图书馆的内涵和外延,这与我国城乡二元结构的行政区划相对应,这里面有一个农村图书馆与城市图书馆相对而在。这种定义的本质可以说是“在城市的图书馆”(libraries in a city)。我们先看目前关于城市图书馆的定义,即“在城市的图书馆”在实际工作和研究中有哪些不足。“在城市的图书馆”包括各级各类图书馆,这些图书馆的规模、人员、馆舍、经费、管理、馆藏资源、服务对象、设备等软硬件条件各有特点,差别很大。固然,作为图书馆自有其共性的一面,但在实际工作中,适合于市级图书馆的某些方略、措施和工作方法未必适合于街道、社区图书馆;反之亦然。在研究工作中,则很难采用同一个标准或者尺度对这些图书馆进行更加深入的理论研究。

显然,无论从城市图书馆的进一步发展的实践需要,还是从城市图书馆学术研究的理论需要来看,我们都需要对目前的城市图书馆定义——“在城市的图书馆”进行进一步的明晰。虽然,“城市图书馆(a city library)”是“在城市的图书馆”之一,但是,“在城市的图书馆”并不完全等价于“城市图书馆”。那么,究竟什么是“城市图书馆”呢?

简而言之,“城市图书馆”就是城市市立的市级公共图书馆。根据这个定义,我们首先把高校图书馆、科研图书馆以及企业图书馆等非公共图书馆排除在外;其次,我们把区(县)、街道、社区图书馆排除在外;第三,我们把国家图书馆,省、自治区级图书馆排除在外。就我国大陆的行政建制而言,一般情况下,一个市只有一个市立的市级公共图书馆,而这个公共图书馆就是我们所说的“城市图书馆”。例如,就省会城市的图书馆而言,以呼和浩特市的图书馆为例,属于我们所说的城市图书馆的只有呼和浩特市图书馆,而呼和浩特市的高校图书馆比如内蒙古大学图书馆,区(县)、街道、社区图书馆比如赛罕区图书馆也不是我们所说的城市图书馆,自然内蒙古自治区图书馆也不是我们所说的城市图书馆。但是有些例外的情况需要注意,比如直辖市的图书馆,以首都图书馆为例,首都图书馆既是省、自治区、直辖市级图书馆,同时也是北京的城市图书馆;再比如桂林图书馆,既是广西的自治区级图书馆,但也是桂林的城市图书馆。通过对“在城市的图书馆”做减法而得来“城市图书馆”,这一做法是借助了科学研究上对于研究对象简化处理的做法。这种做法的好处就是可以使我们的研究对象更加清晰、简洁,有利于研究工作的开展,且在实践上,也是很有必要和意义的。我们把“城市图书馆”定义为城市市立的市级公共图书馆,使得“城市图书馆”具有更大的共性,无论从政策制定还是发展方略来看,在实践中都具有相当的普适性和兼容性。

我们现在回过头来再看“在城市的图书馆”这一概念。当年李东来、王世伟、程亚男等学者对于城市图书馆的这一定义实际上是包含了“城市图书馆系统”(city library system)这一思想在内的,现在看来当时以“在城市的图书馆”来定义“城市图书馆”所体现出来的“城市图书馆系统”这一思想是有着相当的前瞻性。从大的方面来说,是消除城乡二元结构、提高居民生活品质及城市化的终极目标之一。这就要求对城市建设、城市发展进行统筹考虑,确保以人为本和可持续发展。因此,城市化不仅仅是居民身份的城市化、生产方式的城市化,而且还是生活方式和文化存在的城市化。作为文化系统重要组成部分之一的图书馆,在促进居民生活方式和文化存在的城市化方面,起着甚为重要的作用。这就要求对城市辖区内的图书馆事业发展进行统筹考虑,将城市图书馆事业作为一个系统进行布局,形成以“城市图书馆”为中心的“城市图书馆系统”。简单说,“城市图书馆系统” =“城市图书馆” +“在城市的图书馆”。只有辩证地处理好“城市图书馆”与“在城市的图书馆”二者之间的关系,树立起“城市图书馆系统”的思想,才能确保城市图书馆与城市图书馆系统的可持续发展。

“城市图书馆系统”是以“城市图书馆”为中心,相互联系、相互作用的各级各类“在城市的图书馆”形成的整体。借助“城市图书馆系统”,系统内部的成员馆可以实现图书馆有关组成要素方面的合作、协调和共享,从而实现降低运营成本、提高运营效益的结果。我们知道,系统可以实现“1 +1 >2”的效果,“城市图书馆系统”不仅可以为系统内部的成员馆降低运营成本、提高运营效益,而且对整个系统来说也是如此。欧美等西方发达国家,由于工业化和城镇化进程早已完成,为图书馆系统的建立、发展提供了良好的政治、经济、文化和技术条件,其城市图书馆系统的建立和发展早于我国。以美国为例,美国的城市图书馆系统是在20世纪60年代,在各州的图书馆立法活动促进下建立、发展起来的。1950年,纽约州立法规定建立图书馆系统。其后,宾夕法尼亚州和伊利诺伊州分别在 1961 年和 1965 年制定了图书馆系统的法规①。美国通过立法解决了城市图书馆系统的法律地位、管理机制、系统内成员之间的相互关系、经费来源、服务范围等问题。显然,"城市图书馆系统"的建立是着眼于整个区域或者整个系统的图书馆事业发展,其格局自然与局限于单馆发展不同。与美国等国家不同,我国的"城市图书馆系统"的建立与发展暂时还没有获得相应的地方立法支撑,"城市图书馆系统"是基于市级城市图书馆对于城市辖区内的下级行政区域图书馆的传统业务辅导工作发展起来的,从起初的自发阶段发展到现在的自觉阶段。由于没有相应的法律支撑,大多数的"城市图书馆系统"属于一种以市级图书馆为中心的图书馆之间的相互合作关系,形成了总分馆制、图书馆联盟、图书馆之城、联合图书馆、图书馆集群网络②等多种具体的模式。

广义上的"城市图书馆系统"应该包括城市辖区内的各级各类图书馆,狭义上的"城市图书馆系统"只包括城市辖区内的各级公共图书馆。而"城市图书馆"由于自身的特殊地位,并且得益于城市化进程所带来的发展红利,汇聚了相当丰富的人力资源、财务资源、软硬件资源、馆藏资源、读者资源和技术资源,成为"城市图书馆系统"中的关键要素。

研究城市图书馆事业的发展,"城市图书馆"与"城市图书馆系统"须同时纳入到我们的视野之中。

二、城市图书馆运营研究现状

《现代汉语词典》对"运营"是这样解释的:"①(车船等)运行和营业。②比喻机构有组织地进行工作。"③

《牛津简明英语词典》对"operation"是这样解释的:"n. 1 the action or process of operating. 2 an act of surgery performed on a patient. 3 a concerted action involving

① A. 雷登逊. 美国公共、多类型图书馆体系及网络法之形成[J]. 杨华译. 河北图苑,1993(4).

② 李东来. 城市图书馆:充满希望的新天地[J]. 图书馆建设,2007(1).

③ 中国社会科学院语言研究所词典编辑室. 现代汉语词典(修订本)[M]. 商务印书馆,1996:1561.

a number of people, especially members of the armed forces or the police. 4 a business organization; a company. 5 mathematics a process in which a number, quantity, expression, etc, is altered or manipulated according to set formal rules."①

按照中文的解释,本书所说的"运营"当指"比喻机构有组织地进行工作"。可见"运营"这个词并非一个中性的词,而是一个褒义的词。机构进行工作,工作可能有组织,可能没有组织,可能组织得比较好,可能组织得不是太好,从而效率和效益就大为不同,而"运营"是有组织地进行工作,不是没有组织杂乱无章地进行;虽然有组织,却存在着组织得好与组织得不好之间的区别。"operation"这个词有五个义项,其中第一个义项与中文的"运营"相对应。而第二个到第五个义项分别对应于中文的"手术""(由大量人员特别是部队或者警察参与的集中性)活动""企业、公司"和"运算",显然这四个义项的意思都与第一个义项的意思相关,都有"运筹""筹划"的意思在内。

"运营管理(operations management)包括高效生产、转换、配送产品或者服务的整个过程。"②因此,运营就是生产、转换、配送产品或者服务的整个过程。一般情况下,举凡谈到运营多指企业的运营,指企业向其客户提供产品和服务;其中产品是有形的,与此相关的生产活动早期西方学者将其称之为"制造"(production or manufacturing),而服务是无形的,与此相关的活动称之为"运营"(operation)。现在,基本上将二者统称为"运营"。所谓"运营创新"指的是对于运营过程整体与各个环节及其相关要素进行变革、更新与创造,以降低运营成本、提高运营效益。根据前述,运营过程可以分为三个环节:投入、转换和产出。运营创新就是要对运营过程的整体环节、投入环节、转换环节与产出环节进行创新,通过对原有的流程、形式、要素进行改良或者优化,或者通过创造新的流程、形式、要素,来实现降低运营成本、提高运营效益的目的。

研究企业等商业机构的运营是现代工商管理学的一门显学,但对非营利性组织运营的研究则颇为薄弱。城市图书馆作为非营利性组织的一种具体组织形态,对其运营研究则更显薄弱。首先我们来看国内的情况。以"城市

① Judy Pearsall. 牛津简明英语词典(英语版)[M]. 北京:外语教学与研究出版社,2004:999.

② 罗希特·维尔马,肯尼思·博耶. 运营与供应链管理:理论与实践[M]. 霍艳芳等译. 北京:清华大学出版社,2010:3.

图书馆运营”作为检索词,对几个中文数据库进行检索,标题中含有该词的文献一篇也没有发现;不仅如此,就是标题中含有“图书馆运营”这个词的文献也寥寥无几。关于“图书馆运营”或者“城市图书馆运营”的中文专著还未发现。这些情况说明国内学界还没有把“城市图书馆运营”作为一个明确的主题加以研究。当然这并不意味着实践中这个问题不存在或者学界没有看到这个问题的存在。实际上,图书馆界同仁对于图书馆的办馆理念、办馆模式、发展思路、运营成本、服务效益以及可持续发展等诸多具体问题的实践探索与理论研讨,都已经自觉不自觉地切中了城市图书馆运营研究这个主题了。例如,屈义华在《图书馆论坛》2003 年第 4 期发表《图书馆经营浅论》一文,他指出图书馆经营应该成为一种新的指导图书馆整体活动的管理理念,并探讨了图书馆经营的基本含义和特征,对图书馆经营的基本范畴进行了描述①。吴建中在《图书馆杂志》2004 年第 8 期、第 9 期分别发表《现代图书馆管理的热门话题》(上、下),围绕现代图书馆管理的 10 个热点问题,探讨新的环境下如何借鉴和引进现代管理思潮和方法,推进图书馆管理与服务的改革,发展适应现代社会需求、以人为本的知识服务体系②。总体上来看,国内学界对于“图书馆运营”这个问题还没有明确将其作为一个重要的课题进行系统研究。

与国内对“图书馆运营”研究薄弱的情况相比,西方发达国家对这个问题却颇有研究,现略举几例:①1955 年,加拿大图书馆学会出版了 Eric J. Spicer 主编的《加拿大院校图书馆与公共图书馆联合运营》(Library Co-operation in Canada College and University Libraries and Public Libraries)一书;②1984 年,美国学术出版社(Academic Press)出版了 Irene P. Godden 主编的《图书馆技术服务“运营与管理”》(Library Technical Services: Operations and Management)一书;③1989 年,绿木出版社(Greenwood Press)出版了 Gerard B. McCabe 主编的《小型学术图书馆运营手册》(Operations Handbook for the Small Academic Library)一书;④2000 年,无限图书馆出版社(Libraries Unlimited Inc)出版了 Sever Bordeianu 等人编著的《学术图书馆资源外包运营:问题与困难》(Outsourcing Library Operations in Academic Libraries: An Overview of Issues and Outcomes)一书;⑤2010 年,Ess Ess Publications 出版社出版了 Meghna Dhar 所著的《研究与技术图书馆:组织、运营与服务》(Research & Technical Libraries:

① 屈义华. 图书馆经营浅论[J]. 图书馆论坛,2003(4).

② 吴建中. 现代图书馆管理的热门话题(上、下)[J]. 图书馆杂志,2004(8/9).

Organisation, Operation & Services)一书,等等。虽然西方国家图书馆界对于“图书馆运营”这个课题研究得比较系统,但是我们发现他们对于学术图书馆的运营关注更多一些。

三、城市图书馆运营研究范围

在工商管理领域,一般将运营作为企业经营战略中一个组成部分,而企业经营战略则包括运营、营销、财务、信息、研发等职能战略。运营战略是企业各部门都需遵守的一般性规范,是企业正常经营的基础所在,贯穿于企业的各个部门和环节。因此,参考企业运营研究成果以及国外对于学术图书馆运营的研究成果,城市图书馆运营所涉范围包括办馆理念、发展战略、管理工作、人力资源、馆舍建设、资源建设、技术工作、营销工作、服务工作、图书馆联盟、学术研究、运营评估等诸多方面。

1. 办馆理念

任何机构之所以存在,必有其存在的理由和根据。这种存在的理由和根据就是该机构的“理念”,机构理念是对机构的历史使命、宗旨的高度概括和浓缩,规定着该机构日常运营的模式及其界限,是机构发展、存续的指针。同样,办馆理念规定了城市图书馆之所以存在和发展的根据,是对城市图书馆的历史使命和办馆宗旨的高度概括和浓缩,它规定和影响着城市图书馆日常运营的模式和界限,不同的办馆理念就会有不同的运营模式和界限。就一般意义而言,包括城市图书馆在内的历史上和现实中的各类型图书馆,其办馆理念都可以归之为“保存思想、传播文化、促进交流、造福社会”①,但在不同历史时期或同一历史时期的不同发展阶段,图书馆的办馆理念突出的重点有所不同。在城市图书馆出现的早期,尤其是在印刷术发明之前,由于数量稀少,除了皇室、政府、寺院和少量私人拥有图书典籍之外,一般人难得拥有,图书典籍尤显珍贵;与此相适应,这个时期的城市图书馆办馆理念突出的是“保存”,传播、交流的理念则被弱化了,而现在的城市图书馆办馆理念更加突出

① 刘锦山.碧虚网春风工程方案(图)[EB/OL].(2010-09-01)[2013-06-19].http://www.bixu.me/ArticleInfo.aspx? id=917549.

了传播、交流。与此相应,图书馆的日常运营也有着不同的模式,体现出不同的特点:早期城市图书馆更加强调对资源的保护,其运营体现出一种封闭式的特点;而如今城市图书馆更加强调对资源的利用,其运营体现出一种开放式的特点。

办馆理念固然影响着城市图书馆运营的模式和特点,但这并不是绝对的。我们可以结合城市图书馆发展的历史趋势以及某个城市图书馆的具体发展特点,对某个具体的城市图书馆的办馆理念进行创新和提炼,从而使其办馆理念更加适应城市图书馆的发展趋势。就其实质而言,这当然属于城市图书馆运营的一个重要环节和组成部分。

2. 发展战略

理念管目标,战略管方向,运营管过程。目标崇高,并不意味着过程与结果同样崇高;目标正确,并不意味着过程与结果同样正确。目标与过程、结果的相符,需要战略与运营来保证。城市图书馆办馆理念一旦确立,就需要制定相应的发展战略来推进自身的发展。战略制定是城市图书馆运营中非常重要的一个组成环节。制定战略需要对城市图书馆发展的外部环境与内部环境做出分析,通过这种分析了解自身的优势、劣势以及面临的机会与风险。这就是我们通常所说的 SWOT 分析法。

城市图书馆发展战略包括总体战略、管理战略、人力资源战略、经费战略、资源建设战略、服务战略、技术战略、建筑设备战略、绩效评估战略与联盟战略等。总体战略就城市图书馆的发展方向、发展模式、发展阶段、发展目标做出整体规划,而其他战略则就城市图书馆的某个组成要素、某个业务环节或者业务流程的发展方向、发展模式、发展阶段、发展目标做出规定。战略是对城市图书馆的中长期发展做出的规划,战略的制定既要考虑到图书馆的现实条件,又要考虑到图书馆未来的发展趋势,既要有切实的可行性,又要有一定的超前性。战略一旦制定,具有相对的稳定性,切忌缺乏战略的坚定性,频繁对战略作出调整,从而使得战略这一种长期的发展规划演变成为“头痛医头,脚疼医脚”的战术性动作。如果这样,会对城市图书馆的发展造成严重的影响。

3. 管理工作

理念管目标,战略管方向,管理管执行。管理科学作为一门基础学科,发展已经非常成熟。管理方式、手段和工具层出不穷。从管理流程来讲，城市图书馆管理一般包括计划、组织、领导和控制四项职能。如果说发展战略是关于图书馆中长期的发展规划，那么管理中的计划则是关于图书馆中短期的发展规划，通过计划可以将中长期的发展规划细化，使之成为具有一系列具体目标和时间节点的可执行的计划表。组织是城市图书馆运营的基础所在，在具体的运营过程中，为降低成本，提高运营效率和效益，可以根据情况对图书馆的各级组织进行调整、变革，从而使图书馆的各级组织能够更加适应环境的变化，并保持旺盛的创造力。领导最重要的两件事情就是制订政策、用好干部。城市图书馆的领导创新主要体现在政策创新、用人创新、创造高效率的工作团队等几个方面。控制就是监视各项活动以保证它们按照计划进行，并纠正各种重要偏差的过程。控制过程一般由三个步骤组成：衡量实际效果，将实际效果与计划或标准进行比较，采取措施纠正工作过程中出现的问题。控制的方面和内容包括人员、财务、作业、信息和组织的总体绩效①。

具体而言，城市图书馆管理涉及人、财、物以及外部关系等多个方面。例如，《小型学术图书馆运营手册》中关于“管理”部分包括了“小型学术图书馆成本数据实务报告”“图书馆顾问委员会”“地区和国家书目网络影响的历史回顾”“图书馆合作行动：成功结果的一般特点”四个部分。本书将从计划、组织、领导、控制、财务管理等五个方面对城市图书馆管理展开阐述。

4. 人力资源

在图书馆的一切组成要素中，人员无疑是最为重要、最为关键的要素。一切因人而起，一切因人而异。人力资源是影响城市图书馆发展的关键因素，发展城市图书馆面临着诸多亟待解决的问题，而这些问题的解决需要依靠高素质的馆员队伍。最近几年，为了适应图书馆快速发展的形势，不少城市图书馆都招聘、引进了相当数量的馆员，为适应服务工作的需要，有相当部分的新入职馆员的专业背景是非图书馆学专业的，这部分馆员亟须图书馆学专业的岗位培训以尽快胜任工作。同时，一些年龄较大的馆员则存在知识、技能老化的问题。这种情况下，真正下决心采取实际行动而不是停留在口头上，提高馆员队伍的素质和水平成为城市图书馆发展的当务之急。将馆员队

① 斯蒂芬.P.罗宾斯.管理学[M].黄卫伟等译.北京：中国人民大学出版社，2003：377—378.

伍素质的提升与馆员职业生涯规划和职业发展结合起来,使馆员与图书馆共同发展、共同进步,这是一种行之有效、可持续的馆员队伍建设模式。

真正搞好馆员队伍建设,需要克服那种“见物不见人”和只重视物质效益而不重视人员的培养和水平的提高的毛病。图书馆应该有计划地提供系统的馆员培训、交流、参观、考察,大力倡导与实际工作相结合的理论研究之风,密切关注本单位以外地区图情事业最新发展动向,为馆员提供丰富的、系统的资料等,这些都是非常必要的。对馆员的重视和培养,体现了以馆员为本的思想,这是为了更好地服务读者,本质上与以读者为本是一致的①。

需要注意的是,西方一些国家实行了图书馆的职业资格准入制度,在他们的体制下,馆员是通过职业资格认证的人员,没有通过职业资格认证虽然也在图书馆工作,是不能称为馆员的。我们国家情况与这些国家的情况不同,我们并没有实行馆员职业资格准入制度,因此我们这里所说的馆员指的是在图书馆工作的一切人员。

5. 馆舍建设

馆舍建筑为图书馆的存在提供了物理空间。虽然,信息技术的迅速发展曾经引发了物理图书馆消亡论的思潮,但经过最近十余年来的实践发展以及理论界的争鸣,物理图书馆并不会随着信息技术的迅速发展而消亡的观念获得了大多数人的认同。但是,受到技术、经济、政治、文化与社会等多种因素的影响,图书馆的馆舍建筑也在发生着变化。

城市图书馆建设模式基本上是围绕“藏书”与“阅览”二者之间矛盾而不断发展变化,大致经过了三个发展阶段,是一个螺旋式的辩证发展过程。这三个阶段分别是传统式图书馆建设模式、模数式图书馆建设模式和后模数式图书馆建设模式。传统式图书馆建设模式以藏为主,藏书空间、阅览空间、工作空间三者分开,适合于闭架管理的需要。模数式图书馆建设模式采用大开间、统一进深的建筑格局,用建筑学术语来说,就是统一柱网、统一层高和统一荷载的“三统一”②。但是模数式图书馆带来的图书馆空间缺乏多样性、外

---

① 刘锦山. 图书馆管理创新[EB/OL]. (2003 - 02 - 28)[2013 - 06 - 19]. http://www. chinalibs. net//ArtInfo. aspx? titleid = 4785.

② 李东来,刘锦山. 城市图书馆新馆建设[M]. 北京:北京图书馆出版社(今国家图书馆出版社),2006:8—10.

形呆板缺少变化、能耗高以及建筑成本高，特别是馆藏库容不足等缺点也引起了人们的关注，这就进入了后模数式图书馆时代。庄雷认为，模数式图书馆的借阅合一理念，一方面使得阅览桌椅占据了大量的空间，另一方面使得承重量达不到密集书库的要求，造成库容量大幅减少。借阅合一的阅览室是介于书库和自修室之间的建筑，它必须考虑一定承载系数，这就要比建纯粹的自修室投入更多，但其承载能力又不符合密集书库的技术要求，从而造成藏书量的大幅减少①。库容不足已经成为影响图书馆正常运营的一个严重问题，应该引起我们的关注。在后模数式图书馆时代，人文主义思潮对于图书馆建设产生了巨大影响，人们开始注重和强调图书馆建筑的环保、节能、健康和舒适。

城市图书馆的建设需要坚持人本原则、生态原则、辩证原则、集群原则、前瞻原则。人本原则要求坚持以读者文本，关心残疾人等弱势群体，扩充读者服务面、为最广大的读者群提供服务，为馆员创造舒适的工作环境；生态原则要求图书馆建设、运营坚持健康、舒适、节能和环保的原则；辩证原则要求处理好城市图书馆建设与城市发展关系、城市图书馆建设过程中相关单位之间的关系、馆长和其他图书馆工作人员在城市图书馆建设中的作用问题、新馆和旧馆的关系问题、新馆投入与使用期限的问题、城市图书馆建设的全局与局部关系、城市图书馆建设过程中当前技术与代表发展趋势的最新技术之间的关系、馆舍建设与图书馆业务准备工作的关系，以及城市图书馆与城市图书馆系统之间的关系等问题；集群原则要求我们科学确定城市中心图书馆的地理位置、建筑规模和功能定位，使中心馆和集群成员馆共同构建方便、适用的城市图书馆系统网络，更好地促进图书馆事业的整体发展；前瞻原则要求我们在进行新馆建设时，应充分考虑到图书馆建成后在较长时间内保持其应有的基本适应性②。

6. 资源建设

馆藏资源是图书馆面向用户提供服务的基础。截至目前，城市图书馆馆藏资源的主体仍然是以图书、期刊、报纸、音像制品等通过正式出版机构出版

---

① 刘锦山，庄雷. 庄雷："借阅合一"理念批判（图）[EB/OL].（2012－08－01）[2013－06－19]. http://www.chinalibs.net//ArtInfo.aspx? titleid＝255239.

② 李东来，刘锦山. 城市图书馆新馆建设[M]. 北京：北京图书馆出版社（今国家图书馆出版社），2006：15—20.

的具有出版号的白色文献及其数字化以后形成的数据库。但是,随着信息技术的发展以及互联网在学术领域、出版领域等诸多领域的深度渗透,这种情况正在发生着变化。数字资源特别是互联网上原生的高品质灰色文献的种类、数量大为增长,质量也日益提高,从而城市图书馆的馆藏结构也在逐步发生变化。这种变化具体体现在两个方面:一是数字资源在馆藏结构中的比重越来越大,二是灰色文献在数字资源中的比重越来越大。关于第一个方面的变化,已经被大多数人认识到,但对于第二个方面的变化,还有不少人没有认识到。一些人以为,互联网上的灰色文献品质不是太高、价值不大,实际上这是一个认识误区。在互联网发展初期,网上原生资源的种类、数量相当稀少,质量也是参差不齐的。但是经过近20年的发展,现在互联网已经成为诸多机构和高端研究者研究成果首发最为重要的平台之一,许多情况下,不少重要的研究成果或者政府政策的发布都是首先通过互联网发布的,而传统媒体受制于出版周期的局限,发布周期很长,且版面有限,在文献的完整性方面也不能和互联网相比。正是因为如此,世界各国都非常重视互联网上原生高品质灰色文献的搜集、整理、挖掘和利用。实际上,除了互联网上高品质灰色文献值得图书馆去大力收藏之外,诸如企业内部出版物等"各种文明记录及其载体延伸"①都应纳入城市图书馆的视野,进行有效的收藏。

资源结构的变化,对于馆藏结构必然造成影响,从而对资源建设政策或者馆藏发展政策就会产生深刻影响。政策的变化相应地会导致资金投入的变化,这方面要提前研究应对策略。

7. 技术工作

最近20年来,在经济、政治、文化、社会与技术诸多因素中,对图书馆发展直接推动作用最大者莫过于技术。从广义上看,图书馆也是一个生产系统,这个系统同样是由劳动者、劳动对象和生产工具组成的。技术特别是信息技术的发展使得图书馆系统的三个要素都发生了质的变化。就劳动者而言,我们知道,劳动者是通过自己的体力和智力来从事生产的,在生产力不发达的历史条件下,体力对于劳动者和和生产活动起着十分重要的作用,在生产力发达的今天,智力对于劳动者和生产活动所起的作用已经远远超过了体力所起的作用。这是因为,体力受智力支配,体力的发展是有限的,而智力的发展

① 吴建中.建中读书博客日志[M].上海:上海大学出版社,2009:294.

是无限的。技术对于劳动者的作用主要体现在智力方面,信息技术的发展一方面大大拓展和解放了人脑的记忆容量,通过信息技术可以帮助人们方便地存储和记忆海量的信息,减轻了人脑的负担,使得人类有更多的精力去从事创造性的工作。另一方面,互联网和信息技术为人们提供了很好的学习条件,通过互联网人们可以很方便地进行学习,提高自己的素质。从生产工具而言,信息技术的发展,使得图书馆工作人员的工作工具从以前的纸笔、卡片、目录柜等转变为现在的计算机、网络和书目数据库,使得图书馆对资源的管理模式从基于人工管理逐步转变为基于计算机管理。图书馆的业务管理系统,从早期的基于单点应用的单机版图书馆书目管理系统、中期的基于单馆应用的局域网版图书馆书目管理系统,一直发展到近年来的基于多馆应用的互联网版图书馆业务管理系统。而图书馆工作人员的劳动对象也发生了很大的变化,数字技术的发展使得图书馆工作人员的劳动对象从传统的书、报、刊等有形物品扩展到无形的数据库,从基于书、报、刊等出版单元扩展到基于段落、词句等内容单元。总之,技术的发展使得图书馆的运营发展模式已经发生了根本性的变化,而上述只列出了诸多影响中的冰山一角。

因此,城市图书馆的运营必须深刻地考虑技术因素对其发展的影响。一般情况下,数字图书馆作为现代技术在图书馆运营的平台,大致包括网络环境、硬件系统、软件平台、数字资源、图书馆业务系统、图书馆网站、即时通讯、网络安全、数字化、学科导航、知识管理等相关方面的技术等。在进行数字图书馆建设过程中,要注意硬件、软件和资源之间,短期发展与长期战略之间,建设与推广应用之间的辩证关系。

8. 营销工作

图书馆营销工作对于扩大图书馆的影响,提高图书馆的运营效益有着十分重要的作用和意义。国外图书馆对于图书馆的营销工作历来就比较重视。例如,国际图联专门设立有“管理与营销组”(Management and Marketing)。2006 年,国际图联出版了专著《图书馆信息服务市场营销:国际视野》(Marketing Library and Information Services: International Perspectives);2013 年,国际图联又出版了专著《图书馆信息服务的市场营销 II:全球展望》(Marketing Library and Information Services II: A Global Outlook),该书主要对以下主题进行了探究:改变市场理念、不同国家图书馆信息服务的市场营销、不同类型图书馆的信息服务市场营销、基于网络的图书馆与情报学市场营销等①。图书馆营销面向的对象不仅仅是图书馆的读者和用户,还包括图书馆的主管部门及领导、媒体、企业等社会各界。图书馆营销的目的不仅仅在于让更多的读者和用户来使用图书馆,提高图书馆的运营效益,而且还要让图书馆的主管部门、纳税人、媒体以及社会各界充分了解图书馆,为图书馆的运营发展创造一个良好的社会环境。图书馆营销需要不断创新营销平台与载体,不仅要充分利用好书、报、刊等传统媒体,还要充分利用好网站、微博、微信等数字媒体;不仅要利用好宣传广告等常规方式,还要利用好口碑营销、"病毒式"营销等非常规方式。

9. 服务工作

向用户提供服务是图书馆的最终目的。最近十余年,受经济、政治、文化、社会与技术等发展的影响,城市图书馆的服务范围、服务对象、服务项目、服务方式和服务手段都发生了深刻变化。

城市图书馆的服务范围现在有了相当大的拓展:一方面由于城市图书馆总分馆体系的建设日渐深入,使得以城市图书馆为中心的图书馆服务体系逐步健全,从而使城市图书馆系统的服务范围从中心城市向区、县、街道、乡镇、农村不断拓展;另一方面由于数字图书馆等新技术的发展,使得图书馆的服务突破地域的物理局限通过互联网深入到任何地方。城市图书馆的服务对象也日渐拓展:从年龄上来讲,既有牙牙学语的幼儿,也有白发飘飘的耄耋老人;从职业上来讲,既有耕种于绿色田野的现代农民,也有工作于流水线的产业工人……城市图书馆服务项目越来越丰富:既有常规的借阅服务,也有高端的咨询服务;既有知识服务,也有就业咨询服务……城市图书馆的服务方式最近几年也发生了相当大的变化:首先最为突出的变化就是基于互联网的离馆(off-site)在线服务日益成为图书馆的一种重要服务方式;其次,以技术手段将图书馆的服务嵌入到用户网站中的分享式服务业日益获得用户的好评;再次,图书馆为特殊用户群体提供的主动上门服务也受到用户的好评和肯定;最后,图书馆的传统阵地服务,即为到馆读者服务的方式也日益丰富,如借阅、讲座、展览等。服务手段方面:基于互联网的即时通讯工具的应用为图

① 赵启玥,刘锦山.《图书馆信息服务的市场营销 II:全球展望》已出版(图)[EB/OL].(2013-07-05)[2013-07-05]. http://www.chinalibs.net//ArtInfo.aspx? titleid=304520.

书馆提供了极好的互动服务工具，使得用户的服务体验大为改善；图书馆网站、特色库的建设、专题服务等服务手段的使用大大推动了图书馆服务的转型。

10. 图书馆联盟

城市图书馆的发展现在已经突破了单馆的局限，图书馆联盟的兴起为城市图书馆的发展提供了广阔的空间。图书馆联盟是两个（含两个）以上的图书馆为降低运营成本、提高运营效益，经过自愿协商、谈判结成的在图书馆有关组成要素方面的合作、协调和共享关系①。早期大多数图书馆联盟的实践主要还是局限在资源共建共享方面，随着实践的不断深入，图书馆联盟已经逐步开始突破了这种局限，在图书馆管理、馆员培训、岗位轮换、读者工作、社区服务等方面展开合作，使得图书馆联盟开始进入一个全新的境界。目前我国城市图书馆出现的总分馆系统，除了个别的为真正意义上的总分馆系统之外，绝大多数是图书馆联盟的一种具体形式。

图书馆联盟的成功需要有良好的思想基础、技术基础、资金基础和组织基础。在理念、信息、资源、技术、人员、管理、培训、服务等图书馆的物质、精神、信息等各项组成要素方面的合作、协调和共享理念，是图书馆联盟成功的思想基础所在。而互联网技术和信息技术——特别是基于互联网的图书馆业务管理系统的发展，为图书馆联盟的成功奠定了技术基础。联盟的成功还需一定数额的资金作为保障。图书馆联盟的成功需要一个能够获得联盟成员积极支持的良好的组织机构，这是联盟成功的组织基础。

图书馆联盟是产生于结盟单位内在的自发的需要，不是其他外在因素强加而成。自愿是图书馆联盟保持长久生命力的关键所在。结盟单位要进行谈判，经过谈判，最后签署结盟协议。

11. 学术研究

学术研究对于城市图书馆的发展具有十分重要的意义。城市图书馆正处在一个机遇与挑战共存的快速发展的时代，受其影响，城市图书馆自身的形态、内涵、业务流程及运营模式也在不断地嬗变，如何把握机遇迎接挑战与

---

① 刘锦山. 图书馆联盟[EB/OL].（2003-04-29）[2013-06-19]. http://www.chinalibs.net//ArtInfo.aspx? titleid=7465.

时代共同发展，是城市图书馆迫切需要解决的问题。结合城市图书馆发展与运营实践的学术研究工作，可以从理论高度对城市图书馆发展过程中的关键问题进行探索，为城市图书馆事业的发展指明方向。因此，加强学术研究工作既是时代赋予城市图书馆的光荣任务，也是城市图书馆自身发展的必然要求。通过学术研究，不仅能够就城市图书馆发展的战略问题进行探索，而且对城市图书馆具体运营的战术问题进行探索。通过学术研究，可以对城市图书馆的办馆理念、发展战略、运营模式、业务工作、服务对象与服务效果进行深入考察和研究，形成符合城市图书馆发展实际的新思路、新办法，促进图书馆的发展。通过学术研究，可以促进馆员素质和学术水平的提高，在图书馆的一切组成要素中，人最为关键，人员素质和水平提高了，图书馆的服务质量、服务水平也会随之提高。通过学术研究，也可以提高图书馆的学术水平，提升图书馆在业内和社会上的学术能见度。

图书馆开展学术研究工作，需要注意一下几个问题：①要有开阔的视野，要了解和关注国内外图书馆事业最新理论、技术、产品和实践发展的趋势和动态，这样才能在思想上与前沿和高端保持同步。②要注意关注对图书馆事业发展有重要影响的经济、政治、文化、社会与技术环境的变化。③要注意与本馆业务、管理、技术、服务等工作紧密结合，避免所谓的“纯理论”研究，将思辨的理论研究与实证研究结合起来。④要树立良好的学风和文风，以实事求是的科学态度开展研究，尊重他人知识成果，遵循科学伦理、科学规范、写作规范和引文规范①。

12. 运营评估

对城市图书馆进行运营评估首先是外界对城市图书馆的一个客观要求。一方面，作为一个非营利的公益性文化机构，城市图书馆的投入是有形的，但产出却是无形的。在经济时代，难免会使一部分人产生“图书馆无用论”的思想，从而影响对图书馆的投入。另一方面，各级政府每年对其辖区内的城市图书馆进行了必要的投入，政府与民众需要清楚这些投入所产生的效果。因此，无论是单纯回复“图书馆无用论”的质疑，还是回应政府主管部门以及民众对于图书馆运营成效的关切，都有必要对城市图书馆的运营情况做出评

---

① 褚树青. 城市图书馆研究. 第一卷第一辑［M］. 北京：国家图书馆出版社，2012：74—76.

估。其次,从城市图书馆自身发展角度来看,通过对自身的运营效益评估,就可以了解自己的产出投入比,以便降低运营成本,提高运营效益,促进自身的可持续发展。

世界各国对于图书馆的评估都非常重视,例如,美国、英国、加拿大、澳大利亚、新西兰与日本等国的图书馆评估工作已经相当成熟,经过多年的发展形成了比较完善的图书馆评估理论基础与评估标准,在实践上也有着丰富的经验。我国的公共图书馆评估工作起步相对晚些,经过20余年的发展,现在也在不断深入推进中。2012年12月31日,国家质检总局与国家标准委发布公告公布了我国关于图书馆评估的首个国家标准——《信息与文献　图书馆绩效指标》(GB/T 29182—2012),这对于我国图书馆的评估具有重要意义。

就评估主体而言,城市图书馆的评估可以分为非自主评估和自主评估,从国内外的情况来看,目前大多数的评估都属于非自主评估,由政府主管机构或者图书馆行业协会组织进行,带有相当程度的监管、督导、评价的意义。而自主评估是图书馆根据自身发展需求对自己的运营情况自主进行的评估,评估的主体是图书馆,评估团队可以由图书馆自己来组建,也可以由图书馆聘请外部机构或者专家团队进行。随着城市图书馆发展,自主评估愈来愈受到图书馆界的重视,越来越多的图书馆会从自身发展需求出发进行自主评估。

四、创新:城市图书馆运营的必然选择

根据《中国新型城市化报告2012》研究,在社会主义市场经济建设大潮的推动下,从1992年起我国步入城市化快速发展期,截至2010年,我国城市数量达到661个,建制镇的数量达到19 410个,城镇人口达到66 978万人,城市化率达到49.95%,预计到2030年我国城市化率将高达68.7%①。虽然我国的城市化进程取得了很大的成就,但与西方发达国家城市化进程相比仍有差距,还存在着一系列亟待解决的问题——城市的经济增长速度与经济增长质量的非同步、城市发展的工业化水平与城市化水平的非均衡、城市发展的经济效益与社会公平的非协调、城市发展的规模扩张与生态环境的非匹

① 牛文元.中国新型城市化化报告2012[M].北京:科学出版社,2012:6—26.

配等①。

具体到城市图书馆事业，则存在着如下问题。

1. 城市图书馆事业的发展滞后于城市化发展进程

我们来看两个数字：第一个是公共图书馆从业人数与服务人口比例，美国、英国、日本等发达国家的比例是1∶2000—3000，而我国是1∶20000多；第二个是公共图书馆数量，美国公共图书馆数量是17 000多所，日本公共图书馆数量是3100多所，2010年我国公共图书馆数量是2880多所，由此算出我国平均将近50万人一所图书馆，发达国家平均两三万人一所图书馆②。需要注意的是这里所说的我国2880多所公共图书馆指的是县市级、地市级与省级公共图书馆，这里所说的服务人口指的是包括农业人口在内的全部人口。为便于说明问题，我们这里对这组数据做如下分析：其一，上述所说的我国公共图书馆除了大部分省级图书馆之外基本上都属于本书定义的“城市图书馆”范围之内，而且也是我国城市图书馆的主体；其二，根据《中国新型城市化报告2012》的数据，2010年我国城镇人口66 978万，大约占我国人口总数的50%。由此可以得出我国城市图书馆从业人数与服务人口比例大约为1∶10 000多，平均25万人一所图书馆；2010年，美国、英国和日本的城市化率分别达到80%、80%、90%以上，从而美国、英国和日本的公共图书馆从业人数与服务人口比例大约为1∶1600—2700，平均2万人左右一所图书馆。虽然，我国目前处于城市化的快速发展阶段，而美国、英国和日本已经处于城市化发展的成熟阶段，我们仍然可以从上述数据看到我国城市图书馆事业发展相较于城市化发展的滞后性。

2. 城市图书馆系统建设水平偏低

根据欧美等发达国家图书馆事业发展的经验来看，城市内的图书馆只有以城市图书馆中心馆为中心形成了一个完整有机的系统，才能发挥出最大的效能。就目前我国城市图书馆事业发展状况可以简单概括为：单馆发展势头强劲，系统建设有待完善。城市图书馆隶属于各级财政，最近若干年在文化

① 牛文元. 中国新型城市化化报告2012[M]. 北京：科学出版社，2012：30—33.

② 刘锦山，李国新. 李国新：忙趁春风赋华章（图）[EB/OL].（2013－01－01）[2013－06－22]. http://www.chinalibs.net/ArtInfo.aspx? titleid＝277588.

大繁荣、大发展的背景下，城市图书馆获得了各级政府的很大支持，特别是在一些经济、文化发达的地区，当地的城市图书馆获得了很大的发展，由于获得了比较充裕的政府投资，这些城市图书馆的馆舍、人员队伍、资源、硬件设备以及服务效益都有了质的飞跃。但是，这只是城市图书馆单馆发展的状况，一般情况下，一个市只有一个城市图书馆，城市图书馆有可能占了当地各级财政对于全市图书馆投入的大头，而众多的区、县图书馆可能只占全部投入的小头。这种情况下，就形成了城市图书馆一馆独大的局面，总体上占用了较多比例的资源，但就其服务效能而言却未必能达到同等的比例。下面我们以4个直辖市情况为例说明这一问题。

表1　2010年4个直辖市以及每个直辖市所辖区县图书馆的数量、从业人员及财政投入一览表①

财政投入单位：亿元

	北京			天津			上海			重庆		
项目	数量	从业人员	财政投入	数量	从业人员	财政投入	数量	从业人员	财政投入	数量	从业人员	财政投入
市级图书馆	1	381	1.74	2	343	0.81	2	838	2.76	2	313	0.36
区县图书馆	23	926	1.53	29	734	1.04	26	1342	2.88	41	541	0.40
合计	24	1307	3.27	31	1077	1.85	28	2180	5.64	43	854	0.76
市级图书馆比例（%）	4.17	29.15	53.21	6.45	31.85	43.78	7.14	38.44	48.94	4.65	36.65	47.37
区县图书馆比例（%）	95.83	70.85	46.79	93.55	68.15	56.22	92.86	61.56	51.06	95.35	63.35	52.63

注：天津、上海和重庆的市级图书馆除了天津图书馆、上海图书馆和重庆图书馆之外，天津市少年儿童图书馆、上海市少年儿童图书馆和重庆市少年儿童图书馆也是市级图书馆。

以4个直辖市为例分析城市图书馆以及各区县的从业人员和财政投入，首先是因为其他城市图书馆以及该城市区县馆的机构数、从业人员和财政投

① 中国图书馆学会，国家图书馆. 中国图书馆年鉴2010［M］. 北京：国家图书馆出版社，2011：628—651.

入等公开统计数据不是很容易获取的,而4个直辖市的相关数据可以从《中国图书馆年鉴》上方便地查到;其次,是因为4个直辖市的城市图书馆虽然都是省级图书馆,但又都是城市图书馆,各区县图书馆也都是相应行政区划内的城市图书馆,符合我们我们的要求。从表1我们可以看到,市级图书馆所获得的财政投入的额度上几乎等于该市所有区县图书馆所获得的额度,市级图书馆从业人员所占比例也占到总从业人员的30%左右。由此我们可以看到我国城市图书馆系统建设的不均衡性。2008年11月1日开始施行的《公共图书馆建设标准》第五条指出:"公共图书馆建设应贯彻执行国家发展文化事业和加强公共建筑工程建设管理的方针政策,以人为本,科学规划,规模适当,功能优先,经济适用,环保节约,以大型图书馆为骨干,以中小型图书馆为基础,立足于构建覆盖全社会的普遍均等、惠及全民的公共图书馆服务网络。"因此,如何从城市总体发展的战略高度统筹规划辖区内的城市图书馆事业发展,加大对于区县图书馆以及街道、乡镇、社区图书馆的财政投入力度,通过创新促进城市图书馆系统的完善发展,是一个十分重要的课题。

3. 城市图书馆办馆理念有待进一步提升

国际图联与联合国教科文组织1949年发布的《公共图书馆宣言》以及2001年发布的《公共图书馆服务发展指南》所提倡的核心理念已经成为国际图书馆界公认的公共图书馆办馆理念,这些理念概而言之,就是"平等、自由、免费、开放等世界公共图书馆的核心价值"①,就是"对全社会普遍开放、对所有人平等服务、消除弱势群体使用图书馆的障碍、缩小社会的信息鸿沟"②,这些理念也被我国图书馆界和理论界所继承。例如,《公共图书馆建设标准》第五条指出:"公共图书馆建设应……立足于构建覆盖全社会的普遍均等、惠及全民的公共图书馆服务网络。"中国图书馆学会2008年10月颁布的《图书馆服务宣言》宣布"中国图书馆人经过不懈地追求与努力,逐步确立了对社会普遍开放、平等服务、以人为本的基本原则"。2012年5月1日起实施的《公共图书馆服务规范》总则中规定:"公共图书馆是公共文化服务体系的重要组成部分。公共图书馆的服务规划应体现出公益性、基本性、均等性和便利性……公共图书馆服务对象包括所有公众。"城市图书馆作为公共图书馆的

---

① 褚树青.城市图书馆研究[M].第一卷第一辑.北京:国家图书馆出版社,2012:28.

② 褚树青.城市图书馆研究[M].第一卷第一辑.北京:国家图书馆出版社,2012:91.

主体,其办馆理念无疑要与世界公共图书馆的先进理念保持一致。在上述先进理念的指导下,20余年来我国城市图书馆服务的普遍化、平等化与免费化取得了长足的进展,使得城市图书馆的服务正在逐步向真正的普惠性方向发展。

但是我们仍然要看到,包括城市图书馆在内的公共图书馆服务距离真正的普惠性仍然还有相当的距离。这固然有体制、经济等诸多方面的原因,但更加根本的一个原因在于办馆理念仍然有待进一步提升,需要彻底建立“平等、自由、免费、开放”的办馆理念,而这一点也是我们需要深刻加以理解并接受的。例如,现在不少图书馆虽然实施了免费借阅,但仍然在收取办证费用;有的图书馆虽然不收取办证费用,但办证需要单位开具介绍信;有的图书馆仍然将服务对象局限于常住人口,流动人口还没有进入其视野之内;还有的图书馆仍然向读者收取高出市场价格的复印费和扫描费……因此,应该在坚持先进的办馆理念的基础上,积极发挥理念的先导作用,努力创新,不断推动城市图书馆事业的可持续发展。

4. 城市图书馆的管理运营水平有待进一步提高

从1992年起我国步入城市化快速发展期以来,城市图书馆事业也随之步入了快速发展期。与城市发展一样,城市图书馆在20余年来的发展也主要是一种外延式规模扩张,其典型表现如下:①城市图书馆单馆财政投入跳跃式增长与跌落。由于历史原因,不少地方政府对城市图书馆的财政投入十分有限,在一些诸如市级主管领导对图书馆偏好、城市图书馆馆长争取经费能力强、公共图书馆评估定级等一些偶然因素的影响下,某个时期内一些城市图书馆所获得的财政投入会有跳跃式甚至爆发式的增长,但是当上述偶然因素一旦消失,这些城市图书馆所获得的财政投入马上又跳跃式地跌落到增长前的水平。这种情况使得城市图书馆很难有一个比较长期的运营发展规划,也很难获得可持续发展。②单馆建筑面积不断创出新高。按照《公共图书馆建设标准》规定,大型公共图书馆建筑面积控制指标最大为60 000平方米,中型图书馆最大为20 000平方米,小型图书馆最大为4500平方米。而实际上,近年来不少城市图书馆新馆建筑面积已经远远超出了上述规定。单馆建筑面积不断创出新高,其实质是外延式规模扩张的城市发展思路在城市图书馆新馆建设方面的反映。而且,一些地方虽然投入巨资建了一座体量庞大的城市图书馆,但图书馆持续运营所需的包括资金在内的其他条件并没有得到很好的解决。③受评估定级机制驱动造成的馆藏资源粗放式增长。一些城市图书馆由于长期缺乏必要的财政投入,资源建设工作长期处于停滞状态。而一旦由于某种原因需要参加评估定级,而且必须要获得某个级别。这种情况下,不少图书馆通过超常规投入进行资源建设,以达到评估定级所需要的馆藏数量。从而,馆藏资源粗放式增长几乎成为这些图书馆的必然选择。④服务效能不高。从价值链的角度看,城市图书馆是把包括出版社在内的各种供应商提供的产品、服务输入到自己的业务流程中,然后经过自己的转换,输出了自己向读者提供的服务和产品。城市图书馆的服务效能取决于对价值链的运营管理水平,由于城市图书馆的运营管理水平的局限,导致了其服务效能并不高的结果。⑤城市图书馆系统建设水平偏低。这主要体现在两个方面:其一,布点少。全国的公共图书馆主要集中在县级城镇或更高一级的城市,农村图书馆和城市社区图书馆数量偏少,没有形成网络。其二,受益人群少。公共图书馆读者数量占当地居民数量比例低,许多城市这一比例仅为1%—2%①。

目前,我国城市化正在向内涵式质量提升转变,与此相应,城市图书馆事业的发展也步入到内涵式质量提升的发展阶段。这个阶段需要通过创新来不断提升城市图书馆的服务效能和服务质量,优化馆藏结构,提升人员素质,降低运营成本,促进包括市级图书馆在内的城市图书馆系统的可持续发展。

总之,目前正是我国城市化快速发展的时期,同时也是城市图书馆快速发展的时期,在这样一个历史背景下,城市图书馆成为影响我国公共图书馆事业发展中的一个关键要素。只有通过创新,才能很好地解决城市图书馆发展过程中出现的各种问题,促进城市图书馆事业不断向前发展,进而对我国公共图书馆事业的发展产生积极影响。

五、本书的宗旨与目的及其价值

与我国城市图书馆发展实践紧密结合是本书的一个鲜明特点,我们希望

① 颜务林,李亚芬. 国内公共图书馆与国际标准十个方面的差距[J]. 新世纪图书馆,2007(2).

本书对于我国城市图书馆运营管理能够起到切实有效的帮助,降低城市图书馆运营成本,提高城市图书馆运营效益,进而推动我国城市图书馆事业不断向前发展。这是我们编写本书的宗旨和目的。

基于上述考虑,本书采取了文献研究与案例研究相结合的研究方式。全书共分为“绪论”“关于城市图书馆运营创新的思考”“专访:城市图书馆运营创新”“案例:城市图书馆运营创新案例研究”和“附录”五个部分。其中“绪论”和“关于城市图书馆运营创新的思考”主要详细考察国内外城市图书馆运营创新的理论研究和实践成果,提出本书的观点,为本书搭建一个理论框架。“专访:城市图书馆运营创新”“案例:城市图书馆运营创新案例研究”主要采取案例研究的方式,通过对有关专家、学者以及相关图书馆馆领导的采访,对典型城市图书馆的具体实践的考察形成对话与案例两部分内容,对“绪论”和“关于城市图书馆运营创新的思考”提出的观点形成支撑,并相互印证。“附录”收录了国内外关于城市图书馆运营管理研究方面的有关文献。

第一部分　关于城市图书馆运营创新的思考

运营创新是城市图书馆发展到一定阶段的必然走向,是促进城市图书馆由外延式扩张向内涵式发展转变的有效方式和手段。实际上,运营管理广泛地存在于图书馆的各项工作当中,“不管你的职责范围是什么,运营管理的思想和方法都会帮助你成功地完成工作任务”①。简单说,运营管理具有泛在性。商科中的运营管理学将企业分为制造企业和服务企业两个类型,制造企业为客户提供的是有形的产品,服务企业为客户提供的是无形的服务。显然,图书馆为其读者和用户提供的是服务。无论是有形产品还是无形服务,其运营管理均从产品或者服务的价值链或者业务流程展开。因此,关于城市图书馆运营创新就围绕运营创新概述、办馆理念、发展战略、管理工作、人力资源、馆舍建设、技术领域、营销工作、服务工作、图书馆联盟、学术研究与运营评估等13个方面展开。

一、运营创新概述

运营创新的根本目的在于降低城市图书馆的运营成本,提高城市图书馆的运营效益。不同的组织,根据其发展战略和自身的条件,可能采取的运营战略会有所不同。就城市图书馆为其读者和用户提供的服务而言,由于各自的发展战略和条件不同,使得服务成本、服务质量、服务响应时间、服务柔性有所不同。为获得竞争优先权,不同的城市图书馆可能会采取不同的运营战略,从而在服务成本、服务质量、服务响应时间、服务柔性上有所区别,进而体现出自己的特色和竞争优势。

① 戴维.A.科利尔,詹姆斯.R.埃文斯.运营管理[M].马风才编译.北京:机械工业出版社,2010:3.

1. 关于成本的运营战略

做任何事情都是需要成本的。时间成本、人力成本、资源成本、空间成本、设备成本、交通成本、通信成本等是大多数事情都须投入的必要成本，没有这些必要的投入、没有相应的收入或者新的投入来弥补所投入的成本，事情不可能持续进行。城市图书馆自从其产生那一刻起，就需要巨大的成本维持其正常运营。因此，成本是城市图书馆运营需要首先考虑的问题。我们知道，对于企业而言，最有力的竞争武器就是以更低的价格向消费者提供相同质量的产品或服务。但是，过低的价格会造成利润的下降甚至亏损，因此，企业在以更低的价格销售其产品和服务的同时，必须同步降低运营成本。这就是低成本运营战略。对城市图书馆而言，是一种什么情形呢？

作为一个非营利的公益性机构，城市图书馆向其读者和用户提供的服务是免费的，这些服务所需的成本由财政投入来逐年持续弥补。正常情况下，如果城市图书馆次年获得财政投入与前一年的数额一样——更不必说减少了，由于通货膨胀等因素的影响，次年的财政投入显然是不能弥补前一年的成本的，这种情况下，城市图书馆实际上是在亏损状态下运营的。为了维持运营，图书馆所能做的或者是缩减业务范围，或者自己来创收，面向读者和用户收取费用。从成本角度看，现在存在的一些城市图书馆面向读者和用户收取费用的现象，其经济原因就在于财政投入不足，图书馆不收费则无以为继。因此，要实现城市图书馆“平等、自由、免费、开放”的核心价值，必须加强对城市图书馆的财政投入。这就要求城市图书馆的政府主管部门和领导、读者和用户等树立起成本意识。

虽然城市图书馆向其读者和用户提供的服务是免费的，并不意味着低成本战略没有意义。城市图书馆的运营成本可以从两个方面来看：一个是城市图书馆的总体运营成本，一个是城市图书馆的单次服务运营成本。低成本运营战略在城市图书馆的应用可以从两个方面着手：①设法降低总体运营成本。②在总体运营成本量级保持稳定的情况下，设法提高服务数量，进而降低单次服务运营成本。就目前我国城市图书馆总体发展水平而言，降低总体运营成本的战略尚不可取。因为一则各级政府对于城市图书馆的平均财政投入水平还处于较低水平，二则城市图书馆总体运营成本刚性较强，弹性有限，而且还有随着居民对于文化生活需求的增长而增长的成本压力，这种情况下降低城市图书馆总体运营成本是一个不可取的战略，也是一个不可行的战略。如果实施这一战略,将不可避免地造成城市图书馆事业的停滞甚至退步。

在总体运营成本量级保持稳定的情况下,设法增加服务数量,进而降低单次服务运营成本的战略是一个可行的低成本运营战略。我们知道,由于通货膨胀、人员薪资等因素的影响,城市图书馆的总体运营成本每年都会有所增长,正常情况下,城市图书馆获得的财政投入也应每年有所增长,如果有大的项目运作,财政投入还应另有投入。正常情况下,城市图书馆的总体运营成本由馆舍维护费用、物业费用、人员费用、设备维护费用、资源采购费用、服务费用、运营费用等组成,其中刚性成分居多,不太可能有大的减少。这种情况下,通过增加持证读者数量及服务数量,来摊薄单次服务成本是一个非常有效的低成本运营战略。在目前我国城市图书馆居民持证率普遍偏低的情况下,降低单次服务成本运营战略具有相当大的发展空间。

2. 关于质量的运营战略

质量运营战略是通过不断提升和改进产品和服务的质量来赢得客户满意的战略。质量包含很多方面的内容,其中一致性质量和优异的质量是两个关键方面①。“一致性质量意味着以高可靠性满足产品标准及顾客承诺。产品质量不见得一定比别的产品好,但顾客必须有很强的信心认为他们购买的产品能够像承诺的那样。”②类似麦当劳、肯德基这样的连锁快餐企业,就是以一致性质量作为竞争中的取胜之宝的。麦当劳和肯德基的汉堡不一定质量是最好的,但在世界各地购买的麦当劳和肯德基的汉堡的大小、配料和味道几乎一样。现在不少城市图书馆系统也把一致性质量作为竞争策略之一,例如,东莞图书馆实施的总分馆制的体系化服务,读者可以在东莞图书馆总馆、52 个分馆以及 102 个图书流动车服务站和 40 个 24 小时自助图书馆等享受“一馆办证,多馆借书,一馆借书,多馆还书”的一体化服务③;佛山市联合图书馆采用“统一标识、统一平台、统一资源、分级建设、分级管理、分散服务”的运

① 罗希特·维尔马,肯尼思·博耶.运营与供应链管理:理论与实践[M].霍艳芳等译.北京:清华大学出版社,2010:6—7.

② 罗希特·维尔马,肯尼思·博耶.运营与供应链管理:理论与实践[M].霍艳芳等译.北京:清华大学出版社,2010:6.

③ 东莞图书馆.2012 东莞市政府质量奖卓越绩效管理报告[R].东莞图书馆,2012.

作模式，读者可以在佛山市联合图书馆的37家成员馆享受“多馆联合服务，一卡通借通还”①。东莞图书馆和佛山市联合图书馆的任何一位读者只要身处东莞辖区和佛山辖区，不管是在市区还是乡镇，均可通过东莞总分馆和佛山市联合图书馆系统享受到图书馆提供的一致性质量的服务。

“优异的质量指某种产品或服务在一个或多个方面明显好于其他产品或服务。比起质量差的汽车，豪华车开着更稳定、感觉更好、看着更舒服，速度也更快……优异的质量意味着顾客愿意花更多的钱去购买，也意味着会在竞争中取胜。”②一般情况下，城市图书馆除了开展借阅这样的基本服务之外，或多或少开展一些面向政府机构、企业或者其他机构的参考咨询工作，这实际上就是一种优异的质量运营战略。提供优异质量的产品和服务意味着需要更大的成本投入，无论在财力、物力和人力上面，这种高品质的产品和服务并非有钱就可以办得到的，它对人员的要求比一致性质量的产品和服务要更高。如果我们要向一个企业提供某个领域的竞争情报服务，则需要相关的人员对企业所在的领域要有相当程度地研究，否则就不能胜任这样的工作。2002年上海开始申办2010年世博会之初，上海图书馆就主动面向政府相关部门开展了世博会的咨询研究服务，吴建中馆长被聘为世博会主题演绎顾问，上海图书馆还专门成立了世博会信息小组，搜集整理关于世博会的各类信息，为世博会的筹办者提供参考③。随着世博会申办的成功，上海图书馆提供的服务愈加深入和高端，例如，上海图书馆与上海市政协学习委员会共同承担了关于平安世博的调研课题，提出了要关注公共疫情爆发、参观人数骤增、恐怖威胁活动、灾害气候持续等15个风险因素，并按严重程度进行了3个层次的排序，引起了世博会主办方的高度重视④。

一般情况下，基于一致性质量的运营战略所提供的服务多属于借阅、浏览等基本服务，这类服务多不收取费用；基于优异的质量的运营战略所提供

① 《打破行政藩篱，清除服务门槛，创造图书馆资源共建共享的“佛山模式”——佛山市联合图书馆简介》，佛山图书馆2013年6月25日提供。

② 罗希特·维尔马，肯尼思·博耶. 运营与供应链管理：理论与实践[M]. 霍艳芳等译. 北京：清华大学出版社，2010：7.

③ 段风华. 上海图书馆馆长吴建中：世博研究 馆“藏”人生（图）[EB/OL].（2010－08－25）[2013－06－29]. http://www.chinalibs.net/ArtInfo.aspx? titleid＝203354.

④ 吴建中，张露. 和谐的进步：吴建中、张露城市发展对话录[M]. 上海：东方出版中心，2011：85.

的服务多属于研究咨询等高端服务,这类服务根据情况有时收取费用,有时不收取费用。

3. 关于时间的运营战略

根据产品或服务的交货速度以及可靠性制定的运营战略即为关于时间的运营战略。关于时间的运营战略有三种情况需要图书馆在制定运营战略时加以考虑①:第一种是基于准时交货战略,产品或服务在承诺时间里送到,并不见得是最快的;第二种是基于交货速度的竞争战略,这意味着提供产品或服务的速度优于其他机构;第三种是基于产品、服务研发速度的战略,尽可能缩短两代产品、服务之间或使产品、服务发生革新性变化的时间间隔。

对城市图书馆而言,关于第一种和第二种战略方面主要涉及服务的时效性,例如资源的获取时间、新书上架时间、流动书车循环时间、服务响应速度、网站反应速度等。第一种战略要求准时,第二种战略要求尽快。在保证准时的情况下尽量缩短服务送达的时间,只有这样才能拥有更强的竞争力。我们以一个读者到图书馆借阅一本关于环境保护的图书为例,说明关于时间的运营战略对于图书馆的重要性。到图书馆之前,这位读者首先要通过图书馆网站对图书馆的馆藏书目进行检索,对图书馆网站的反应速度做出评价,如果速度太慢甚至打不开,这位读者有可能会放弃从图书馆获取这本书的计划,转而去考虑其他的获取方式;如果网站反应速度正常或者还比较快,读者接着就去检索馆藏书目,这里会出现三种情况:①图书馆没有这本书,这位读者会考虑其他的获取方式;②图书馆有这本书,但是已经借出了,这种情况下读者有可能向图书馆提出预约借阅的请求,这时图书馆就面临着能否如期满足这位读者预约要求的问题;③图书馆有这本书且没有被借出,在这种情况下,这位读者准备去图书馆借出这本书。如果图书馆实行的是开架借阅制度,读者自己可以到书库找到这本书借出来。如果图书馆没有实行开架借阅制度,则需要图书馆的工作人员帮助读者把这本书找到再借给读者,这里有一个服务响应的速度问题。另外,如果这位读者要找的这本书是一本新书,情况可能更复杂一些,虽然他从馆藏书目中检索到图书馆有这本书且没有被外借,他去了图书馆,但很可能他要失望的,他并没有借到这本书。为什么呢?因

---

① 罗希特·维尔马,肯尼思·博耶.运营与供应链管理:理论与实践[M].霍艳芳等译.北京:清华大学出版社,2010:7.

为这本书仍然处于加工流程中，虽然计算机编目已经完成，但还没有被上架。这就是前面说的新书上架问题。因此，对于能否准时或者及时提供服务，关系到读者的感受，图书馆需要从运营战略的角度考虑这些问题。

关于产品、服务的研发速度。虽然说图书馆有些基本服务很难说会像有形产品那样有着明显的持续更新换代，但是从服务的形式上、细节上仍然有相当多的改善空间。网站现在是图书馆的名片和门面，许多时候读者都是通过图书馆网站来使用图书馆的。图书馆网站一旦推出，就需要在适当时候进行必要的改版升级，之所以如此，一方面出于对网站本身的完善，另一方面则出于改变读者对于网站的审美疲劳。不管出于哪种目的，改版总是可以进一步增强图书馆网站对读者的吸引力。此外，图书馆根据社会发展和读者需要，将某些资源重新进行组配，开辟一块区域，形成某个专题馆藏，也属于服务升级。

4. 关于柔性的运营战略

柔性是与刚性相对立的。所谓刚性，指的是图书馆提供给读者和用户的产品和服务是固定的，不可变化的；而柔性是读者可以根据自己的需要对产品和服务进行定制。从某种意义上讲，柔性就是灵活性。就内容而言，图书馆提供的服务多为柔性的，读者到图书馆获取资源，这些资源涉及哪些学科、哪些主题，都有读者自己决定，图书馆不会规定、介入和干涉，这方面充分体现了图书馆服务的柔性。就形式而言，图书馆提供的服务多为刚性的，读者借阅图书的册数限制、某些纸本资源外借、某些纸本资源不能外借、某些资源可以用扫描的方式复制、某些资源却不能用扫描的方式复制等，这些规定有些是合理的，有些却是不合理的，例如有图书馆规定复印只能在图书馆内的复印机上复印，而不能拿出图书馆去复印，这样的规定显然是不合理的，因为它剥夺了读者的自由选择权。在不影响其他读者和用户权益的基础上，柔性的运营战略要求城市图书馆尽可能多提供一些柔性的服务措施。

二、办馆理念创新

人们从事任何工作都不是盲目的，都是在一定的思想指导下进行的。我们要做一件事情，并不是直接就去做这件事情，而是要经过几个环节。首先，我们会在思想里确定一个目标,把做这件事的目的、价值确定下来;其次,我们会大致考虑做这件事情要经过几个步骤,需要哪些方法等;最后,是更加具体化的操作思路。这三个环节分别属于理念形成、发展战略和运营战略三个阶段。由此可见,从理念到发展战略再到运营战略,一个环节比一个环节具体,后者分别受到前者的指导。因此,我们在具体阐述城市图书馆运营创新之前,需要先来研究理念创新和发展战略创新。

1. 办馆理念与办馆实践

根据柏拉图的观点,万物是理念的摹本,理念是最完美的,具体事物是有缺憾的。柏拉图的观点不完全正确,却强调了理念的重要性及其对实践的指导作用。我们知道,一切理论均来源于实践,但科学的理论又高于实践,理论反过来可以指导实践,使实践在更高水平上发展。具体到城市图书馆,城市图书馆办馆理念是从轰轰烈烈的城市图书馆办馆实践总结、提炼而来的,经过总结、提炼而来的办馆理念反过来又指导城市图书馆的办馆实践,使城市图书馆的办馆实践在更高的水平上不断前进。

2002 年,宁波市准备筹建宁波大学园区图书馆,那时的名字叫作宁波高教园区图书信息中心。当时应宁波市政府聘任担任该馆馆长的颜务林认为图书信息中心是没有前途和出路的。经过充分分析和研究城市图书馆发展状况和趋势,颜务林建议把名称改为图书馆。颜务林认为,"这不是名称问题而是理念的问题。这样回答了两个问题,即图书馆的本质是什么,图书馆应该干什么……图书馆最后的归宿不应是数字图书馆。不能因为数字图书馆信息职能很强就认为图书馆就是信息中心,因为数字图书馆不是图书馆的未来,如果是,那图书馆关门的日子也不远了。我认为图书馆的存在自有其价值,因为图书馆有一样东西人类社会不可少而且不可被替代——终身教育"①。因此,2003 年年底开馆时,宁波大学园区图书馆确立了"以文化为灵魂,以人气为中心"的办馆理念。10 年来,宁波大学园区图书馆在这一办馆理念的指导下,制定出良好的发展战略和运营战略,采取了一系列的具体措施,成立了包括 300 家图书馆在内的宁波市图书馆联盟,有效持证读者 20 万,每月新增持证读者超过 5000 人,网上注册用户达 80 万,年下载文献量超过 2000 万篇。

---

① 刘锦山. 颜务林:以人气为中心办好图书馆(图)[EB/OL]. (2011-12-16) [2013-06-30]. http://www.chinalibs.net/ArtInfo.aspx? titleid=242218.

2003 年，杭州图书馆通过调研分析，提出了“为普通民众提供知识扶持，对特殊读者做好学术帮助”的办馆口号，确立了“平民图书馆、市民大书房”的办馆方针。杭州图书馆馆长褚树青介绍，在上述办馆理念的指导下，2003 年杭州图书馆“在全国同行中首先推出免证阅览制度，任何人进入杭州图书馆阅览书籍都不需要证件和费用，并且对 14 岁以下儿童、60 岁以上老人以及困难家庭实行免费服务，对困难家庭还免掉押金。这一举措对当时的杭州图书馆来说是相当艰难和痛苦的。因为，当时财政划拨的图书馆职工工资是不包含奖金的，发给每个职工的奖金必须由图书馆自行创收。从而，免费服务意味着职工收入的直接减少。虽然如此，这一改革之举还是在大家的支持下推出了。2006 年，杭州图书馆牵头制定的《杭州地区公共图书馆服务公约》把杭州地区的公共图书馆带入了免费服务的时代。此举向社会展示了一个全新的公共图书馆形象，引起了社会和公众的广泛关注。财政对图书馆的支持力度也加大了，图书馆步入了良性发展。2008 年，借由新馆建设的契机，杭州图书馆推行了‘平等、免费、无障碍’服务理念，成功推出免收借书押金的创新举措，实现了真正的‘零门槛’全免费服务”①。

2. 办馆理念创新需要注意的问题

(1)遵循社会发展规律，与社会主流思想保持一致

办馆理念的创新过程，是一个把握社会发展规律与趋势，并使之恰当的反映在图书馆办馆理念中的过程。我们知道，做任何事情都要遵循世界发展的一般规律，而社会主流思想往往反映了人们对于人类社会发展一般规律和趋势的真理性认识，图书馆作为人类社会的一个特殊的文化机构，其发展理念同样需要符合社会发展的一般规律，不能与之背道而驰。目前，我们国家正在全面建设小康社会，大家都在为实现“中国梦”而努力，以人为本、科学发展、和谐发展理念深入人心，图书馆在制定自己的办馆理念时不能与上述基本理念和思想相左，而应体现出上述基本理念和思想的要求。只有这样，图书馆才能与社会发展大势一致，才能在发展中抓住机遇。

(2)正确处理人文与技术的关系

不可否认，高新技术对于图书馆的发展起着很大的驱动作用，只要我们

---

① 刘锦山. 褚树青：藤蔓再长，瓜落故乡(图)[EB/OL].(2012-06-16)[2013-06-30]. http://www.chinalibs.net//ArtInfo.aspx? titleid=251812.

回顾一下近20年来信息技术、通讯技术、软件技术与互联网技术对于图书馆发展的影响,谁都不能否认这一点。但是,我们由此也应看到,由于技术的巨大影响,使得不少人将技术的作用过分夸大甚至绝对化,进而提出了技术至上的观点,由此认为数字图书馆将取代传统形态的图书馆,传统图书馆将在未来消亡。这种观点的典型代表就是美国的兰开斯特,作为技术主义学派的代表人物之一,在数字图书馆发端初期,他提出了"无墙图书馆"将取代实体图书馆的预言;当然,随着时间的推移,兰开斯特逐渐改变了自己的观点①。技术的作用不能否认,但技术至上主义肯定是错误的。技术至上主义用技术的方法去解构或者重构一切,在技术至上主义的视域下,图书馆作为一种传承文化、保存思想的文化机构、社会制度,在技术的冲击之下,未来绝无存在之必要。这种观点显然有失偏颇。这就要求我们在制定办馆理念时,既要注意技术的影响,又要注意人文因素的影响。

(3)一切从实际出发

我国正处于城市化快速发展期,各地发展具有相当大的不平衡性,由此造成了不同地区的城市图书馆发展的不平衡性;即便在同一地区的城市图书馆系统内,同一级别的图书馆发展由于各自的条件不同也是有着很大差别的。这就要求我们在制定城市图书馆办馆理念时,一定要从当地的实际情况和本馆的具体情况出发,切不可脱离实际,片面追求高标准、高目标。办馆理念确立下来之后,需要配备相当的人力、物力、财力作为支撑才能得以贯彻落实,如果这些条件不足以对办馆理念形成足够地支撑与保障,那说明办馆理念定得有些过高了。本世纪初,上海图书馆通过国内外发展环境的分析研究,确定了建设世界级城市图书馆的办馆理念,确定建立面向公众、面向研究群体、面向决策部门三个面向的知识服务体系②。这一办馆理念的确立,充分考虑到了上海图书馆所处的发展环境、国内外图书馆事业发展的趋势以及上海图书馆本身所具备的各种条件,是符合实际的,但又具有一定的前瞻性。因此,上海图书馆提出的三个面向在上海世博会期间得到了充分的体现。世博会之后,联合国、国际展览局和2010年上海世博会执委会联合编了《上海手册》,上海图书馆吴建中馆长是其中的起草者之一。这本书里有上海图书

① F. W. 兰开斯特. 生存无从强制[J]. 王兴译,邹永利审校. 中国图书馆学报,2011(1).

② 刘锦山,吴建中. 建设第三空间　强化社会参与[J]. 高校图书馆工作,2012(1).

馆跨两页的参与上海世博会的案例。《上海手册》包含上海世博会的精神遗产和全球城市发展最佳案例两大部分，收录了52个案例，上海图书馆是其中之一，案例中介绍了上海图书馆在城市发展中的作用①。

(4)坚持公共图书馆公益服务的本质

城市图书馆作为公共图书馆的主体，非营利性及公益性是其区别于其他营利性机构的本质区别之一。因此，在制定或者创新图书馆办馆理念时一定要深刻理解和把握"公共"(public)二字的内涵。"公"者，公开、公正、公平也，"共"者，众也、群也、平也。城市图书馆应该本着公开、开放、公正、公平、免费的基本原则，为一切进入馆内的读者提供基本的免费服务。现在大多数图书馆基本上都接受了面向所有读者提供免费阅览服务的观念，但是绝大多数的图书馆在读者进入图书馆之前，要求读者办理借阅证，有些图书馆在读者办理借阅证之时除了要求读者提供自己的身份证之外，还要求读者提供单位介绍信。实际上，能够证明个人身份的文件，最好的凭证就是身份证，为什么除了身份证之外，还要单位介绍信呢？还是一个理念的问题，没有深刻领会和彻底贯彻公共图书馆的公开、开放原则。我们从来没有在哪个书店看到读者进去之前先要出示一下身份证，然后带着单位介绍信再去办一个阅览证才可以进书店看书。书店能做到的事情，图书馆为什么做不到呢？杭州图书馆推出的无证阅览制度很值得借鉴、推广。

3. 创新的办馆理念要素

不同的图书馆由于所处发展环境与自身条件的不同，其办馆理念各不相同。尽管如此，一些具有普世价值的理念要素却是所有城市图书馆办馆理念不可或缺的，或者是不能与之相悖的。

(1)人本

以人为本的思想现在已经成为图书馆界普遍的共识。对于"人本"的理解，可以从其对立面"物本"来进行。考虑问题的出发点是"人"还是"物"，这是区别"人本"和"物本"的基础所在。技术至上主义无疑是"物本"的，忽视了馆员在图书馆中的价值。以人为本包括两个方面的含义在内：以读者为本和以馆员为本。进一步拓展服务形式、深化服务内容、提高服务质量，尽可能为最广大的读者服务，是以读者为本的内在要求。重视馆员、尊重馆员的首

---

① 刘锦山，吴建中. 建设第三空间　强化社会参与[J]. 高校图书馆工作，2012(1).

创精神、培养馆员、爱护馆员是以馆员为本的具体体现。以馆员为本与以读者为本并不矛盾,以馆员为本是以读者为本的基础,以读者为本是以馆员为本的目标。吴建中指出①,现在欧美广泛采用“利益相关者”来指称图书馆的服务对象,这一指称改变了图书馆的范型,开拓了图书馆工作的视野;从服务馆内读者到服务广大利益相关者,以用户为导向,激活潜在读者,激发馆员自身活力,从书的图书馆到人的图书馆的变化是图书馆以人为本理念的重要体现。

(2)平等

图书馆的大门向所有的人都敞开着,同样地对待每一位读者,不因其身份、阶层、地位、财富、种族、性别、信仰而区别对待,这是平等真实内涵。每个人都是每个图书馆的读者,每个图书馆都是每个人的图书馆。图书馆应该取消一切限制人们走进自己的障碍,使人们进入图书馆像进入超市那样方便、轻松。国际图联和联合国教科文组织发布的《公共图书馆服务发展指南》中指出,公共图书馆对本社区的成员,“不论他们的肤色、民族、年龄、性别、宗教信仰、使用的语言、残疾情况、经济和就业情况及受教育程度等都必须平等对待”②。蒋永福指出,“图书馆是否提供平等服务,主要取决于图书馆服务是否体现无身份歧视原则和关爱弱势群体原则”③。印度图书馆学家阮冈纳赞在其名著《图书馆学五定律》中有一段“图书馆合唱曲”:“图书馆大门向一切人敞开,决不能让我们的图书被少数受优惠者——饱学之士所垄断,我们的图书,人人可借,人人可看。”④只有坚持平等的理念,才能将公共图书馆的普惠性服务真正推广下去。

(3)多元

多元文化的理念受到国际社会与图书馆界的高度重视和推崇。国际图联专门设有多元文化人群图书馆服务专业组(IFLA Section on Library Services to Multicultural Populations)⑤。2009 年 10 月在巴黎举办会议期间,UNESCO

---

① 吴建中.转型与超越:无所不在的图书馆[M].上海:上海大学出版社,2012:1—29.

② 菲利普·吉尔主持的工作小组代表公共图书馆专业委员会编写.公共图书馆服务发展指南[M].林祖藻译.上海:上海科学技术文献出版社,2002:15.

③ 蒋永福.现代图书馆的五大基本理念[J].图书情报工作,2009(21).

④ 转引自:蒋永福.现代图书馆的五大基本理念[J].图书情报工作,2009(21).

⑤ 国家图书馆.UNESCO 签署 IFLA《多元文化图书馆宣言》[EB/OL].(2012-11-28)[2013-07-04].http://www.chinalibs.net/ArtInfo.aspx? titleid=272207.

全球总会签署了 IFLA《多元文化图书馆宣言》(IFLA Multicultural Library Manifesto)。2009 年,国际图联推出了《多元文化社区:图书馆服务指南(第三版)》的多语种版本。根据国际图联《多元文化图书馆宣言》,多元的含义指的是:“我们全社会中的每一个人都有权获得全方位的图书馆与信息服务。为解决文化和语言多样性问题,图书馆应为社区全体成员服务,而不应有基于文化和语言遗产的歧视;以适宜的语言和文字提供信息;开放各种反映所有社区及其需要的资料和服务;聘用的员工要反映社区的多样性,并接受过与不同社区的人一起工作并为其提供服务方面的培训。多元化文化与语言环境里的图书馆和信息服务,既包括为各种类型的图书馆用户提供服务,也包括专门针对服务水平不足的文化和语言群体提供图书馆服务。应特别关注多元文化社会中常常被边缘化的群体:少数民族、寻求庇护者和难民、持临时居留证者、移民工人以及土著群体。”①

(4)泛在

泛在的意思是无所不在,指的是读者和用户可以方便、及时地获取到图书馆提供的服务。泛在服务的实现依赖于城市图书馆系统的建设,而信息技术、互联网技术与数字图书馆技术的发展为图书馆泛在服务的实现提供了非常有利的条件。《公共图书馆服务发展指南》指出:“在比较发达的市区和郊区,公共图书馆应在 15 分钟开私车的车程设置一个馆。”②住房城乡建设部、国土资源部和文化部2008 年4 月 16 日发布的《公共图书馆建设用地指标》中规定:大型馆的服务半径应小于等于 9.5 千米,中型馆的服务半径应小于等于 6.5 千米,小型馆的服务半径应小于等于 2.5 千米。因此,城市图书馆系统是一个由大型馆、中型馆和小型馆组成的分布有序的系统,其最大服务半径不应超过 10 千米。这样的规定反映了图书馆服务的泛在理念。目前,不少城市图书馆系统建设并不完善,许多图书馆都通过流动图书馆、自助图书馆等服务方式进行弥补,尽可能地方便读者。同时,要重视现代技术的作用,通过图书馆网站、移动服务、电视图书馆等新的载体和平台充分扩充图书馆服务的泛在性;能够开放的资源尽可能开放使用。

---

① 国际图联. 多元文化社区:图书馆服务指南(第三版)[EB/OL].(2012-06-04)[2013-07-04]. http://www.chinalibs.net/ArtInfo.aspx? titleid=251189.

② 菲利普·吉尔主持的工作小组代表公共图书馆专业委员会编写. 公共图书馆服务发展指南[M]. 林祖藻译. 上海:上海科学技术文献出版社,2002:51.

(5)普惠

服务的普惠性是公共图书馆社会职责的必然要求。城市图书馆提供的基本公共服务,面向的服务对象应该是全体人民。《国家"十二五"时期文化改革发展规划纲要》提出,基本建立"覆盖全社会的公共文化服务体系""以全体人民为服务对象,加快城乡文化一体化发展"。《国家基本公共服务体系"十二五"规划》提出:"基本公共服务均等化。"因此,刘洪辉认为,"现阶段,中国都市图书馆的最重要的使命是推动图书馆服务的均衡发展"①。"以全体人民为服务对象""图书馆服务的均衡发展"内涵的理念就是普惠服务,即让公共图书馆的服务普遍的惠及全体人民。这一理念应该深入地贯彻到城市图书馆的理念体系中,并将之付诸图书馆服务的实践之中。普惠服务理念的建立,对于社会转型时期流动人口的文化服务工作的深入开展具有十分重要的意义。坚持普惠服务的理念,无论是否为常住人口,凭身份证即可享受任何一个公共图书馆提供的基本服务,这应该是每一个人都向往和期盼的,这也是每一个公共图书馆都须为之努力奋斗的目标。

(6)生态

环境问题与生态问题现在已经成为影响和制约人类社会可持续发展的关键问题。城市图书馆在其建设和运营期间,需要消耗大量的材料、能源、水资源并且产生出垃圾、污水、气体污染物等有害物质,对于生态和环境都会造成不同程度的影响。特别需要注意的是,数字图书馆时代还应注意电子垃圾的严重性。说到电子垃圾,人们一般比较关注废弃的硬件垃圾如电脑、打印机、扫描仪、数码相机等对环境的危害,而对"数字垃圾"关注度不高,因为数字垃圾在一般人看来并没有对环境造成什么直接危害。其实不然,数字内容的存储需要消耗大量的存储空间和电能,而存储设备的生产及电能的利用必然会对环境造成不同程度的危害。城市图书馆在其建设与运营过程中,应该树立生态理念,"采取有效手段和措施,善加利用阳光、自然风等自然条件,减少能源消耗;利用节能设施,提高能源使用效率……提高图书馆计算机设备的利用效率,减少电子垃圾的滋生,尽量减少激光打印机、复印机产生的臭氧

① 刘洪辉.新起点 新气象 新使命——寄语广州图书馆新馆[C]//方家忠.大都市的公共图书馆事业——国际学术研讨会论文集.广东:中山大学出版社,2013.

量等”①。

(7)公益

城市图书馆的公益性是毋庸置疑的。面向所有的利益相关者提供免费的基本服务是城市图书馆公益性的重要体现。由于历史原因,我国不少城市图书馆获得的财政拨款严重不足,为了维持最低限度的运营,一些图书馆不得不采取了一些创收的措施,向读者收取办证费、上网费以及高出市场价的文献复制费。最近几年,随着财政拨款的增长,图书馆向读者收费的情况有所减少,但由于多年来形成的惯性思维,这个问题解决得仍然不是很彻底。公共图书馆向其利益相关者提供的文献保障、借阅等基本服务,是人们的一项基本权利,关乎信息与知识的自由获取,而收费行为会对其造成严重的损害与障碍,尤其对一些弱势人群造成的伤害会更大。在建设社会主义文化强国的进程中,城市图书馆作为公共图书馆的主体组成部分,坚持基本服务的公益性具有十分重要的意义和作用。

(8)辩证

从方法论上讲,城市图书馆理念创新必须坚持辩证原则,这样才能处理好一些关乎城市图书馆发展的关键问题。辩证理念要求我们看问题时坚持点面结合、一分为二、系统思维、普遍联系、抓住主要矛盾等原则。例如,在进行城市图书馆建设时,需要解决好城市图书馆发展与城市发展之间的关系;在对城市图书馆系统进行布局时,需要注意中心图书馆和分馆的整体布局问题;在处理图书馆发展诸要素的关系时,要坚持重视人员的作用但又不能忽略其他要素的原则;在馆员队伍建设方面,需要注意馆员队伍学历结构的完善,不能片面追求馆员队伍的高学历;在处理技术问题时,要把人文主义与技术主义结合起来;在强调读者第一的情况下,不能忽视馆员的重要性;在制定规划时,要注意长期、中期与短期战略规划之间的协调和配合;在馆藏政策方面,要注意不同载体、不同来源资源之间的结构和配比。

(9)和谐

建设和谐社会是我国主流的社会思潮。作为公共文化服务体系重要组成部分的图书馆,在建设和谐社会过程中有着积极的作用。城市图书馆办馆理念的创新,要将和谐理念充分地贯彻其中。就人与自然的关系而言,和谐

① 刘锦山,崔凤雷,高新陵.沉思与对话:高校图书馆新馆建设[M].北京:国家图书馆出版社,2010:7.

指的是在保证人类生存发展的前提下,对自然要善加利用,避免环境的破坏和生态的恶化,进而影响到人类的可持续发展;就城市图书馆与社会的关系而言,和谐指的是城市图书馆事业与城市之间的协调发展,城市要给图书馆的发展以持续地支撑,而图书馆也要为城市的发展做出持续的积极贡献;就城市图书馆与读者关系而言,和谐就是城市图书馆在坚持平等、开放、免费的原则下,尽可能为读者提供良好的服务,而读者也要充分尊重城市图书馆所提供的服务及其价值;就城市图书馆内部而言,和谐就是坚持以馆员为本,充分尊重馆员的首创精神,建设良好的工作氛围和人际关系,关心馆员发展等。

三、发展战略创新

城市图书馆一般是在其发展战略指导下运营,而发展战略则是其办馆理念的展开。可见,发展战略是城市图书馆发展中承上启下的一环,作用很大。如何制定创新的发展战略,或者说如何进行战略规划,是发展战略创新的关键所在。有研究者指出,我国图书馆战略规划中存在着战略意识淡薄、缺乏文本规范、文本缺乏连续性、宣传水平有限、缺乏实施和评价、缺乏理论支撑、体系存在不足等问题①。因此,战略创新应该引起我们的重视。

1. 图书馆发展战略

柯平、赵益民②从图书馆战略规划的视域出发,认为图书馆战略规划包含图书馆战略保障、图书馆发展战略、图书馆战略定位等三个关键因素。其中,图书馆战略保障属于战略规划制定的基础,是完成战略制定、实现战略目标的主客观依据及措施。而图书馆发展战略作为图书馆战略的主要表现,包括图书馆的整体发展战略、阶段发展战略,也包括资源建设、人力资源、服务、技术、经费等职能战略。图书馆战略定位是指图书馆确定的合理发展方向。

按照战略所涉及的时间范围来看,战略可以分为近期战略、中期战略和

---

① 柯平等.图书馆战略规划:理论、模型与实证[M].北京:国家图书馆出版社,2013:132—133.

② 柯平等.图书馆战略规划:理论、模型与实证[M].北京:国家图书馆出版社,2013:50—51.

远期战略。根据罗希特·维尔马和肯尼思·博耶的看法,近期战略是为图书馆未来6—18个月要完成的任务提供广泛指导,中期战略是为图书馆未来2年到5年要完成的任务提供广泛指导,远期战略是为图书馆未来5年直至将来要完成的任务提供广泛指导①。

按照战略的内容来看,城市图书馆的发展战略可以分为总体战略和职能战略。总体战略对图书馆的发展目标、发展方向、发展模式、发展阶段做出规定。职能战略则明确了运营、营销、人力资源、财务、资源、服务、技术、建筑设备、绩效评估与联盟等各个领域的核心目标。"职能战略层的战略更加细化,本质上具有战术性。"②因为每个职能都有自己独特的目标,所以职能战略之间可能会产生冲突,例如,资源建设的目标有可能会和财务的目标相冲突,而服务的目标有可能会和技术的目标产生冲突。这些冲突可以通过运营管理进行化解或者平衡。

2. 环境分析

制定战略需要对城市图书馆发展的外部环境与内部环境做出分析,通过这种分析了解自身的优势、劣势以及面临的机会与风险。这就是我们通常所说的SWOT分析法。环境分析可以从宏观、中观和微观三个层面展开。

(1)宏观环境分析

城市图书馆在制定发展战略时需要对国家的经济、政治、文化、社会、科技以及行业的现状和发展趋势做出分析,从中发现城市图书馆发展存在的宏观战略机遇和面临的挑战,为制定城市图书馆发展战略奠定基础。经济是基础,城市图书馆的发展依赖于经济的发展。在分析宏观经济环境对城市图书馆事业的影响时,要着重判明国家整体经济发展处于经济周期的哪一个阶段。一般情况下,一国的经济或者全球的经济都会顺次经历衰退、谷底、扩张和顶峰四个阶段,并循环往复。显然,在经济周期的不同阶段,图书馆所获得的财政投入会有相当大的差别。因此,在经济周期的不同阶段,图书馆的发展战略也会有所不同。宏观政治环境是城市图书馆制定发展战略时需要分

---

①　罗希特·维尔马,肯尼思·博耶.运营与供应链管理:理论与实践[M].霍艳芳等译.北京:清华大学出版社,2010:9.

②　罗希特·维尔马,肯尼思·博耶.运营与供应链管理:理论与实践[M].霍艳芳等译.北京:清华大学出版社,2010:9—10.

析的又一重要背景因素。宏观政治环境分析主要研究主流的社会意识形态、主流的核心价值观、行政结构、政治制度、法律制度以及其他制度和国家政策对图书馆发展战略的影响。例如,我国城市图书馆总分馆系统与欧美有所不同,显然是受到各自的政治制度与法律制度的影响。宏观文化环境分析主要是研究国家文化政策、文化事业发展规划、文化产业布局对制定城市图书馆发展战略的影响,通过分析明确图书馆事业在国家文化事业中的地位和作用。社会分析主要是研究人口组成及其在文化娱乐方面的偏好、非主流社会思潮、非主流的核心价值观等对城市图书馆发展战略的影响。技术对于图书馆的发展有着最直接的作用,宏观技术环境分析,要关注和研究新技术对人们生活方式、工作方式和学习方式的影响和变革,由此对于图书馆读者和用户获取知识和信息的方式、习惯所产生的影响;要关注和研究新技术未来发展趋势及其对图书馆业务流程和工作方式可能产生的影响。行业环境分析要了解图书馆行业国内外最新的发展理念、趋势、重要行业文献、重要举措。理念上要与国内外图书馆高端保持同步,使制定的战略具有相当的前瞻性,符合未来图书馆事业的发展趋势;国际图联、欧美等国家以及我国关于公共图书馆的标准、宣言等重要文献对于城市图书馆发展战略的制定具有相当重要的参考价值;要了解和掌握国内外图书馆行业具有重要影响的工程、项目等,从中发现机会。

(2)中观环境分析

中观环境分析指的是对城市图书馆所在城市的经济、政治、文化、社会、科技以及行业的现状和发展趋势做出分析,为制定城市图书馆发展战略进一步奠定基础。城市经济发展对于城市图书馆的发展有着直接影响,经济快速发展阶段,城市税收、财政充裕,城市图书馆很容易获取数额比较大的财政拨款,这个阶段也是城市图书馆的快速发展期,制定战略时要注意把握好这样的战略机遇期;经济发展处于低谷阶段,城市税收、财政紧张,城市图书馆所获的财政拨款也可能随之减少,这个阶段的城市图书馆的发展战略自然与快速发展期不同,要更加注重内涵建设,夯实基础,为下一轮的快速发展机遇期奠定基础。城市政治环境分析,主要是研究当地对于文化事业、图书馆事业所制定和实行的具有地方特点的政策、地方法规、地方发展规划等,例如当地是否重视文化事业和图书馆事业?是否制定有图书馆条例?通过分析政策、法规、地方发展规划,可以梳理出城市图书馆战略发展的政策窗口期。政治环境分析,还应分析和研究如何最大限度地获得城市图书馆的主管部门及其相关领导的支持,为城市图书馆的发展争取更多的资源。城市的经济发展到一定阶段,必然会加强城市的文化建设,这已经是经过实践检验过的了。城市图书馆要分析研究城市公共文化事业的发展规划,了解城市图书馆在当地公共文化事业中所处的位置,分析城市图书馆在公共文化事业发展中的优势因素和不利因素,与其他文化部门协调发展,并在发展中为自己争取更加有利的态势和地位。城市社会环境分析需要了解城市居民组成情况、文化偏好及其对图书馆服务结构和服务模式的影响,并研究相应的对策。中观技术环境分析需要研究当地技术环境对图书馆发展的影响。离开信息技术,现代图书馆的发展不可想象。不同地区的技术环境存在着相当大的差异。这些差异体现在技术基础设施、技术水平、技术服务、技术人才等方面,这些差异对图书馆的技术战略有着深刻的影响。例如,服务外包现在为大多数图书馆所接受,服务器托管也是服务外包的一种,一线城市和大部分二线城市有网络运营商设立的互联网数据中心(IDC),这种情况下服务器才能托管,对于那些没有网络运营商设立的互联网数据中心的二线城市和三线城市,服务器就不能在当地托管。中观行业环境分析,主要是分析研究当地图书馆行业发展现状及其发展趋势——图书馆行业协会的发展水平、不同类型图书馆的状况和影响、公共图书馆发展状况和影响、图书馆行业从业人员情况等。

(3)微观环境分析

微观环境分析主要是对图书馆自身的现状进行分析研究,是图书馆制定发展战略的现实基础所在。图书馆的人员结构、组织结构、资源结构、技术状况、服务状况、馆舍状况、营销状况、经费状况、文化建设、对外关系等是微观环境分析的主要内容。人员结构需要分析人员的性别、年龄、学科、学历、职称结构。组织结构需要分析图书馆部门建制、部门职责权限、隶属关系等。资源结构需要分析资源的载体比例、学科结构、地方文献与非地方文献的比例、白色文献与灰色文献的比例、数字资源中镜像资源与非镜像资源的比例、古籍善本的数量、借阅率高的资源的比例等。技术状况要分析本馆软硬件基础设施的情况、网站建设情况、业务系统建设应用状况、对最新技术了解与掌握的状况、技术支撑部门状况等。服务状况要分析最近几年内的持证读者数量、到馆数量、借阅数量、网站访问数量、数字资源使用情况以及其他服务状况。馆舍状况需要分析读者活动区、读者休闲区、社区服务区、文献储藏区、特殊读者服务区、基础设备区、员工工作区、疏散撤离区、停车区的现有面积及其利用情况,未来发展是否还有空间,还需分析相关设备的情况。营销状况需要分析图书馆服务营销的开展情况、营销投入、营销方式、营销效果等。经费状况需要分析现有经费额度、常规经费额度、专项经费额度、筹资渠道、经费使用情况等。文化建设状况需要分析图书馆的组织文化建设情况,包括图书馆的办馆理念、视觉识别系统、行为文化等。对外关系状况需要分析图书馆与其主管部门、政府其他部门、行业协会、其他文化机构、资源供应商、读者、专业媒体、公众媒体等外界的关系。

3. 制定战略应参考的文献

城市图书馆发展战略创新不能闭门造车,要充分吸收业界已有的成果。这些成果大致有如下几类:

(1)国际图联的相关文献

国际图联代表世界图书馆事业的最高发展水平,每年一度的国际图联大会是世界图书馆事业的高峰论坛,因此,国际图联的相关文献是我们制定图书馆发展战略的重要参考文献。国际图联发布的相关文献很多,其中有两个文件对于城市图书馆战略创新具有重要的参考价值和意义。其一是国际图联与联合国教科文组织 1994 年发布的《公共图书馆宣言》(Public Library Manifesto),该宣言原件为英文,有中文版本。其二是国际图联与联合国教科文组织 2001 年发布的《公共图书馆服务发展指南》(IFLA/UNESCO Public Library Service Guidelines for Development),该指南的中译本由林祖藻翻译,上海科学技术文献出版社 2002 年 5 月出版。2010 年 2 月国际图联对《公共图书馆服务发展指南》进行修订,出版了第 2 版,名字改为《公共图书馆服务指南》(IFLA Public Library Service Guidelines)①。《公共图书馆宣言》与《公共图书馆服务指南》对于公共图书馆的使命、目标、图书馆赖以建立的法制与财务框架、用户需求的满足、馆藏发展、人力资源、图书馆管理、图书馆营销等做出了翔实的指南,很有参考价值。

(2)欧美地区图书馆界的相关文献

欧美地区的公共图书馆事业发展相当成熟,关于图书馆发展的相关文献对于我们制定图书馆发展战略也有相当的参考借鉴意义。现仅举两例:其一为大英图书馆 2010 年制定的《大英图书馆 2020 愿景》(2020 Vision),对大英

① 国际图联. IFLA 新出版物《公共图书馆服务指南》已发行(图)[EB/OL]. (2010-07-21)[2013-07-07]. http://www.chinalibs.net/ArtInfo.aspx?titleid=198547.

图书馆的价值、使命、愿景、采取的应变措施、愿景传递等进行了陈述；大英图书馆在《大英图书馆 2020 愿景》中所列出的优先事项 5 大主题包括：确保后代能存取，为任何着手开展研究的人员提供存取服务，支持在社会和经济利益关键领域开展研究的社团，丰富国家文化生活，加强世界知识基础的领导和协作①。其二为美国国会图书馆 2010 年 11 月制定的《美国国会图书馆 2011—2016 财年战略规划》（Library of Congress Strategic Plan——Fiscal Years 2011—2016），该规划包括国会图书馆的使命、组织结构、战略目标、价值、外部因素 5 个部分，规划规定美国国会图书馆的使命为"支持国会，履行宪法规定的职责，促进知识进步和创新，服务美国国民"②。

（3）中国图书馆学会发布的相关文献

中国图书馆学会作为我国图书馆界的全国一级学会，在指导各级各类图书馆发展过程中起着积极的作用，中国图书馆学会发布的相关文献对于城市图书馆发展战略创新具有重要参考价值。在制定城市图书馆发展战略时中国图书馆学会发布的两个文件需要重点参考：其一为 2008 年 3 月 21 日中国图书馆学会七届四次理事会审议通过的《图书馆服务宣言》，宣言指出："图书馆是通向知识之门，它通过系统收集、保存与组织文献信息，实现传播知识、传承文明的社会功能。现代图书馆秉承对全社会开放的理念，承担实现和保障公民文化权利、缩小社会信息鸿沟的使命。中国图书馆人经过不懈地追求与努力，逐步确立了对社会普遍开放、平等服务、以人为本的基本原则。"③其二是 2002 年 11 月 15 日中国图书馆学会六届四次理事会审议通过的《中国图书馆员职业道德准则（试行）》。

（4）国家相关部门颁布的图书馆方面的专业标准

例如：2012 年 5 月 1 日起实施的国家标准《公共图书馆服务规范》（GB/T 28220—2011），2008 年 11 月 1 日起实施的《公共图书馆建设标准》（建标 108—2008），2009 年 9 月 1 日起实施的国家标准《信息与文献　图书馆统计》

---

① 刘锦山，沈艺. 大英图书馆推出 2020 年远景发展规划[EB/OL].（2010 - 09 - 29）[2013 - 07 - 07]. http://www.chinalibs.net/ArtInfo.aspx? titleid = 205119.

② 美国国会图书馆. 美国国会图书馆 2011—2016 战略规划[EB/OL].（2012 - 11 - 20）[2013 - 07 - 07]. http://www.chinalibs.net/ArtInfo.aspx? titleid = 270626.

③ 中国图书馆学会. 图书馆服务宣言[EB/OL].（2008 - 10 - 30）[2013 - 07 - 07]. http://www.chinalibs.net/ArtInfo.aspx? titleid = 208382.

(GB/T 13191—2009/ISO 2789:2006)等。

(5)国家文化主管部门发布的与图书馆发展有关的文件

例如《国家"十二五"时期文化改革发展规划纲要》《国家基本公共服务体系"十二五"规划》等。

(6)其他城市图书馆制定的发展战略、战略规划以及其他相关文献

例如,上海浦东图书馆制定的《浦东图书馆发展规划(2011—2015)》、东莞图书馆的《2012 东莞市政府质量奖卓越绩效管理报告》。

(7)图书馆学术界研究成果

国内外学界对于图书馆发展战略方面的研究积累了大量的成果,在进行图书馆发展战略创新时要有效地加以利用。例如:国家图书馆出版社 2013 年 2 月出版的柯平等人的《图书馆战略规划理论、模型与实证》,科学出版社 2013 年 5 月出版的江洪的《图书馆战略规划研究》等。

4. 图书馆发展战略组成要素

根据柯平等研究者的研究结果,图书馆发展战略的组成要素可以分为"必备要素"和"备选要素"两类。其中必备要素主要包括目标体系、实施策略、使命陈述、愿景展望、资源建设、人力资源、技术应用、组织管理、服务承诺、环境分析、经费支持;备选要素主要包括建筑设备、发展方向、发展历程、前言、评价体系、部门分工、成功关键因素、服务理念、服务对象界定、制定过程、可行性分析、危机管理、薪酬管理、指导思想与原则、馆训等①。

柯平等研究者进一步研究了图书馆战略规划的核心体例结构,据此研究结果,图书馆发展战略的核心体例结构主要包括使命、愿景、目标、任务、行动计划和实施策略②。使命是图书馆之所以存在的目的和根据,是对图书馆所承当社会责任的陈述;就图书馆的社会功能而言,图书馆有着共同的、一般性的社会功能,从而图书馆就其使命而言也具有共同性,"保存思想、传播知识、促进交流、造福社会",可以说是所有图书馆共同的使命所在。但是不同的图书馆,会根据自己的具体情况对于自己使命的表述体现出自己的特点来。愿

① 柯平等.图书馆战略规划:理论、模型与实证[M].北京:国家图书馆出版社,2013:328—329.

② 柯平等.图书馆战略规划:理论、模型与实证[M].北京:国家图书馆出版社,2013:331.

景是图书馆发展的长远理想，愿景对图书馆的发展起着规范、指引作用。愿景是依据图书馆使命而建立的图书馆发展理想，由于图书馆的社会功能具有多重性，从而使图书馆的发展理想也具有多重性，但是在一定时期、一定阶段，图书馆的愿景只能有一个。因此，图书馆愿景是根据图书馆发展环境以及图书馆自身情况提炼出来的，最适合图书馆在某一时期或阶段的发展理想，愿景并不意味着图书馆其他的社会功能或者理想就不存在了，只不过在某个特点的时期或阶段，图书馆对自己多重使命所强调的重点不同而已。比如，将城市图书馆建设成为文献中心、信息中心、知识中心、文化中心、第三文化空间等，均可能成为图书馆的发展愿景，将其中任何一个作为图书馆的发展愿景，并不否认其他功能或者理想。图书馆发展战略创新重要的手段和方式之一就是愿景升级，而愿景升级就是根据图书馆发展环境、自身条件变化、发展阶段的变化，及时对愿景进行转换。现在不少城市图书馆的发展愿景已经从十多年前的文献中心、信息中心转换为知识中心、文化中心或者第三空间，这就是愿景的创新。

目标是图书馆阶段性的努力方向和要达成的成果。根据实现目标所需时间长短，目标可以划分为短期目标、中期目标和长期目标。短期目标相较于中期目标和长期目标其内容更加具体。目标的确定要难度适中，难度太大根本达不到则如同没有目标，难度太小轻易即可达到，也起不到激励的效果。只有难度适中的目标对于发展战略来说才是科学的、可行的。“图书馆任务是目标的进一步细化和具体化，是为实现每一个战略目标而制定的具体的、短期所要达到的结果。任务一般是指可量化、具体的目标，能够使战略规划具有可衡量性、执行性。”①“行动计划是为实现既定目标、任务，根据本馆馆情而制定的具体履行措施或执行活动，具有切实可行性。”②行动计划一定要明确时间节点、结果要求，以便切实加以落实。“图书馆实施策略主要包括为实施战略目标和计划而制定的措施、方案。实施策略是对愿景的支持，它可以减少战略规划的不确定性。同时实施策略是受使命驱动的，在紧急情况下为意想不到的问题确定应对机制。”③

在核心要素的基础上，柯平等研究者还提出了国内图书馆发展战略中常

①②③柯平等. 图书馆战略规划：理论、模型与实证［M］. 北京：国家图书馆出版社，2013：334.

见的若干特色要素:发展方向、回顾与总结、指导思想与指导原则、部门分工①。图书馆在制定发展战略时可以根据情况选用。此外,前言(引言)、价值观、环境分析、制定过程、经费预算、评价体系、附录等也是图书馆发展战略的辅助组成要素②。

5. 保持充分的战略坚定性

在制定城市图书馆发展战略时要从实际出发,多方调研,充分考虑到战略的可行性以及前瞻性,使得战略对图书馆的发展切实能起到中长期规划与导向作用。战略制定一旦完成,就进入战略实施阶段。在这个阶段城市图书馆要保持充分的战略坚定性,不能朝三暮四,轻易动摇。

(1)要有充分的战略自信

战略自信体现在对战略的坚定不移的贯彻过程之中,不因一时一地之情况变化,就出现战略动摇。战略动摇产生的危害甚大,应该尽量避免。要避免战略动摇,建立战略自信,除了战略制定阶段的充分工作之外,还要在战略实施过程中进行大量的宣传工作,使城市图书馆的使命、愿景、目标以及实施方略深入馆员内心,使图书馆的愿景为馆员共同拥有和分享,增强大家的战略自觉与自信。

(2)保持战略的持续性

美国国会图书馆每五个财年就制定一个五年期的战略规划,新的战略规划对前一个规划有改进、有提升,也有继承,很好地保持了战略的持续性。城市图书馆在贯彻发展战略时要注意保持战略的持续性。这里需要提一下任期计划,每一任馆长上任,总会在工作中留下自己的风格和印迹,这也是图书馆事业不断发展的原因之一。需要注意的是,任期计划要和图书馆已有的长期发展战略很好地结合起来,既能继承上一任馆长的成果,又能把新任馆长的主观能动性发挥出来,使继承和发展辩证地结合起来,保持战略的持续性。

---

① 柯平等.图书馆战略规划:理论、模型与实证[M].北京:国家图书馆出版社,2013:335—336.

② 柯平等.图书馆战略规划:理论、模型与实证[M].北京:国家图书馆出版社,2013:336.

四、管理工作创新

从职能上讲，管理包括计划、组织、领导和控制四项基本职能①。图书馆管理从职能上看，同样包括这四项基本职能。图书馆的发展一直伴随着管理的变革和创新，尤其在图书馆生存背景发生重大变化的时期，图书馆的管理创新非常必要。

1. 计划

计划对于任何一项工作都是必不可少的，计划的有无极大地影响工作的效果。以图书馆发展战略为依据，制订切实可行的工作计划，将会极大地促进图书馆发展战略的贯彻实行。这里需要区分战略规划与长期计划之间的不同。“战略规划和长期计划的主要差异在于两者所强调的假设环境不同，一般来说，长期计划建设现阶段对未来情况的了解已足以确定该计划付诸实施的可行性……然而，战略规划假设一个组织必须对不断变化且难以预测的环境有所回应。战略规划强调的是决策的重要性，使组织能成功应付环境的各种变化；战略规划看重的是整体方向，而非推算明确的、年度的具体目标。”②

计划可分为综合计划、综合计划分解和执行计划③。综合计划是长期的发展计划，综合计划的时长一般为1—2年，通常以每月或每个季度作为一个时段。综合计划分解是指“将综合计划分解为短期运营计划，而短期运营计划为安排每周与每天的详细计划奠定了基础”④。执行计划是“将任务分配到人、设定任务的优先顺序、调度设备以及控制流程”⑤。

城市图书馆制订计划首先要了解读者和用户的需求，而需求则受到图书

---

①　斯蒂芬. P. 罗宾斯. 管理学[M]. 黄卫伟等译. 北京：中国人民大学出版社，2003：8.

②　王名. 非营利组织管理概论（修订版）[M]. 北京：中国人民大学出版社，2010：95.

③　戴维. A. 科利尔，詹姆斯. R. 埃文斯. 运营管理[M]. 马风才编译. 北京：机械工业出版社，2011：178—181.

④⑤戴维. A. 科利尔，詹姆斯. R. 埃文斯. 运营管理[M]. 马风才编译. 北京：机械工业出版社，2011：181.

馆服务营销的影响。根据确切的需要提供服务的数量和质量,对图书馆的资源进行调配、调度。我们知道,城市图书馆作为公共文化服务部门,节假日的读者到馆量可能比平日要大得多,图书馆的服务压力也比平日要大许多,为应对这种突然增加的服务量,需要提前做好应对预案,也就是计划,一种办法是在不增加人力的情况下加班,一种办法是临时增加人力。加班需要按照劳动法规定支付加班费;临时增加人力分三种情况:一是将非一线部门的人员临时抽调到一线部门,二是聘用临时工,三是动员志愿者帮助。三种情况各有利弊,如何取舍要根据服务质量、成本进行综合比较分析确定用何种方式。

当面临多个先后相继甚至并发的任务时,制订计划时就会运用到优选法和运筹学的方法,从众多的方案中优选出最佳方案。优选法和运筹法常用的方法很多,例如线性规划、图论、博弈论等。一般情况下,城市图书馆采用定性的方式就可遴选出最佳方案。与制造业连续生产的情况不同,城市图书馆所提供的服务一般是不连续的形式,根据戴维. A. 科利尔的研究,可以采取如下准则获得最佳的效果:先来先服务,剩余作业数最少,剩余工作时间最少,优先完成工作量最小①。

计划需要明确的时间节点和任务要求,同时还需要对计划的执行情况进行监控。缺乏上述两点的计划不是真正的计划。

2. 组织

组织创新指的是通过调整、变革组织机构,以使组织能够更加适应环境的变化,并保持旺盛的创造力。组织创新是整个管理创新的基础所在。

(1)机构改组

图书馆的组织机构是在图书馆业务流程基础上构建的,当组织机构与业务流程相适应时,组织机构对业务活动能够起到积极的推动作用,当组织机构与业务流程不相适应时,组织机构机构会对业务活动造成阻碍作用。在纸本资源占统治的时代,图书馆的业务流程基本上是围绕书、报、刊,特别是图书展开的,而图书馆的组织机构则与这种业务流程相适应,图书馆的业务部门一般都会设置采访部、编目部、典藏部、流通部等,这种机构设置模式与图书的购买、加工流程相契合。在数字资源走上历史舞台后,其采集、加工流程

① 戴维. A. 科利尔,詹姆斯. R. 埃文斯. 运营管理[M]. 马风才编译. 北京:机械工业出版社,2011:211.

与纸本资源有着很大的不同,先前分属四个不同部门的不同工作现在可能需要两个部门甚至一个部门即可完成,这种情况下图书馆的业务部门设置就要随之发生很大的变化。

在互联网时代,随着信息技术的发展,图书馆内部的工作沟通、联系也发生了深刻的变化,由此也促进图书馆的组织机构发生了深刻变化——由以前的多层塔式结构正逐步转变为扁平组织结构。而扁平组织结构可以较好地克服塔式结构存在的横向联系薄弱、协调困难的问题。合并裁撤是塔式多层结构向扁平化结构过度发展的方式。扁平化的组织结构减少了管理层次,扩大了管理跨度,降低了图书馆运营成本,提高了效率。

(2)临时任务小组

不管如何合并裁撤,一个图书馆必须保持最低数量的部门设置,以保证图书馆的常规工作有条不紊地进行。这些部门一旦设立起来,一般具有较强的稳定性,灵活性相对较差。为了应对日新月异的技术挑战和图情事业的不断发展,根据具体情况有必要成立临时的任务小组,来完成某个特定的任务,实现某个特定的目标,在任务完成、目标实现之后任务小组解散。

临时任务小组具有很大的灵活性,可以满足图书馆应对挑战和竞争的需要。在新馆建设、重要设备采购、迎接评估等方面都可从有关部门抽调精干人员,成立临时任务小组,是非常有效的一种手段。临时任务小组运用得当,可以达到一举多得之利:弥补常规部门刚性较强、灵活性不足的缺点,很好地完成特定的任务;锻炼干部的一种有效手段;增强内部活力等。

(3)图书馆委员会

成立图书馆委员会是不少图书馆的选择,如果说常规部门、临时任务小组还只是局限于图书馆内部的组织机构变革,那么图书馆委员会则突破了图书馆的局限,通过图书馆委员会使图书馆和外界发生了联系。

一般的图书馆委员会都是由图书馆主要馆领导以及图书馆上级主管单位的相关主管领导组成,比如有些城市图书馆委员会,其组成一般由图书馆正副馆长、图书馆主管部门的领导、业内资深专家、读者代表组成。图书馆委员会的人选上,要大胆突破单位、行业、系统的局限,吸收一些社会上的贤达参加进来,使图书馆通过这个委员会真正和社会形成交流和互动。

按照美国有关学者的研究,图书馆委员会的基本功能是咨询和联系。少数图书馆委员会拥有制定政策和决策的权力,大多数图书馆委员会的权力主要是向馆长和图书馆高层管理人员提供咨询。图书馆委员会也会对图书馆运营政策和图书遴选提供咨询①。在图书馆的战略发展方面提供参考咨询也是图书馆委员会的重要功能。实际上,设立图书馆委员会的根本目的是为图书馆的发展争取到更多的资源和空间,这里的资源是广义上的资源——经验、智慧、经费、政策等。

在组织创新中,除了对组织机构进行调整、变革之外,还要将职务设计引入馆员培养中,在一定条件下采取职务轮换、职务扩大化,同时还需引入团队意识。

3. 领导

对领导来说,最重要的两件事情就是制定政策、用好干部。图书馆的领导创新主要体现在政策创新、用人创新、创造高效率的工作团队几个方面。

(1)政策创新

图书馆在制定政策上,首先要紧紧把握整个图书馆事业面临的宏观背景:我国经济多年持续稳定增长,国库收入充盈,建设社会主义文化强国成为举国上下的共识,因而在图书馆事业上的投入逐年增长,我国的图书馆事业正处于历史上从来没有过的良好发展时机。上述背景决定了在制定图书馆发展政策时,我们应该采取一种积极的、发展的而不是保守的、裹足不前的态度。紧紧站在时代的风口浪尖,不断将图书馆事业推向前进。其次,要把握整个图情事业的发展状况。在信息技术强有力地推动下,图书馆目前正处于一个快速发展的转型时期。掌握了上述背景,可以有效地制定适合本馆的各项政策。图书馆政策一般包括发展政策、资金政策、资源建设政策、人力资源政策、读者工作政策、基础设施政策等。制定各项政策时要避免因循守旧。

(2)用人创新

“在人事制度上实行定岗定编、全员聘任、竞争上岗;在分配制度上,本着淡化职称、重视能力、强调岗位的原则分级发放岗位工资。通过不同岗位的设置和工资待遇的分级,调动了不同工作人员的积极性。”②这是图书馆在用人制度上创新的重要发展趋势和原则,目前不少图书馆已经开始按照上面的原则进行改革,而且取得了较好的效果。用人创新的第二个方面体现在采取

---

① Gerard B McCabe. Operations Handbook for the Small Academic Library[M]. Greenwood Press, 1989:22.

② 崔凤雷. 代根兴:孜孜以求理论与实践的完美契合[EB/OL]. (2003-02-28) [2013-07-08]. http://www.chinalibs.net/ArtInfo.aspx? titleid=4784.

稳妥的方式，逐步向社会公开招聘图书馆一部分甚至大部分岗位的工作人员，在思想上树立内部（图书馆内部）与外部（图书馆以外）人员并重的观念，在人员问题上形成良性的互动局面。用人创新的第三个方面体现在图书馆高层干部的公开选拔、竞聘上岗。目前在图书馆进行的竞聘上岗一般都限于中层（包括中层）以下岗位，副馆长和馆长岗位一般由其上级主管单位直接任命。实际上，随着图书馆面临着越来越严峻的竞争和挑战，图书馆对于高层岗位也将逐步采取竞聘的方式确定。

（3）创造高效率的工作团队

工作团队是为了实现某一目标而由相互合作的个体组成的正式群体。团队一般是由若干阅历、背景、经验、特长等具有较大差异但又互补的人员自愿组成，团队成员之间地位平等，具有良好的集体精神。高效率的自我管理工作团队可以使管理层摆脱过多的事务性工作，有时间进行战略思考。图书馆如果把部门建制与团队方式结合起来，则可大大减轻馆长的负担，使馆长有时间深入思考图书馆的发展问题。不仅如此，工作团队还可以提高图书馆的决策速度，以团队为单位进行工作安排，其速度会大大高于以个人为单位进行工作安排。这里充分地利用了团队的自我组织、自我管理职能。团队的另一个好处是可以促进馆员队伍的多元化。由不同背景、不同经历的个人组成的群体，思考问题的角度、广度会比单一性质的群体更广阔。这对于改善目前图书馆人员组成结构有着非常积极的意义。

4. 控制

所谓控制就是监视各项活动以保证它们按照计划进行并纠正各种重要偏差的过程。控制过程一般由三个步骤组成：衡量实际效果，将实际效果与计划或标准进行比较，采取措施纠正工作过程中出现的问题。控制的方面和内容包括人员、财务、作业、信息和组织的总体绩效①。

控制创新的一个需要注意的趋势是图书馆信息管理系统的应用。图书馆行业是接触计算机技术最早的行业之一，以管理印刷本文献为基础的图书馆自动化管理系统的应用就是如此，但是自动化系统只是着眼于图书馆某一局部范围的工作，若着眼于整个图书馆的工作去思考，那么图书馆办公管理

---

①　斯蒂芬. P. 罗宾斯. 管理学[M]. 黄卫伟等译. 北京：中国人民大学出版社，2003：377—378.

系统就呼之欲出了。现在,不少图书馆已经开始在这方面进行探索,自行开发了图书馆内部的办公管理系统,这是图书馆控制创新的一个可喜的变化。以信息技术作为控制创新的辅助手段,全面介入图书馆管理各个环节,是图书馆管理创新的一个重要发展趋势。而图书馆管理系统的出现和应用是与图书馆的理念创新、计划创新、组织创新和领导创新为前提的。

5. 财务管理

资金是图书馆运营的生命线,而财务管理的目的就是维护这一生命线。从宏观而言,财务管理有两个方面工作:一方面是开源,一方面是节流。所谓开源就是为图书馆正常运营找到足够的资金。对于城市图书馆而言,其运营资金的主要来源是财政拨款,但财政拨款不是图书馆运营资金来源的唯一渠道。图书馆可以通过申请国家、省级或者上级政府主管部门设立的各种支持图书馆发展的专项资金,也可以申报参加相关的重点文化工程来获得资金和设备等方面的支持,还可以向其他组织、企业、个人募集资金。例如,目前城市图书馆可以申报参加的重点文化工程包括文化共享工程、数字图书馆推广工程、公共电子阅览室计划、中华古籍保护计划等。

所谓节流就是高效、节约地使用资金,让资金发挥最大的作用。需要注意的是,说到节流,人们一般更多关注的是如何把不该花的钱省下来,但对于如何花好钱关注不够。例如,图书馆一年可能会收到各种各样的会议邀请函,一般都会把那些对自己价值不太大的会议推掉,以节约经费。但是,对于数十万、数百万的购书经费的使用,受制于条件的限制,却不一定能够很好地保证采购回来的图书确实是自己所需要的图书,所以这方面应该引起城市图书馆的足够重视。另外,节约也要区分哪些钱该节约,哪些钱不该节约,在人才队伍建设上面要舍得投入,因为人才队伍是所有工作的关键因素。

五、人力资源创新

在图书馆诸多组成要素中,人力资源是影响图书馆发展的关键要素。在图书馆外部环境和内部环境多变的今天,城市图书馆人力资源工作也要因时而变,不断进行创新。大致而言,人力资源工作涉及岗位设计、员工招聘、员工培训、员工职业生涯规划、志愿者、薪酬体系与绩效评估等方面。

1. 岗位设计

美国亚拉巴马州大学亨茨维尔分校图书馆馆长德尔姆斯.E. 威廉(Delmus E. Williams)1989 年指出,“如果有人说,目前这个阶段,对图书馆馆员这一职位来说是其历史上变化最为激烈的时期之一;这似乎已是老生常谈了”①。在上个世纪 80 年代、90 年代,图书馆面临的挑战主要来自两个方面:其一是计算机技术的出现对于图书馆业务流程以及组织机构的深刻影响;其二是经费紧缺所产生的影响。特别是计算机技术的影响尤为深刻,德尔姆斯.E. 威廉转引尼尔森的观点说:“事实上,一些图书馆馆员相信,技术正在使图书馆馆员这一职位非职业化,因为自动化使每个人不需要帮助就能获取信息。”②现在看来,信息技术的发展及其对图书馆的影响远非上个世纪时的水平可比拟,由此图书馆面临的挑战和机遇也远大于当时。为应对挑战、抓住机遇,城市图书馆须与时俱进,进行组织机构的再造,通过创建新的部门、转换已有部门的职能、合并裁撤不需要的部门等措施使得图书馆的组织机构能够适应环境的变化。与此相应,图书馆须对各个部门的岗位进行设计,以适应变化所需。

岗位设计是根据城市图书馆发展需要,对岗位名称、岗位定员、岗位职系、岗位职责、岗位权力、任职资格、工作关系、工作环境,进行分析、确定的过程。岗位设计可以是人力资源管理的一种重要手段和方式,良好的岗位设计可以激发馆员的工作积极性,增强馆员的满意度,促进工作绩效的提高。岗位设计需要成立由馆领导牵头的岗位设计小组,具体负责图书馆的岗位设计工作。

(1)岗位分析

岗位设计之前要进行岗位分析,经过岗位分析之后即可进行岗位设计,岗位说明书是岗位设计的成果。岗位分析是通过对岗位的相关信息进行搜集、整理、分析与综合,确定岗位的详尽要求。岗位分析工作由岗位设计小组具体负责实施。岗位分析与岗位设计是在城市图书馆办馆理念、发展战略与业务流程基础上进行的,因此,岗位设计小组的成员一定要清楚地理解上述

① Gerard B McCabe. Operations Handbook for the Small Academic Library[M]. Greenwood Press, 1989:51.

② Gerard B McCabe. Operations Handbook for the Small Academic Library[M]. Greenwood Press, 1989:54.

内容，这样才能明了每一个岗位在城市图书馆发展战略以及业务流程中的具体位置和作用。岗位分析的前提是占有必要的资料，因此搜集资料是岗位分析的第一步工作。岗位分析所涉资料包括城市图书馆的办馆理念、发展战略、业务流程说明、管理流程说明、职业名称词典、其他图书馆岗位说明书、岗位任职者的描述、岗位上下级对该岗位的描述、读者和用户对该岗位的描述等。搜集资料所采取的方法包括观察法、工作实践法、访谈法、调查问卷法以及对员工工作记录或者日记的整理等。

完成资料搜集之后即进入岗位分析阶段。岗位分析是对所搜集的岗位资料进行去粗取精、去伪存真的过程。通过岗位分析获得对岗位的清晰的、条理性的和综合性的认识。岗位分析需要对岗位名称、岗位定员、岗位职系、岗位职责、岗位权力、任职资格、工作关系、工作环境进行逐项分析，以形成对岗位的全面认识。岗位分析初步完成之后还需要请相关岗位人员提出修改反馈意见，这样有助于避免岗位分析结果的偏差，为岗位说明书的撰写奠定良好的基础。

（2）岗位说明书

岗位说明书是岗位设计的具体成果。岗位说明书将岗位分析的结果用格式化文档简洁、洗练地表述出来。具体参见下表《图书馆技术部主任岗位说明书》。

图书馆技术部主任岗位说明书

<table>
<tr><td>岗位名称</td><td>技术部主任</td><td>岗位编号</td><td>L-JSB01</td></tr>
<tr><td>所属部门</td><td>技术部</td><td>岗位定员</td><td>1</td></tr>
<tr><td>直接上级</td><td>主管副馆长</td><td>职系</td><td>技术系统</td></tr>
<tr><td>直接下级</td><td>技术部工程师</td><td>岗位级别</td><td>部门主任</td></tr>
<tr><td colspan="4">岗位职责：
负责技术部的管理工作，负责图书馆网络系统的管理与维护，负责图书馆业务管理系统的管理与维护，负责图书馆数字资源的管理与维护，负责开发研究工作，负责图书馆信息安全工作，负责技术资料归档等</td></tr>
<tr><td colspan="4">具体职责：
1. 负责及时跟踪国内外城市图书馆新技术、新产品的发展趋势，完成每季度的《城市图书馆新技术新产品发展动态》的编撰，供馆领导决策参考；
2. 负责与国家图书馆、省馆、共享工程技术部门的联系，及时了解相关项目的技术变化情况，据此完成本馆相应的技术开发工作；</td></tr>
</table>

续表

3. 负责馆内数字图书馆项目技术文件的编制，提出相关费用预算供馆领导决策参考； 4. 负责图书馆网络系统和计算机设备的管理与维护； 5. 负责图书馆业务管理系统的管理与维护； 6. 负责本馆网站的开发、管理与维护； 7. 负责本馆采购的数字资源、软件产品的技术考察，做好相应的技术管理预案； 8. 负责图书馆的网络安全与信息安全工作； 9. 负责技术部的日常管理工作； 10. 负责全馆及技术工作人员的技术培训工作； 11. 负责技术资料的建档及管理工作； 12. 完成馆领导交办的其他工作	
教育背景	大学本科及以上学历
专业	计算机技术专业
经验	3 年以上图书馆计算机技术岗位工作经验
知识	熟悉网络管理、网站开发与管理、数据库开发与管理、项目管理、技术管理等方面的知识，熟练使用办公软件、常用的（至少一种）开发语言等
技能技巧	有较强的沟通协调能力、管理执行能力等
工作环境	图书馆技术部
备注：	

2. 员工招聘

“在任何专业活动中，人都是关键的资源，因为专业活动的工作质量取决于工作人员的质量。”①“聘用工作的成功很大程度上依赖于图书馆的基本决策，同时也依赖于从事招聘工作人员的教育、培训和经验。不幸的是，没有多少人拥有更多的招聘过程的经验。”②因此，了解招聘的程序以及相关问题相当重要。

城市图书馆的招聘一般由人力资源部门或者行政办公室来具体负责。

①②Gerard B McCabe. Operations Handbook for the Small Academic Library[M]. Greenwood Press, 1989:63.

为保证招聘工作的顺利进行,还应成立招聘委员会或者招聘领导小组,负责制定招聘政策、招聘岗位确定、招聘广告审定、初试和复试人员的遴选、录用员工的确定等。招聘委员会由馆级领导、人力资源部或者办公室负责人等组成,人员不宜超过10人。招聘委员会的主任由馆长担任。人员需求由图书馆的相关部门提出,招聘委员会根据本馆的现有人员编制情况以及政府相关主管部门给予本馆的编制确定是否招聘、以何种用工方式进行招聘。目前,常见的用工方式有如下三种:事业编制、合同工和临时工。随着时间的推移,事业编制会越来越少,而合同工和临时工会越来越多。

根据岗位需求,撰写招聘广告。招聘广告的内容不能出现性别、种族、身份歧视。招聘广告内容要写明招聘岗位、任职资格要求、工作内容、薪酬待遇、申请和简历的投放方式等。招聘广告写好后,不要立即发布,放几天再发布,以便发现问题及时修改。广告发布的媒体包括网站、电视、电台、报纸、期刊等。既要重视大众媒体,也要重视图书馆行业的专业媒体,专业媒体虽然覆盖面小,但其面向专业人群,定向性强,而且相较于大众媒体,专业媒体的广告价格更加实惠。无论大众媒体还是专业媒体,投放广告都是需要经费支持的,因此,城市图书馆招聘广告的发布还应注意利用本馆的网站以及图书馆行业的博客、微博、微信等新兴媒体,这些媒体发布招聘广告大多是免费的,而且具有传播速度快的特点。申请和简历的接收方式应该包括电子邮件和信函两种方式。

招聘广告发布之后就会收到应聘者以电子邮件或者信函投来的申请和简历。收到简历之后即开始简历的初选。初选要把那些没有提供招聘广告要求提供的资料的申请和没有达到招聘广告要求的最低条件的申请剔除出去。对于没有通过初选的申请者最好能够回复一封有礼貌的邮件或者信函。初选之后就应该接着进行二选和三选。如果初选之后的申请者数量不超过100人,则继续进行二选。二选主要根据能力进行遴选。招聘委员会根据每个申请者提供的简历等资料进行遴选,可以按照百分制或者五分制打分,然后汇总并求出平均分,按照分数高低确定通过第二轮遴选的申请者。对于没有通过第二轮遴选的申请者,应该写一封礼貌的信函告诉申请者招聘委员会对其申请经过充分考虑后,认为其不适合此职位①。然后进行第三轮遴选,每

① Gerard B McCabe. Operations Handbook for the Small Academic Library[M]. Greenwood Press, 1989:70.

个岗位大约遴选出6—8个候选人。接下来通知通过第三轮遴选的候选人进行电话面试(或者远程语音、视频面试),然后对通过电话面试的申请者进行背景调查,通过背景调查的申请者接下来进行面试。

"电话面试可以让你获得候选者的经历、个性、动机、性格和智力技能等相关信息。电话面试可以使你不受穿着、相貌、姿态、举止和喜好等因素的影响做出判断。然而,电话面试能够排除或者戏剧性地改变诸如肢体语言、面部表情、时机、会话等某种能够对最终结果产生重要影响的互动和沟通。电话面试是有用的,但是电话面试也会导致错误的印象。"①互联网技术的发展,使得远程语音和视频面试可以通过即时通讯软件非常方便的进行。远程语音面试和电话面试具有同样的优点和不足,而远程视频面试则可以克服电话面试和远程语音面试的不足。电话面试要提前准备好面试问题清单,这样才能取得较好的面试效果。"请候选人描述一下他们自己并向他了解其他人是怎样描述他们的。"②电话面试可以为随后的背景调查提供基础。对于没有通过电话面试的候选人要及时以邮件或者信函回复,将结果尽快告诉他们,要注意信函的语言及措辞。

背景调查是确定候选者是否适合某个岗位的关键步骤。背景调查一定要征得候选人的同意,并且由候选人提供若干人员名单供调查。背景调查是对候选人提供的信息的真实性以及诚信度进行的调查。由于受到所在单位的政策的制约以及害怕麻烦等原因的影响,许多情况下相关人员都不愿意把自己知道的关于候选人的一切情况说出来。与候选人的前任上级、同事进行对话沟通,是很重要的。显然,候选人提供的人员名单一般都是与自己关系不错,对自己有利的人员名单,因此候选人提供名单之外的人员提供的信息是非常有价值的。进行背景调查需要注意如下几个问题:不涉及候选人尚未离职的单位、不涉及候选人的个人隐私、背景调查的结果不是候选人是否胜任该岗位的唯一依据、给予认为有问题候选人申辩权利、背景调查信息保密。

面试是招聘的最后一个环节,通过前面的申请筛选、电话面试、背景调查,候选人的基本情况已经了解得差不多了。面试可以对候选人的待人接物能力、应变能力、语言能力等进行当面了解,并就薪酬待遇问题进行沟通;同时解答候选人提出的有关问题。面试不仅是招聘者面试应聘者,也是应聘者

①②Gerard B McCabe. Operations Handbook for the Small Academic Library[M]. Greenwood Press, 1989:71.

面试招聘者。图书馆一旦确定聘用应聘者,就要给予新员工以合适的定位,并进行相应的岗位培训,使其尽快上手。如果图书馆尽了最大的努力,发现新员工仍然不能胜任工作,要尽快解除合同。当然,对于没有通过面试的候选人,也要及时发邮件或信函进行通知他们结果。

如果初选之后的申请者数量很大,还有多达上百人甚至上千人,这时就不再进行二选、三选和电话面试,而应通过笔试的方式进行遴选,这样可以大大减小工作量。笔试的试题应该提前出好,侧重考试申请者的知识面、图书馆的基本知识和能力。通过设定合适的笔试分数线,将遴选出来的候选者的数量确定为招聘岗位的 6 倍左右,然后进行背景调查和面试,最后确定出录用名单。

3. 员工培训

城市图书馆正处于一个发展环境不断变化的时代,为了向读者和用户提供高品质的服务和产品,图书馆招聘和录用的员工具有多样的学科背景和工作背景,而不全具有图书馆学、情报学学科背景和在图书馆工作的背景。从员工个人发展而言,除了部分员工将来可能会离开图书馆寻找其他发展机会,城市图书馆大部分的员工都要长期在图书馆领域工作,他们的职称评定要走图书馆系统,因此员工培训与职业发展规划对员工个人就有着十分重要的意义,直接关系到他们的切身利益。从图书馆发展而言,图书馆的服务和产品需要有高水平、高素质的员工来提供,图书馆的可持续发展建立在员工队伍的可持续发展基础之上,因此员工培训与职业发展规划对于图书馆的发展也是十分重要的。

员工培训的流程包括培训需求评估、制定培训目标和计划、开展培训、对培训进行评价。

培训需求评估是根据岗位对于员工素质与技能现在以及将来发展的要求,确定需要对员工进行哪些方面的培训,以弥补员工素质与技能的不足。进行培训需求评估的基础性文件是《岗位说明书》,如前所述,《岗位说明书》明确了岗位对于员工知识、素质、技能的要求以及岗位的具体职责,图书馆和员工可以对照《岗位说明书》整理出每位需要培训员工的培训需求。为使培训需求更加准确,可以综合采取面谈、问卷调查、技能测试等方法了解员工需要哪个方面的培训。就培训内容而言,通常由三个部分组成:一般培训、特殊培训、个别培训。一般培训是新入职员工或者所有员工都参加的培训,培训内容主要包括本馆情况、办馆理念、发展战略、行业发展状况、图书馆的各项规章制度等。一般培训也叫上岗培训。特殊培训指的是各个部门针对本部门员工开展的培训，例如技术部对新入职员工就技术部的技术规章、技术工作规范等开展的培训。个别培训指的是针对每个岗位、每个员工开展的个性化培训，培训内容会因岗、因人而异。

培训目标着眼于提高员工对于图书馆的认同感，着眼于提高员工的素质和技能，以胜任其所在岗位现在以及未来发展的要求。培训目标要具体可量化，这样才能对培训结果进行评估。例如，“理解和掌握图书馆发展战略”就不是一个具体的目标，何为“理解”？何为“掌握”？不好确定。“能够说出图书馆发展战略中五条内容中的三条”，就是一个具体的目标。根据《岗位说明书》、培训需求以及员工的职业发展规划，制定出对员工的培训计划，培训计划的制定需要员工的积极参与。培训计划包括短期培训计划、年度培训计划以及长期培训计划。计划内容要近详远略。“培训计划中要确定所采取的培训手段和方法，每个组织可以结合自身的条件选用多种不同的方法，如讲授、演示、研讨、视听技术、角色扮演（亲身实践）、案例分析、远距离培训、程序化教学等。”①参加业内举办的各种学术、技术研讨会，馆际互派员工交流等也是有效的培训方法。需要注意的是，员工培训是一个持续的过程，新入职的员工需要培训，工作多年的老员工也需要培训，这样才能跟得上环境变化对岗位要求的变化。长期培训计划就是针对老员工开展的培训计划。

岗位培训(on-the-job training，OJT)与脱产培训是两种常见的培训实施方式。脱产培训需要投入的成本比较高，而且需要员工离开工作岗位去培训。“脱产培训有利于把新的知识和理念带入组织，效果也比较好，但是需要员工放下工作，代价比较大，成本比较高，一般适用于较为长期的组织外学习，如定点集训、委托代培等。”②相较脱产培训，岗位培训成本低，不需要员工脱产，边工作边培训，边培训边工作，形式灵活多样，是一种经常采用的培训方式。岗位培训虽然简单易行，为了取得了良好的效果，还是需要做好充分的准备。1989 年，时任美国新泽西州立大学罗格斯图书馆馆长的格雷 . A. 高登(Gary A. Golden)给出了岗位培训的步骤：

---

①②王名. 非营利组织管理概论(修订版)[M]. 北京：中国人民大学出版社，2010：153.

第一步:准备工作。

让参加培训的员工放松心情。

简要描述参加培训员工已经知道的任务。

告诉参加培训的员工为什么需要学习该项技能——为什么它是重要的。

第二步:示范。

逐次告诉、演示、说明关键操作步骤。

强调关键点。

第三步:尝试操作。

让参加培训的员工尝试操作并纠正其错误。

当参加培训的员工开始掌握基本的操作时让他们解释关键点。

继续联系直到掌握该项技能。

第四步:跟进。

让参加培训的员工独自工作。

参加培训的员工需要帮助时提供帮助。

多次检查,鼓励参加培训的员工提出问题。

逐步减少跟进次数。①

岗位培训可以由新员工的直接领导、有经验的员工来进行,也可以采用助理制、工作轮换等方式进行。

培训评价是对培训的效果进行评价,目的是促进培训质量的提高。培训评价主要是评价参加培训员工所获得的知识、技能、态度等应用于工作的程度。评价的问题包括:与培训前相比,员工的知识、技能和态度是否有变化?这些变化是否是由培训引起的?这些变化是否有助于城市图书馆发展战略的实现?②

---

① Gerard B McCabe. Operations Handbook for the Small Academic Library[M]. Greenwood Press, 1989:84.

② 王名.非营利组织管理概论(修订版)[M].北京:中国人民大学出版社,2010:153.

4. 员工职业生涯规划

城市图书馆员工职业生涯规划是指将城市图书馆员工个人的职业兴趣、职业目标、个人条件与城市图书馆的发展战略、规划、条件相结合，在图书馆的指导下员工对自己的职业发展做出规划。职业生涯规划的目的在于使员工和图书馆共同发展，共同成长，实现图书馆和员工的双赢。职业生涯规划可以使员工在知识、技能、素质等方面获得明确、持续的提升，使员工的岗位、职称、职务、薪酬等方面获得持续的进步，使员工在每个发展阶段都有明确的努力目标，增强自我提升的意识。显然，在员工成长的过程中，城市图书馆也因员工知识、技能与素质的提升而受益良多，也会因此获得更好的发展。

员工职业生涯规划是图书馆指导下员工自主进行的。如果员工缺乏主动性，图书馆单方面为员工制定职业生涯规划，其实施效果并不理想。一般情况下，一个人经过层层遴选和面试，来到图书馆工作，他（她）自身虽然可能没有明确的职业生涯规划，但是对于自己未来的发展方向、薪酬的增加还是有着自己的考虑与向往的。这实际上就是一种不自觉的、朴素的职业生涯规划。员工入职后，图书馆的人力资源部以及员工所在部门，应该结合《岗位说明书》的要求以及员工自身对于工作的考虑，引导员工根据自身的主客观条件以及图书馆的发展战略制定出切合自身实际的职业生涯规划。

制定职业生涯规划包括如下步骤：

第一，指导员工对自身的基本情况进行深刻的分析，明确员工自身的优势和不足。

第二，指导员工明确自身的职业兴趣和职业目标。新员工在招聘过程中已经明确了其近期的职业兴趣和职业目标，但是职业兴趣和职业目标也会随着情况发生变化，尤其是涉及未来的职业目标时。例如，有些人应聘的是技术岗位，但是他们长期的职业目标可能是技术管理岗位。在确定职业目标时最好将近几年的目标和远期的目标结合起来，二者之间最好有一定的关联性，避免跨度太大。

第三，指导员工全面分析自身的条件，是否胜任前面所确定的职业目标。明确为实现其职业目标还需要具备哪些主观条件。员工自身条件的分析需要分析其知识结构、技能和个人素质，个人素质中要分析能否吃苦、是否有恒心和韧劲、心理素质等。

第四，和员工一起分析图书馆的客观条件。图书馆的办馆理念、发展战略、目前所处的发展阶段、组织架构、人员结构等对于员工的要求,员工的职业目标是否与图书馆的客观条件相适应,如果二者之间有差距应该如何协调等。

第五,制定员工职业生涯规划。在职业生涯规划书中将员工的职业目标与图书馆的发展战略结合起来,明确员工在每一个职业发展阶段的职业目标以及为达成该职业目标所应具备的条件,馆方为员工提供的培训、学习的机会,员工自身应该做出的努力和达到的条件。

在指导员工制定职业生涯规划的过程中,需要注意这样几个问题:职业生涯规划的制定主体是员工,图书馆不能包办代替;职业生涯规划不是承诺书,承诺在某一阶段必定使员工得到某个具体的岗位或职位或者必定获得某个级别的薪酬,因为这不单纯取决于该员工的努力程度,还有可能受到其他员工的竞争影响。因此,职业生涯规划是一个大略的个人发展蓝图,其意义在于通过分析个人的主客观条件和图书馆的条件,为员工指出职业发展方向,具体的阶段性目标有可能滞后实现,也有可能提前实现。

职业生涯规划要随着员工自身的需要、条件以及图书馆环境的变化而进行调整,世界上没有完全笔直的道路,不随着变化了的主客观条件做任何调整的职业生涯规划是没有意义的。职业生涯规划尤其是近期职业生涯规划的实施,需要员工将自身的发展与图书馆的发展结合起来,不断奋斗才能实现,制定了规划,自身不去努力,就等着更高级的岗位和职务降临到自己头上,是不现实的。这也是需要在指导员工制定职业生涯规划时告知大家的。

有些员工和图书馆可能会这样想:谁也不能保证自己一辈子就在一个单位工作,而职业生涯规划是管很长时间的,这样对于那些在单位工作时间不长的人,就没有必要制定职业生涯规划了。这种想法是错误的。对员工而言,不管自己是否更换工作,职业生涯规划都可以为自己的职业发展提供一个战略性的指南,有助于找到适合自己的职业目标;对图书馆而言,通过指导员工职业生涯规划,可以更加深入地了解员工的兴趣、知识、技能、素质和潜能,有助于发挥员工的最大效益,也有助于保持队伍的稳定性。

5. 志愿者管理

“志愿者是非营利组织重要的社会资源,志愿者管理是非营利组织管理的一个重要方面。”①作为非营利性机构，公共图书馆的基本精神与志愿精神有着很好的契合，因此公共图书馆引入志愿者活动也是理所当然的了。在国外和港台地区，图书馆界志愿者活动开展得已经相当成熟，而我国内地图书馆界也从上个世纪 90 年代起逐步开展了形式多样的志愿者活动。2007 年，美国西雅图公共图书馆共有 481 名志愿者工作了 19 502 小时②。2006 年，中国图书馆学会组织国内图书馆界优秀的专家学者和实践工作者开展志愿服务，对基层图书馆管理者展开专业培训，取得了良好的效果③。

志愿服务是一种不计报酬的自愿性的利他活动或者慈善活动，从事志愿服务的人员称为志愿者。图书馆开展志愿者活动可以弥补图书馆人力资源不足、拓展图书馆的服务范围和服务深度、提升图书馆的社会能见度、扩充图书馆的社会影响力，同时也可以对志愿者产生积极的影响和作用。图书馆志愿者管理包括志愿项目的设计、志愿者招募、志愿者培训、志愿活动开展与日常管理、志愿活动的评估等内容。

志愿项目的设计对于志愿活动的开展很重要。简单讲，志愿项目的设计包括是什么、为什么、怎么做三个方面的工作。是什么，主要是对志愿项目的目标、活动内容进行设计。为什么，主要对志愿活动的目的和价值做出设计，志愿活动对于图书馆的读者和用户有什么帮助、对于志愿者有什么帮助。怎么做，主要对志愿活动如何开展、如何招募志愿者、人员安排、材料与设施的准备、交通工具、是否需要解决食宿以及经费预算、应激反应机制等做出设计。周密完善的志愿项目设计工作，对于志愿活动的成功有着非常重要的影响，开展活动之前一定要认真、细致地进行设计。

志愿者的招募通常分为一般招募和目标招募两种方式④。一般招募主要是招募岗位要求简单、技术性不强的志愿者，大部分人都可担任上述岗位，志愿者不需要培训或者经过简单培训就能上岗。目标招募主要是招募岗位要求较高，需要一定技能的志愿者。例如，现在不少城市图书馆都办有系列讲

---

① 王名. 非营利组织管理概论（修订版）[M]. 北京：中国人民大学出版社，2010：160.

② 吴迪. 海外图书馆志愿者的经验及启示[J]. 图书馆学研究，2009(1).

③ 李国新. 国家图书馆与“志愿者行动”[N]. 光明日报，2009－11－23(3).

④ 王名. 非营利组织管理概论（修订版）[M]. 北京：中国人民大学出版社，2010：169.

座活动,演讲专家都是志愿者,不收取任何费用。显然,演讲专家的招募就是目标招募。招募志愿者可以通过在电视、广播、报纸、期刊、网站等大众媒体、专业媒体以及图书馆自身的网站上刊登广告将招募信息发布出去,可以通过张贴海报、散发宣传品以及口头方式进行发布,可以通过微博、微信等新型媒体进行发布。在发布招募信息时,采取与电视、广播、报纸、期刊、网络等媒体合作的方式,以一种软性广告的方式将招募信息发布出去,这是一种效果好、成本低的方式。到学校、社区、企业召开宣传会,也是一种比较好的招募信息发布方式,而目标招募更要精准地选择招募对象进行招募。发布招募信息之前,要明确需要招募志愿者的岗位、岗位对志愿者的技能要求、对志愿者有哪些激励机制等问题。

为了确保志愿服务的顺利开展,无论是一般招募的志愿者还是目标招募的志愿者,都应根据具体情况对志愿者进行必要的培训。加拿大多伦多图书馆根据自身条件与当地状况组织志愿者开展了成人教育、青少年家教、导读、青少年顾问等志愿活动。根据活动内容对志愿者的要求,多伦多图书馆对参与活动的志愿者展开了职前培训和在职培训,培训时间从几周到一个学期不等,培训内容也很全面。例如,对成人教育活动的志愿者的培训内容包括课程宗旨、导师责任、课程过程设计、图书馆资源、教学方法和技巧,如何计划、执行及复习课程等①。志愿者的培训可以集中培训,也可以把志愿者分配到图书馆相关部门边工作边培训,也可以由有项目工作经验的志愿者带着新的志愿者一起工作,也可以把上述几种方式结合起来。

志愿活动的开展需要特别注意第一次活动,第一次活动具有首发意义,成败及其效果对于后续的活动有着很大的影响。开展第一次活动时,图书馆的有关部门和相关工作人员要与志愿者一起全程参与,鼓励志愿者大胆工作,对于活动过程中出现的问题及时给予指导,活动结束后要进行总结。一项志愿活动的成熟,需要经过若干阶段的发展,不同的阶段可能会遇到不同的问题,在解决问题的过程中获得不断发展。这其中,志愿者的成长与自我管理对于志愿活动的可持续发展有着十分重要的作用和意义。志愿者参加志愿活动是一种不计报酬的慈善行为,我们决不能因此忽视志愿者本身在参加志愿活动中的心理需求、成长需求等非物质的需求。固然,志愿者参加城

① 杨红梅.公共图书馆志愿者服务探析——加拿大多伦多图书馆给我们的启示[J].图书馆建设,2011(3).

市图书馆的志愿活动，不以获得物质报酬为目的，但是通过参加志愿活动，使自己的心灵、思想、技能获得提升，获得相当的成就感和满足感，也是大多数志愿者的真实想法和需求。因此，志愿活动的开展和管理过程中要切实注意这一点。根据研究，非营利组织一般通过自主管理模式、定期报告模式、监督工作模式和指令工作模式来对志愿者进行管理，除了个别情况，多数都会采用前三种管理模式进行管理①。

对志愿活动的评估是志愿者管理工作的有机组成部分。通过评估可以明了是否实现了志愿活动的目标，志愿活动的成本和效益如何。评估可以从投入和产出两个方面进行。志愿活动的投入包括为举行志愿活动图书馆投入的人力、物力和财力总和，为便于比较，可以将其折算现金额度。其中财力投入包括招募广告投入、为志愿者提供的往返交通费和午餐费等直接通过现金支出的投入。而产出包括志愿者为志愿活动投入的志愿工作时间，以及志愿活动服务的读者和用户数量以及服务次数等。其中志愿者投入的志愿工作时间可以按照一定的标准折算为现金，志愿活动服务的读者和用户数量以及服务次数则不是太好折算，但也可以通过向读者进行调查的方式进行折算。具体做法如下：选择一定数量的读者和用户作为调查样本，向他们调查为享受同样的服务愿意支付的资金成本，然后求出平均值，再乘以总的服务人次即可折算出志愿活动的服务产出。这样就能计算出志愿活动的产出投入比，用来衡量志愿活动的效益。当然，这种评估办法也不是绝对的，有些服务成效不是这样可以简单地计算出来的，但这种评估显然也是很有必要的。

6. 绩效评估

绩效评估是对图书馆员工工作行为和工作结果进行评定和沟通的过程。绩效考核是人力资源管理必备的环节。绩效考核的总体目的是为了提高图书馆人力资源效益，促进图书馆的可持续发展。具体而言，绩效考核可以有助于加强馆方与员工之间的沟通、有助于对员工形成激励作用、有助于员工的职业发展等。绩效评估的评估者包括员工的上级、同级同事、下级、图书馆的读者和用户、员工自己、人力资源部等。

从评估结果可否数量化上来分，有定性评估、定量评估、定性评估与定量

① 王名.非营利组织管理概论（修订版）[M].北京：中国人民大学出版社，2010：170.

评估相结合三种方式。定量评估适合于工作结果可以量化的岗位,比如读者服务部负责发展读者的员工,某个阶段新增读者数量就可以作为其工作结果的定量评估指标之一。定性评估适合于那些工作结果不易量化的岗位,比如图书馆办公室的文员、技术部的工程师等岗位,其工作结果不易量化,采取定性评估方式为好。定性评估和定量评估这两种评估方式分别从事物的质和量两个方面对事物展开评估,是将质和量截然分开的两种方式,实践中,并没有纯粹的质和纯粹的量,因此最好的办法应该是将定性评估和定量评估结合起来的方式。

从评估方式来分,评估有简单排序法、强制分配法、评述法、重大事件法、检查表、行为基准量表、目标管理法等。简单排序法就是按照一定的评估指标对被评估人进行排序,然后把每个被评估人员在各个评估指标上所得的序数相加,即可得出所有被评估人的总分和排列次序。强制分配法是按照预先规定好的比例,将被评估者按照绩效分配到各个绩效区间里去的方法,一般情况下绩效区间会分为优秀、中等、较差三个区间,所占比例分别为 20%、60% 和 20%,这是依据正态分布原理按照绩效将员工分为三类,中间部分人数最多。评述法是评估者对评估对象的工作行为、工作结果进行叙述评价的评估方法。重大事件法是通过对图书馆重要活动、重要事件中员工的表现对员工进行评估的方法。检查表是列出一系列的评估行为指标,检查被评估者对这些行为采取"是"或"否"中的何种反应,规定每个行为指标选择"是"得多少分,选择"否"得多少分,然后求出总分,按照总分对被评估人进行评估。行为基准量表是将某种行为细分为优秀、很好、好、一般、差、很差、不可接受七个等级,每个等级都对应有该等级的行为基准,根据被评估人员的情况与行为基准量表进行对照,选择相符的等级,然后据此对评估人进行评估。目标管理法是一种综合性的绩效评估办法,首先为下级设定工作目标,然后据此设定具体的工作。目标管理是一种上下级双向互动的绩效评估方法,可以充分地调动下级的工作积极性。

绩效评估要注意以下原则:以部门为单位分层分类进行考核,避免跨类之间难以评估的尴尬;公开、公正、公平的原则;民主原则,充分尊重来自各个方面的意见和反馈;绩效评估不算总账,把日常评估和年度评估结合起来①。

---

① 王名.非营利组织管理概论(修订版)[M].北京:中国人民大学出版社,2010:147.

六、馆舍建设创新

随着我国城市图书馆事业的发展，新馆建设正在步入一个快速发展期。馆舍是图书馆开展业务、提供服务的重要场所空间，馆舍建设成效对于图书馆的运营有着重要的影响。最近十余年，关于馆舍建设方面的研究成果很多，在许多重要的问题上取得了不小的进展。因此，这里只把我们认为需要引起大家更加重视的几个问题重新提出来，其中尤以对模数式图书馆的反思值得我们注意。除了个别地方，这部分的观点主要来自于李东来、刘锦山主编的《城市图书馆建设》和刘锦山、崔凤雷、高新陵主编的《沉思与对话：高校图书馆新馆建设》有关章节。

1. 对模数式图书馆建设模式的反思

围绕"藏"与"用"二者之间矛盾的不断发展变化，城市图书馆的馆舍建设模式迄今经历了传统图书馆建设模式、模数式图书馆建设模式和后模数式图书馆建设模式三个阶段。目前正处于模数式图书馆建设模式处于主导地位，但正在向后模数式图书馆建设模式嬗变的过程①。

城市图书馆出现以后在相当长的一段历史时期内，其最重要的目的就是对图书典籍的保存。与此相应，馆舍都是藏阅一体、空间有限，在建筑风格上，则集豪华、权威、封闭于一体；15 世纪以后，城市图书馆的规模逐步增大，阅览空间所占比例也随之上升，建筑特点已经发生了重大变革，先前体现权威与豪华的肥梁、密柱逐步被拱券结构和高大的空间所替代；进入 19 世纪，首次出现了藏阅用分离，即藏书空间、阅览空间、工作空间分开，从而突破了长久以来的藏阅用空间"三合一"的建设模式和建设理念。尽管如此，这一时期的城市图书馆建筑设计的指导思想继续迎合闭架管理的要求，仍然以藏书为中心②。

20 世纪 60 年代，模数式图书馆建设模式发展成熟，这种模式是适应藏阅借合一、开架比例增大以及图书馆组织机构经常需要调整的情况下形成的。

---

①②李东来，刘锦山. 城市图书馆新馆建设[M]. 北京：北京图书馆出版社（今国家图书馆出版社），2006：8.

模数式图书馆建设模式“就是统一柱网、统一层高和统一荷载的‘三统一’。为了实现既经济又适宜的‘三统一’,有效避免浪费,需要计算出图书馆建筑的平面空间、层高和荷载‘模数’,这个模数就是图书馆建筑设计的标准尺度,图书馆的平面空间大小、层高以及荷载分别是其相应模数的整数倍。具体来说,平面空间模数是藏书、阅览和办公区的基本功能单元比如一张桌子或一把椅子的尺度的最小公倍数值。层高的模数一般是阅览室、书库中书架的高度。荷载则以承重最大的书库荷载为模数”①。

20 世纪 90 年代以来信息技术的发展以及人文主义思潮对图书馆发展理念的深刻影响,人们开始对模数式图书馆进行深入地反思和必要地扬弃,这种反思和扬弃的结果就是后模数式图书馆建设理念的形成②。上海师范大学图书馆庄雷认为,过去十年图书馆的新馆建设取得了很大的成就,但总体而言,性价比不高。一些刚启用不久的新馆,其馆舍紧张的矛盾依然没有得到根本性解决,库容量远远不能满足现有资源以及日益增长的馆藏资源的存储需求。这种情况的出现主要是受到了“借阅合一”服务理念的错误诱导,导致在设计时偏重于馆舍的外观、气派、舒适和所谓的“取阅方便”,轻视了“藏”的功能,致使建造成本和日后的管理成本上升,而空间的有效利用率,特别是有效库容量却明显下降;为此,庄雷认为应该摒弃之前的设计理念,从“借阅合一”重新回归到“借阅分离”的布局设计上来,除了在外观上注重现代、美观外,应该着重把注意力放在提高空间利用率、最大限度提高库容量和功能布局的合理性上③。针对模数式图书馆的建筑缺陷,鲍家声和葛昕提出了“模块式图书馆”的设计理念,将模数式设计与若干功能块的灵活运用相结合,从而尽量避免模数式图书馆的建筑缺陷。这种设计思路首先通过将图书馆划分成几个必要的功能区,然后在不同的分区进行模数化设计。模块式图书馆把楼梯、电梯、洗手间等服务性空间组成“服务功能块”,位置相对独立,以提供

---

① 李东来,刘锦山. 城市图书馆新馆建设[M]. 北京:北京图书馆出版社(今国家图书馆出版社),2006:9.

② 李东来,刘锦山. 城市图书馆新馆建设[M]. 北京:北京图书馆出版社(今国家图书馆出版社),2006:10.

③ 刘锦山,庄雷. 庄雷:“借阅合一”理念批判(图)[EB/OL].(2012 - 08 - 01)[2013 - 07 - 21]. http://www.chinalibs.net//ArtInfo.aspx? titleid = 255239.

空间使用的最大灵活性，主要功能区则由空间单元组成①。

2. 馆舍建设理念

李东来、刘锦山等认为，城市图书馆馆舍建设理念反映了时代主流哲学思想的精华，人本原则、生态原则、辩证原则、集群原则与前瞻原则是目前乃至未来较长时间内城市图书馆建设的五个基本原则②。

人本原则。这是城市图书馆建设的首要原则，为其他一切原则之基础。图书馆首先是人用的，既然是人用的，就要让人们舒舒服服使用，建设的出发点和着眼点在于人而非物。人本原则需要坚持以读者为本、关心残疾人等弱势群体、坚持普惠服务，并尽可能扩大读者面、为工作人员创建舒适的工作环境。人本原则要把以读者为本和以馆员为本有机结合起来，“成功的图书馆建筑，无论从用户还是读者的角度出发必须都是很好用的，必须有助于用户获取图书馆的服务和馆藏，必须有助于图书馆工作人员高效地利用”③。

生态原则。生态原指的是健康、舒适、节能和环保，是人本原则的具体体现。生态原则的第一个要求就是从源头上采用环保无伤害的建筑材料；第二个要求就是读者和工作人员的活动空间要舒适；第三个要求就是在建设过程中要充分考虑到节能、环保。

辩证原则。城市图书馆建设过程中涉及的关系很多，这些关系的处理都体现了辩证原则的重要性：城市图书馆建设与城市发展关系问题、参与城市图书馆建设相关单位之间的关系问题、馆长和其他图书馆工作人员在城市图书馆建设中的作用问题、新馆和旧馆的关系问题、新馆投入与使用期限的问题、城市图书馆建设的全局和局部的关系、城市图书馆建设过程中当前技术与代表发展趋势的最新技术之间的关系问题。

集群原则。集群原则也可称之为系统原则，城市图书馆系统是适合未来城市图书馆发展趋势的科学模式。未来城市的图书馆格局将是城市图书馆、区图书馆、街道图书馆、社区图书馆、乡镇图书馆共同组成的城市图书馆系

---

① 鲍家声，葛昕．“模块式”图书馆设计初探［J］．大学图书馆学报，2000(5)．

② 李东来，刘锦山．城市图书馆新馆建设［M］．北京：北京图书馆出版社（今国家图书馆出版社），2006：15—20．

③ Gerard B McCabe. Operations Handbook for the Small Academic Library［M］. Greenwood Press, 1989:301.

统,建设城市图书馆时一定要充分考虑到这种发展趋势,从而更好地促进图书馆事业的整体发展。在城市图书馆的地理布局上,要着眼于整个城市辖区甚至更广阔的范围来规划和考虑,而不能局限于单馆建设的狭窄思路。在城市图书馆的建筑设计方面要考虑到作为城市中心图书馆应该具备的功能和条件。城市中心图书馆的建筑设计需求不仅要满足作为普通城市图书馆的一般需求之外,还应满足城市图书馆系统之间的人、财、物、服务等有效沟通、整合和管理的特殊需求。

前瞻原则。为保证城市图书馆在较长的时间内始终保持其应有的基本适用性,在进行城市图书馆建设过程中一定要注意到前瞻性原则。在城市图书馆的选址上,要考虑到未来较长一段时间内城市的建设发展及其规划,为城市图书馆预留出一定的发展空间。在城市图书馆的建设规模上,要考虑五年、十年甚至更长时间后图书馆能否满足城市发展对于图书馆的需求,在投资额度、近期利用率以及远期发展之间找寻一个恰当的平衡点。在城市图书馆的内部布局上,要为未来服务量增长预留出一定的空间,不同功能区之间的面积配比要恰当合理。在新技术产品的选择上,既要考虑应用代表未来发展趋势的新技术产品,又要避免投入过大造成不必要的浪费。

3. 馆舍建设过程中需要注意的问题

根据刘锦山、崔凤雷、高新陵的研究,馆舍建设过程中需要注意生态图书馆、《图书馆建设任务书》、消防系统的选择、《图书馆使用说明书》等几个重要问题①。这些问题的解决对于城市图书馆的可持续发展同样具有积极作用。

生态图书馆。随着可持续发展思想日渐深入人心,绿色建筑、生态建筑与可持续建筑的概念以及由此引发的建筑实践活动日渐兴起。在这种情况下,图书馆的可持续发展问题已经开始引起图书馆界愈来愈多人士的关注。建设可持续图书馆会引起图书馆原始建筑成本的增加,但是可持续建筑要比同类传统建筑节能30%,所以建成后的可持续图书馆能够有效降低图书馆的运营成本,而且可持续图书馆还可以降低图书馆的间接成本,比如可以避免

---

① 刘锦山,崔凤雷,高新陵.沉思与对话:高校图书馆新馆建设[M].北京:国家图书馆出版社,2010:5—17.

导致全球变暖的因素,避免空气污染、水污染和土壤污染等①。建设可持续图书馆,需要在保证健康、舒适的条件下,综合考虑生态、环境、能源、水资源的有效利用和保护,这是贯穿于规划、设计、施工、装修、使用、维护等图书馆建筑的全部生命周期之中的建筑原则。

《图书馆建设任务书》。《图书馆建设任务书》是明确提出图书馆建设各项具体需求的关于图书馆建设的纲领性文件,是图书馆与参与图书馆建设的相关机构和人员,特别是建筑设计师有效沟通的基础性文件,是建筑设计师进行设计的重要依据,是图书馆进行馆舍布置、功能区划分、搬迁、开馆的依据②,是馆方进行建后验收和用后评估的依据③。《图书馆建设任务书》包括背景、总则、设计原则、设计需求、馆藏文献防护需求、财务预算、验收标准、工作准则、组织机构、相关标准等。图书馆需要成立专门的组织机构——《图书馆建设任务书》编制组,负责《图书馆建设任务书》的编制,该机构的负责人应该是图书馆负责图书馆建设工作的馆级领导,而具体参加编制工作的人员应该以参加图书馆建设工程并负责某一方面工作的本馆同志为主。此外,还应从馆外聘请有相当图书馆建设经验或者建筑领域的1—2名同志参加,以弥补图书馆在建筑领域方面的薄弱之处。

消防系统的选择。消防工作是图书馆建设非常重要的工作之一,做好消防工作的物质基础在于消防系统的精心设计与建设。图书馆在具体选择消防设施的时候需要考虑如下三个方面的因素:安全、效果和成本。安全不仅体现在出现火灾时对生命的有效保护,还体现在有效防止由于消防设施本身固有的缺陷或管理不当等原因而导致的安全事故。从安全角度考虑,自动水喷淋灭火系统最为安全,自动气体灭火系统的安全性能相对弱一些。从灭火效果来看,自动水喷淋灭火系统目前是世界公认的最为有效的灭火设施,它在保护人身和财产安全方面有着其他灭火系统所无可比拟的优点。从成本角度考虑,自动水喷淋灭火系统的实施成本是最低的,而自动气体灭火系统

---

① 薛杰等.可持续发展设计指南:高环境质量的建筑[M].北京:清华大学出版社,2006:19—20.

② 李东来,刘锦山.城市图书馆建设[M].北京:北京图书馆出版社(今国家图书馆出版社),2006:42.

③ 郑惠珍.图书馆建筑计划书:建筑师与馆方的桥梁[EB/OL].(2003-04-20)[2013-07-22].http://www.chinalibs.net//ArtInfo.aspx?titleid=7172.

的造价要比自动水喷淋系统高得多。因此，图书馆选择消防系统的一般原则是：室外、室内消火栓系统必备，以自动水喷淋系统为主，慎用自动气体灭火系统，依具体情况选用其他消防系统。一般的，办公区域、读者活动区域、馆藏较少区域、一般书库可以选择自动水喷淋系统，计算机房、重要书库可以选择水喷雾灭火系统，古籍、善本库等非开架借阅且工作人员稀少的区域可以选择自动气体灭火系统，而阅览中厅等大空间则可以考虑选择固定消防水炮灭火系统。

《图书馆使用说明书》。《图书馆使用说明书》是建筑商提供给业主单位——图书馆的关于图书馆建筑的基本情况、使用过程中需要注意的问题的说明书。《图书馆使用说明书》可以指导图书馆工作人员正确使用图书馆建筑，避免因使用不当而造成财产和生命损失；有助于图书馆工作人员随时全面了解图书馆建筑的基本情况，对图书馆的日常运维有着积极的意义；可以作为图书馆用后评估的依据之一，有助于图书馆可持续发展。目前我国相关法规和标准并没有明确规定建筑商须对所承建公共建筑产品提供使用说明书，在实践中，也很少发现建筑商在图书馆建成后向馆方提供使用说明书的案例。虽然图书馆建成经验收后，馆建档案由相关的档案机构收集保存，一些档案意识比较强的图书馆也会对馆建档案同时进行备份，但即便如此，由于馆建档案种类多、数量多、内容散、不便于查询利用，所以并不能代替《图书馆使用说明书》的作用。缺少《图书馆使用说明书》，会对可持续图书馆的建设造成一定的影响，特别对日后图书馆的改造、布局调整、消防设施的改建等工作，影响甚大。从用户的角度出发，《图书馆使用说明书》应该包括如下内容：概况、地基与基础、建筑结构、图书馆设备、门窗工程、装修工程、屋面工程、配电负荷、其他内容、附图等。

七、资源建设创新

在图书馆的诸组成要素中，馆藏是图书馆提供服务的基础。馆藏内容、馆藏结构、馆藏寿命等均对服务的效果产生影响。因此，举凡图书馆无不重视馆藏建设。通过分析图书馆自身的发展环境、办馆理念以及读者和社会需求，制定符合自身实际的馆藏建设战略与规划，是许多图书馆都在做的工作。

1. 馆藏与资源

在图书馆发展的相当长的历史时期内，图书馆所收藏的资源都是诸如竹简、帛书、图书、报纸等实物形态的文献，这些文献的载体与内容是合一的，被图书馆所收藏。馆藏（collection）就成为这些文献的统一称谓。计算机技术与信息技术的发展，出现了所谓的数字资源，数字资源的出现使得图书馆所收藏的文献的种类和结构发展了很大的变化。其中最显著的一点变化就是数字资源这种新型的文献其载体和内容的分离。对于传统的非数字资源而言，文献载体与文献内容分离是不可想象的，二者缺一文献就不成其为文献。对数字资源而言，通过网络传输却可以实现文献载体与文献内容的分离，一个 CD 唱盘，一个数据库，一旦通过互联网向读者提供服务，则其内容与载体就实现了分离。对图书馆而言，就会出现这种情况，图书馆的读者通过互联网可以使用某种数字资源，但图书馆实际上并没有拥有该数字资源的物理载体，也就是说，图书馆并没有该资源的馆藏。显然，馆藏指的是将某种文献的实物形态收藏在某个有形的图书馆空间中，这是传统意义上的馆藏。以这种意义上的馆藏来描述或衡量目前的图书馆“馆藏”，名不副实。

这种情况下，出现了“资源（resource）”这个词。用这个词来取代“馆藏”，就能比较好地描述和衡量图书馆的收藏情况，资源涵盖面更广，实物形态的、非实物形态的都可以包括进来。资源的形态各异，使得虚拟图书馆与物理图书馆相互交融，为图书馆的进一步发展预留了丰富的空间。也有将馆藏与资源连用的，即馆藏资源，这种连用中“馆藏”是强调图书馆所有，资源则更强调的是实物形态的馆藏，例如图书。但现在，“馆藏”也在逐步突破实物形态资源的局限，也意指非实物形态的文献。

2. 资源建设政策

图书馆资源建设是一项长期、持续的工作，而有没有正确的资源建设政策对于资源建设工作成效有着非常大的影响。国内外图书馆对于资源建设工作十分重视。2009 年 6 月，香港高校图书馆咨询委员会（JULAC）和中国高校人文社会科学文献中心（CASHL）共同启动了“内地与香港高校图书馆英文图书合作馆藏发展计划"①。美国国会图书馆专门设有馆藏发展办公室,并任命了相应的馆藏发展负责人②。2012 年 6 月,美国的芝加哥大学图书馆、芝加哥历史博物馆、芝加哥公共图书馆等芝加哥地区的图书馆、博物馆以及其他档案机构成立了芝加哥馆藏联盟③。

目前,就资源建设工作而言,城市图书馆面临着两个方面的挑战:其一,资源种类和数量急剧膨胀,尤其是数字资源、互联网高品质灰色文献的种类和数量越来越大,由此对于图书馆的资源结构、比例形成了深刻的影响。城市图书馆须因时而变,才能为读者提供更好的服务。其二,图书馆经费紧缺。最近几年随着政府对公共文化事业投入的增加,城市图书馆的经费状况有了很大程度地改善。但是,经费状况的改善与资源的增长不相适应,前者的增长并不能赶上后者增长的幅度。城市图书馆的经费总是处于一种相对紧缺的状况。这种情况下,就需要制定切实可行的资源建设政策以保证资源建设的可持续发展。

资源建设政策是城市图书馆为了实现自己的办馆理念,就本馆一定时期内的资源建设应该达到的目标、原则、任务、工作方式、步骤和具体措施所做出的规定。资源建设政策的制定须以办馆理念为依据。公开、公正、公平、多元与免费是现代公共图书馆秉持的基本办馆理念,城市图书馆的资源建设政策的制定也要坚持这些基本的理念。图书馆资源建设政策须有明确的目标,需要具体明确资源的学科体系、规模、深度与结构。资源建设原则需要明确资源建设应坚持的原则,比如一般保障突出重点的原则、独立建设与合作建设原则、纸本资源与数字资源的配比等。任务是对目标的具体分解,将目标分阶段、分时间进行分解,以便按计划落实。工作方式指图书馆进行文献遴选、文献搜集、评价、剔旧所采取的方式。资源建设的步骤是根据资源建设任务的要求采取的具体实施计划。具体措施是落实资源建设目标和任务的具

① 北京大学图书馆. 共同建设 共享未来——2010 年内地与香港高校图书馆英文图书合作馆藏发展工作会议在北大举行(图)[EB/OL]. (2010-01-27)[2013-07-29]. http://www.chinalibs.net/ArtInfo.aspx? titleid=171698.

② 赵启玥等. 美国国会图书馆设立馆藏发展官员[EB/OL]. (2012-03-30)[2013-07-29]. http://www.chinalibs.net/ArtInfo.aspx? titleid=247930.

③ 赵启玥等. 贾克琳·格拉尔(Jaclyn Grahl)被任命为芝加哥馆藏联盟首位执行董事(图)[EB/OL]. (2013-07-11)[2013-07-29]. http://www.chinalibs.net/ArtInfo.aspx? titleid=304568.

体行动。

制定资源建设政策要特别注意避免急功近利的思想，要着眼长远，保证资源建设工作的可持续发展。一般情况下，城市图书馆都会面临四年一度的评估定级工作，这个时期的资源建设工作尤其要注意避免各种短视的行为：为了达到评估定级所需要的藏书册数，不惜大量采购与图书馆馆藏规划相悖的资源，不惜大量购置副本，甚至以次充好，这些做法都是不可取的。

城市图书馆制定资源建设政策时不仅要着眼于本馆的具体情况和发展需求，而且还要着眼于整个城市图书馆系统的资源分布格局和发展需求，通过调研、协调、规划和沟通，形成一种优势互补、避免重复的资源建设局面，确定采购政策时要充分利用城市图书馆系统、图书馆联盟的集团优势，形成资源共建共享的合作优势，降低采购成本。

3. 灰色文献

到目前为止，图书馆的资源主体仍然是以书报刊及其数字化后形成的数字资源等白色文献，而灰色文献在图书馆馆藏资源构成中所占比例相当低，甚至可以忽略不计。所谓白色文献指的是通过正式出版机构出版的带有出版号的文献，例如书报刊、正版 CD 等，而灰色文献指的是没有通过正式出版机构出版的没有出版号的文献，例如一些机构的内部报纸、期刊等。灰色文献由于传播范围有限，收藏比较困难，所以大多数图书馆收藏的灰色文献很少，加上认识上的误区，在具体的资源建设实践中，对于灰色文献的关注甚为有限。

许多人认为，灰色文献的学术质量较差，品质不高，之所以有这样的认识，是因为大家觉得灰色文献不像白色文献那样经过正规出版机构进行题目遴选和编校审阅，因此灰色文献的质量肯定比白色文献差。我们说，上述认识是不科学、不全面的。无论灰色文献还是白色文献，都有质量高的，也有质量低的。有些情况下，一些灰色文献的质量可能还会高出白色文献。我们以企业内刊为例，许多大型企业本身就是研究型企业，其科研力量并不比一些高校的院系和研究所差，有时甚至会强过他们。这些企业为了更好地宣传企业和产品，也为了更好地研究相关领域，组织专人成立专门的部门来编辑出版自己的内刊和报纸。其内容既包括企业生产经营状况，也包括企业科研方面的文献；既包括行业发展趋势和动态，又包括具有竞合关系企业的相关情况等，内容和质量并不见得比正式出版的期刊报纸来得低。而正式出版的期刊、报纸，包括图书，有些内容太“水”，质量也令人不敢恭维。

在计算机和互联网出现之前，灰色文献的主要构成部分是纸本类型的。计算机和互联网出现之后，互联网上的灰色文献比例越来越大。与传统文献相比，互联网上灰色文献具有如下三个显著特点：①互联网上灰色文献的种类日趋丰富。除了文本文献之外，互联网上的灰色文献包括但不限于音频、视频、ppt、电子表格、软件、电子邮件等多种多样的种类，其中多数文献都是传统纸本文献所没有的。②原生灰色文献的比例越来越大。随着互联网在各个领域的深入应用，互联网成为各行各业信息和知识发布的首选平台和渠道，许多学术会议、学术成果的首发渠道首先是互联网，然后才是传统的书、报、刊等渠道。③互联网上的灰色文献信息、知识含量远远超过传统的白色文献和灰色文献。传统文献由于受到版面的局限，所刊发作品的容量有限，而互联网没有版面的局限，可以把所刊发作品的全部内容展现出来，其信息与知识含量不是传统文献所能比拟的。

正因为如此，对于互联网上高品质灰色文献的深度挖掘、保存、管理、呈现、利用日益引起世界各国图书馆界的关注和重视。2007 年，大英图书馆实行“电邮英国”(email Britain)计划，向民众征集 100 万封个人电子邮件，制成档案库，已备后人了解当今文化生活及社会万象①。2000 年 12 月，美国国会授权国会图书馆领导实施国家数字战略行动——国家信息基础设施和保存计划，国会图书馆通过该计划领导全国数字信息长期保存任务，并与美国重要政府部门和拥有收集与保存数字内容专长的实体进行合作，还鼓励民营机构参与此项计划。2006 年 6 月 1 日，由欧盟第六框架计划和英国联合信息系统委员会共同资助的为期四年的“网络服务中的保存与长期存取”项目正式启动。我国国家图书馆也有类似项目。

可以预见，随着时间的推移，灰色文献在图书馆馆藏结构中所占比例将会逐步增加，未来甚至有可能与白色文献平分天下。因此，图书馆在进行资源建设过程中，须要重视灰色文献特别是互联网高品质灰色文献的搜集、整理和利用。在互联网高品质灰色文献的整理、利用过程中，需要解决两个关键问题：其一为学术质量问题，其二为资源的长期保存问题。互联网上的资源浩如烟海，质量参差不齐，要保存利用就须遴选，没有遴选的保存如同没有

① 中国新闻网. 大英图书馆拟征集一百万封个人电子邮件充实馆藏[EB/OL]. (2007 - 05 - 04)[2013 - 07 - 30]. http://www.chinalibs.net/ArtInfo.aspx? titleid = 95294.

保存。而遴选就需要有相应的知识组织体系、资源评估与遴选标准、元数据标准与质量标准等。我们知道网络资源具有很大的不稳定性,有时甚至比纸本资源更加脆弱,因此网络资源的长期保存也是非常重要的问题。除了图书馆在开展互联网高品质灰色文献挖掘、保存、管理、呈现和利用工作,一些企业也在从事这方面的研究开发工作,北京雷速科技有限公司就是其中之一,其开发的方略知识管理系统(http://www.firstlight.cn)就是一套互联网高品质灰色文献存放管理系统。经过近10年的建设,技术方案合理,生产工艺成熟,目前已经积累了120多万篇高品质灰色文献,存档文本100多万篇、附件80多万条。

4. 特色库建设

目前,资源同质化现已日趋成为图书馆资源建设工作中面临的最大问题之一,由于资源同质化倾向日趋严重,千馆一面的现状正在形成,如何突出自己各个方面特别是资源方面的个性与特色,成为许多图书馆面临的重要问题之一。而且,这个问题对于图书馆的服务工作也产生了很大的影响。

在互联网和数字时代,解决资源同质化的一个行之有效的手段和方式就是进行特色数据库的建设。多年来,图书馆界同仁在进行特色数据库的建设过程中进行了大量的探索工作,取得了不少的理论成果和实际成绩,对于突出图书馆的资源特色起到了积极的作用。但是,不可否认,在进行特色数据库的建设过程中我们遇到了不少问题,诸如特色库的定位、资源的遴选与组织、系统的开发与完善、元数据框架的设计以及特色库的持续发展等,这些问题的解决对于特色数据库建设工作的进一步深入进展有着非常重大的意义。特色数据库的最好呈现形式就是网站,特色数据库的特色体现在其内容的特殊性,而网站是特色数据库的承载者。从本质上讲,特色数据库就是一个含有特色内容的网站。但是,仔细比较一些特色数据库,水平和效果却差强人意。那么,如何建立一个实用的特色数据库呢?

(1)建库哲学

“凡事预则立,不预则废。”讲的是要提前筹划,仔细考虑,才能保证事情的顺利进展。建特色库同样如此,许多根本问题是在开始工作之前要考虑好的,这些问题虽然与建库没有直接关系,但是又不能不考虑,如果事前不考虑或考虑不好,会对以后的工作产生很大的影响。这些问题颇有些哲学味道,我们不妨称之为建库哲学。

建库哲学所要解决和回答的问题,有这样一些:建库目的、建库方式、建库成本、建库收益、投入来源等问题。建立数据库总有一定的目的,从经济角度考虑,有的要赚钱,有的不赚钱;从应用角度考虑,有的要提供高质量的服务,有的只是起到一种简单的展示作用;从技术角度考虑,有的需要新的复杂的技术来实现,有的只需要旧一点老一点的技术来实现;从产品角度考虑,有的本身就是一个产品,这个产品要为建立者带来收益,有的本身不是一个产品,建立者对特色库能否为其带来收益并不是十分在乎,这里我们需要注意的是,服务本身也是一种产品,收益的体现形式并不一定为金钱。目的不同,具体的建库工作也就有很大的不同。一般而言,经济目的决定应用目的,应用目的决定技术目的;经济目的、应用目的、技术目的与产品目的则互相影响。

建库方式不外乎三种:自建、外包、自建与外包相结合。这几种方式各有优缺点。自建的优点是设计者的意图可以得到较好地贯彻,沟通和反馈都比较充分和及时,网站维护及时,不足之处是投入不易控制,“战线”容易拉得太长。外包的优点是投入成本和时间都相较自建方式容易控制,不足之处是设计者的意图不易得到充分的贯彻,沟通和反馈不如自建方式充分及时,网站维护及时性不强。自建与外包结合的方式,能够很好地吸收前两种方式的优点并克服其缺点,具体方式有以自建为主、以外包为主和分段自建外包三种方式。

建库所需成本,不仅仅是金钱,人力投入、时间投入、设备投入、其他投入的总和,才是完整的建站成本。网站的正常运行,还需相当的维护成本。无论网站本身是否需要赚钱,成本问题都是必须考虑清楚的。启动成本太高,难以启动;维护成本太高,难以为继。

特色库建成之后,能够给我们带来什么样的收益?收益并不总是一定表现为金钱,读者的好评、知名度的提高、自己思想的扩散等都是收益之表现形式。希望达到一个什么数量级的收益,自己才满意?如果没有达到自己预期的收益水平,是否还需要继续维护数据库的运作?

将上述问题考虑清楚之后,如果决定建库,马上需要解决的一个问题就是投入来源。同成本一样,投入并不总是表现为金钱,但所有的投入都可以折算成金钱。一般情况下,我们手头上会有一些设备、资料,就是说这部分投入是现成的,不需要另外再找。但我们不可能拥有所有现成的所需的东西,那么就需要花钱去购买,钱从哪里来?本单位自筹还是上级拨款?钱的来源不同,所承担的责任和结果也就不同。单位自筹,项目成败全由自己承担;上级拨款，项目成功要归功于上级领导有方与大力支持，项目失败要归“罪”于自己办事不力。

(2)总体设计阶段

明了了建库目的、建库方式、建库成本、建库收益、投入来源等问题之后，我们就可以进入特色库建设的第二步——总体设计阶段。总体设计阶段要考虑的问题有这样几个方面：网站内容、网站形式(页面)、网站功能、网站平台、采编系统等。

网站内容。在网站总体设计阶段首先要考虑的是网站内容，内容充实与否、内容来源是否丰富，对于网站的发展至关重要。许多建站者最容易忽略的问题就是对于网站内容重视不够。第一，要想好这个网站是给哪些人看的，他们对哪些内容感兴趣；第二，要考虑这些内容的来源在哪里，是否容易得到；第三，要考虑得到这些内容的成本如何，如果成本太高，对于网站维护将是一个比较大的负担；第四，要考虑的是，这些内容是否能够吸引读者；第五，要考虑现在是否已经存在类似内容的网站，这些网站在内容上有何特点，自己如何与它们形成差异；第六，要考虑整个网站下面设有哪些频道，这些频道下边有设有哪些子栏目；第七，要考虑整个网站及每个频道包括的数据量有多少；第八，要考虑数据来源及其比例；第九，要考虑数据的采集方式。其中第八条、第九条关系到网站的建设成本，如果数据来源是电子文件，那么就会大大降低网站建设成本。需要注意的是，不要贪多贪大。许多建站者最容易犯的毛病就是贪多贪大，总想建立一个无所不包的网站，结果因为涉及面太广，不能及时地追加数据，导致网站空洞无物，也形不成自己的特色栏目。

网站功能一般包括这样几项：采编发布、检索功能、用户管理功能、论坛功能等。采编功能：实时添加文章，可对每篇文章进行编辑，设定图片位置，实现图文混排，可设定热点新闻，优先显示，维护界面查询，修改、删除文章。采编系统涉及的问题有采编人员的分级管理和权限设置、采编系统的安全管理、采编系统的易用性和易扩展性等，这关系到整个网站的易扩展性。检索功能：一般网站提供的检索功能有标题检索、作者检索、关键词检索、单位检索、摘要检索等功能。建立在 Windows 和 SQLserver 基础之上的网站，一般都能实现上述各项检索功能。

现在的建站技术已经非常成熟，实现上述功能不是太难。因此，网站功能设计主要是决定和取舍上述功能需要哪些。在确定网站需要哪些功能时，同样不可片面求全求大。比如论坛，对于一般的网站，不是必需的功能，在做功能设计时,就要删繁就简,把它去掉。总体设计阶段考虑的问题比第一阶段要具体一些,但仍然属于宏观问题。这个阶段要尽可能将问题考虑周全。这对于第三个阶段——产品设计阶段非常重要。

(3)产品设计

在产品设计阶段要考虑的问题有这样几个方面:Logo 的设计、Banner 的设计、各频道首页的设计、题录页面的设计、摘要页面的设计、全文页面的设计、检索页面的设计、采编系统的设计、用户管理页面的设计等。

(4)程序开发

开发人员根据上述设计要求进行程序开发,经过反复修改,完成程序开发工作。在这个阶段要根据上述设计要求完成元数据方案的设计,元数据的名称、字段属性、长度等。程序开发完成,有了一定的基础数据量之后即可正式发布,发布之后就进入日常生产维护阶段,这个阶段还要根据用户的需求在表现形式、功能上进行必要地修改完善。

(5)日常维护

特色数据库网站建设完成之后,内容建设就成为日常的主要工作,数据库是否能保持持续的生命力和吸引力,关键在于是否有持续的内容建设作为保障。

5. 开放资源

通过购买来收集资源,是现在图书馆资源建设的一个基本方式。可以说,图书馆几乎 100% 的资源都是通过采购而来的。随着出版业、信息产业的繁荣与发展,图书、期刊、报纸、音像制品、数据库等各种类型的资源的数量愈来愈多,而图书馆经费的增长速度却不能赶上资源的增长速度,因此资源与经费之间的矛盾成为图书馆资源建设永恒的矛盾。这种矛盾在数字时代更显尖锐,与纸本资源不同,数据库都是通过对纸本资源进行集成并数字化,然后打包销售,图书馆采购数字资源只能按照学科甚至整库来采购,而不是像纸本资源那样可以按照单本、单刊有选择地进行采购,从而使图书馆在数字资源的采购上无效投入较多,这显然不是一个经济的采购方式。尽管目前的数字资源采购模式上有这样的缺点,由于数字资源厂商从源头上形成了对资源的垄断格局,图书馆对于这种情况也是无能为力的。同时,这种销售模式也不利于学术交流和学术传播。

为克服数字资源销售模式存在的弊端,本世纪初,兴起了一场开放存取运动。开放存取运动所依据的基本理念为“科学成果应该服务于所有人，才可实现其真正的价值”①。基于此，开放存取运动主张文献出版时通过向作者或者作者所在单位，或者作者的研究资助单位收取发表费用，或者获得基金会的资助来获取出版费用，如此，不再向读者或者读者所在单位收取文献数字版的订阅费用，也就是说开放存取文献“为基本免除版权和许可限制的数字文献，因而是对任何联网用户免费的”②。开放存取的理念一经提出，就得到了学术界和图书馆界的积极支持，许多学术期刊和出版机构加入了开放存取运动，在互联网上免费开放各自的学术期刊或者出版物的数字版使用。

2003 年，时任瑞典隆德大学图书馆馆长的 Lars Bjφrnshauge 创办了开放存取期刊目录(Directory of Open Access Journals，DOAJ)网站，以方便读者使用世界上的开放存取期刊，该网站的域名为：http://www. doaj. org。截至 2013 年 7 月 30 日，DOAJ 合计收录 120 个国家的 9943 种期刊的 1 156 136 篇文章，其中 5082 种期刊可以进行文章级别的检索③。欧洲开放获取出版网络(Open Access Publishing in European Networks，OAPEN)于 2012 年春季发布了开放存取图书目录(Directory of Open Access Books，DOAB)网站④，以方便读者使用世界上的开放存取图书，该网站的域名为：http://www. doabooks. org。截至 2013 年 7 月 30 日，该网站收录来自 49 个出版商的 1469 本同行评议的图书⑤。我国内地支持开放存取运动的学术期刊也相当多，据不完全统计，包括中国科学院系统部分学术期刊在内的大约 1000 种学术期刊都在互联网上提供免费开放使用⑥，约占我国期刊总量的 1/10、学术期刊总量的 16%。除了期刊资源，其他类型的开放存取资源也不少。例如，中央电视台的中国公开课(http://opencla. cntv. cn/)，包括大学、高中、初中和小学各个学科的课程以及中央电视台的精品节目，免费向全世界开放使用。这部分资源基本上可以

①②江杭生. 开放使用——学术出版界的战争(图)[EB/OL]. (2005 - 07 - 12)[2013 - 07 - 30]. http://www. chinalibs. net/ArtInfo. aspx? titleid = 68564.

③　见 http://www. doaj. org 首页，检索时间：2013 - 07 - 30。

④　DOAB. A new service for Open Access Monographs: the Directory of Open Access Books[EB/OL]. (2012 - 02 - 29)[2013 - 07 - 30]. http://www. doabooks. org/doab? func = news&nId = 1&uiLanguage = en.

⑤　见 http://www. doabooks. org 首页，检索时间：2013 - 07 - 30。

⑥　北京雷速科技有限公司在建设方略知识管理系统(http://www. firstlight. cn)过程中，对于我国大陆开放存取期刊统计得来的数据。

满足大多数图书馆对于视频资源的需求。

图书馆在进行资源建设过程中,应将开放存取资源的整理、挖掘与利用纳入战略层面进行考量,一方面避免资源的重复购置,节约资金,另一方面可以对开放存取运动形成支持,促进开放存取运动的深入开展,有助于学术资源新的出版模式的形成。需要注意的是,开放存取资源本身是免费使用的,但由于开放存取资源在互联网上分散存在,是一个个孤立的点,DOAJ 与 DOAB 虽然集成不少的开放存取期刊,仍然没有将世界上绝大部分的开放存取期刊收录齐全。因此,图书馆利用开放存取资源虽然不需要花费资金购置,但并不意味着没有其他方面的投入。图书馆希望开放存取资源和商用资源一样好用,就需要对散布在互联网上的开放存取资源进行整合,这就需要投入相应的人力、物力;如果图书馆考虑自己整合比较麻烦,希望有相关的企业来完成这方面的工作,则图书馆就需要向相关企业支付整合费用。

6. 资源评价与资源优化

资源评价与资源优化是资源建设工作题中应有之意。图书馆进行资源评价与资源优化出于如下几个方面的原因:①来自读者和用户的驱动;②书库容量的限制;③采购经费的制约;④馆藏建设自身的需要。通过资源评价可以了解目前资源的学科分布状况、质量情况以及对读者和用户需求的满足程度,以资源评价的结果作为资源优化的根据,对后续资源建设工作起到参考作用。

资源评价的具体方法可以分为定性评估和定量评估两种方法,但在实践中,这两种方法并不是十分成熟,具体操作上可以把这两种方法结合起来使用。图书馆的资源单位小到一篇文献,中到一本书、一本刊和一份报纸,大到一个数据库,就其操作性而言,基于单本书、单份刊和单份报纸的评估才是可行的。对于期刊,有相关评价机构利用文献计量学的原理评价出的核心期刊可以作为图书馆资源评价参照的依据之一,但这仅仅是依据之一,因为不同的图书馆由于服务对象的不同,同样的核心期刊并不适用于不同的图书馆。对于图书和报纸,基于文献计量学的定量评估结果还没有发现,因此只能采取定性的评估方式进行评估,通过确定某个学科或者某个领域重要出版机构、重要作者,来确定图书馆在该学科或者该领域所应收藏的范围,或者由该学科或者该领域的专家学者,将该学科或者该领域所应收藏的资源列出,图书馆将自己的馆藏与其进行比对,根据比对结果实现对资源的评价。

数字资源评估最近几年引起了人们的普遍关注和重视，相较传统的纸本资源而言，数字资源比较容易获取到诸如访问次数、全文下载次数等若干使用数据。通过比较访问次数、全文下载次数的大小来判断相关数据库质量的高低，这是目前数字资源定量评估方法的实质所在。应该说，这种评估方法自有其合理之处，但是只能说有一定合理之处，并非绝对合理。因为，访问次数和全文下载次数与数字资源质量二者之间并没有直接的相关关系。实际上，图书馆资源建设过程中，人们所说的“二八法则”仍然起着作用，即80%的使用是通过20%的资源来满足的，而20%的使用是通过80%的资源来满足的。但是，我们也不能因此就断定，80%的资源是没有用的或者说用处比较小的，就不应该采购和保存。城市图书馆的一个重要职责是保存文献，传承文明，基于此，城市图书馆应该为所服务的人群尽可能全的保存所有的文献。从这个意义上来说，保存那些使用量很少的资源也是有价值的。

资源优化是根据资源评估的结果对目前的馆藏资源的结构、分布、数量和质量进行调整的过程。资源优化包括几个方面：一是新增某个领域的资源；二是对已有领域的资源进行补充和完善；三是对已有领域的资源进行剔除；四是改变资源的组织结构，构建新的资源体系，通过优化，使得图书馆的资源结构日趋合理，质量不断提升，保障能力不断加强。

八、技术工作创新①

城市图书馆的发展受到以信息技术与互联网技术为代表的现代高新技术的有力推动，数字图书馆是信息技术与互联网技术的集成平台，通过建设数字图书馆，城市图书馆可以有效地应用现代高新技术来改善自己的业务流程，提高自己的服务品质。数字图书馆的建设是一个复杂的系统工程，建立一个完善的数字图书馆，必须未雨绸缪，提前做好整体规划，认真、全面、细致地考虑建立数字图书馆所要解决的问题。

一般而言，建立数字图书馆，需要从如下几个方面着手：网络环境建设、硬件设备建设、软件平台建设、数据库资源建设、图书馆业务系统建设、图书

① 本节内容以刘锦山2002年6月24日发表在《中国计算机报》上《如何建立一个数字图书馆》为基础修改、充实而成。

馆网站建设、网络安全、面向读者的推广应用等。在进行数字图书馆建设过程中,要注意硬件、软件和资源之间,短期发展与长期战略之间,成熟技术与最新技术之间,建设与推广应用之间的辩证关系。

1. 网络环境建设

现代数字图书馆本质上是基于网络环境的海量数据库及其应用。网络环境包括图书馆内部局域网、图书馆外部的互联网。内部局域网由电信、移动、联通及其代理商通过光纤与外部互联网连接起来,这样内部局域网和互联网就可以实现数据交换以及相互访问。局域网是图书馆网络环境建设的重点,通过有线网或者无线网将馆内的服务器、磁盘阵列、计算机、打印机、扫描仪、复印机等设备连接起来,为图书馆各项业务工作的开展奠定网络基础。局域网可以考虑采用无线网,根据情况布设若干无线路由器,这样不需要另行布线,实施起来简单易行。采用无线网,每台设备如果没有无线网卡,需要配备无线网卡。采用无线网需要注意建筑物对于信号的屏蔽作用。

局域网与互联网之间通过网络接入商提供的光纤连接起来,光纤传输数据的能力用"带宽"来表示。带宽越大传输能力越强。接入商会为图书馆提供若干互联网 IP 地址,IP 地址就是计算机在互联网上的"门牌号"或者坐标,只有具有公网(互联网)IP 地址的计算机,人们才能通过互联网发现该计算机。

图书馆都要通过一个网站在互联网上展示、宣传自己,为了更加形象、便于记忆,还需要一个域名与 IP 地址相对应,这样人们就可以通过域名找到图书馆的网站了。IP 地址相当于图书馆网站的坐标,域名相当于图书馆网站的名字,二者之间有一个对应关系。例如,国家图书馆网站的 IP 地址是:60. 247. 28. 1,域名是:www. nlc. gov. cn。IP 地址可能会发生变化,而域名一旦注册了一般不会变化。

2. 硬件系统建设

数字图书馆硬件设备主要包括服务器和存储设备。服务器可以用来安装图书馆的业务管理系统、图书馆的网站、电子阅览室管理系统、VPN 系统、镜像数据库等各种应用程序。磁盘阵列用来存储图书馆的书目数据、读者信息等业务数据和镜像数据库数据。一般情况下,一台服务器可以提供多种应用,可以安装许多程序和数据库,没有必要一个站点、一个数据库或者一个系统占用一台服务器。

为保证数据安全,特别是图书馆业务数据的安全,需要有备份设备,对重要数据进行备份。目前的备份方式有这样几种:磁带备份、阵列备份、硬盘备份。磁带备份需要配备磁带机或者磁带库以及相应的备份软件,投入约数万元,磁带备份比较安全,但是投入大,使用起来也复杂。阵列备份需要另外配备一台阵列,将数据同样拷贝到这台阵列上。阵列备份投入也比较大,根据容量的大小硬件投入约数万元。硬盘备份比较简单易行,现在的活动硬盘有2T以上容量的,带有USB接口,操作简单易行,投入很低,许多单位同时也采用这种方式备份。如果数字图书馆刚开始运行,图书馆的业务数据及程序空间不是很大,所安装的镜像数据库数据容量估计在几个T左右,一方面将数据灾难恢复作为一个服务条款纳入到合同中,数据一旦丢失由厂商负责恢复;另一方面可以购置几块移动硬盘进行备份。

服务器的操作系统一般都用Windows系统,数据库系统一般都用SQL Server系统,根据需要可以安装其他应用程序。在数字图书馆硬件建设方面,注意避免片面追求一步到位和高档次,消耗大量的资金。数字图书馆的核心是数字资源。没有资源,再好的硬件也无法发挥作用。

3. 软件平台建设

软件平台包括操作系统和应用系统两个层面。操作系统一般是Windows操作系统,数据库系统一般是SQL Server系统。应用系统包括图书馆业务管理系统、电子阅览室管理系统、VPN系统、镜像数据库系统、图书馆网站、特色库系统、杀毒软件等。

图书馆业务管理系统应该是基于互联网的,适合于总分馆、图书馆联盟各成员馆的使用,具有数据共建、共享功能。

电子阅览室管理系统可以实现对电子阅览室的人、财、物和资源进行有效管理。电子阅览室管理系统应具备如下功能:不需要添加其他附加设备,不增加图书馆和读者的额外负担,在系统中为读者建立账户,读者可以在阅览室任何一台计算机上登录使用;具有分布式管理功能,能够对馆内多个电子阅览室进行管理;具有强大的监控管理能力,可以实时监控客户端电脑的运行情况;可以实现教学课件和视频点播。电子阅览室管理系统的价格和管理的计算机有关。

VPN是Virtual Private Network的简写,中文名称是“虚拟专用网络”,通过这个系统图书馆的持证读者可以在馆外远程登录图书馆局域网,如同在图书馆内一样方便地使用图书馆的所有资源。传统的 VPN 是 SSL VPN,这种 VPN 具有一些弱点:不支持 C/S 应用、安全性低等;采用最新技术的 VPN 系统由一个相关的硬件网关和若干用户授权构成。其价格也是由硬件网关和用户授权构成的。

杀毒软件可以采用免费的杀毒软件。

4. 数据库资源建设

数据库资源建设是数字图书馆建设的核心工作。通俗地讲,如何选择性能价格比最高的数据库资源对于数字图书馆建设效果有着重要影响。数据库资源的建设,可以从下述几个方面着手考虑:

(1)资源之间形成互补。从载体上看,目前的数字资源包括图书数据库、期刊数据库、学位论文数据库、报纸数据库、音频数据库、视频数据库,灰色文献数据库。从使用目的上看,目前的数字资源包括消遣娱乐类数据库、学习类数据库、就业考证类数据库等。从使用方式上看,有包库使用方式和镜像使用方式的数据库。从来源上看,有采购的商用数字资源、自建的特色库资源以及互联网上的免费资源。进行数字资源建设过程中需要注意不同类型资源之间的互补。

(2)资源的新旧程度。资源越新,出版时间距现在越短,则该资源的使用价值越大。

(3)资源的学术质量是否很高。只有把那些学术质量高,对教学科研、经济建设、社会发展有重要价值的资源收录进来,才能够更好的满足用户和读者的需要。

(4)资源所占空间如何。资源占用的空间直接影响着数字图书馆的投入和未来发展。占用空间越大,投入越大,未来发展的负担越大。

(5)资源是否可持续发展。所谓可持续发展,主要指与著作权人的合作是否是可持续的,取得授权的出版资源是否足够保证数字图书馆建设的持续进行。

(6)资源应该支持移动应用。移动应用也是一个重要的应用方式,采购的数据库都须支持移动移用,这样图书馆采购的资源读者不仅可以在计算机上使用,还可以在移动设备上使用。

(7)馆外持证读者应用。对公共图书馆而言,馆外持证读者应用非常重要。馆外持证读者使用图书馆的数据库有两个方式：一个是通过传统的账户密码方式来使用；一个是通过 VPN 系统来使用，更加方便。

5. 图书馆业务系统建设

图书馆业务系统是数字图书馆的一个重要组成部分，而且图书馆业务系统在图书情报领域的应用大大早于数字图书馆。在进行数字图书馆建设时要根据区域图书馆事业发展以及本馆业务发展规划，考虑好图书馆业务系统的选型与配备，综合考虑图书馆业务系统与图书馆网站的接口和兼容问题，从而方便管理和维护，更方便读者使用。

互联网与总分馆体系的发展，使得图书馆业务系统突破了单馆模式，基于互联网的图书馆总分馆业务系统逐步成为公共图书馆选择业务系统的一个趋势。这样，物理上总馆与各个分馆的馆藏是分别独立的，但在逻辑上和互联网上二者可以实现共享，读者可以通过馆际互借借阅其他图书馆的馆藏。

目前，不少图书馆业务管理系统可以实现基于互联网的总分馆体系功能。对于民族地区图书馆而言，图书馆业务系统还应考虑民族语言的兼容问题。

6. 图书馆网站与特色库建设

图书馆网站是图书馆在互联网上的门户和名片。在互联网上，图书馆的形象与各种服务都是通过图书馆网站展示出来，是读者和社会各界了解图书馆的窗口和途径。图书馆网站具有如下功能：栏目设置、文章编辑、图片管理、参考咨询、文献传递、使用统计、检索功能、读者登录、集成功能（集成图书馆业务系统以及其他数据库等应用的登录接口或者检索接口）、业务学习平台（可以为馆员提供图书馆领域专业的理论、技术、产品和实践方面的文献，以高品质的灰色文献为主，以便馆员进行业务学习；须有资源保障，资源能做到及时更新）。图书馆网站建设需要一定的周期，起初是推出网站，推出之后随着图书馆业务发展以及图书馆网站运行情况要进行持续完善，待到一定时期再行改版。建设网站需要注册域名，这样世界各地的人们才能通过这个域名访问图书馆的网站。

特色库建设。特色库建设是图书馆彰显自己特色、提供个性化服务的一个重要手段。特色库建设需要一个特色库的软件平台，这有两种选择：一是利用一些数据库厂商免费开放的特色库平台，另一个是图书馆网站本身就是一个特色库建设平台,可以利用图书馆网站进行特色库的建设。两种平台不需要另外再进行软件开发。特色库的资源采集编辑可以考虑委托专业的公司来做,也可以图书馆与专业公司共同做。特色库建设需要注意可持续发展问题,如果资源不进行更新,特色库的价值就会贬值得很厉害。

7. 网络安全

网络安全也是数字图书馆建设过程中需要考虑的问题。网络安全有两个方面的问题需要注意:第一是数据安全问题。数据包括图书馆的业务数据(例如书目数据、读者注册信息等)和所购置的镜像数据。这些数据要按照规章制度定期进行备份。第二是程序安全问题。主要是防止计算机病毒和黑客攻击。图书馆内部的计算机要定期进行软件系统升级,及时将各种漏洞的补丁打上,同时在馆内的计算机和服务器上安装杀毒软件,定期查杀病毒和木马。这方面可以考虑委托专业的网络安全服务公司来提供安全服务,但是需要每年支付一定的服务费。第三是硬件安全问题。主要考虑硬件的故障或者损坏,一般厂商都会提供这方面的服务。放置硬件的机房要符合一定的条件,例如不能频繁断电。如果有条件可以将服务器进行托管,省心省力,而且还能节约人工。

需要注意的是,网络安全是一个系统工程,需要有系统的眼光来考虑这方面的问题,这方面的研究成果中较有代表性的是张怀涛、崔波、刘二灿编著的《数字化资源环境安全建构研究》①一书,从多个方面阐述了网络安全各个方面的问题,对图书馆网络安全帮助比较大。

8. 推广应用

数字图书馆最终是面向读者、面向应用的,解决与应用密切相关的问题至关重要。数字图书馆建成之后,要根据情况不断地向不同层次的读者进行推广应用,使数字图书馆的建设投资获得良好的回报。

---

① 张怀涛,崔波,刘二灿.数字化资源环境安全建构研究[M].长春:吉林文史出版社,2009.

九、营销工作创新

国内大多数图书馆正在开展的图书馆营销工作，更多是一种自发行动，还没有上升到自觉行动。在现今这样一个充满挑战的时代，加强图书馆营销工作对于图书馆的可持续发展具有十分重要的作用和意义。

1. 图书馆营销的目的

图书馆营销的目的首先在于让更多的读者和用户来使用图书馆，提高图书馆的运营效益。城市图书馆是面向民众提供公共文化服务产品的非营利性公益机构，其提供的产品和服务是免费的。在不少人的观念中，免费提供的产品和服务不需要营销，人们就会趋之若鹜，实际上这是一种认识误区。我们知道，当今社会是一个知识爆炸、信息泛滥的时代，是一个文化产品与服务过剩的时代，是一个人们可以通过互联网、电视台、电台、报纸等大众媒体获得知识与文化产品的时代，是一个人们可以通过书店、博物馆、文化馆、电影院获得与图书馆类似服务的时代……在这样的情况下，图书馆并非民众获取知识文化消遣娱乐的唯一选择。城市图书馆要想让更多的人来使用自己的资源，必须借助合适的营销手段来扩大图书馆的影响，使图书馆成为人们获取知识、文化和消遣娱乐的首选对象，只有使用的人多了，图书馆的运营效益才能提高。

图书馆营销的第二个目的是让图书馆的主管部门、纳税人、媒体以及社会各界充分了解图书馆，为图书馆的运营发展创造一个良好的社会环境。作为一个公益性的文化服务机构，图书馆的运营经费归根到底来源于纳税人缴纳的税赋。在我国，城市图书馆的经费是通过各级政府的财政划拨下来的。经费是城市图书馆运营的生命线，没有充足的可持续的经费支持，城市图书馆是没有办法保持正常运营的。通过图书馆营销，使图书馆的主管部门、纳税人、媒体和社会各界充分了解城市图书馆对于促进当地文化发展、经济增长和精神文明建设所做的积极贡献，使大家充分认识到城市图书馆对于城市发展的重要性，进而为城市图书馆的发展创造一个良好的社会环境。

图书馆营销的第三个目的是让社会各界充分认识到图书馆在保障信息公平、消除数字鸿沟、净化人心方面所起的积极作用。信息公平指的是“在一定的历史时期和社会环境中,人们对信息资源的获取和分配过程中所体现的平衡与对等状态”①。由于人们所处的环境各异,职业、身份、经济状况、知识状况的不同,使得人们在获取信息方面并非必然处于平等的地位。这种不平等体现在机会不平等、程序不平等和实质不平等三个方面。所谓机会不平等,就是同样的信息,有的人有机会获取,有人没有机会获取;所谓程序不平等,同样的信息有的人可以优先获取,有的人只能在后面获取;所谓实质不平等,指的是信息获取的结果的不平等。蒋永福、刘鑫认为,信息不公平发展结果的集中体现就是数字鸿沟,数字鸿沟就是由于主客观因素造成的信息富者与信息贫者之间的分化及其不断扩大的趋势②。图书馆作为公益性文化机构,是保障信息公平、消除数字鸿沟的重要制度保证。通过加强图书馆影响,让更多的人走进图书馆,可以有效地消除信息不公平和数字鸿沟,并且起到陶冶读者心灵的作用。

2. 营销载体

营销都是通过一定载体实现的,图书馆营销也不例外。举其要者,图书馆营销载体包括如下几类:

(1)大众媒体与专业媒体

大众媒体是指具有大量受众的媒体,大众媒体包括电视、电台、报纸、杂志、电影、移动手机、互联网、户外媒体等。大众媒体由于受众广泛,以此作为营销载体,效果较好,但大众媒体的广告费用也很高。与大众媒体相对应的是专业媒体,专业媒体受众面窄,传播精准度高,广告费用相对大众媒体而言较低。图书馆行业的专业媒体包括专业学术期刊、行业报纸、专业网站等。城市图书馆可以根据自身的具体情况选择适合自己的媒体作为营销载体,虽然大多数媒体都需要收取广告费用,但是图书馆可以利用自身公益文化机构的特点与相关媒体共同进行内容合作创新,这种合作模式既丰富了媒体的内容,又宣传了图书馆自己,而且媒体也不向图书馆收取费用,值得借鉴。2010年10月23日,浦东图书馆与上海电视台纪实频道签约,双方合作面向读者和观众共同推出“真实影院”文化项目。借此,浦东图书馆不需广告投入就扩大了自己的影响,上海电视台纪实频道充实丰富了自己的节目内容,确实为一举两得的双赢之举。

---

①②蒋永福,刘鑫.论信息公平[J].图书与情报,2005(6).

(2)互联网媒体

互联网的发展对于传播产生了深远的影响。传统媒体时代,是一种点对面的不对称传播时代,媒体作为传播主体,按照自己的需求向受众传播内容,受众只能被动地接受。互联网时代这种模式受到了革命性的颠覆,现在的传播模式是一种点面结合、点点结合的传播方式,每个点都是一个传播主体,而且传播主体和传播客体之间可以及时实现交互。此外,互联网媒体还具有传播时效快、传播时间长的特点,虽然商用的互联网广告也需要花费不少的费用,但是只要精心设计无需花费仍然可以获得较好的互联网传播效应。图书馆自己的网站及像 e 线图情(http://www.chinalibs.net)这样免费为图书馆提供营销服务的专业网站,诸如维基百科、论坛、博客、微博、书评网站、学科门户等一些免费的互联网传播工具,还有微信、QQ 等即时通信工具,人人、facebook 等社交网站,以及手机客户端这样的新型应用程序,城市图书馆若能善加利用,都可获得意想不到的传播效果和营销效果。e 线图情博客聚合(http://bkjh.chinalibs.net)收录了国内外图书馆界 982 个专业博客,收录原创博文 30 000 余篇,是一个非常好的宣传交流平台。首都图书馆在新浪上建有博客和微博,截至 2013 年 8 月 1 日,首都图书馆微博有 14 254 位粉丝;首都图书馆还在豆瓣上建有自己的空间,发布图书馆开展的各项活动。

(3)自媒体

顾名思义,自媒体是与公共媒体相对而言的。自媒体包括馆刊、图书馆网站、博客、微博、微信、社交网站上创建的图书馆账号以及客户端等。一般而言,图书馆自媒体多元并存、多管齐下,可以称为“自媒体系”。图书馆“自媒体系”的建设,打破了公共媒体对于传播渠道的垄断,拉近了图书馆与读者、用户、市场、受众的距离,使传播更加方便快捷①。与公共媒体不同,自媒体由图书馆创办,围绕图书馆的发展运营进行对内对外传播,通过自媒体可以促进图书馆运营管理、提升产品与服务质量,促进图书馆的市场营销,传播图书馆文化与品牌。东莞图书馆创办的内部季刊《易读》,围绕阅读组织内容,装帧精美、典雅,文字清新、优雅且不失深刻,每期还配有精美书签一枚,捧来阅读,令人爱不释手;现在《易读》每期的印数都在 2000—3000 册之间,取得了很好的传播效果。为办好自媒体,图书馆需要对各种自媒体进行统筹

① 邢小兰.邢小兰:自媒体在企业文化建设中的作用(图)[EB/OL].(2013-05-28)[2013-08-03].http://www.bixu.me/ArticleInfo.aspx? id=965517.

管理,对自媒体的“栏目、内容、作者(编辑、记者、供稿)、读者(受众)、传播时机进行高效管理”将各种自媒体纳入运营体系中,充分发挥自媒体协同传播的强大功能①。自媒体虽然是图书馆创办,围绕图书馆的发展运营组织内容,但自媒体也承担着社会责任,不能有所偏废。

(4)通讯工具

信函、电话、传真、E-mail、短信、即时通讯工具等也是图书馆营销的有效载体。信函营销很早被采用,随着互联网的发展,E-mail 和新型即时通讯工具的出现,信函的使用越来越少,信函营销的使用也比从前越来越少。但是,信函仍然是一种重要的营销载体,尤其是现在难得收到信函的情况下,一份得体的信函加上漂亮的手书会起到 E-mail、即时通讯工具难以起到的效果。因此,对于一些特别重要的营销对象,不妨采用信函作为沟通的工具。电话可以说是现在最为常用的沟通工具之一,通过电话可以比较清楚地把相关内容介绍清楚,并且可以与通话方进行实时互动;以电话作为营销载体要注意电话的频次,避免对通话方造成干扰为要。通过传真可以把图书馆相关的营销传单、活动介绍传真给相关单位,收件单位不需要像电话那样记录通话要点,不容易造成信息遗漏。E-mail 是互联网时代的新型通讯工具,通过 E-mail 可以及时把图书馆的活动、进展发给收件人,成本低廉,效果也比较好。E-mail 作为营销载体,有群发和非群发两种方式,群发方式适用于受众数量大、传播范围广泛的情况;非群发适用于受众重要或者受众数量小、传播范围有限的情况。采用 E-mail 作为营销载体需要注意掌握邮件发送的节奏和频次,避免对收件人造成干扰。手机短信也是一种有效的营销载体,与前面几种通讯工具相比,手机短信具有送达率高的特点。手机短信同样有群发和非群发两种方式,其使用情况与 E-mail 一样。即时通讯工具也是一种新型的交流工具,可以建立群,通过在线文本、语音、视频进行交流,实时互动。

(5)会议平台

会议既是一种专业交流沟通的重要形式,也是一种市场营销的有效手段。通过会议平台可以发布图书馆最新的动态,系统地向与会者介绍图书馆所开展的重要活动或工作,并且可以同与会者进行相互交流。会议平台分为两种:自办会议和非自办会议。自办会议的成功需要精心策划和组织,选择

① 邢小兰.邢小兰:自媒体在企业文化建设中的作用(图)[EB/OL].(2013-05-28)[2013-08-03].http://www.bixu.me/ArticleInfo.aspx? id=965517.

一个有吸引力的主题，邀请业内有影响的专家学者作为主讲嘉宾，增强会议的吸引力；还需要进行一系列的宣传造势工作，将图书馆营销工作贯穿其中，从而实现扩大图书馆影响的目的。会议营销的优点是准备充分、针对性强，能够将产品和服务讲透，效果很好，缺点是花费时间较长、成本高。会议营销成败的关键点：会议主题以及相关资料是否吸引人，与会代表人数是否达到一个临界值，是否邀请到有关领导或社会人士出席会议，主题演讲、演示是否准备充分，会务工作是否细致无缺陷，等等。除了自办会议之外，非自办会议也是一个重要的会议营销平台。通过参加有关非自办会议，演示、介绍图书馆的服务与产品，积极活动、交流、洽谈，广交朋友，扩大城市图书馆的影响，促进城市图书馆营销工作的开展。

（6）事件营销平台

事件营销就是以具有新闻价值和社会影响力的重要事件或者人物作为平台进行营销，借助事件或者人物尽可能扩大城市图书馆的影响，加深公众对图书馆的印象。事件营销对于快速提升城市图书馆的知名度与美誉度有着积极的作用。事件营销包括借力模式与主动模式两种方式。借力模式借助某些社会热点话题进行营销，主动模式是指主动创造一些事件或话题进行营销。城市图书馆运用事件营销的成功案例不少：上海图书馆参与2010年上海世博会的主题演绎、情报咨询工作，既为世博会的成功召开贡献了自己的力量，也借此机会扩大了图书馆在国内外的影响，这是图书馆界事件营销的成功范例；2011年初，杭州图书馆“微博事件”①引发了社会各界对于杭州图书馆的广泛关注，也属事件营销的典范之作。当然“微博事件”并非杭州图书馆有意为之，实属无心插柳之举。东莞图书馆利用2012年中国图书馆年会在东莞召开的契机，在年会上组织了一系列活动，很好地在这一全国图书馆界高峰会议上宣传了图书馆；而东莞图书馆所展现的在卓越绩效管理方面的突

---

① 2011年1月18日，一位台湾网友“贺兰泰”在新浪微博说：“杭州图书馆不拒绝乞丐拾荒者入内读书，引来了其他读者的投诉，馆长褚树青回答说‘我无权拒绝他们入内读书，但您有权利选择离开。’”此条微博发布仅两天被转发1.6万次，使得杭州图书馆与馆长褚树青被火爆“围观”，网民把杭州图书馆称为“史上最温暖图书馆”，而馆长褚树青则获得“最感人馆长”等盛赞。此条微博引发了社会各界人士的广泛关注，杭州图书馆也积极做出回应，整个事件被称为杭州图书馆“微博事件”。——司姣姣.由一条微博引发的图书馆公关事件——杭州图书馆“微博事件”公关分析[J].图书馆建设，2011(4).

出成就,也让其获得了2012年东莞市政府质量奖桂冠。需要注意的是,事件营销不能为了营销而营销,城市图书馆在进行包括事件营销等各种形式的营销过程中,始终不能忘记营销的目的——让更多的人能利用图书馆。否则很容易误入歧途,造成不良的社会影响。

3. 营销程序

按照现代营销思想,图书馆"营销过程起始于产品生产之前,继续于产品生产之中,而且存在于产品生产之后"①,这里的产品是广义的产品。"市场营销程序是指分析市场机会、研究与选择目标市场、设计营销战略、制订营销计划,以及组织、实施和控制营销活动。"②

(1)分析市场机会

这一环节包括外部环境分析和内部环境分析两个方面。外部环境分析主要对市场现状进行分析,发现其中存在的机会。内部环境分析主要对图书馆自身的条件进行分析,看自己是否有能力抓住市场上出现的机会。20世纪50年代到70年代,全国大约有20 000种家谱被人为地毁掉。当时的上海图书馆馆长顾廷龙深知家谱的重大价值与意义,在家谱资源普遍不被重视的环境下发现了机会,经过努力,为上海图书馆争取到采购家谱的权利;经过几代人的努力,从上个世纪60年代起的20多年里,上海图书馆抢救出合计5800种47 000多册的家谱,成为今天上海图书馆的重要财富③。

(2)研究与选择目标市场

"现代市场营销实践要求将市场划分为几个主要的细分市场,对它们进行评价,选择公司能为之提供最佳服务的细分市场作为目标市场。"④上海图书馆开设家谱服务,实际上就是对图书馆服务市场进行了细分,通过家谱这一独特的资源,把对家谱感兴趣的读者从读者整体中区分出来,形成了一个

① 菲利普·科特勒,洪瑞云等.市场营销管理(亚洲版.上)[M].郭国庆等译.北京:中国人民大学出版社,1997:88.

② 菲利普·科特勒,洪瑞云等.市场营销管理(亚洲版.上)[M].郭国庆等译.北京:中国人民大学出版社 1997:89.

③ 宗亦芸.一个图书馆服务品牌的创建——以上海图书馆家谱服务系列为例[M]//王世伟.现代城市图书馆公共服务论丛.上海:上海社会科学院出版社,2007:132.

④ 菲利普·科特勒,洪瑞云等.市场营销管理(亚洲版.上)[M].郭国庆等译.北京:中国人民大学出版社,1997:90.

家谱服务的细分市场。通过这样的细分,利用独特的家谱资源为这些特定的读者提供服务,取得了良好的服务效果。1996 年 12 月 20 日,国内第一间家谱阅览室在上海图书馆首次向读者开放,十几年来,家谱阅览室既吸引了从事研究的一些学者,也吸引了不少来寻根问祖的百姓。2000 年 3 月,上海图书馆与新加坡公司合作开发寻根网站,每天点击查询量在 10 万人次以上①。

(3)设计营销战略

营销战略是为目标市场制定一个差别和定位战略。应该说,国内收藏家谱的单位不只是上海图书馆。上海图书馆希望树立家谱馆藏与家谱服务的第一品牌,提出了"看家谱,找上图"的战略定位。为此,上海图书馆采取了一系列举措。1998 年 11 月,上海图书馆召开了"全国谱牒开发与利用学术研究研讨会",会后出版了《中国谱牒研究——全国谱牒开发与利用学术研讨会论文集》;2000 年 5 月,上海图书馆又主持召开了"迈入新世纪中国族谱国家学术研讨会",会后出版了《中华谱牒研究——迈入新世纪中国族谱国际学术研讨会论文集》;2000 年 6 月 7 日,《中国家谱总目》正式立项,由上海图书馆领衔主编;2001 年 5 月,《中国家谱总目》被批准为"十一五"国家社会科学基金项目②。

(4)制订营销计划

"营销战略必须转化为营销计划。这是通过做出一些基本决策如营销费用、营销组合以及营销资源配置而实现的。"③上海图书馆确定了家谱服务营销战略之后,将其细化为更加具体的营销计划,通过一系列的会议营销活动、研究工作、开发工作逐步推进营销战略的实现,取得了良好的效果。

(5)组织、实施和控制营销活动

营销计划的落实至关重要,再周密的计划如果没有落实都是空的。组织队伍和人员具体实施营销计划,并对组织、实施营销计划的过程进行控制,是营销程序中很关键的一个环节。要对参与实施营销计划的员工进行培训、指

---

① 宗亦芸.一个图书馆服务品牌的创建——以上海图书馆家谱服务系列为例[M]//王世伟.现代城市图书馆公共服务论丛.上海:上海社会科学院出版社,2007:131—133.

② 宗亦芸.一个图书馆服务品牌的创建——以上海图书馆家谱服务系列为例[M]//王世伟.现代城市图书馆公共服务论丛.上海:上海社会科学院出版社,2007:134—135 页.

③ 菲利普·科特勒,洪瑞云等.市场营销管理(亚洲版.上)[M].郭国庆等译.北京:中国人民大学出版社,1997:92.

导和激励。控制营销活动的目的是评估图书馆的营销战略是否与市场条件相适应,以及根据市场条件的变化所采取的应对措施。

十、服务工作创新

图书馆所有工作的最终归宿都是为读者提供卓有成效的服务,因此服务是一切工作的最终指向。更快、更好地为更多的人群提供服务,是图书馆服务创新的目标。

1. 服务创新

任何内容都需要通过一定的形式体现出来,任何事物都是首先通过一定的形式展现在人们的面前,因此形式创新就成为服务创新的一种重要方式。所谓形式创新是根据图书馆发展的具体情况,创造和开发图书馆还没有的服务形式。创新因时因地因馆而异,根据图书馆发展环境和自己的实际情况开发出一种其他图书馆也没有的全新服务形式,属于创新;将其他图书馆已经开展的服务结合实际移植到本馆,也属于创新。

互联网时代,图书馆发展环境发生了很大的变化,其中影响特别深远的变化有两个方面:第一,资源方面。数字资源特别是互联网上原生的高品质灰色学术资源的增长非常快。这对图书馆的馆藏结构变化产生了深远的影响。第二,读者。读者获取信息的手段和途径日益广泛,读者的要求也越来越高。这种变化使得个性化、学科化服务成为服务创新的一个重要努力方向,十多年来业内就此进行了诸多探索与实践。例如,2008 年 10 月 14 日,由中国图书馆学会高校分会、BALIS 北京高校网络图书馆和首都师范大学联合主办、首都师范大学图书馆和国务院发展研究中心信息网承办、中国教育装备网协办的“图书馆学科化、个性化服务的发展”国际学术研讨会召开,100 多位海内外图书馆学专家、学者出席会议,就图书馆个性化、学科化服务展开研讨,取得了很多成果①。就目前乃至将来一段时间而言,服务形式创新有如下

① 刘剑英.“2008・图书馆学科化、个性化服务的发展”国际学术研讨会 10 月 14 日隆重召开 e 线图情全程进行文字直播[EB/OL].(2008 - 10 - 14)[2013 - 08 - 25].http://www.chinalibs.net//ArtInfo.aspx? titleid = 113315.

几种重要方式。

(1)学科馆员集成服务

通过设立学科馆员或者专题馆员,面向学科或专题提供集成服务,是许多图书馆开展学科或专题服务所做的积极探索和实践。通过学科馆员或者专题馆员,可以向学科或者专题提供资源保障、学科或专题跟踪、学科或专题分析、学科或专题咨询等综合性服务。在实践中,学科馆员或专题馆员工作深入开展下去存在一定的困难和障碍,一方面需要具有学科背景的高水平的学科馆员或者专题馆员,一方面还需要解决学科服务或专题服务的平台和通道问题。这两个方面缺一不可,如果学科馆员或者专题馆员学科背景薄弱,学科服务或专题服务很难深入开展下去,因为缺乏与学科或专题的对话基础,时间久了学科馆员或专题馆员容易成为学科或专题联络馆员;如果没有有效的学科或专题服务平台和通道,学科馆员或专题馆员服务也不会持久,利用技术手段可以建立学科、专题服务的平台和通道。

(2)学科或专题导航服务

通过设立学科馆员或专题馆员面向学科或者专题提供集成式服务,甚至把具有学科或专题背景的高水平的学科馆员或专题馆员嵌入到学科团队或者读者研究团队之中,但是受到图书馆馆员数量的局限以及人员学科背景的局限,图书馆不可能为所有的学科团队或者读者研究团队提供这种学科馆员或专题馆员的嵌入式服务。因此,为解决这一问题,开展学科导航或者专题导航建设是一种行之有效的方式。通过学科或者专题导航,可以使学科服务、专题服务在面上展开。所谓导航,就是将某一学科、某一专题相关的国内外动态、会议资料、专家学者、研究成果、相关机构、课件、视听资料、论文与基本典籍等所有文献组织起来通过互联网展示给读者使用。利用学科导航或者专题导航可以有效地拓展学科或者专题的服务面,解决图书馆人员有限与读者需求之间存在的矛盾。

(3)特色库服务

根据读者或者用户的需求,开展特色库建设,利用特色库为某一读者群体开展针对性的服务。例如,面向政府可以开展某一产业发展的特色库服务,通过搜集、整理和挖掘国内外关于该产业发展的产业政策、产业状况、产业竞争、产业发展趋势等文献,为政府决策和相关企业发展提供参考咨询,并根据特色库建设、服务的发展情况,开展更加深入的产业研究。下图为北京雷速科技有限公司为重庆图书馆开发的民国特色数据库。

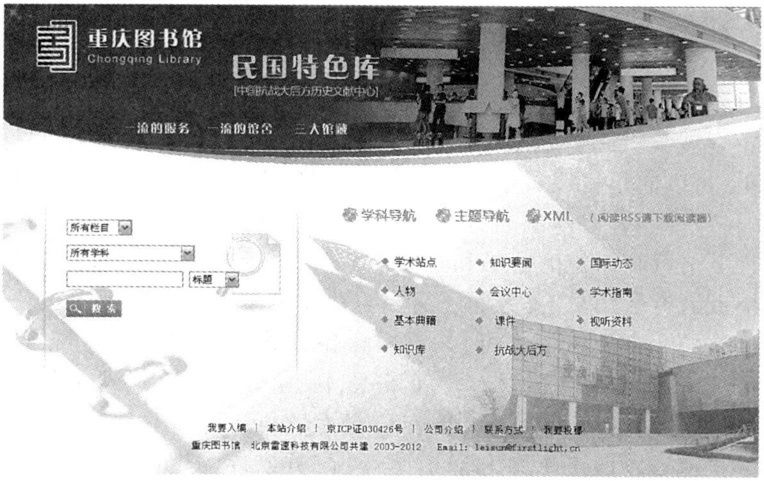
重庆图书馆
Chongqing Library
民国特色库
[中国抗战大后方历史文献中心]
一流的服务 一流的馆舍 一流的馆藏
学科导航 主题导航 XML（阅读RSS请下载阅读器）
所有栏目
所有学科
标题
搜索
学术站点 知识要闻 国际动态
人物 会议中心 学术指南
基本典籍 课件 视听资料
知识库 抗战大后方
我要入编 | 本站介绍 | 京ICP证030426号 | 公司介绍 | 联系方式 | 我要投稿
重庆图书馆 北京雷速科技有限公司共建 2003-2012 Email: leisun@firstlight.cn

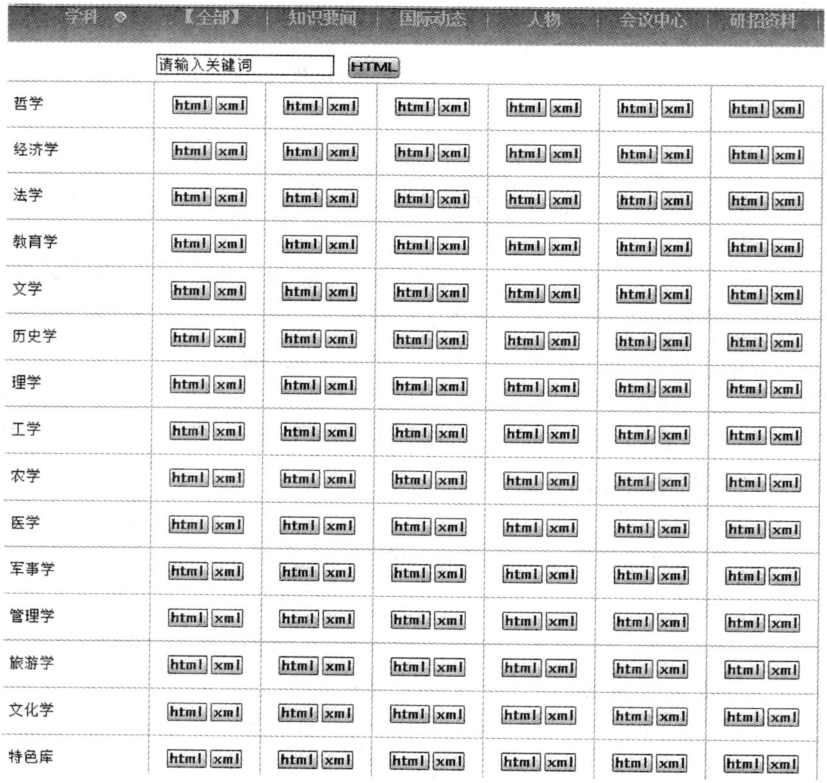
学科 【全部】 知识要闻 国际动态 人物 会议中心 研招资料
请输入关键词
HTML
哲学
经济学
法学
教育学
文学
历史学
理学
工学
农学
医学
军事学
管理学
旅游学
文化学
特色库
html xml

(4)嵌入式服务

城市图书馆的用户可以分为个人读者和机构用户两类。图书馆的各项服务可以通过机构用户作为中介抵达终端读者。一般情况下,机构用户自身也有自己的网站,面向自己的成员或者自己的用户提供服务。以政府机构为例,每个政府机构都有自己的网站,一方面向自己的工作人员提供服务,另一方面向自己的用户提供服务。不少政府机构由于其职能使然,网站访问量相当高。城市图书馆可以利用技术手段将自己的服务嵌入到机构用户的网站,借此将自己的服务向终端读者推送,扩大服务的覆盖范围,提高服务的效能。雷速学术平台就是一款实用型很强的嵌入式服务产品,利用该平台提供的分享功能,用户可以按照学科、栏目和检索词将相关的 html 代码嵌入到自己的网站中,用户网站嵌入的内容可以随着雷速学术平台内容的更新实时更新。例如,如果一个文化类型的网站希望将雷速学术平台文化学方面的“知识要闻”嵌入到自己的网站,首先进入雷速学术平台的分享页面 http://www.firstlight.cn/Share.aspx,然后选择文化学下面的知识要闻,点击 html,就会出现一个“分享代码”设置页面,可以设置字体种类、字号、颜色以及显示条数等条件,选择完毕点击确定,并可预览,然后将“分享代码”页面中的代码嵌入到

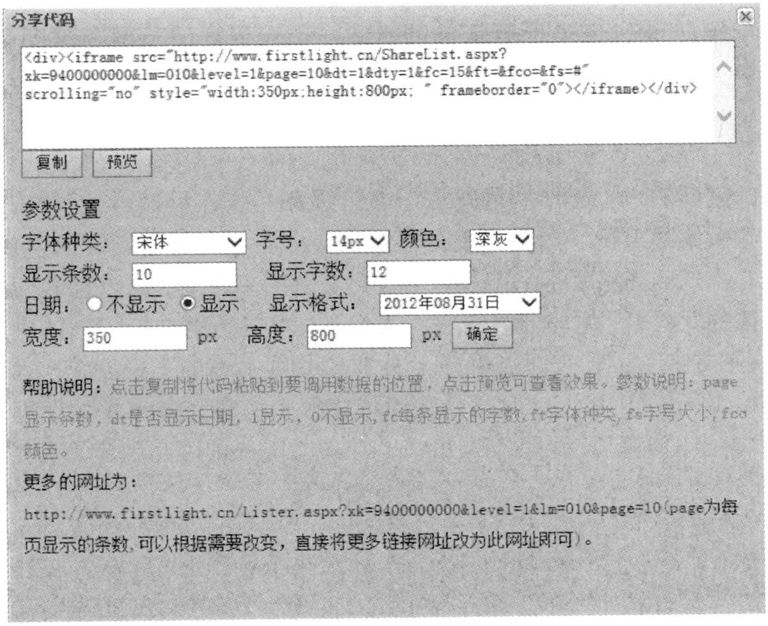

▪ 2000余块碑刻或改写荆...	2013年08月09日
▪ 四川出土的汉代艺术作品	2013年08月09日
▪ 2000余块碑刻或改写荆...	2013年08月05日
▪ 汉水文化研究基地积极推动...	2013年08月02日
▪ 两岸师生汇聚荆楚文化研习...	2013年07月30日
▪ 第二届巴蜀文化与湖湘文化...	2013年07月08日

自己的网站相关的页面上,则该网站文化学方面的知识要闻会随着雷速学术平台文化学知识要闻的更新而动态更新。

形式创新离不开内容创新,内容创新指的是在服务方式不发生变化的情况下,通过对服务内容的挖掘与提升进行创新的一种方式。例如,图书漂流是起源于20世纪60年代的一种阅读、交流活动,在欧美地区很是流行。图书漂流活动传入我国之后,我国图书馆界根据具体情况对其相关方面进行了改进与创新。浦东图书馆在组织图书漂流活动的实践中,提出总结了促进自组织形成、完善管理机制、加强宣传报道、强化社会合作、建立激励机制和促进可持续发展等需要注意的问题,使得图书漂流活动在浦东图书馆的精心组织下不断深入发展,取得了良好的社会效益。参考咨询工作是许多图书馆都在开展的工作,如果能够在已有工作的基础上拓展咨询的范围和深度,提升咨询的质量和品质,这也属于内容创新的范畴。

2. 品牌管理

服务创新的一个必然结果就是图书馆服务品牌的形成,从而品牌管理也日渐引起大家的重视。随着城市图书馆服务创新实践的不断深入发展,涌现了许多有影响的图书馆服务品牌。例如,上海图书馆的"上图家谱"品牌、杭州图书馆的"文澜沙龙"品牌、浦东图书馆的"浦东文化讲坛"品牌、佛山图书馆的"佛图专递"品牌、美国兰乔库卡蒙加公共图书馆的"边玩边学小岛(Play and Learn Islands™, PALs)"品牌、美国华盛顿州塔科马港市皮尔斯县图书馆体系的"瓢虫图书馆员莉莉(Lily the Ladybug Librarian)"品牌等。为了使服务创新能够持久、深入地开展,品牌管理至为必要。

(1)品牌创建

为了突出并强化自己的服务特色,城市图书馆须有强烈的品牌意识,将自己的产品和服务品牌化。品牌创建是品牌管理的第一个环节,创建品牌需要对自己的产品和服务进行深入和全面的分析，将最能体现自己特点的产品和服务进行品牌化。品牌要简明扼要，朗朗上口，这样才有利于传播。品牌创建不是孤立的行动，应该与城市图书馆这一总品牌的传播与培育结合起来进行。城市图书馆是一个总品牌，这个总品牌下面可以有多个产品或者服务品牌，总品牌与子品牌在传播过程中可以相互协调、相互配合。品牌创建之后应该着手进行商标注册，以形成保护。美国兰乔库卡蒙加公共图书馆对其"边玩边学小岛"品牌向商标管理机构提出了申请，也获得了商标管理机构的受理。

(2)品牌培育

品牌从创建到为用户接受和认可，需要进行系统的培育。品牌的培育过程实质就是产品或服务的提升过程，产品或服务的提升是品牌培育的基础。因此，品牌培育不能脱离城市图书馆面向社会提供产品和服务的实践孤立进行。产品和服务的质量永远都是关键，我们时刻都不能忘记这一点。通过对产品和服务的持续改进，赢得读者和用户的信任和称赞，进而赢得他们对于品牌的信赖和赞誉。在品牌的培育过程中要充分利用好各种类型的公共媒体、自媒体以及专业媒体和大众媒体，对品牌进行妥帖的宣传；同时也要充分注意口碑营销的作用；另外，要注意对品牌危机的管控，化危机为契机，为品牌发展赢得新的机会。

(3)品牌优化

随着图书馆服务工作的展开，可能会形成多个服务或产品品牌，而且这些品牌的发展和影响往往是不均衡的。有的品牌影响大些，有些品牌影响小些；有的品牌具有较好的发展潜力，有的品牌的发展潜力稍弱些。品牌优化就是解决品牌发展不均衡，将资源向优质品牌集中的过程。品牌优化之前首先要对品牌进行调查分析，掌握品牌的现状，为品牌优化提供决策依据。品牌优化的目的是形成以拳头品牌为龙头、布局合理的品牌体系，使品牌之间形成优势互补的格局。对于那些发展潜力不大、影响小的品牌要进行淘汰，将资源集中到那些发展潜力大、影响大的品牌上去。

3. 质量管理

质量管理现在日益受到城市图书馆的关注，将 ISO 9000 质量管理体系标准认证引入图书馆即是明证。匈牙利国家技术信息中心图书馆、爱尔兰都柏林城市大学图书馆、美国哈佛大学图书馆、台北市立图书馆、香港中央图书馆、东莞图书馆、杭州图书馆、天津泰达图书馆等不少图书馆都进行了 ISO 9000 质量管理体系标准认证。参考戴维. A. 科利尔等人的研究[①]可知,产品和服务的高质量可以提高竞争优势,减少不必要的成本,提高图书馆的服务能力以及读者和用户的满意度。而"质量管理就是制定系统的计划、方法和流程,确保所提供产品和服务的质量能够满足顾客的需求。从运营的角度来看,质量管理者处理的关键问题涉及产品和服务是怎么设计、创造,然后交给客户以满足客户需求的"[②]。

(1)质量管理工具

在质量管理实践中,形成了多种多样的质量管理工具,诸如全面质量管理、GAP 模型、ISO 9000、六西格玛等。全面质量管理(Total Quality Management,TQM)主要内容包括领导承诺、员工参与、顾客至上、实施管理与持续改进五个方面[③]。GAP 模型是通过比较产品和服务的特性与顾客的期望之间的差距来评价质量,进而对质量进行改进[④]。最新版的 ISO 9000 质量管理体系是 2009 年 10 月 31 日正式发布的 ISO 9000:2009,ISO 9000:2009 族核心标准有四项:ISO 9000 质量管理体系——基础和术语,ISO 9001 质量管理体系——要求,ISO 9004 质量管理体系——业绩改进指南,ISO 19011 质量和(或)环境管理体系审核指南,ISO 9000 强调了八项质量管理原则:以顾客为关注焦点、领导作用、全员参与、过程方法、管理的系统方法、持续改进、基于事实的决策方法、与供方互利的关系。

六西格玛(six sigma)管理"是一种以满足用户要求为核心,以提高产品或服务质量、效益为导向,综合运用各种统计技术和手段来发现和减少生产和服务过程中的缺陷,最终求得企业或组织长期稳定发展的综合性管理方法。其提高和改善产品或服务质量的典型模式为(DMADV)设计和(DMAIC)改进。对每个生产或服务流程以界定(Define)、量测(Measure)、分析(Analysis)、设计(Design)、验证(Verify)(简称 DMADV)的结构化设计过程为基础,

---

①②戴维. A. 科利尔,詹姆斯. R. 埃文斯. 运营管理[M]. 马风才编译. 北京:机械工业出版社,2011:223.

③ 罗希特·维尔马,肯尼思·博耶. 运营与供应链管理:理论与实践[M]. 霍艳芳等译. 北京:清华大学出版社,2010:37.

④ 戴维. A. 科利尔,詹姆斯. R. 埃文斯. 运营管理[M]. 马风才编译. 北京:机械工业出版社,2011:228.

对拟建立的新流程进行设计。对已有的生产或服务流程则以界定(Define)、量测(Measure)、分析(Analysis)、改进(Improve)、控制(Control)(简称 DMAIC)的结构化改进过程为进一步提高的手段”①。通过这种系统化的管理，最终使质量达到六西格玛，即接近 0 缺陷的水平。

(2)质量管理体系的构建与运行

图书馆的服务存在着技术性质量不稳定、功能性质量易波动、服务时效性和适时性差、难以满足用户个性化需求、服务的主动性不够等问题②。为此，需要根据城市图书馆的具体情况，选择合适的质量管理工具构建适用的质量管理体系。大多数图书馆开展质量管理都是依据 ISO 9000 进行的，据此，图书馆质量管理体系的结构如下：规范的管理体系和管理制度、读者和用户的评价体系、信息资源的组织、服务部门的组织、人力资源保障系统、环境③。

为保证质量管理体系的正常运行，需要规范工作程序、明确每位馆员的职责、建立详尽的质量记录、实行规范化考核并实行体系化运行④。为保证质量管理的持续进行，须有外部动力进行驱动，因此“建立以读者为核心的评价机制以及用科学手段分析评价结果是图书馆管理体系的重要组成部分”⑤。在评价的基础上，坚持事后监督与持续改进，促进图书馆服务质量的不断提升。

十一、图书馆联盟⑥

图书馆联盟的渊源由来已久，基于合作、协作、协调这一图书馆事业基本精神而兴起的各种形式的图书馆联盟，在信息技术飞速发展的带动下进入了

①②杨丽娟. 图书馆新型服务质量管理——引入六西格玛管理方法探析[J]. 情报杂志，2009(S2).

③④⑤晁行国. 高校图书馆质量管理体系的构建[J]. 图书馆学刊，2010(7).

⑥　本节内容在刘锦山 2003 年 4 月 29 日发布于 e 线图情上的文章《图书馆联盟》(http://www.chinalibs.net//ArtInfo.aspx? titleid = 7465)基础上修订而成的。

蓬勃发展的时期①。

实践上,成立于1996年的图书馆共同体国际联盟(ICOLC)到2012年7月已经发展成为拥有来自北美洲、欧洲、澳洲、亚洲和非洲200多个图书馆联盟的联合体②。国内除了各级各类的图书馆学会、高校图工委以及CALIS等初具联盟性质的机构之外,更有基于地理位置相近、条件相当的高校图书馆自发结成的联盟,也有"上海市文献资源共建共享协作网"这样的基于整个地区包容公共、科研、高校、情报四大系统的图书情报机构在政府主管机构推动下形成的图书馆联盟③,还有"北京市公共图书馆信息服务网络"这样的采取统一技术标准的平台,连接市、区、县、乡镇、街道图书馆而形成的图书馆联盟④。

从上面的简单列举中,我们可以深切地感受到图书馆联盟的蓬勃发展。但是需要指出的是,目前绝大多数图书馆联盟的研究和实践主要还是局限在资源共建共享方面。如果我们将眼光放远一些,思路更开阔一些,突破现有的局限,从图书馆管理、馆员培训、岗位轮换、读者工作、社区服务等整个图情事业的各个方面考虑图书馆联盟的问题,我们就立刻进入了一个全新的境界。

这是一种不同于目前过多注意力集中在资源建设上的全新的图书馆联盟,这种性质的图书馆联盟的出现是有其现实基础的。

1. 图书馆联盟产生的基础

(1)思想基础

图书馆联盟的思想基础是图情界长久以来一直追求的合作、协调、共享理念和目标。只是受各种条件的制约,大家基本上把90%的注意力都集中在了资源建设的合作、协调和共享方面上了,这是与图书馆的发展历程相一致

---

① 于湖滨,张军.图书馆共享联盟的形成与发展[EB/OL].(2002-06-01)[2013-08-26].http://www.chinalibs.net//ArtInfo.aspx? titleid=136685.

② 参见ICOLC网站http://icolc.net/首页关于ICOLC的介绍。

③ 参见上海市文献资源共建共享协作网http://www.libnet.sh.cn/newsirn/首页关于上海市文献资源共建共享协作网的介绍。

④ 蔺玉红,梁睿.北京市公共图书馆信息服务网络正式开通[EB/OL].(2003-02-19)[2013-08-26].http://www.chinalibs.net/ArtInfo.aspx? titleid=4500.

的。在过去绝大多数时间里，绝大多数图书馆面临的主要问题是如何使用有限的资金购置更多的资源来满足读者和用户的需求。因此，在过去关于图书馆联盟的理论研究就较多的集中在资源建设的合作、协调和共享方面。这些研究成果无疑为更广范围的研究奠定了基础。将合作、协调、共享的思想大胆地应用于图书馆各项工作当中，以更开阔的眼光来考虑新的历史背景下的图书馆联盟问题，我们实际上就会发现，全新性质的图书馆联盟的思想基础早已存在，至少可以追溯到 G. L. Campbell 在 1879 年所写的"Grouping of Places for Library Purposes"①一文中。

我们可以简单地概括为：在理念、信息、资源、技术、人员、管理、培训、服务等图书馆的物质、精神、信息等各项组成要素方面的合作、协调和共享理念，是图书馆联盟的思想基础所在。

(2)技术基础

图书馆联盟的技术基础也已经相当成熟，这就是互联网技术的发展以及基于互联网的图书馆总分馆业务管理系统的出现，这为新的图书馆联盟奠定了初步的技术基础。内部网+互联网+(统一的)图书馆业务管理系统，是图书馆联盟的坚实的技术基础。

(3)市场基础

信息产业的迅猛发展，使得数字资源的种类、数量有了很大的增长，与此相比，图书馆的财力相对不足，尽管最近几年图书馆的经费有了很大幅度的增长。为此，图书馆之间组团与数字资源供应商进行谈判，以期降低采购成本。当然，集团采购也不是图书馆一厢情愿的事情，不少企业，尤其是那些刚进入市场或在竞争中处于弱势的企业，希望通过团购迅速扩充市场规模、取得竞争优势，结果更多的企业投入到集团采购当中去。集团采购对于图书馆来说，是联盟的一个初级形态。集团采购的实施，无疑为图书馆联盟的产生奠定了一定基础。

(4)组织基础

各级各类的图书馆行业协会受图情事业飞速发展的推动，其活动日趋活跃，通过举办各种工作会议、研讨会、培训班，锻炼了一批具有相当组织能力的协会干部。同时，不少协会在各地图情界都有着较强的影响力和凝聚力，

---

① Campbell G L. Grouping of Places for Library Purposes[J]. Library Journal, 1897(4): 9—10.

这些协会都建立了较完善的组织机构并且都经过实际运行的检验。虽然这些协会与全新的图书馆联盟从性质、产生方式、运作方式等有着很大的不同,但是各级各类协会无疑为新型图书馆联盟的产生奠定了一定的基础。

2. 图书馆联盟的实质

图书馆联盟是两个(含两个)以上的图书馆为降低运营成本、提高运营效益,经过自愿协商、谈判结成的在图书馆有关组成要素方面的合作、协调和共享关系。

图书馆联盟产生的出发点是为了降低运营成本、提高运营效益,为了实现这个目的,同一地区、不同类型的图书馆或同一系统、不同地区的图书馆或不同地区、不同类型的图书馆自愿结成图书馆联盟,不管结盟的图书馆地缘、类型、系统的异同,结盟一定会有助于降低各结盟单位的运营成本,提高运营效益。需要指出的是,这里的效益不仅仅指可以通过货币来体现的额外收益,更多的情况下指的是不能通过货币来体现的额外收益,比如读者时间的节省、服务质量的提高。

图书馆联盟是产生于结盟单位内部的自发的需要,不是其他外部因素强加而成,自愿是图书馆联盟保持长久生命力的关键所在。自愿结盟单位互相发出结盟意愿之后,需要结盟图书馆就要对所有可能发生的问题进行充分的协商,需要注意的是,每次协商之后都要形成备忘录,这是对结盟进程的记录。最后,结盟单位要进行谈判,经过谈判,最后签署结盟协议。

3. 图书馆联盟的宗旨与原则

图书馆联盟的宗旨是降低结盟单位的运营成本、提高运营效益,为读者和用户提供高效、优质的服务。为实现上述宗旨,图书馆联盟及各结盟单位应秉持和遵循下列基本原则:

(1)平等原则

联盟中结盟单位不论规模大小、加盟时间早晚、担任联盟领导与否,其各项权利与义务一律平等,不论何时都有充分发表自己言论的权利,并有权根据联盟协议和章程对于联盟的各项事务进行表决,也有权选举和被选举为联盟组织机构成员。

(2)独立原则

结盟单位有保持自己对于某项具体事件独立判断和采取措施的权力。

比如，对于某一数据库进行集团采购，经过若干结盟单位提请，联盟出面与供应商谈判，形成一个集团采购方案，对于结盟单位可以参加此集团采购，也可以不参加此集团采购，联盟没有权力强制结盟单位必须参加。同时，结盟单位也可以根据本单位的情况独立开展某项工作，并不受联盟的约束。联盟所约束的是在联盟协议和章程规定的基础上，对于经过若干或全部结盟单位书面签字同意后的事件或工作，没有书面签字同意的单位则不受此约束。但是，一旦书面签字同意则必须受此约束。

(3)公开原则

联盟组织机构所进行的一切活动必须向结盟单位公开，这是保证联盟长久生命力的关键所在。特别重要的是联盟领导机构的产生程序，根据程序形成的过程、结果，联盟财务预决算，联盟工作计划的制定和实施及其效果等，都必须定期公开，知会联盟成员，并且不得故意隐瞒事件或问题。联盟各级机构必须主动定期就一些重要事件和问题，通过各种合适的方式知会联盟成员单位。

(4)效益原则

我们要永远记住，图书馆联盟成立的出发点是效益原则，联盟的任何工作、活动、计划都必须有助于这一原则的体现，背离这一原则将对联盟的权威和存在产生很大的影响。对于效益的理解，不能片面的理解为可以用货币体现出来的增收或降低成本；某些情况下，效益更多地体现在社会性上面，而不是体现在经济性上面。比如，联盟内部的岗位轮换，对于提升成员馆的馆员素质和管理水平具有很大的促进作用，这无疑是有社会效益的，但这种效益并不能通过货币体现出来。

4. 图书馆联盟的组织机构

图书馆联盟的组织机构一般包括：大会、理事会、秘书处和各专业委员会。

(1)大会

大会是图书馆联盟的最高权力机关，大会讨论、制定联盟协议、联盟章程、结盟、解散事宜，选举和罢免联盟理事会、秘书处、各专业委员会主要组成单位及其人选，审议批准联盟年度工作计划或中长期发展规划，审核批准联盟年度财务预算和决算，决定联盟其他重要事件和问题。大会一般每年举办一到两次。

(2)理事会

理事会是在联盟大会闭会期间代表大会行使权力的机关,大的联盟可以设立常任理事馆,常任理事馆与非常任理事馆共同组成理事会。非常任理事馆任期一般为一年。设有常任理事馆的联盟,常任理事馆和非常任理事馆的比例一般为1:2或1:3为宜。理事会设立轮值主席1人,任期3—6个月,由联盟成员轮流派出。关于理事会、常任理事馆、非常任理事馆和轮值主席的职责、权利和义务,由联盟大会根据联盟的具体情况规定。

(3)秘书处

秘书处是联盟的常设机构,负责处理联盟的日常事务。秘书处设秘书长1人,工作人员若干。秘书长任期3年,可以连任两期。秘书长由理事会提名,大会选举。在大会闭会期间,秘书长向理事会负责并汇报工作。

(4)各专业委员会

根据需要,联盟可以设立若干专业委员会,比如资源建设专业委员会、政策发展委员会、管理创新委员会、培训委员会、筹资委员会等,专门负责联盟某一方面的具体工作。各专业委员会的具体名称、职权及其产生办法,由联盟大会根据情况制定。

5. 图书馆联盟的工作内容

图书馆联盟的工作内容非常广泛,涉及图书馆事业发展的各个方面,远远超出了现时以资源共建共享为主要工作内容的初级形态的联盟。这是整个图情事业发展的需要,也是结盟图书馆的需要,通过联盟对图书馆各个组成要素在整个联盟内进行充分的合作、协调和共享,将极大地促进图情事业的发展。

(1)筹资工作

图书馆联盟的正常运作需要一定的资金作为保证,所以联盟可以专设筹资委员会以开展筹资工作。从来源上讲,联盟运作资金的来源有如下几个途径:成员馆的会员费、联盟适当创收、相关企业赞助、其他捐赠。筹资委员会的主要精力在于后两项,特别是第四项工作。企业赞助一般是为图情单位服务的企业,为了在联盟的有关会议上宣传和介绍公司或产品而提供赞助的,作为这种赞助的回报,一般会在会上安排赞助企业进行演讲和展示。目前多数的会议和协会都是通过这种形式获得企业的赞助,但是需要注意的是,不少会议主办方对赞助企业不够重视,给的时间很短,安排也不是很好,赞助企业对此有不少抱怨。实际上，图情事业的发展离不开图情企业的促进。筹资委员会在不丧失原则的前提下与企业保持良好的关系，对于联盟的发展是很有必要的。

与海外图书馆相比，国内图书馆在筹资的途径方面显得比较单一，寻求其他形式的捐赠是联盟筹资的重要发展趋势。广泛地向各地企业界宣传捐赠图书馆给予捐赠者带来的无形资产的增值及其重要的社会意义，以适当形式满足捐赠者造福桑梓、服务社会的崇高理想，则联盟筹资前景一片灿烂。

(2)资源建设

资源共建共享是图书馆联盟得以产生的强有力的推动因素之一，在现有条件下重新思考图书馆联盟在资源建设方面的作用很有必要。图书馆联盟在资源建设方面所做的工作不仅仅局限于资源的集团采购中与厂商进行谈判的环节，而且应扩展到资源的购前评估、调研，采购之后的使用情况调查、评估，续购谈判，读者隐私的保护，资源使用培训，联盟与供应商的深度合作等一系列的环节。

联盟通过自己细致的工作，将自己深入全面了解和掌握的最终用户——读者的需求系统地反馈给资源供应商，使之在资源的选题、内容的生产上更加符合用户和读者的需要，并且提供更多的个性化服务。这无疑会对资源建设的取向产生理性化的导向作用，同时可以避免供应商之间的资源重复建设，避免社会财富的浪费。

资源建设的更高一级形式是联盟与厂商合作开发适合联盟使用的数据库或其他资源，这是一种双赢的合作模式。对于联盟而言，有了非常适合自己成员馆使用的数据库或其他资源，对于厂商而言，产品生产之前已经有了市场，虽然这个市场可能比较小一些，但比较稳妥。

(3)馆员培训

馆员培训是联盟大有可为的一项工作，单个图书馆进行馆员培训，由于资源有限，缺乏师资、教材、场地、时间等，一般缺乏系统性，效果不甚理想。集联盟之力，逐步编制统一的教材、组织统一的师资、提供统一的场地、合理安排统一的时间，则会取得积极的培训效果。与有关行业协会合作，逐步将岗位资格认证纳入到日常的馆员培训工作当中，则功莫大焉。

(4)岗位轮换

岗位轮换是馆员培训和提升的一个非常有效的办法，有助于图书馆培养复合型人才,这对于图书馆的发展有着积极的意义。单馆受人员、岗位以及其他因素的影响和制约,很难在本馆开展岗位轮换工作。如果将岗位轮换工作置于图书馆联盟来考虑,则上述制约因素迎刃而解。

在联盟内部,可以设计和实施不同类型不同规模、不同类型同一规模、同一类型不同规模、同一类型同一规模的图书馆之间进行岗位轮换。可以设计和实施馆长之间、馆长与部(室)主任之间、馆长与馆员之间、部(室)主任之间、部(室)主任与馆员之间、馆员之间的岗位轮换。

通过岗位轮换,使图书馆工作人员开阔视野,能够从不同的馆情出发考虑问题,能够换位思考问题,能够学习其他图书馆的优点和特长,能够进行有效的比较和提高。这对于联盟、地区、系统乃至整个图情事业的发展都有积极的推动作用。

(5)管理创新

管理创新问题的提出是图书馆经过若干年的发展,对自身关注加强的体现。将管理创新的问题从单馆提升到联盟进行考虑,我们会有“柳暗花明又一村”的感觉。在更宏观、更开阔的视野上考虑管理创新的问题之后,再返回到微观一些的问题上,我们就会觉得举重若轻。联盟的发起、建立、运作本身就是管理创新的一个有效组成,这会对联盟成员的管理创新产生积极的示范和推动作用。同时,联盟应该把管理创新作为一项重要的工作来抓,据此推动联盟及其成员的不断发展。

(6)质量管理

将质量管理纳入图书馆联盟的框架下考虑,更加顺理成章。根据联盟的具体情况,制定统一的服务标准是质量管理的重要组成部分。条件成熟的时候,在联盟内部积极推广标准化服务及质量管理体系认证,对于图情事业的发展有着积极的作用。

(7)读者工作

读者工作的核心是让读者以最小的成本获取所需的服务。联盟可以实现内部彻底的资源共享,而不是仅具象征意义的共享——比如只是互发少量的借书证。之所以如此,是联盟形成时就决定了的。在联盟内部,各成员馆的读者在任何其他成员馆都享受“国民待遇”。同时,联盟内部对于读者的图书馆利用能力提高的培训也是协调分工的。

(8)社区服务

联盟的另一项重要工作就是为联盟及其成员馆所在的社区提供有效的

服务，拓宽联盟的服务领域。社区服务尤其对于以高校图书馆为主体的图书馆联盟具有重要的意义，高校图书馆集中了丰富的信息资源，以往由于受观念上的束缚，高校图书馆的服务范围基本上以校园为界，这实际上没有发挥出图书馆应有的服务社会的职能。可喜的是，不少有识之士已经意识到这方面的问题，比如重庆大学图书馆馆长彭晓东就提出了服务教学、服务科研、服务社会、提高公众生活质量的办馆理念①。图书馆联盟及其成员馆为其所在社区提供服务，意义深远，不仅对于社区的发展有益，而且对于联盟及其成员馆本身的发展也是有益的，为联盟及其成员馆的发展提供坚实的社会基础。

十二、学术研究

开展图书馆学、情报学等相关领域的学术研究是城市图书馆发展的必然要求，但是一些图书馆对于学术研究的重要性认识不清，认为图书馆是一个服务机构，进行学术研究的意义不是很大，也没有什么用处。这是一种错误的认识，需要加以纠正。

1. 学术研究的意义

首先，开展图书馆学、情报学等相关领域的学术研究是城市图书馆自身发展的必然要求。城市图书馆是一个保存文化、传承文明的知识服务机构，为更好地开展服务工作，必须对图书馆及知识服务的发展规律、趋势进行系统研究，只有这样才能做好图书馆的各项工作。通过学术研究，可以对城市图书馆的办馆理念、发展战略、运营模式、业务工作、服务对象与服务效果进行深入考察和研究，形成符合城市图书馆发展实际的新思路、新办法，促进图书馆的发展。

其次，开展学术研究也是城市图书馆馆员队伍建设的必然要求。图书馆服务质量的高低在很大程度上取决于馆员队伍的素质，开展学术研究是提高馆员队伍素质行之有效的办法。通过开展多种层次的学术研究，可以

---

① 崔凤雷. 刘锦山采访重庆大学图书馆[EB/OL]. (2003－04－28)[2013－08－26]。http://www.chinalibs.net/ArtInfo.aspx? titleid=7454.

开阔馆员的学术视野,拓展馆员的知识面,了解图书馆新实践、新理论、新技术、新产品的发展状况,有助于馆员职业生涯规划的设计,有助于锻炼队伍,提升素质。

最后,开展学术研究可以提升城市图书馆的学术地位和学术能见度。越来越多的城市图书馆越来越重视学术研究工作的开展,这不仅有助图书馆业务工作的开展和馆员队伍的建设,而且有助于提升图书馆在业内的学术地位和学术能见度,扩大城市图书馆在业内的影响。

2. 学术研究的价值取向

城市图书馆开展学术研究,有两个方面的价值取向:一方面是促进城市图书馆的发展,通过开展学术研究,对影响城市图书馆发展的关键问题进行充分、系统的梳理,促进城市图书馆的管理、业务、技术工作的开展,少走弯路,避免不必要的错误;另一方面是促进馆员队伍建设,从馆员职业生涯角度来看,年轻的馆员进入图书馆,都会面临着职业发展的问题,职称评定、职务升迁都离不开学术研究,特别是不少馆员所学专业并非图书馆学、情报学,但是他们来到图书馆之后职称的评定只能走图书馆系列,这就更要求进行图书馆学、情报学专业学习和研究。

学术研究的两个方面的价值取向需要辩证的结合起来,片面强调任何一个方面而否定另一个方面都是错误的。只强调城市图书馆价值取向而忽视个人价值取向,学术研究就缺乏内在的动力,因为学术研究本质上是一种个体劳动;如果只强调个人价值取向而忽视城市图书馆价值取向,则学术研究就会失去明确的方向。

3. 图书馆开展学术研究需要注意的几个问题

第一,要有开阔的视野,要了解和关注国内外图书馆事业最新理论、技术、产品和实践发展的趋势和动态,这样才能在思想上与前沿和高端保持同步。

第二,城市图书馆开展学术研究要避免纯理论研究,而应结合图书馆实践情况开展研究工作。学术研究的根本目的是要指导城市图书馆各项工作的开展,脱离城市图书馆发展实践的纯理论研究显然很难满足这一要求。因此,在开展学术研究时,要注意与本馆业务、管理、技术、服务等工作紧密结合,避免所谓的“纯理论”研究,将思辨的理论研究与实证研究结合起来,要紧扣图书馆实际工作中出现的问题,认真分析,通过理论加以研究,找到解决问题的方法。

第三,开展学术研究要注意树立良好的学术风气,以实事求是的科学态度开展研究,尊重他人的研究成果,遵循科学伦理、科学规范、写作规范和引文规范①,杜绝弄虚作假、华而不实的不良风气。

第四,开展学术研究要注意将基本问题与热点问题结合起来进行研究,避免片面注重热点问题而忽视基本问题的情况。

第五,开展学术研究要善加利用包括数字资源、网络资源与纸本资源在内的一切资源,切不可存有片面的认识,轻视网络资源与数字资源等灰色文献在学术研究中的作用。网络资源和数字资源虽然存在着质量参差不齐、一些资源权威性不强的问题,但是这种情况在纸本资源中也同样存在。资源载体并不是资源学术质量高低的标志。我们要看到网络资源所具有的时效性强、容量大的特点,这对于学术研究具有相当重要的意义。以 e 线图情(http://www.chinalibs.net)为例,e 线图情所收录的资源的主要部分均是经过遴选的高品质灰色文献,对于一些重要学术会议的报道,包括文字、ppt、音频、视频等资料,其中相当部分内容是纸本文献中所没有的,这对图书馆开展学术研究工作具有非常大的参考价值。

4. 城市图书馆学术研究相关课题及说明②

(1)城市图书馆与社区的关系

说明:随着城市化进程的不断深入,社区建设日益成为文化融合的关键。作为公共文化服务体系的重要组成部分,城市图书馆如何真正融入社区,发挥自己应有的作用,是一个值得思考的问题。

(2)图书馆运营成本和运营效益的核算

说明:图书馆作为公益性的机构,其办馆不以盈利为目的。公益机构也要讲究运营成本的核算,这样才能取得较好的收益。图书馆运营成本和运营效益核算模式如何建立,即如何确立运营成本指标、运营效益指标,并且尽可能保证上述指标的普适性。

---

① 褚树青.城市图书馆研究.第一卷第一辑[M].国家图书馆出版社,2012:74—76.

② 本部分内容以刘锦山 2003 年 11 月 5 日发表在 e 线论坛上《E 线图情虚拟研究组第一批选题》(http://www.chinalibs.net/bbs/showtopic-3940-1.aspx)为基础修改而成。

(3)图书馆治理结构研究

说明:图书馆治理问题是我国图书馆事业目前存在的主要问题。图书馆治理是指在契约制度的基础上,通过各种制度,努力调度图书馆各种权益关系人的积极性,同时又对其形成有效的监督制约机制,从而促进图书馆的健康可持续发展。投资主体单一是图书馆治理结构存在的关键问题。在解决图书馆投资主体多元化问题的同时,完善图书馆治理结构、促进图书馆法人治理结构的形成。

(4)馆员继续教育和职业培训问题

说明:随着图书馆人事制度和用人制度的改革,图书馆已经进入一个人事制度转型时期,定岗定编、按需设岗、岗职(称)分离已是大势所趋,图书馆工作人员待岗、转岗、下岗、失业现象将不可避免的大量出现。图书馆对于相对处于弱势一方的工作人员应该承担起什么样的职责和道义呢?馆员继续教育和职业培训的意义不仅仅在于做好工作、提高工作效率,而且体现出一种人文关怀,即对个体对员工的尊重,尤其是对处于转型期的工作人员更具特别的意义。

(5)图书馆非核心业务外包

说明:图书馆非核心业务外包在海外已经不是新鲜事,而在内地还处于起步阶段。什么是非核心业务?意即哪些业务可以外包。外包业务质量控制如何进行,不同类型、不同规模的图书馆如何实施业务外包?

(6)图书馆的网站建设

说明:现在可以说,图书馆无馆不网,网站对于图书馆如同书架桌椅一样须臾不可离。客观讲,有的图书馆网站做得非常好,有的就一般了。那么,图书馆网站建设有哪些方法和套路?设计阶段如何实施?有哪些技巧和窍门?

(7)图书馆网站的推广和宣传

说明:"酒香也怕巷子深。"在一个商业和信息社会,人们每天被大量的信息淹没。图书馆网站是宣传和介绍图书馆的最好工具,但网站本身如何推广和宣传?如何赢得大众的认可?网友"图情闲人"曾建议公共图书馆上电视,东莞图书馆更是与电视台合作搞讲座。还有没有别的办法,来提升图书馆网站的知名度?

(8)图书馆质量管理问题

说明:图书馆质量管理问题引起了国内外图书馆界许多人士的关注,而国际标准化组织专门有一个关于图书馆的标准 ISO 11620。图书馆应该如何开展质量管理工作？如何将相关的标准应用到图书馆质量管理工作当中？如何保证图书馆质量管理工作的可持续性？

(9)图书馆捐赠政策的制定

说明：随着图书馆资金和馆藏来源多元化的发展，图书馆接受捐赠的机会逐步多了起来。什么样的捐赠可以接受？什么样的捐赠不可以接受？对于捐赠者图书馆承担什么义务？捐赠品如何处理？如何争取到更多的捐赠？

(10)数字资源评估指标体系

说明：数字资源的急速增长，图书馆如何选择数字资源？数字资源评估指标体系如何建立？应该包括哪些指标？如何深入到资源内部、学科本身构建指标体系？数字资源指标体系对于图书馆实际采购提供哪些有效的帮助？

(11)图书馆历史研究

说明：宏观上看图书馆的发展进入到这样一个阶段：图书馆越来越关注自身，图书馆历史研究就是在这个背景下引起图情界的关注。宏观历史研究、单馆历史研究、有重要影响图情人物研究，都是大有可为的研究领域。

(12)馆长研究

说明：e 线论坛不少网友提出馆长问题的研究，馆长对于图书馆的发展至关重要，馆长的产生方式、馆长的任职条件、馆长的监督制约、馆长负责制的实施等，都是值得认真研究的问题。

(13)图书馆评估指标体系

说明：高校图书馆系统和公共图书馆系统都在进行评估，构建合理的评估指标体系非常关键。现在的评估指标体系和评估细则多有不尽如人意的地方，不少学者也在潜心研究如何建立更完善、更符合实际、且能对图书馆建设起到指导作用的指标体系。

(14)图书馆与知识管理

说明：图书馆是对知识进行管理的最早部门之一。分类法的发明是图书馆对知识管理的最大贡献。图书馆传统知识管理的对象停留在宏观知识单元上面。知识挖掘如何取得实质性进展？参考咨询如何突破个体作业方式？知识传播和扩散半径如何突破图书馆的物理辐射半径的局限？信息技术在知识管理中有何作用？

(15)图书馆馆藏及资金来源多元化

说明:海外不少图书馆的经费和馆藏来源一般是多元化的,除了政府拨款之外,还有相当数量的捐赠和缴送。多元化的经费和馆藏来源为图书馆馆藏不断增长提供了极大的可能,这一点是我们国内图书馆需要多加注意的。随着我国经济结构的变化,图书馆馆藏及资金来源多元化趋势将不可避免的到来。研究这个问题,对于促进图书馆发展有重要意义。

(16)虚拟参考咨询

说明:数字图书馆技术和互联网技术的发展,为虚拟参考咨询提供了现实的基础和广阔的发展空间。如何建立一个有效的分布式虚拟参考咨询平台?

(17)图书馆立法

说明:美国、日本等国家都有全国性的图书馆法,近十几年,北京、浙江、深圳等地都颁布了地方性的图书馆法规,但全国性的图书馆法目前还没有颁布。如何推进全国性图书馆法的立法进程?图书馆法包括哪些内容?图书馆法在多大程度上可以保障和促进图书馆事业的发展?

(18)图书馆建筑

说明:最近几年是图书馆新馆建设的高峰期。如何树立新的空间意识,将高效灵活、功能多样、智能化建筑以及环境舒适等贯穿于建筑设计与建筑管理工作当中;新馆建设如何体现以馆长为代表的图书馆工作人员的设计意图;如何树立绿色环保意识,强化环境管理,等等。这些问题是建设新馆必须考虑清楚的问题。

(19)图书馆与营销

说明:图书馆面向读者提供服务,本质上是在销售自己的产品——知识服务产品。如何将营销概念引入图书馆运营中?一方面为读者提供高效优质的服务,另一方面增强社会、公众对图书馆的认识和理解、支持,为图书馆发展争取更广阔的发展空间。

(20)图书馆办公自动化

说明:图书馆业务自动化已经解决得比较好了,但办公自动化仍然处于起步阶段。办公自动化系统包括哪些功能和模块?与业务自动化系统的接口问题如何解决?与图书馆网站的关系如何?如何利用办公自动化系统实现图书馆内部的知识管理和协同管理?

(21)图书馆委员会

说明:不少图书馆都建立了图书馆委员会,目的是为图书馆的发展争取到较多的经费、较好的空间而设立;但这仅仅是设立图书馆委员会目的之一,实际上图书馆委员会应该更多地在图书馆的战略发展方面提供参考咨询。图书馆委员会的人选上,要大胆突破单位局限,吸收一些社会上的贤达参加进来,使图书馆通过这个委员会真正和社会交流互动。

(22)图书馆安全与读者个人隐私

说明:不少图书馆都安装了先进的门禁系统和闭路摄像监控系统,这些监控系统对于保证图书馆的安全起了很重要的作用。一方面方便了管理,另一方面又确实影响了个人隐私的保护,是一个两难问题。读者和图书馆工作人员个人隐私问题如何得到有效保护?图书馆如何居中处理?

(23)总馆分馆问题

说明:总馆分馆管理体制和模式的建构是一个很重要的问题。公共图书馆系统上级行政区划图书馆对于下级行政区划图书馆的业务指导日渐增强,甚至出现了更加紧密的关系。这种情况下,总馆分馆管理体制和模式的构建问题越来越重要。

(24)欧美图情资料译介

说明:海内外图情界的相互交流由来已久,交流形式也是多种多样、丰富多彩——图书馆之间互派访问学者、专业学会之间互邀出席会议、世界性的国际图联大会等,大大开阔了我们的视野。对于国人而言,有机会亲赴海外者毕竟还是太少,绝大多数的国人还是通过资讯来了解海外图情事业的发展状况。虽然介绍海外图情的资料数量不少,但是系统的、详细的、由表及里的资料却并不多。因此,扎扎实实译介一些海外图情资料,无疑有助于我们更加深入了解海外图情发展状况。

十三、运营评估

世界各国对于图书馆的评估都非常重视,美国、英国、加拿大、澳大利亚、新西兰与日本等国的图书馆评估工作已经相当成熟,经过多年的发展形成了比较完善的图书馆评估理论基础与评估标准,在实践上也有着丰富的经验。我国的公共图书馆评估工作起步相对晚些,文化部先后于 1994 年、1998 年、

2004 年和 2009 年组织实施了四次全国县以上公共图书馆评估定级工作①。经过 20 年的发展,现在也在不断深入推进中。2012 年 12 月 31 日,国家质检总局与国家标准委发布公告公布了我国关于图书馆评估的首个国家标准——《信息与文献　图书馆绩效指标》(GB/T 29182—2012),这对于我国图书馆的评估具有重要意义。

1. 运营评估的必要性

对城市图书馆进行运营评估首先是外界对城市图书馆的一个客观要求。作为一个非营利的公益性文化机构,城市图书馆的投入是有形的,但产出却是无形的;在经济时代,难免会使一部分人产生“图书馆无用论”的思想,从而影响政府对图书馆的投入。现在各级政府每年对其辖区内的城市图书馆进行了必要的投入,政府与民众需要清楚这些投入所产生的效果。另外,评估也是各级政府行使图书馆事业管理职责,推进城市图书馆事业发展的重要手段。因此,无论是单纯回应“图书馆无用论”的质疑,还是回应政府主管部门和民众对于图书馆运营成效的关切,以及促进城市图书馆事业发展来看,都有必要对城市图书馆的运营情况做出评估。

其次,从城市图书馆自身发展角度来看,通过对自身的运营效益评估,就可以了解自己的产出投入比,以便降低运营成本,提高运营效益,促进自身可持续发展。城市图书馆作为一个生长着的有机体,其持续运营需要大量的基础设施与设备、经费、人员等投入,同样的投入在不同的城市图书馆可能会产生不同的效益。为促进自身的发展,图书馆作为一个自组织机构,对自己的运营状况会自觉地进行反思和改进,而评估就是反思和改进的一种重要手段和工具。即便没有政府主管部门或者行业协会组织的外在式评估,城市图书馆自身也存在着自我评估的需求与冲动,这是一个生长着的有机体的本质使然。

2. 非自主评估与自主评估

就评估主体而言,城市图书馆的评估可以分为非自主评估和自主评估,非自主评估是一种外在式评估,自主评估是一种内在式评估。从国内外的情

① 李丹,申晓娟等. 新起点　新视野　新任务——第五次全国公共图书馆(成人馆部分)评估定级标准解读[J]. 中国图书馆学报,2013(2).

况来看，目前大多数的评估都属于非自主评估，由政府主管机构或者图书馆行业协会组织进行，带有相当程度的监管、督导、评价的意义。而自主评估是图书馆根据自身发展需求对自己的运营情况进行的评估，评估的主体是图书馆，评估团队可以由图书馆自己来组建，也可以由图书馆聘请外部机构或者专家团队进行。

从城市图书馆发展角度而言，非自主评估和自主评估各有其特点。非自主评估通常作为政府文化主管机构对于城市图书馆事业进行宏观管理的一种手段，具有一定程度的强制性，图书馆为了给自身赢得较好的政策发展环境和经济条件，都必须要参加政府文化主管机构组织的评估。借此机会，城市图书馆通常也会赢得较好的发展契机，实现阶段性、跨越式发展，真正实现以评促建的目的。但是，非自主评估也存在着一定的问题，应该引起我们的重视。非自主评估一般更加关注投入、规模、资源等量的方面的扩张，对于运营效益等质的发展变化关注不够。余胜研究指出，“现行公共图书馆评估标准在很大程度上与图书馆绩效评估的要求相背离。由于主导思想的失衡，公共图书馆评估标准在指标设置、内容含义及分值匹配方面都与图书馆绩效评估的要求相左。以 2009 年版的《省级公共图书馆评估标准》为例，办馆条件、基础业务建设、业务研究辅导、共享工程、管理等支持图书馆系统的指标分值共计 730 分，而直接体现图书馆服务效果的读者服务工作只分列 24 项指标，仅占 270 分”①。同时，外在式评估还容易导致图书馆的短期行为，为了获得更高的评估级别和分数，图书馆可能会超出现有能力透支未来若干年的经费，虽然短期内可以获得较大发展赢得较好的评估结果，但未来的发展却受到严重影响。

自主评估是城市图书馆出于自身发展需求而进行的一种内在式的评估，自主评估可以克服非自主评估的不足，可以根据图书馆自身发展的现状和未来的发展目标出发，灵活地、有针对性地选择评估的方向和侧重点，使得评估真正围绕图书馆的发展展开。同时，自主评估可以有效地克服外在式评估存在的短期行为，避免影响图书馆可持续发展。但是，自主评估也存在一些问题，需要引起我们的重视。虽然，从城市图书馆自身发展的角度来看，城市图书馆具有自我评估的冲动与需求，但也要具体情况具体分析，有些图书馆这种需求可能强烈一些，而有些图书馆这种需求可能不那么强烈。换言之，对

① 余胜. ISO 11620:2008 绩效指标体系与公共图书馆评估[J]. 公共图书馆，2013(1).

图书馆而言,自主评估缺乏非自主评估那样的外在促进力和压力,自主评估的外在动力不足。尽管如此,随着城市图书馆发展,自主评估愈来愈受到图书馆界的重视,越来越多的图书馆会从自身发展需求出发进行自主评估。张广钦认为,“关于图书馆评估的概念主要有两种表述方式:①与标准比对的观点,将图书馆评估看成是收集数据、信息,再将其与图书馆活动的目标或理想标准比对。②系统的观点,将图书馆看成一个系统,衡量图书馆资源‘投入’与‘输出’成果之间的效益”①。可以说,非自主评估更接近于第一种方式,自主评估更接近于第二种方式。

3. 国外图书馆评估类型

根据张广钦的研究,“国外研究者则主要建立三种类型的评估模型:以整体图书馆为评估单位的模型,针对图书馆活动的某一环节或某一种评估模式建立的模型以及描述一般评估过程的 PDCA 模型”②。PDCA 是计划(Plan)、执行(Do)、检查(Check)和处理(Act)四个单词的首字母缩写,PDCA 模型着眼于过程。

目前由政府文化主管部门主导的公共图书馆评估定级属于对图书馆的整体评估,整体评估着眼于输入与输出两端,对输入的量和输出的量比较关注,而对运营过程则关注不够。就图书馆某一环节或者部分展开的评估,对局部比较关注,有助于图书馆对细部的了解。对图书馆某一环节或者某一部分的工作进行评估,近年来也逐渐受到大家的关注。特别需要指出的是,数字资源的评估近年来引起了大家广泛关注和重视,因为“数字资源的出现及其在图书馆的大规模普及利用,前后不到 20 年的时间。现在,数字资源已经深刻地改变了并正在继续深刻地改变着图书馆,馆藏数量、馆藏质量、馆藏结构、服务模式、服务手段等,无不因为数字资源的出现和应用而产生了巨大的变化”③。基于此,2003 年,刘锦山提出了一套数字资源评估指标体系,这套指标由读者满意度、目标读者使用率、读者人均服务成本、目标读者人均使用次数、数据库次均服务成本、数据可得性、读者所需数据可得性、数据库使用

---

①②张广钦. 图书馆评估概念与模型、发展史及方法研究述评[J]. 大学图书馆学报,2011(3).

③ 刘锦山. 数字资源评估指标体系研究[EB/OL]. (2004 - 02 - 23)[2013 - 08 - 31]. http://www.chinalibs.net/ArtInfo.aspx? titleid = 27809.

率、数据库平均利用次数、读者平均利用次数、数据次均利用成本、全文利用成本、数据库可用性、人均全文下载量、平均被引频次等 15 个指标,并介绍了应用前提、注意事项、应用及其意义①。

整体评估方式和局部评估方式"将图书馆工作划分为几个静态的组成部分,不能反映图书馆工作的发展过程"②。PDCA 则将上述两种评估类型的优点结合起来,是一种动态的评估,而上述两种评估类型是一种静态的评估。

4. 绩效评估与价值评估

从图书馆评估的着眼点来看,我们可以把图书馆评估分为绩效评估和价值评估两种类型。"绩效评估中主要包括条件评估和效益评估两大部分。条件评估属硬件评估,是对图书馆办馆条件的评估,是考察主管部门对图书馆的重视程度和图书馆对满足读者需要可能提供的支持力。效益评估属软件评估,考察图书馆的管理水平和服务水平,图书馆是否有效利用了上级主管部门所给予的人、财、物条件。"③显然,绩效评估的着眼点在于图书馆。

图书馆价值评估的主要方法有:成本收益分析法、条件价值评估法、二次经济影响分析法等。其中以条件价值评估法和成本效益分析法较为常用。"条件价值评估法,又称意愿调查价值评估法,是一种源自西方经济学的非市场公共物品价值评价方法,通过设置虚拟情景,引导人们为公有物难以量化的无形价值和产出效益赋值,从而实现基于公众感知的公有物非市场价值的量化和核算。成本收益分析法是通过比较项目、服务的全部成本和收益来评估项目服务净收益的一种方法。"④价值评估现在逐步引起了国内外图书馆界的重视,实证案例也不少。例如,2013 年 6 月,大英图书馆发布了委托牛津经济学院就其对英国经济所做贡献的最新评估报告,为公众呈现

---

① 刘锦山. 数字资源评估指标体系研究[EB/OL]. (2004-02-23)[2013-08-31]. http://www.chinalibs.net/ArtInfo.aspx? titleid=27809.

② 黄华,肖剑平. 无形资产:图书馆评估不容忽视的价值指标体系[J]. 图书馆工作与研究,2012(7).

③④马建玲. 树立投资回报意识,转变评估观念——论图书馆绩效评估向价值评估的转变[J]. 图书馆学研究,2013(9).

大英图书馆如何为其用户以及整个社会创造经济价值。根据报告,大英图书馆在2011—2012年度为其用户和英国整个社会创造的净经济效益有4.19亿英镑,效益成本比率从2003年的4.4增加至4.9,而全球合理的效益成本比率是5.1①。

图书馆运营评估是自主评估、价值评估和过程评估的有机结合。

① 赵启玥等.大英图书馆已发布了最新的该馆对英国经济贡献的评估[EB/OL].(2013-06-03)[2013-08-31].http://www.chinalibs.net/ArtInfo.aspx?titleid=301488.

第二部分　专访:城市图书馆运营创新

一、陈传夫:推进图书馆大众化与图书馆事业科学发展

陈传夫,1979年考入武汉大学,获学士、硕士、博士学位。现任武汉大学二级教授、博士研究生导师、教务部部长。2005—2012年任武汉大学信息管理学院院长。为国务院政府特殊津贴获得者、武汉大学珞珈特聘教授、教育部长江学者特聘教授,兼任中国图书馆学会副理事长、教育部图书馆学科教学指导委员会副主任委员、全国图书情报专业学位研究生教育指导委员会副主任委员,当选国际图联(IFLA)教育委员会委员。

主要研究方向:信息资源知识产权、图书馆发展理论。主持国家社会科学基金重大项目,完成国家自然科学基金项目、教育部人文社会科学重点研究基地重大项目、国际合作项目多项。出版《信息资源知识产权制度研究》《图书馆学研究进展》等著作。在《中国图书馆学报》、ASLIB Proceedings、College & Research Libraries等期刊上发表论文100余篇。研究成果曾获教育部高等学校科学研究优秀成果奖(社会科学)一等奖、教育部推荐国家科技进步二等奖等。

伴随着我国经济社会的发展,我国的文化事业也迎来了历史上最好的发展时期。图书馆事业作为文化、科学与教育事业的重要组成部分,在过去十多年里也获得了长足的发展。继往开来,未来的图书馆事业如何保持可持续发展,成为大家普遍关心的一个重要课题。为此,e线图情采访了教育部长江学者、武汉大学信息管理学院陈传夫教授。

1. 关于信息资源增值利用

e线图情:陈老师,您好！非常高兴您能接受e线图情的采访。您长期致力于信息资源公共获取、图书馆发展理论与知识产权领域的教学与研究,取得了丰硕的成果。2009年,您被评聘为教育部长江学者特聘教授,由此您成为我国图书馆学领域的首位长江学者。请您谈谈这方面的一些情况。

陈传夫:2009年我幸运地被评聘为教育部长江学者特聘教授,一方面是国家有关部门对我在学习研究方面所进行的努力的鼓励;另一方面也是与大家的帮助,各界专家、兄弟院校和本校的大力支持分不开的。我觉得这个荣誉更多的是给我们这个学科的,这标志着图书馆学理论和方法在不断进步、不断发展,是对我们这个学科多年来所取得的成就的肯定。这对于提升学科在社会上的显示度以及社会对其的认知具有积极作用。在一定程度上提升了图书馆学的学科地位,对整个行业的发展都是有帮助的。这个荣誉对我自己、对我们的团队都提出了更高的要求,我们要努力按照这些要求去工作,尽量做出点贡献。

e线图情:陈老师,2009年,您投标的国家社会科学基金重大项目"我国公共部门信息资源增值利用对策研究"获批立项。应该说,能够获批国家社会科学基金重大项目是相当不容易的。请您谈谈这方面的情况。

陈传夫:这个项目酝酿了很久,2009年申报能够获得批准,我也十分高兴。公共部门范围比较广泛,既包括政府部门、公共企业、公共社会组织,也包括各种基金会、社会化的服务中心、国际组织等。公共部门是重要的社会机关,担负着诸多公共任务,掌握的信息资源非常丰富,例如气象部门掌握的气象信息、文化部门掌握的文化信息、金融部门掌握的金融信息、测绘部门掌握的地理信息、科学部门掌握的科学信息等。可以说社会大量的信息都是掌握在公共部门手里的。公共部门所掌握的大量信息资源首先用于满足自己工作任务的需要,例如人民法院所掌握的法律信息资源,首先用于案件的审理、司法裁决、法律解释,这是完成公共任务的需要。他们对信息资源的使用我们称之为初始使用;但是公共部门使用之后,如何对这些资源进行进一步开发利用,就是增值利用了。我们知道,公共部门所掌握的这些信息资源有很高的社会价值和经济价值,还有待于进一步进行开发和利用。基于这样的考虑,我们提出了"我国公共部门信息资源增值利用对策研究"这样一个课题。

这个课题具有很重要的现实意义。首先可以进一步促进公共部门信息资源的深度开发与社会利用。其次,有利于放大国家投资的效益。我国各级政府部门每年在信息化方面的投资多达数百亿元,这些投入最后通过信息资源等方式体现出来。通过这个课题我们可以研究如何放大国家的投资效益,使信息化服务公众的需要。再次,通过公共信息资源的开发丰富图书馆馆藏,使图书馆获得更多的社会资源。图书馆一方面是一个公共部门,另一方面它还依赖其他部门的资源来提供服务。最后,通过这项研究来探索如何实现信息资源的深度开发利用。中共中央办公厅和国务院办公厅在《关于加强信息资源开发利用工作的若干意见》中提出了信息资源的深度开发利用问题,我们希望通过这项研究来探索如何吸纳社会资本进入信息资源开发领域,如何利用社会资本来推动信息资源事业发展。

e线图情:陈老师,通过您的研究,您觉得推动公共部门信息资源深度开发与增值利用的有效方式有哪些?

陈传夫:推动公共部门信息资源深度开发与增值利用有很多种方式。衡量信息资源增值的标准主要有信息资源公共获取成本、信息获取的便捷等。比较重要的方式有如下两种:

第一,改变信息资源的存在形式。这是信息资源增值利用基础所在。以图书馆为例,图书馆的传统馆藏资源以纸本形式为主,这些资源在传统图书馆模式下主要通过借阅和现场阅览的方式为公众获取,现在可以将这些资源数字化,以数字图书馆的方式保存,以网络方式为公众获取。以前,去一次图书馆来回需要几个小时,现在通过网络来获取,就大大降低了资源获取成本。

第二,通过与社会信息基础设施的融合实现增值利用。信息与相关产业结合是实现信息资源增值利用的有效方式。信息和制造业的结合,能够推动制造业的效率。以智能手机为例,现在使用的智能手机和非智能手机最大的区别就在于前者包含有大量的公共信息资源,可以查找到各种信息,如学校、饭店、加油站,获得位置服务。显然,信息与手机制造业的有机结合,不仅提升了手机产品的竞争力,也切实地推动了信息资源的增值利用,这是非常有意义的。另外,信息与咨询业结合,咨询业可以依靠大量的信息资源开展相关领域的高端咨询服务。我们知道,高端的咨询研究、评级评估等知识服务需要大量的信息资源,通过二者的结合可以促进国民经济中一些行业的发展。

增值利用可以是公益性的,也可以是市场化的。我们现在关注更多的是公益性增值利用,图书馆、情报所应坚持公益性服务服务方向。通过公益性服务,提高馆藏的利用率,开发有价值的信息资源。图书馆与网络、移动供应商合作,提供公益性信息服务,对于丰富信息、文化服务业态,提高服务效益具有重要意义。公益性增值利用也可以利用社会资本,其成本可以通过其他途径来弥补。以电信行业为例,他们也可以搞公益性信息服务。有了发达的公益性信息服务,导致用户大量增加,投资人自然就可以因为信息增值而获得收益,所以信息资源就成为有价值的投资。互联网也是一样的,这是个增长很快的领域,可以通过很多途径实现社会投资。总之,通过信息资源的增值利用可以放大资源的价值,降低资源的使用成本,使用户获取更加方便,而运营机构也可获得较好的收益。

2. 关于专业硕士学位

e 线图情:陈老师,图书情报学科于 2010 年开始设立专业硕士学位,这是否可以视为我国图书馆专业化的一个标志?

陈传夫:我认为是的。现代图书馆工作是一个专业性很强的工作,或者说是职业化的工作,图书情报人员需要具备图书情报行业的特殊思维以及特有的技术规范。现在国内外许多行业的职业化趋势在加速。我们注意到,不少行业都有自己的职业规范,也都有自己的专业学位,例如会计、公共管理、工商管理以及农林医学等,都有自己的专业学位。没有相应的专业学位,行业在社会中所处的地位难以提高,行业共识的伦理难以形成,凝聚行业的文化向心力也不足,这种被动局面对于行业发展不利。图书情报事业是文化事业的重要组成部分,是重要的社会事业,它的大发展迫切需要一批合格的、专业化的图书情报人才,而国际上也早就有了行业认可的专业教育体系。众所周知,在美国从事图书馆工作必须要有图书情报专业的硕士学位,英国、澳大利也是如此。因此,国务院学位委员会委托我们来组织这方面的论证工作,包括文化部在内的很多主管部门和中国图书馆学会无论是在资源方面还是人力方面都对这项工作给予了大力支持。大家共同努力,做了大量的论证工作,专业硕士学位最终顺利获得了国务院学位委员会的批准。在国务院学位委员会、教育部、人力资源和社会保障部指导下成立图书情报硕士专业学位教育指导委员会,国家图书馆、文化部、中国科技信息研究所和部分高校有关领导、专家担任委员。

2011 年,在全国进行布点招收图书情报硕士专业学位研究生。按照规定,有一级学科的硕士点才符合设点要求,目前全国一共布了 17 个点,面向全国招生,社会反响积极,招生进展良好,这将对推动我们图书馆行业整体的专业化发展和进步起到巨大的作用,促使图书馆专业形成特有的行业文化和行业标准,使得图书馆员进入这一行业有了可参照的统一标准,这在我国图书情报事业发展史上非常有意义。当然,现在还只能说这项工作才刚刚起步,不过我相信它会越来越具有生命力,并且会得到越来越好的发展。

e 线图情:陈老师,能否谈谈武汉大学的图书情报专业硕士学位点的情况?

陈传夫:武汉大学的图书情报专业学位点从 2011 年开始招生,2012 年招的是第二届,但受招生指标的限制。武汉大学不仅自己招生培养,还拿出招生指标与国家图书馆合作,在国家图书馆招了一个班,现在已经开始上课了。入学考试很严格。截至目前,加上与国家图书馆合作开办的这个班,就读武汉大学图书情报专业硕士学位点的学生将近 100 人左右。

e 线图情:陈老师,作为一位资深的图书馆学情报学教育工作者,您觉得在新的时代背景下如何保持图书馆学情报学教育的稳健发展?

陈传夫:首先,我们目前对图书馆学情报学教育的变革关注较多的是诸如课程等专业内部的变革,但是未来我们要更多关注专业外部的因素,比如其他与图书馆竞争用户或服务的行业,过去只有图书馆提供文献传递服务,现在互联网行业同样能够提供,从而导致图书馆提供服务的用户就被分流了。用户的流失自然是一个挑战,但这是技术进步的结果。我们教育工作者则应当思考在这种情况下,学科教育应如何发展,如何培养可以与互联网等竞争用户的毕业生。在巩固图书馆学情报学专业本身传统优势和学科特色的大原则之下,我们应该面向更加宽广的信息领域,关注信息行业的发展,包括气象、地理、医学以及工业等其他专业领域的信息资源发展,使我们的学科能够培养出适应各行业需要的人才。所以,我们要提倡并关注交叉宽广的跨学科专业教育的发展,这是符合行业发展需要的。

其次,图书馆学情报学教育必须不断地变革以适应新的需要。过去,我们可以帮助公众查询资料,解答问题;今天,我们用户的信息水平提高了,他们的信息能力增强了,我们的服务对象已经发生变化了,我们的专业教育也就要超越这种变化的需求,去发掘用户更深层次的、更宽广的需求。因此,未来的专业教育或许涉及信息资源的深度开发、知识挖掘、资源融合、信息资源与特定行业的结合等诸多方面的问题,这对于我们专业发展至关重要,但目前普遍做得还不够。最近,美国加州大学伯克利分校信息学院的 Bob Glushko

教授与10多位国际iSchool教师合作,由麻省理工学院出版社出版一本著作,其名称为《组织学》(Discipline of Organizing),该著作内容涉及知识组织与分类,如何将物理世界的信息组织与网络世界的知识组织进行融合,以使我们的学科适应新的环境需要。该著作已经获得9所iSchool采纳为核心教科书,代表了iSchool联盟拓宽教学视野的理念。这本教科书折射的教学理念值得我们教学工作者研究。

3. 关于图书馆大众化

e线图情:陈老师,现在除了社会科学重点项目,我们了解到,您对公共图书馆的大众化也颇为关注,请您谈谈这方面的情况。

陈传夫:关于公共图书馆的大众化,也许有人会问,既然是公共图书馆,还讲什么大众化呢?我想说的是,公共图书馆并不一定是大众化的图书馆,这两者的侧重点是不一样的。大众化的图书馆,应当是更加贴近大众生活和需要的图书馆,比如为大众提供他们所需要的就业信息服务,为大众提供有关食品安全的信息服务,为我们的企业特别是中小企业提供发展所需要的信息咨询服务,等等。我们的公共图书馆应该成为真正融入大众生活的大众化的图书馆。我记得当年中山图书馆就提供了就业信息服务,前来谋职的人山人海,这就说明老百姓确实需要这样的服务。美国有一个资料显示,他们全国平均几个月就有200万个以上的小企业在图书馆获得帮助,平均每年有400万人因为通过图书馆的就业帮助而获得了工作的机会。我觉得这就是大众化图书馆的表现形式,所谓的大众化就是要使图书馆的资源能够与大众的生活、学习、工作相融合,满足大众的日常需要。因此,我们要提倡图书馆和社区、大众的生活进行有效的融合,成为人们生活的一部分,让公民每天24小时都能感受到图书馆的存在。深圳提出的"图书馆之城"的概念,我觉得很好,还有北京、上海、广州等各个地方也提出了各种新型的面向公众的服务理念,也都是非常有意义的。总之,要延伸图书馆的服务,将图书馆服务延伸到大众的生活当中去,采用各种方式让大众能够各取所需,不只是看书借书,诸如公众喜欢听的大讲堂、未成年人们喜欢的科普展览、老人关注的养生保健,甚至学生到图书馆里做作业、放学后服务(after class service)等。

较之美国,我们的图书馆大众化差距还是很明显的,美国公共图书馆的流通量有20多亿册,人均流通量约为7.5册,而我们的人均流通量仅有0.2册左右。另外,美国每100个成年人中有68人为图书馆用户,而我们的用户人口比只有1%多一点儿,为什么美国的图书馆用户那么多呢?社会公众能够通过图书馆得到什么样的服务,我认为这是关键。以中小企业来说,我国中小企业实际上占企业总数的90%以上,中小企业贡献了60%以上的国内生产总值,50%以上的税收,并创造了我国80%的城镇就业。如果我们的图书馆能够为他们提供更多的服务,就能够促进这些企业的发展,反过来这些企业也就会更多地支持图书馆,这就是大众化的问题了。而目前我们的公共图书馆在为中小企业服务方面还有很多路要走。通过大众化建设的推进,图书馆能够赢得政府和公众的支持,图书馆也就有进一步发展成长的沃土了。

e线图情:陈老师,公共图书馆大众化与公共部门信息资源增值利用一脉相承,通过公共图书馆大众化,可以有效地推进信息资源的公共获取与增值利用;反之则可有效地促进公共图书馆的大众化,这对于图书馆事业的可持续发展具有积极的意义。

陈传夫:确实如此,公共图书馆大众化不仅能够放大信息资源的利用价值,更能够大大地降低信息获取的社会成本,因此增值利用不会是收费模式,而是强调面向公众实行免费,从而反过来推动图书馆的大众化,形成一个良性的循环。国际上也有研究发现,通过信息资源的增值利用,人们获取信息资源的成本降低了80%,而信息资源的利用量却比原来要高出数十倍。原因在于信息资源的个人获取很困难,成本也很高,但通过集中化的数字图书馆来开发资源,便可以产生巨大的规模效益,并且形成资源与用户、图书馆与用户及用户与用户之间的良性互动,在进一步提升资源价值的同时降低资源的利用成本;接下来通过资源的增值利用推动产业的发展,再通过社会资本的进入反推信息资源的增值利用。我们所做的工作在某种意义上来说是从行业之外反观我们的行业,借用社会力量来关注社会的信息资源需求,探讨如何去推动我们的行业发展。

我们应该借助行业外部的力量来推动图书馆的发展,由产业发展来带动图书馆的发展。以三网融合为例,三网融合对图书馆是一种挑战,也是一个机会。图书馆应积极参与三网融合,以满足大众最基本的需要,更加贴近大众的生活。推动图书馆和网络、电视、广播的有机结合,实际上也是推动图书馆的大众化。我们知道,天气预报、交通出行……这些恰恰是图书馆所没有的资源,但图书是图书馆的品牌,如果在三网上看不到图书,公众就很难利用图书馆,因此图书馆应该积极参与三网融合,针对三网融合对图书馆所提出的新要求,让图书可以在广播网里听得到,让图书可以在电视网里看得到。

在推进图书馆大众化的过程中,需要解决好知识产权的问题,否则图书馆的资源就没有权威,就不能够持续发展。我曾在国家社会科学基金支持下做过一个有关图书馆知识产权问题的调研项目(项目编号07BTQ001),结果发现,我们调查的数百位馆长和图书馆员在版权问题上都能秉持正确的立场,非常尊重知识产权,甚至有些同仁已经在探索知识产权的合理解决方案。大家并没有把知识产权看成是包袱,这充分说明图书馆解决好知识产权是有良好基础的。当然,这里也涉及版权法如何修改,才能更好地保障资源服务于公众。为此我们也提出了很多建议,比如说将现在很多公益性的信息服务纳入到著作权法所说的图书馆的范畴里,如文化共享工程;还有公益性的信息部门,如国家主办的科技信息研究所等,也都纳入到图书馆的范围里面。

(刘锦山　崔凤雷　陈传夫)

二、李国新:忙趁春风赋华章

李国新,北京大学信息管理系教授、博士生导师。兼任文化部国家公共文化服务体系建设专家委员会副主任,中国图书馆学会学术研究委员会常务副主任,图书馆法律与知识产权研究专业委员会主任,全国图书馆标准化技术委员会委员,公共图书馆研究院(深圳)院务委员,《中国图书馆学报》《大学图书馆学报》《情报资料工作》等多家专业杂志编委。2006—2009年兼任国家图书馆首席专家,2009—2012年兼任杭州市人民政府钱江特聘专家,2003—2010年兼任《中国图书馆年鉴》副主编、主编。2012年度国家社科基金重大项目“加快公共文化立法,提高文化建设法制化水平研究”(2012—2015)首席专家。其著作《外国年鉴编纂出版概观》一书2010年获中国出版工作者协会年鉴研究会第三届全国年鉴论著评奖优秀著作奖;《日本图书馆法律体系研究》一书在2002年、2003年、2008年分别获北京大学第八届人文社会科学优秀科研成果一等奖、第三届中国高校人文社会科学优秀科研成果二等奖、改革开放三十年北京大学人文社会科学研究“百项精品成果”提名奖;《中国文献信息资源与检索利用》2007年获第二届北京高等教育精品教材;作为主要完成人之一的“全国图书馆志愿者行动”2009年获文化部第三届创新奖。

主要研究方向:公共文化政策、图书馆法治与管理、文献目录学。

新世纪以来,随着我国经济、社会和文化事业的不断发展,我国的图书馆事业也获得长足发展,迎来了历史上最好的发展时期,图书馆立法工作的开展与公共文化服务体系建设战略的实施即是明证。为了使读者朋友更好地了解图书馆在文化大发展大繁荣这一新的历史时期所面临的机遇和挑战,e线图情采访了北京大学信息管理系李国新教授。

1. 关于图书馆立法

(1)关于立法进程

刘锦山:李老师,您好!非常高兴您能再一次接受e线图情的采访。我记得上一次采访大概是在2004年的时候,当时您谈到了我国图书馆立法的情况。经过七八年的发展,我国的图书馆事业取得了非常大的进步,而图书馆立法研究和实践也有显著推进,您作为图书馆立法方面的专家,在理论研究层面和实践层面,都是重要的参与者与推动者之一,请您首先向读者朋友谈谈我国图书馆立法方面的情况。

李国新:谢谢刘总和e线图情对我的关注。我国图书馆立法工作早在2001年就启动了,当时是制定《中华人民共和国图书馆法》,覆盖各级各类图书馆。但那次立法进程到2004年中断,原因是我们图书馆界内部对某些问题的看法和意见不统一。2004年以后,在国家立法规划层面上,图书馆法并没有消失。2004年,中宣部印发的《关于制定我国文化立法十年规划(2004—2013)的建议》中,将图书馆法列入前五年的立法规划。2006年,中共中央办公厅、国务院办公厅印发了《国家"十一五"时期文化发展规划纲要》,这是我国第一个专门部署文化建设的中长期规划,其中提出要加强文化立法,"图书馆法"排在"非物质文化遗产保护法"之后,列第二位。2008年10月,《十一届全国人大常委会立法规划》公布,将图书馆法列为"研究起草、条件成熟时安排审议"的项目。全国人大立法规划的颁布,对图书馆法立法进程促进很大,2008年11月在文化部的主持下,图书馆立法工作重新启动。

重启后的立法工作吸取了上次的教训,一直在研究怎么解决不同系统图书馆之间对于图书馆法基本内容的不同意见。经过研究、讨论,大家达成了如下共识:在所有类型的图书馆中,公共图书馆最需要法律规范。因此,避难趋易,重点突破,首先从最需要的公共图书馆立法做起。这样,2008年人大常委会立法规划中的图书馆法的制定,就具体化为公共图书馆立法。公共图书馆立法工作2008年11月底启动,在当时的启动会上做出两个决定:第一,由中国图书馆学会和国家图书馆牵头组织全国的力量为公共图书馆立法做支撑研究;第二,由文化部政策法规司牵头在支撑研究基础之上,起草法律条文。会后,中国图书馆学会和国家图书馆首先启动立法支撑研究。2009年1月,中国图书馆学会新年峰会专门讨论公共图书馆立法支撑研究事宜。当时的立法支撑研究就是我主持的,从全国组织了大概有70多位专家学者。专家学者包括研究图书馆的专家、各级公共图书馆的馆长、第一线的工作人员以及部分政府官员,划分了 11 个专题。从 2009 年初到当年 9 月,集中研究了半年,将公共图书馆立法中将要涉及的重要问题和基本制度进行逐一研究,当时提供给文化部的研究成果有 150 多万字,完成了立法支撑研究第一阶段性的任务,文化部参考立法支撑研究成果,去起草法律条文。

立法支撑研究主要包括哪些内容要写进法律、怎么写、依据是什么以及对相关条文的建议。当然也包括哪些内容不写进法律及其根据,例如,著作权问题,支撑研究的结论是图书馆法可以不涉及,因为我国已经有了《著作权法》《信息网络传播权保护条例》。研究成果提交之后,立法支撑研究并未结束,还在继续完善。公共图书馆立法支撑研究成果以两种形式公开发布:第一种形式是在《中国图书馆学报》发布,2010 年到 2011 年《中国图书馆学报》连续开设了“公共图书馆立法支撑研究”专栏,把每个专题最新的研究成果以论文的形式发布,一共发表了有十五六篇文章;第二种形式就是将立法支撑研究最核心成果集结成为“《公共图书馆法》立法支撑研究丛书”,2011 年年底已出版。

(2)关于图书馆法律体系建设

刘锦山:李老师,图书馆立法工作第二次启动之后进展如何?

李国新:公共图书馆立法进程的推进到目前为止还是比较顺利的。2011 年年底,公共图书馆法在文化部部委会通过,随后上报国务院法制办。目前,这个法律处在国务院法制办和全国常务委员会主持调研、论证、征求意见阶段。按照一般的程序应该是国务院法制办的程序走完之后,再提交给全国人大常委会。这几年文化事业大发展的背景下,国家对于图书馆法更加重视,所以全国人大常委会提前介入,许多调研工作都是国务院法制办和全国人大常务委员会共同进行,现在国务院法制办举行的第一轮调研已经结束了。到目前为止,公共图书馆法的立法进程正在正常推进中,乐观估计,如果一切都比较顺利,没有什么太大的争议,“十二五”期间公共图书馆法应该能够出台。目前,在文化事业立法中公共图书馆立法是排在第一位的。我们国家现在文化立法整体上还相对滞后。2008 年,吴邦国委员长宣布,中国特色的社会主义法律体系基本形成。这是从宏观层面来说的,具体到文化立法方面我们存在的差距还比较大,在文化方面,国家层面的法律只有《中华人民共和国文物保护法》,以及 2011 年颁布的《中华人民共和国非物质文化遗产法》,所以我国文化立法还很薄弱。在文化大发展背景下来看,公共图书馆立法非常重要,现在很受重视,排在文化立法的第一位,因此,目前的进程还是比较顺利的。

实际上,我们上面谈的是狭义上的立法,而广义上的立法应该包括相关的法律、政策、制度、规范、准则在内一整套体系的建设和完善,不能把立法简单地理解为制定一个图书馆法。从广义上来看,2005 年之后我国在公共图书馆法律政策体系建设方面进展比较快,虽然图书馆法现在还没有出台,但是 2005 年之后我们陆续启动了《公共图书馆建设标准》《公共图书馆建设用地指标》的编制工作,前不久还推出了《公共图书馆服务规范》,这都是以部门规范、国家标准的形式出现,从总体上看都属于法律体系的内容。《公共图书馆建设标准》研究起草工作 2005 年启动,2008 年由国家发改委、建设部和文化部联合颁布,《公共图书馆建设用地指标》是国家发改委、国土资源部和文化部联合颁布的。《公共图书馆服务规范》也是作为国家标准发布出来的。我主持了《公共图书馆建设标准》的制定,参加了《公共图书馆建设用地指标》的制定,《公共图书馆服务规范》是原上海图书馆王世伟先生主持研究编制的。这些都是公共图书馆立法进程的明显推进,也为公共图书馆立法奠定了基础。现在,我国公共图书馆的设施建设、用地、服务是有规矩可依的。

图书馆的立法工作在整个公共文化里面也是走在前面的。我们国家在政策方面的一些东西,包括《国家"十一五"时期文化发展规划纲要》《国家"十二五"时期文化改革发展规划纲要》以及十七届六中全会做出的《中共中央关于深化文化体制改革、推动社会主义文化大发展大繁荣若干重大问题的决定》(下简称《决定》),其中都包含了理论界的研究成果。

2. 关于《公共图书馆法》

(1)《公共图书馆法》的特点

刘锦山:李老师,请您具体谈谈《公共图书馆法》有哪些特点?

李国新:这次立法吸取了上一次的教训,在制定之前就达成一个基本的共识,就是多数人认同的法律条文原则化,一些具体问题将来通过依法制定实施细则、规范和政策去解决。如果条文不原则化,容易引起争论。例如,关于经费,如果要写个比例数,占 GDP 的百分之多少,或者占财政总支出、总收入的多少,且不说法律里面不能写数字,就是能写,要写多少,目前也确定不下来,因为中国太大,各地的发展情况不一样,不能一刀切。因此,条文要原则化。因为条文是原则化的,大家有可能觉得没有实质性的内容,但是一些最基本的内容,比如各级公共图书馆的职能是什么,是这次立法重点解决的一个问题。许多职能都是图书馆平常在履行的,从这些法律条文中看不到什么新意,但是写入法律就意味着是图书馆的法定职责,政府就应该保证经费,这就是将来解决图书馆经费保障问题的依据,不仅如此,还是将来解决图书馆人力资源问题的依据。

由于法律条文原则化,具体实施有待于制定相关的细则、标准、规范和政策。法律在一定时期内有较强的刚性,不宜频繁修订,但是实施细则等可以根据情况比较方便地修订,依法还可以制定标准、规范、政策等。例如,刚刚发布的《公共图书馆服务规范》中规定公共图书馆从业人员和服务人口比例是1∶10000—25000,就全国平均水平来看,现在全国大部分公共图书馆的从业人员数量都符合这个标准。25000是怎么来的?现在全国公共图书馆从业人员与服务人口的比例为1∶23000—25000,所以总体来说即使一个人不增加也符合标准,但是如果要从1∶25000提升到1∶10000,那得增加多少人?为什么这个指标有那么大的幅度?就是适应现状,预留一定的发展空间。

刘锦山:我们现在要建设中国特色社会主义法律体系,就《公共图书馆法》而言,我们与欧美地区的公共图书馆法相比有哪些特点呢?

李国新:法律与权力运行机制有关。美国等西方国家的政体是分权制,而我们国家是集权制,这就对各自的公共图书馆法形成了鲜明的影响。公共图书馆的建设运营权力在西方归属地方自治权。美国有联邦图书馆法,实际上是联邦政府向图书馆拨款的法,联邦政府拿出一笔钱来资助地方图书馆事业发展,这笔钱在图书馆经费中占的比例很小,联邦图书馆法只规定这笔钱怎么投,其他不管,地方也不允许联邦政府来管,因为地方图书馆办还是不办,办到什么程度,和联邦没有关系,不用联邦管。我们国家是集权管理体制,也有中央政府和地方政府的分工,但是更多的是强调全国统一,这样我们的《公共图书馆法》较美国而言,规定得更全面,更具体,而且地方必循此开展图书馆的工作。

还有,发达国家有图书馆从业人员认证制度,美国没有在法律里面规定,但是美国图书馆学会对大学进行认证,日本、韩国图书馆都有司书制度,怎么考试、怎么获得证书,法律都有明确规定,我们现在没有这样的制度。

图书馆是国际通行形态程度比较高的一个领域,图书馆事业中建立的一些基本制度,我们现在有的还没有,比如说图书馆职业资格认证制度、图书馆管理公民参与制度、国库对于地方图书馆的补助制度等,这样的制度我们目前还没有。

刘锦山:李老师,日本的政体也是中央集权制,与我们国家类似。日本的公共图书馆法有什么特点呢?

李国新:日本虽然是东方国家,但是日本战后的社会制度是美国人帮他们建立起来的地方分权制度,地方自治法给地方规定的权力很大。日本有一个国家层面的图书馆法,规定是原则性的,日本的每一个县(也就是省)都有图书馆条例,某个地方的图书馆设还是不设,钱怎么给,主要是由地方条例来管。国家层面的图书馆法主要内容规定了公共图书馆的主要任务、职责,准入制度、司书制度,还规定了国库补助金制度,中央财政拿出多少钱补助地方。图书馆的日常管理归地方政府,地方政府制定条例来管理图书馆,文部省有一个规范性文件,是关于图书馆设置和运营的基本标准,这个基本标准也是指导性的。

(2)关于从业资格制度

刘锦山:李老师,从颁布的《公共图书馆法》征求意见稿看,其中对于从业资格制度方面的内容没有涉及。请您谈谈这个问题。

李国新:这方面存在一些争议。图书馆法初稿里有一句话——国家建立统一的图书馆员职业资格制度。我们希望把美国或者日本图书馆馆员准入与晋升制度引进来,国际经验已经表明,图书馆员队伍水平要提高,就要建立这样的制度。这些年,学术领域对这个问题的研究也很多,大家希望立法把这个制度引进来。

在征求意见中,人力资源和社会保障部提出了不同意见,他们认为行业准入制度从本质上讲是对一部分人就业权力的剥夺。仔细考虑这个意见也对,所谓准入就是卡住一部分人,律师准入和医生准入都是这样,不懂法律的卡住,不懂看病的卡住。人力资源和社会保障部认为,在中国目前的社会发展阶段,限制公民就业权利的领域应该越少越好,因为中国现在人口压力、就业压力特别大,如果各行各业都有自己的准入制度,势必造成一些弱势群体就没法就业了。他们认为,在中国现在的社会发展阶段,除非那种关系国计民生的行业一般不要设置就业准入制度,律师、医生、教师都搞了准入制度,图书馆真到了这种地步了吗?如果我们超越图书馆行业利益去考虑,人力资源和社会保障部的意见不无道理。因此,最后就把职业资格制度从法律草案中拿掉了。可以这样说,在中国目前的经济社会发展阶段,建立图书馆馆员职业准入制度条件还没有完全成熟。再看一下国外,日本、韩国虽然实行了准入制度,但实行的也不严格,没有办法和律师、医生的准入制度相比,他们自己也说图书馆员的准入制度还处于“准职业准入”的阶段。

3. 关于公共文化服务体系

(1)与西方发达国家之间的差距

刘锦山:李老师,最近几年,国家对于公共文化服务体系的建设十分重视,因为文化对于一个国家和民族的发展起着十分重要的作用,正如胡锦涛同志在十八大报告中说的那样,“文化是民族的血脉,是人民的精神家园”。我们如果能站在公共文化服务体系或者更加开阔的视野上来看待图书馆事业的发展,其格局自然大为不同。但是我们也应清醒地看到,我们与发达国家之间存在的差距。请您结合公共图书馆事业发展水平,谈谈我国公共文化服务体系与西方发达国家之间存在的差距。

李国新:单纯就数字而言,我国公共图书馆事业发展整体水平与发达国家的差距很大。美国、英国、日本等发达国家公共图书馆从业人员与服务人口比例是1:2000—3000,而我们是1:20000多,当然中国这么大的人口基数,不可能做到1:2000—3000,也没有必要,但是我们由此也可以看出差距还是相当大的。再以公共图书馆的数量做比较,美国国土面积和中国差不多,美国公共图书馆的总量1.7万多所;日本在我们看来是弹丸之地,我们拿出一个省都比它大,但日本公共图书馆总量是3100多所,比我们多。2010年我国的公共图书馆数量是2880多所,到现在也不到3000所。我们全国平均将近50万人一所图书馆,发达国家平均两三万人一所图书馆,这就是我们的整体水平。

我国公共图书馆事业现在的整体发展水平与发达国家到底差多少?我们做过一个历时性比较研究,以中国和日本比,我们今天的一些主要指标基本上处于日本上个世纪六七十年代的水平,要是与美国比差距可能更大一些。当然这些年我们在快速发展,但总体水平就是这样的。与公共文化其他领域一样,要是就单体设施、单项服务、单项活动而言,中国有全世界最好的图书馆、最好的活动,省级图书馆建到10万平方米,全世界找不到第二个国家,而我们中国很快就有若干所,像杭州图书馆、深圳图书馆,美国这样的图书馆也不多啊。就单体图书馆而言,我们现在有许多国际一流的图书馆,就“点”而言这几年发展很快,但差距在“面”上,体系化程度不高,整体水平不高。人们都说“一个中国四个世界”,美国、欧洲、亚洲、非洲,各个阶段发展水平的图书馆都有,所以一平均水平就下来了,平均水平和发达国家比大约有30年的差距。

最近几年我们编制《公共图书馆建设标准》《公共图书馆建设用地指标》和《公共图书馆服务规范》。这些文件都是规范性指导条文,比较简洁,但条文是在理论指导下制定出来的。例如,建设标准和用地指标中,把服务半径引进来,大型图书馆服务半径不超过9公里,中型的不超过6.5公里,小型的不超过2.5公里,其蕴含的理念就是告诉人们不是一个城市建一个图书馆就行了,再好的图书馆、再大的图书馆其服务能力是有限的,我们要想让全民共享图书馆服务,就要构建服务体系,这是方向。我们现在的这个标准放到国际水平上是很低的标准,但是我们第一步先做到这个程度。我总说,图书馆向公众敞开大门了,是一个进步,但是这不能叫全覆盖,你敞开大门了,我离你2000公里去不了,这就等于零。所谓全覆盖就是说,图书馆事业的整体有覆盖所有人的能力,要把服务的覆盖率考虑进来。过去评价图书馆,看这个图书馆有多大面积,多少藏书,主要关注的是这些东西,不是说关注这些东西不对,而是看我们有没有从服务体系的角度去考虑问题。十八大报告谈了公共服务体系建设,有两句话说得非常好:一个是完善公共文化服务体系,我国的公共化服务体系建设在2005年以后大力推进,但还不完善,所以要完善;另一个是要提高服务效能。什么是效能?就是服务能力和服务效益,作为一个公共文化服务机构,如果没有基本的服务能力,就不会有效益,如果没有效益就是浪费,所以一定要解决能力和效益问题。提升能力和效益,不是喊口号就能喊得出来的,必须要解决制约能力和效益提升的关键性问题,比如支撑基本能力和效益的基础资源的规模和结构问题。

国际图联上个世纪70年代发布的公共图书馆标准,就对基础资源的数量提出过规范,近年来大众媒体所说的人均两册书就是从国际图联的标准来的。2000年,日本图书馆协会发布过类似标准,他们提出的资源规模标准是,最小规模的图书馆总藏量为5万册,年更新量是总藏量的1/7到1/8,这是一个量化的指标。中国不同地区最小规模的图书馆要保证基本的服务能力,资源规模和结构要达到什么程度?我们没有相应的指标。前不久,《人民日报》有过一篇报道,说北京市要打造世界城市的文化之都,北京市的有关同志满脸喜悦地告诉记者说,北京公共图书馆服务的水平赶上了纽约。说这话的依据是,北京图书馆的数量比纽约还多。这话我们也不能说它全错,北京市号称有600多个图书馆,这个数字我相信也不是造出来的,纽约市有四个图书馆服务体系400多所图书馆,要说图书馆数量是超过了纽约。但是,我们按照质量来比,按照美国的标准,北京市的图书馆十有八九都不叫能图书馆。不是说有个三五百本书,找个老大妈、老大爷一看门就叫图书馆。《人民日报》的报道,就是没有考虑到图书馆的服务能力。建图书馆不难,建一个图书馆花10亿、8亿,总有个数字,投进去就建起来了,养图书馆更难,每年都要投钱。这就是我为什么说图书馆靠个人力量不具备可持续发展能力的原因。

第二次世界大战之后,全世界的私营图书馆迅速减少甚至消灭,这是一个规律。图书馆需要持续投入,谁能持续投入?政府可以,慈善基金会也可以,个人很难。我说过一句话,在目前的中国,忽悠农民自办图书馆去解决农民的看书难问题,无异于把农民推向贫穷,同时也是在为政府不作为提供理论和事实依据。卡内基可以捐赠2000多个图书馆,最终运营还得交给政府,靠个人力量没有办法做这件事情。图书馆的可持续发展一定要有基本的资源做支撑,这些资源还要有规模、还要有结构。公共图书馆藏书是什么结构?基层公共图书馆和研究型的公共图书馆,其资源结构应该有什么区别?把学术性图书放在社区图书馆,一般没有人去看;同样,把一些通俗小说放到国家图书馆也是浪费,这是结构问题,资源结构支撑服务能力。当然还得有人,图书馆需要有专业化的馆员。还得有评价导向,什么样的图书馆是好图书馆?应该建立以服务效益为导向的评价机制。我们过去常常是资源规模第一,你藏书100万,我藏书200万,所以我比你好。这几年我给基层馆长讲课,我总说一句话,馆长当得好还是不好,首先看能不能把人气搞上去。图书馆的效益体现在哪里?不能要求图书馆搞经济效益,图书馆要搞社会效益,社会效益的标志是什么?首先要有人用。我记得有一次我和上海图书馆周德明副馆长聊图书馆评价的核心指标,共识最核心就三四条。首先按照国际的说法是目标人群覆盖率,即有效持证读者占总人口的比例,这是真正的服务对象,不是人人都去图书馆的。美国有效持证率能够占据成年人比例68%,全世界最高;亚洲日本最高,将近50%;中国我统计过,2009年是1.3%。其次是外借率、到馆率、点击率。这是评价图书馆主要的指标。总之,评价图书馆一定得转移到以服务效益为导向的轨道上来。

(2)关于公共文化服务保障立法研究与实践

刘锦山:李老师,从您介绍的情况我们可以看到国家推进公共文化服务体系建设战略的重要意义所在。从而,对于公共文化服务体系方面相关领域的研究和实践也就显得甚为重要。请您谈谈您在这个方面的思考和所做的工作。

李国新:在图书馆立法方面的工作之后,我现在的工作重点逐渐转移到公共文化服务保障立法研究和实践。十七届六中全会提出要加快文化立法,提高文化法制化水平。六中全会点了一些重要的法律,其中首先提到的就是公共文化服务保障法。这几年,文化建设在国家发展战略中的地位明显提升,在整个文化建设中,政府承担的主要任务就是提供公共文化服务,要依法来保障公共文化事业的发展,因此公共文化服务保障法成为文化立法中的重点内容。六中全会之后,公共文化服务保障法立法的必要性、可行性等基础研究已经全面展开了。国家社会科学基金2012年重大项目招标,首先发布的就是文化类的,其中关于文化立法方面的招标题目叫"加快文化立法、提高文化建设法制化水平研究",就是要研究目前国内国外公共文化立法的基本情况,研究我们国家公共文化立法的基本体系,重点要研究公共文化服务保障法。包括国家社会科学基金项目、教育部重大项目、中宣部委托项目、文化部委托项目在内,全国有四五个重要项目,共同攻关。图书馆领域应该重点研究公共文化服务保障法中与图书馆相关的政策、规范、标准,因为国家在2005年以后提出了公共文化服务体系发展战略,建设覆盖全社会的公共文化服务保障体系,图书馆是公共文化服务保障体系中重要的组成部分之一。因此,从2006年以后我的研究重点逐步向国家公共文化保障体系方面。2009年,文化部专门成立了国家公共文化服务体系建设专家委员,我担任副主任。最近几年,我更多的精力转向公共文化服务体系建设的研究,包括但不限于图书馆,更多地参与一些,诸如国家文化发展的方针政策的制定这样的国家公共文化政策顶层设计工作。

"十二五"期间,我们国家公共文化服务体系建设的一个重点工程叫"国家公共文化服务体系示范区(项目)创建工作",这是作为推动公共文化服务体系建设的重要抓手。在"十二五"期间,全国准备分三批以地级城市为主建设90个示范区,建设180个左右的示范项目,希望到"十二五"末能够使1/3国土面积的公共文化服务上一个新台阶。示范区和示范项目创建的整体政策、实施方针,都是在专家委员会层面进行研究。另外,这几年各级文化主管部门都在强调转变职能,由办文化向管文化转变,由管微观向管宏观转变。如何转变?各级文化行政主管部门强调制度设计研究,动员社会上专家学者的力量参加公共文化服务体系制度设计研究,这也是专家委员会在做的一些工作。2012年12月6日,我们刚刚结束的一个会议就是文化部在公共文化服务体系建设专家委员会的基础上，进一步扩充力量，成立了专家库，同时对全国各地2012年开展的公共文化制度设计研究成果进行验收，我也在参与这些工作。2011年，人力资源和社会保障部、中华全国总工会和文化部联合下发了《关于进一步加强农民工文化工作的意见》，前期的调研也是在专家委员会的框架之内进行的。农民工文化建设是未来中国二三十年非常重要的事情，现在的农民工大约有2.4亿人，最近李克强副总理讲，未来中国发展的最大红利是城镇化，城镇化就是意味着有一些农民要走向城市，这些人怎样与城市融合，不仅仅是一个挣钱改变身份的问题，而是真正的融合，现在大家对此形成了一个共识，就是把农民变成市民最关键的地方在于文化，需要有文化认同，文化融合，因此农民工的文化建设现在非常重要。我们为此也做了一些研究，在此基础上提供了一些政策制定的建议，核心观点就是十七届六中全会《决定》中把农民工纳入城市公共文化服务体系。最近，中央文明办、文化部制定下发《关于广泛开展基层文化志愿服务活动的意见》，要建设公共文化服务保障体系，需要庞大的队伍，完全靠编制内的人员解决不了全部事情，国内、国外的经验表明一定得有一批志愿者参与，志愿者机制并不是节约成本的问题，一方面志愿者有奉献社会的热情，另一方面社会也需要志愿者，所以我们必须搭建一个平台，怎样使文化建设有更多的志愿者参与进来，这也需要考虑政策设计的问题。诸如此类，都是和我们国家公共文化发展密切相关的顶层设计研究，我这几年更多的精力在向这个方向转移。

4. 学术情怀

刘锦山：李老师，您做的这些工作可以说与时俱进，不仅适应了时代的要求，与国家文化大发展、大繁荣的政策契合得非常好，推动了我国公共文化服务保障体系的发展，而且通过您的工作在某种意义上又实际引领了公共文化事业的发展。能如此，我想这一定与您的学术理念密切相关，请您向读者朋友谈谈您的学术理念。

李国新：我最基本的学术理念就是学术成果一定要转化为现实生产力，通俗地讲，就是我们的研究成果一定要有用。图书馆学本质上说是门社会科学，社会科学研究要解决社会问题。过去我们更多地强调自然科学、工程技术转化为现实生产力，对人文科学、社会科学转化为现实生产力不是很重视，现在看来，我们就是要实现社会科学研究成果向现实生产力的转化，只有这样，学术研究才能真正推动事业的发展，才能真正产生作用，研究成果和我们存在的价值才能体现出来。

社会科学成果转化为现实生产力最有效的途径是什么?是以研究成果去影响学科体系建设、影响国家政策、影响事业政策,甚至将研究成果转变为政策,这些是最有效的途径。当然,我们并非说“坐冷板凳”的纯学术研究不需要,作为学科总得有人研究纯理论,但不需要太多的人,如果大量的人力、物力都转向与实际发展相脱离的纯理论研究,这个学科就没有了生命力和存在的价值。我的兴趣、我的关注点是那些能够直接推动事业发展、能够直接服务国家发展战略的研究。有人可能认为,与实际结合很密切的东西不是学问,或者认为政策研究不是追求真善美,把真善美和推动事业发展对立起来。我觉得,真善美与研究什么没有直接关系,研究纯粹理论问题可以达到真善美,研究实际问题同样可以达到真善美。就现今社会发展趋势而言,我觉得学术研究主战场应该密切关注对全局、对事业发展有直接关系的问题,要积极关注那些具有前沿性、战略性的重大现实性问题。我这几年的研究工作就是在这种理念指导下进行的。

刘锦山:李老师,您刚才谈到的社会科学转换为现实生产力,谈得很深刻。理论与实践相结合,需要一个转化的中介,这个中介具有一定的可操作性,虽然其理论性可能不是太强,但这是理论向实践转化的必经环节,任何一门学科都需要这样的中介性的部分。

李国新:是的。学者一定要先行半步,但只能先行半步,不能走得太快。如果先行太远,关起门来可以研究,但在实践中会与现实脱离。我国正处于一个快速发展期,仍然有许多地方不尽如人意,我们怎么改变这个状况?要建设性参与,单纯批判于事无补,“愤青”式的批判,听着过瘾,实则也是一种“空谈”。作为学者,责任就是要推动事情不断向好的方向发展,但一定要理性地认识到不可能一蹴而就。怎么样推动,朝目标一步一步走,这是学者的责任。因此,学者一定要领先半步,要引领事业的发展,要告诉官员、告诉社会、告诉老百姓,方向是什么,应该朝哪里走。我相信绝大多数决策者都是精英,现在决策者基本上也都是知识分子,“术业有专攻”,我们不能要求决策者都变成图书馆专家,这就需要专业领域的学者讲给他们听。如果把图书馆事业发展规律讲清楚,我相信多数决策者就可以做出科学的决策。

刘锦山:李老师,您这些年做的这些事情,无论从理论上还是实践上来看都是非常有价值的,可谓意义深远。

李国新:我们这代人赶上了一个很好的历史机遇。十七届六中全会提出建设社会主义文化强国,温家宝总理说:“国家的影响力取决于经济、科技和军事实力,但归根结底取决于文化实力。”文化有更深刻的影响力和辐射力。经过改革开放30多年的发展,国力积累到现在的程度,是到了文化大发展大繁荣的时候了。美国、日本等国家的发展历史,都显示出经济快速发展二三十年之后将会迎来文化的繁荣发展,这好像也是规律,我们正好到了这个阶段,所以我们这些人也就有了许多事情可以做。我们赶上了机会,对我来说还有北京大学这样的平台,所以我们就有机会做些事情,不敢说有多大的价值和意义,就是希望能做些事情,不辜负这样好的机会和平台。

（刘锦山　李国新）

三、索传军:追本溯源 继往开来

索传军,博士,中国人民大学图书馆副馆长、教授,“新世纪百千万人才工程”国家级人选,中国人民大学、南京大学、中国艺术研究院博士生导师。2004—2007 年任郑州大学信息管理系主任,2008—2010 年任国家图书馆数字资源建设与管理领域首席专家、国家图书馆研究院院长、国家图书馆博士后科研工作站办公室主任、全国图书馆标准化技术委员会秘书长。2011 年调到中国人民大学信息资源管理学院任教,长期从事数字资源建设与管理领域的科学研究,曾经主持完成国家自然科学基金、社会科学基金项目多项。近年来,出版学术著作《数字馆藏评价与绩效分析》《国家图书馆数字战略研究》和《图书馆学学科发展报告(2011—2012)》3 部。发表核心期刊论文 50 余篇,其中在图书馆、情报与档案管理权威期刊《中国图书馆学报》《情报学报》发表论文 16 篇。2000 年发表在《中国图书馆学报》的《网络环境下虚拟馆藏的建设》被评为《中国图书馆学报》创刊 50 年优秀论文,并有 20 余篇论文被《人大复印报刊资料 G9 分册》全文转载。

新世纪以来,我国图书馆事业和图书馆学理论研究都取得了很大的发展。但是,由于社会发展和新技术的深刻影响,图书馆和图书馆学正面临着严峻的挑战。基于此,业内诸多人士从不同角度和视域出发,对图书馆和图书馆学的本质、规律以及未来发展前景进行了深入的研究和探讨,为促进我国图书馆事业和图书馆学的进一步发展奠定了的基础。中国人民大学信息管理学院索传军教授就是诸多孜孜不倦探求者的代表之一。

1. 关于图书馆学本质

刘锦山:索老师,您好! 非常高兴您能接受 e 线图情的采访。一个学科的发展往往在“是什么”“为什么”和“怎么样”三个不同阶段中往复提高,这对于图书馆学的发展也不例外。经过过去 20 多年的发展,无论图书馆事业还是图书馆学都取得了很大的成就。在这样的背景下,当我们面向新的发展阶段之时,关于图书馆的本质和图书馆学的本质又一次出现在我们的面前。对于这个问题的解答,无疑会极大地促进图书馆事业和图书馆学的发展,不管这个问题是否有一个明确的、正确的答案,或者永远都不可能有一个正确的答案,首先请谈谈您关于图书馆和图书馆学本质问题的思考。

索传军:非常感谢 e 线图情和刘总对我的关注。我这些年在图书馆和院系之间两进两出,先后在郑州大学图书馆、郑州大学信息管理系、国家图书馆和中国人民大学信息管理学院工作。在教学和图书馆实践一线工作多年,而在图书馆的时间更长,对图书馆和图书馆学有一种很深的感情,对图书馆和图书馆学的一些问题一直在思考。作为一个二级学科,图书馆学到底应该何去何从?这么多年来,图书馆的本质是什么?图书馆学是什么?很多人都在追问,像上海图书馆的吴建中馆长、深圳图书馆的吴晞馆长等。台湾的顾敏先生说,教了 20 多年的图书馆学,仍然在追问这个问题。可以说,图书馆的本质、图书馆学的本质是一个让人很困惑的问题。

因此,图书馆学的学者与图书馆的实际工作者,结合自己的工作经历,对图书馆是什么、图书馆学是什么,思考得比较多。我在国家图书馆研究院期间,承担了国家图书馆的一个重大研究项目(NLC－KY－2007/ZD001)——国家图书馆数字战略研究,课题组就在思考图书馆与图书馆学的本质是什么,在数字时代国家图书馆如何更快更好地发展?图书馆学发展到现在有 200 多年的历史,现在我们仍然弄不清图书馆学的研究对象是什么。这是一个大问题。

图书馆作为一个文化机构,最重要的是馆藏资源。图书馆起着两方面的作用:一是对人类历史文化知识的传承,这是很重要的方面,随着社会的发展,将来会有更多的机构来承担文化传承的责任。二是服务社会,这方面的作用可能日渐被削弱,特别是互联网的发展对图书馆这方面的作用影响很大;正是因为互联网的影响,使很多图书馆人有危机感,担心图书馆会不会被严重削弱,图书馆将来会不会像兰开斯特预言的那样真要消亡。OCLC(Online Computer Library Center,联机计算机图书馆中心)做了大量的研究,也谈到人们对图书馆的认知以及对图书馆资源的认知等问题。图书馆最本质的东西是什么?尽管图书馆保存有大量的文献,有人称之为知识库等,还有很多美妙的名字,实际上图书馆就是一个中间环节,是中介性质的机构,所以图书馆的作用不是直接的,而是间接的,图书馆的根本作用在于通过改善人们对知识的获取而赋予人们力量。

因此,图书馆的本质至少包括两个方面,其一是对文献和信息的积累和序化,把无序的文献知识变成有序化;其二就是解决用户获取的问题,从哪里获取,如何获取。对文献的积累、序化和获取,这是目前大家都公认的,是图书馆的本质。但是,这还不够。如果图书馆就停留在对文献的积累、序化和获取阶段,图书馆学的研究也停留在对积累、序化和获取的研究阶段,那么兰开斯特的预言是正确的。也许只是时间问题。为什么这样说?如果仅仅停留在积累、序化和获取阶段,现在有更多的积累、序化和获取途径,图书馆不是唯一的选择,这正像OCLC调研的那样,2005年仅仅有1%的读者通过图书馆网站开展自己的信息旅程,现在这个数据又有下降。

我认为图书馆在积累、序化和获取的基础上,应该更加关注用户对获取知识的利用问题。用户或读者去借阅或获取文献目的是为了利用,而不是为了获取文献本身,人们关注文献是关注文献内容的,而不是关注文献的载体形式及其存放形式,不管是电子的还是纸质的,存放在本馆还是它馆。人们首先关注的是内容本身,内容能帮我解决什么问题。因此,我觉得用户更加关注对文献的利用问题。如果图书馆在有积累、序化和获取的基础上,再进一步关注用户获取知识和文献利用方面,那么图书馆的发展空间会越来越大。这对图书馆学也是一样的,图书馆学的研究对象不能局限于图书馆,也不能停留在目前的基础上,如果仅仅停留在图书馆围墙之内,停留在有形的资源管理与服务上,那图书馆学会也受到很大的局限。其实我们图书馆学很多理论也在被其他领域所利用,例如序化。目录是对文献的序化,网站、超市以及其他机构的管理很多都遇到序化的问题,如果抛开有形的载体形式不谈,这是纸质的图书,那是个实物,实际把载体形式抛开的话,那对任何对象和事物的序化,包括对抽象概念的序化,这个理论是相通的,这都是图书馆研究的本质问题。显然,这些都是图书馆的理论在其他行业的发展和应用。

现在我们再说利用的问题,如果图书馆跳出现有的有形边界和框架,那就有更大的发展空间,不是只限于对图书的管理,图书只是资源的载体形式之一,而不是全部。图书馆或档案馆、博物馆、信息研究所,还有其他的一些机构,它们只是载体形式不同,其本质是一样的。我在思考图书馆和图书馆学理论的时候,就不能简单地认为图书馆学研究的就是图书馆,这只是表面现象,如果图书馆不停留在简单的序化上,而是更加关注对用户获取资源的利用上面,那图书馆就会获得更大的发展。对资源利用的探讨是永无止境的,图书馆管理的是一本本的文献,而文献中包含了许许多多的知识元,如果要关注利用,就不能只停留在对文献表面描述和分析,要把文献中所包含的知识挖掘出来。现在我在思考一个问题,如何把馆藏文献从系统中释放出来,然后加以碎化,加工成若干个“知识片段”,或是有些人说的知识元,知识片,知识原子,等等。我认为,将粗颗粒的文献,加工成细小颗粒的知识元,然后把它提供给用户,使用户能够更方便、直接地获取他所需要的东西或者能解决问题的知识,也许图书馆学会有更大的新的发展空间。现在图书馆学关注的还是文献的表面现象,还离不开 MARC,对文献的管理还停留在文献的表面,所以有人说图书馆学是研究书皮的学问。目前,图书馆管理的是文献,提供的是文献服务,而不是知识服务。如果要开展知识服务,就要深入到文献内容之中,对文献进行多层次的揭示、组织管理,促进用户对其内容的创新性利用。

这些年,我们图书馆学领域引进了其他学科不少新的概念和理论,对我们学科发展应该有一定帮助。交叉与融合是现代科学技术发展的大趋势。但是我觉得,现在有一种“泛化”的倾向,使人们看不清图书馆学的核心是什么,不知道图书馆学的边界在哪里,使图书馆学专业的学生不知道该学习什么,该掌握什么知识、技能和本领。我不反对借鉴和引进其他学科新的概念、理论和技术,关键是不能简单地移植和生搬硬套,应思考如何利用新的理论、技术解决图书馆学的核心问题,应把更多的精力放在本学科的核心问题研究上。

2. 关于图书馆绩效评价

刘锦山:索老师,现在大家对于图书馆的质量管理和绩效评估比较关注,研究者也提出了一些评估模型,但在实践中并未获得有效的展开。您这些年来对图书馆特别是数字资源的质量评估和绩效评价问题做了深入的研究,请您谈谈这方面的情况。

索传军:服务质量的评价与利用密切相关。从近几年的研究来看,评价、评估研究在走下坡路,这可能与我们国家整个文化环境有关系。评价本身从科学管理来说应该越来越受到重视,关注用户、用户第一,不是作为一个标语把它挂在墙上,要有切实的行动,通过满意度的测度和对服务的评价,就能知道我们的服务是否能满足用户的需要。文化部有关部门现在也关注服务绩效这些问题。但是在实际工作中绩效评价没有真正地去推行。

我考虑可能有这两个方面的问题:一方面,近几年,学界虽然做了一些评估基础理论研究,建立了一些评估模型,有了评估指标体系,但在实践中操作可行性较差。因为评估和评价需要有一定量的数据作为基础,不能仅仅是定性的评价。可是目前由于各种原因的制约,缺乏这些数据,因此评估、评价就很难做。另一方面,评价需要图书馆的积极参与,但图书馆的积极性并不是很高。但是随着社会的发展,对管理的精细化程度要求越来越高,绩效评价肯定会越来越受到重视。

需要注意的是,将绩效评级的理论研究与实践应用紧密联系起来,绩效评价研究要与图书馆相结合。现在的研究一方面是过于理论化,学者制定的评估模型或评价体系与图书馆实际工作对接不上,这种状况要改变。作为研究者来说,应该从图书馆实际出发,逐步完善评估模型或评价体系。有些评估模型或评价体系过于复杂,理论上看起来很完善,实际工作中很难操作。

另外,我觉得图书馆的观念也得转变。整体上,我国图书馆管理还是粗放式的,经费预算与绩效评估没有太大的关系。因而,有一些图书馆不愿意绩效评估,因为担心评估的结果不好看。其实这个过程迟早要走。过去,美英等国家图书馆非常注重战略规划和经费预算,现在我国越来越多的图书馆也开始重视战略规划了。评估不仅是对图书馆工作的检查和监督,也是对资源商的督促。

总之,国家重视公益性文化服务,重视图书馆建设,也必然会越来越重视其服务社会的绩效。尽管图书馆评估理论还有不足,图书馆的积极性也不高,但随着管理水平的提高,图书馆会越来越重视绩效评估工作。

3. 关于图书情报硕士专业学位研究生

刘锦山:索老师,2010 年 1 月,国务院学位委员会第 27 次会议审议通过了《图书情报硕士专业学位设置方案》,2011 年,北京大学、武汉大学、中国人民大学等 18 所院校成为首批图书情报硕士专业学位授予单位。诚如《图书情报硕士专业学位设置方案》中指出的那样,硕士专业学位的培养对于完善图书情报人才培养体系,创新图书情报人才培养模式,提高图书情报人才培养质量具有十分重要的意义和作用。据我们所知,您在推动图书情报硕士专业学位设置的过程中做了不少工作,请您介绍一下这方面的情况。

索传军:确实,图书情报硕士专业学位研究生的培养对于面向实践的图书馆学情报学研究生教育具有十分重要的意义。我有幸参与了一些工作,做了两件小事。一是在文化部的领导下积极推动图书情报专业学位的设立工作。2007 年,文化部分馆图书情报教育工作的科技教育司王丰副司长要求国家图书馆提交一份“关于设立图书馆专业硕士,加快图书馆行业高级专业人才培养”的报告。要求对我国当前图书馆对人才需求情况,现阶段图书馆学硕士生培养的情况,以及图书馆专业学位硕士培养的重要性等问题进行说明。由于当时我在国家图书馆,负责研究院和研究生教育的工作,所以协助馆领导拟定了报告。后因学位工作归教育部主管,教育部将专业硕士筹备的有关工作委托给了武汉大学。2010 年 1 月,《图书情报硕士专业学位设置方案》获得通过;2011 年,北京大学、武汉大学、中国人民大学等 18 所院校获得专业学位授予权。根据规划,到 2015 年,专业学位硕士在整个图书情报硕士中的比例要达到 55% 以上,专业学位硕士的数量要超过学术学位硕士的数量。专业学位的设置对于整个图书情报行业发展具有积极的意义,这是自不待言的。但是,现在有一个问题,即专业学位硕士应该采取一种什么样的培养模式,才能培养出真正面向实践既有相当学术或者理论功底,又有良好实用技能的图书情报机构等用人单位真正需要的人才,这是我们面临的一个重要问题,也是我做的第二件事。

我们知道,专业学位比学术学位晚,因此,在某种意义上讲,专业学位硕士培养的条件是在学术学位的基础上开展的,师资、教材、培养模式都需借鉴学术学位,特别是课程体系、教材体系的建设尤为重要,如果采取的是同样的课程、教材,专业学位培养出来的人才和学术学位培养出来的人才就毫无二致。如果是这样,专业学位的设置也就没有太大的意义和必要了。但是,要解决课程、教材体系的建设问题,就要明确专业学位硕士的核心能力是什么;要明确专业学位硕士的核心能力,就要明确图书馆等相关机构的发展趋势,基于这样的发展趋势,图书馆等相关机构需要什么样的专业人才。只有这样才能抓住根本,真正建立起符合实际和未来发展需要的专业学位硕士人才培养模式。2011 年 11 月,中国图书馆学会编译出版委员会在河北保定专门召开了一次“图书情报专业硕士课程体系建设与教材编写研究会”。专门讨论图书情报学科体系建设问题,请我做了“图书情报专业硕士课程体系与教材建设”的主旨报告,简单谈了自己在这方面的一些粗浅想法。实际上,我们的视野应该进一步开阔。现在,我们不能把图书馆完全局限于原来有形的图书馆,图书馆不只是对文献进行管理,我们应该把图书馆从更广义的角度来理解。图书馆的本质在于对文献及其所包含知识的积累、序化、获取、利用,与此相关的基础理论或者技术、技能可以向图书馆以外的领域推广、应用,不同行业和领域,序化、管理和获取的对象是不一样的,但是基本的技能和实施是一样的。因此,图书情报专业学位的核心能力就是序化、获取、利用能力。因此,我认为图书情报硕士专业学位的核心能力应该围绕序化、获取、利用来进行培养,而课程体系与教材体系的建设也应该如此。

4. 关于关联数据

刘锦山:索老师,现在关联数据是学界关注的一个热点问题。您提出的图书馆序化、获取、利用核心功能与关联数据有一种天然契合;同时有不少学者认为关联数据为图书馆和图书馆学进一步发展提供了很好的契机。请谈谈您在这方面的思考。

索传军:关联数据无论对图书馆还是图书馆学研究应该都是前沿问题。关联数据与互联网的发展紧密相关,互联网是文件的网络,进一步要发展为语义的网络,现在又提出数据的网络,这就是万维网的发明人蒂姆·伯纳斯·李 2006 年 7 月提出的关联数据。关联数据实际上是一种资源的组织方式,也称为语义网的最佳实践。语义网最根本的是本体,但是本体的构建需要更多的专家、更大的成本,所以发展相对互联网来说比较缓慢。关联数据和现在的像云计算等很多东西都是相通的,其本质是在一个更大的网络环境下实现资源的共建共享。但是光有平台、网络,没有数据,共享是实现不了的,在目前和未来,数据更重要,网络本身退居其次。图书馆与关联数据可以很好地契合,通过关联数据可以促进图书馆更好地发展,增加图书馆馆藏资源的利用。

图书馆保存的不仅仅是文献,而是经过组织管理的数据。碎化文献的片段,经过语义化或关联化处理以后,发布到网上就是用户真正需要的内容。需要注意的是,并不是有了数据,就可以替代图书馆现有的文献保存。语义网络也是建立在数据网络基础上,数据网络和文献网络是相关联而存在的,数据是从文献中提取出来的,它们是相辅相成的关系。图书馆把文献从图书馆中释放出来,加以碎化形成知识片段,经过语义化加工和发布以后形成关联数据,为用户服务。关联数据与原来的馆藏文献相辅相成,但它对图书馆的意义不一样,关联数据使图书馆的资源更加丰富或更加便于利用。例如,原来讲图书馆有多少馆藏,这实际上讲的是有多少册件文献,有多少种文献。比如图书馆可以有100万册馆藏,从书目来说顶多有二三十万种文献,但是一本书,碎化成章节,数据量就扩大了几十倍甚至上百倍。如果再深入到文献里面,把概念、事件、地点等相关的知识点都抽取出来,就有可能是上千倍。这样对于一个原来只有100万册馆藏文献的图书馆来说就有几万万的数据了,其馆藏会更加丰富,更便于利用。

图书馆在网络空间开放数据并不是单方面的付出者,图书馆不仅仅是个贡献者,实际上还是受益者。关联数据是图书馆在网络空间发展的绝好机遇,一方面能够增加用户对图书馆的利用,另一方面图书馆能够把来自数据网络的资源融合到图书馆内部去,通过外部数据来丰富完善馆藏数据。例如,MARC记录里面一些著录字段,过去只是一些字符串,如作者、单位、主题词等,现在这些字段可以直接利用网上的关联数据,像美国的词表都发布成开放的关联数据了,我们现在可以直接共享网上的这些数据。这样,一方面节省了编目时间,另一方面内容更丰富完善。像莎士比亚的名著《哈姆雷特》,过去标注的作者就是莎士比亚,现在关于莎士比亚的关联数据已经发布不少,我们描述莎士比亚时就可以直接引用这些关联数据,把莎士比亚有关的信息都可以融入到书目数据里,这对馆藏数据是很好的补充和完善,读者看到的就不仅仅是莎士比亚四个字了,而是丰富的关于莎士比亚的内容。关联数据对于图书馆的意义不仅仅在于丰富了馆藏,更重要的意义在于可以使图书馆真正融入到网络空间。图书馆为什么现在有比较强烈的危机感?因为在网络空间看不见图书馆。现在乃至将来,无形的网络空间比有形的物质世界更加重要。通过开放数据,使图书馆融入到网络空间。图书馆的数据与网络空间融合以后,网络空间里图书馆的作用会更加显现出来,作为知识库的地位会更加突出和明显,其地位也会逐步提高。

刚才我们谈的是关联数据对图书馆发展的机遇,实际上对图书馆学研究也是一样的。我们过去的分类法、主题词表、知识组织体系,原来是文后面有参考文献和引征文献来建立这两个文献的关联和关系;现在有超链接,一个文件里面的字或词与另一个文件进行连接,现在这种网上的资源组织方式逐渐发展为关联数据。关联数据最基本的属性是有语义的、有关系的,这至少是一种新的知识组织方式。我们原来经常讲从文献服务到信息服务到知识服务,怎么开展知识服务,实际上过去并没有深究什么是知识服务。如果想开展知识服务,就要把知识从文献中提取出来,并加以语义,在其中加以关系,指明我们需要的知识在哪里。关联数据具有语义关系,我认为这是一种新的知识组织方式或方法。这正是我们图书馆学跳出图书馆研究的对象进一步发展的契机。数据与文献形式没有关系,我们要跳出原来的框框,以前说图书馆研究的对象就是图书馆或是图书馆工作的环境、工作的某个流程或某个环节,是文献;现在更加广泛,对数据的组织管理方法,在所有领域都是通用的,不仅人可以利用,计算机和机器也可以利用,这样图书馆学的应用会更广,作用和地位也会得到进一步提高。

(刘锦山　索传军)

四、倪晓建:让首都图书馆走在世界前列

倪晓建,北京市文化局副巡视员、首都图书馆馆长、教授、博士生导师,享受国务院政府特殊津贴的专家。发表论文90余篇,出版论著9种。1995年以来,承担国家社科基金项目2项、教育部规划项目1项,参加国家和教育部项目3项、省部级基金项目5项,其中"精粹信息"和"功能信息"的概念及检索系统的建立,在国内为首创。策划的"北京记忆""奥运记忆""市民档案"等近10项服务品牌在国内属首创,在图书馆服务及公共信息资源开发等领域,是集学术与管理为一身的杰出的开拓型管理者。担任中国图书馆学会副理事长、国家社会科学基金学科评审组成员,兼任北京大学、北京师范大学等大学的教授,2003年被选为北京市第十二届人大代表,2005年被北京市授予先进工作者称号。

有着近百年历史的首都图书馆,经历了一个世纪的风云变幻,见证了一个世纪的沧桑巨变。新中国成立后的首图,在北京市委、市政府及市文化局的关怀支持下,经过几代人的不懈努力和追求,不仅逐渐奠定了其北京市公共图书馆事业的龙头地位,更日益发展成为北京市重要的文献资源建设中心。现任馆长、著名学者倪晓建自豪地说,2001年,北京市政府斥巨资兴建的首图新馆正式启用,凭借先进的设备设施和一流的服务环境,首图不断地创新进取,取得了傲人的业绩和成就,从古老的国子监到现代化的智能图书馆,首图完成了跨世纪的飞跃。

1. 树立免费服务新理念,大胆构想"二十分钟服务圈"和总分馆制新格局

随着时代的飞速发展,承载着人类文明的文化重地——图书馆,特别是公共图书馆的发展,亦随之迎来了空前良好的发展机遇。倪馆长认为,这个

机遇主要基于这样几点:一是全球一体化的大背景使得图书馆界的国际交流与合作日益加强,全球致力于图书馆事业的同仁们跨越国界,敞开思路,共同切磋图书馆发展的理念与策略,无疑为促进图书馆事业更快更好发展创造了良好的大环境。二是《图书馆服务宣言》的公布,标志着图书馆进入自觉服务的时代。由中国图书馆学会制定的《图书馆服务宣言》,是顺应社会发展、文化建设的需求而颁布的中国历史上的第一个行业自律宣言,在整个图书馆界引起了强烈反响。它为公共图书馆以至于整个图书馆界的建设阐明了服务理念,指明了发展方向,同时标志着图书馆进入免费服务的时代。而首都图书馆以及首都18个区、县图书馆,目前都实现了免费办证。

就公共图书馆而言,倪馆长认为最根本的三条理念就是政府兴办、服务免费、人人平等。倪馆长始终记得胡锦涛总书记说过的一句话:"文化是一个城市的灵魂。"倪馆长说,作为社会文化与人类文明的集散地和重要传播场所,图书馆就是这个灵魂的主要载体,而一个城市的灵魂也将通过这座城市的图书馆得以彰显。政治、经济建设离不开文化建设,文化建设是城市建设的重要内容之一,对城市政治、经济建设起着举足轻重的作用,而图书馆建设则是城市文化建设中至关重要的一环,因此早在七八年前,倪馆长就向北京市的领导提出在北京建设"二十分钟服务圈"的构想,即每个市民走出家门20分钟即可找到一个可以利用的图书馆(室),使整个城市里的图书馆(室)星罗棋布。如若能够实现,人们的文化需求就能够得到很好的满足,精神文明建设就得以无形胜有形,城市治安状况也会随着人们自身素质的提高以及业余文化生活的充实而好转,正所谓多建一座图书馆,就可以少建一所监狱。

当然,服务免费必然会给公共图书馆也带来不小的冲击。图书馆可自行支配的资金少了,虽然北京市给予一定的支持,图书馆自己也积极想办法,但区、县馆每年的收入毕竟要因此减少七八万元到十万元不等的办证费,首图则每年要减少100多万元,确实不是一个小数目。不过倪馆长说,免费是发展方向和必然趋势,公益性文化事业向百姓收费是不合理的,大部分发达国家也都是不收费的,所以无论有什么困难图书馆都要努力克服,而且北京市政府和文化局的领导也在积极协调,相信这个问题会逐步得到解决。

公共图书馆如何能够持续、常态地发展?是倪馆长长期思索的一个问题。原为北京市人大代表、北京市政协委员的他,近几年提交的议题、提案,都是在积极呼吁文化事业、图书馆建设的可持续、常态发展。在他坚持不懈的努力下,北京市政府、文化局于近几年切实加大了对全市公共图书馆事业的支持力度。每年根据财政和具体情况,由市财政转移支付,为基层的区、县图书馆拨款三四千万元,保证了每个区、县图书馆的年度购书经费基本能够维持在100万元左右,这样已连续支持了3年。拿2009年来说,全市共下拨了4000多万元经费,包括网络维护费、讲座及活动费、文献资源费等,几项加起来,每个区、县馆能够有将近300万元左右。

另一方面,目前国内公共图书馆的管理体制仍旧是沿袭上世纪50年代来自苏联的模式,按照行政规划设立相应行政级别的图书馆。这样的管理体制造成的弊端是不管行政区划大小、人口分布情况,每级、每区都只有一座公共图书馆。拿北京来说,石景山区地域面积小、人口少,设有一座公共图书馆;朝阳区地域面积非常大、人口稠密,也只设有一座区级公共图书馆,地处朝阳区的天通苑社区人口达40余万,也没有相配套的图书馆。很显然,这样的布局模式虽然简单明了、便于管理,却与现代图书馆的办馆理念和服务宗旨相违背,因为它没有从人的需求出发,也没将人口、地域的客观情况考虑进去,无法做到以人为本,无法实现公共图书馆作为社会公益事业的公平性、做到人人平等,所以非常不合理。

现在世界很多地区的公共图书馆体系都实行的是总分馆制,例如香港,管理成熟规范,倪馆长认为这应该是未来公共图书馆的发展模式。为此,倪馆长提出了建立统一的全北京市的公共图书馆管理体系,实行总分馆制的发展模式,希望能够在北京市率先打破目前的公共图书馆管理格局,由首图担任总馆,各区、县馆设为分馆,分馆馆长由首图馆长负责任命,各分馆经费根据其所服务的人口、面积由总馆统一规划、分配,人员由总馆统一管理,真正实现统一领导、统一规划、统一管理、统一服务的模式,达到优化人员、优化资源、优化管理、优化服务的目的和效果,保证经费的合理、有效使用,避免造成浪费,人员管理更加规范,避免人浮于事,将科学发展观落到实处,最终实现首都各级公共图书馆的可持续、常态的科学发展。

2. 匠心独运只为深入人心,全面构建覆盖全京城的公共文化服务体系

自2001年至2009年,首都图书馆一期新馆开馆的九年来,为把服务真正做到深入人心,首都图书馆在与社会交流、为社会服务、发挥公共图书馆功能方面切实开展了多项有意义的工作,全面打造了五大公共服务体系,并以数字化信息服务作为突破点,通过宽带、网络将信息资源无障碍地传送到千家万户,扎实履行了新馆启用之初对读者的郑重承诺——让图书馆深入人心。

2006年，在全市公共图书馆馆长会议上，倪馆长提出了构建北京市公共服务文化体系的设想，这就是首图着手打造的第一个服务体系，要在全市建立起全覆盖的街道、乡镇、农村图书室，让每一个老百姓都能享受到有形的文献资源。该体系正在市政府的大力支持下稳步推进，截至目前，街道、乡镇已经达到百分之百拥有图书室，村也基本上达到了全覆盖。

建设公共文化服务体系是一个系统工程，其中非常重要的一个体系建设是利用现代信息技术把数字化信息传递到老百姓身边，实现信息资源无线入户。通过这几年文化部的文化信息资源共享工程建设，全北京市目前3975个行政村都已实现了宽带进村，这两年还将有一个大的突破，就是让每个村的宽带能够达到20M，可以将各方面的数字化资源进行整合，传递到每个村。这些数字化资源有数字电影，每村每星期播放一部新电影，有农村党员教育的、也有普及农村科技方面的，等等。其次是打造特色资源的服务体系。北京，既有着3000年悠久的历史，又有着广袤厚重的地缘文化，可以说，它的每一道街、每一条河，甚至每一砖、每一瓦都有着说不尽的故事，而这些恰汇聚成首都特色资源的聚宝盆。目前，北京已经有将近十个区、县建起了特色资源库，如：通州的运河文化、门头沟的永定河文化、房山的石文化、东城的胡同文化、宣武的宣南文化、崇文的工艺文化、密云的生态文化、昌平的农业科技文化等。各个区县根据自身的区域特点打造相应的特色文化资源数据库，汇聚首图文献资源中心，通过互联网为全市人民提供服务。同时，首图打造自己的特色文献信息资源加工服务体系的工作，已经进行了七八年，并由此建立起了一卡通服务体系。信息资源统一进行加工，书目数据共享，从而实现了统一查询、异地借还书，实现了覆盖全市范围的资源共享——北京市所有公共图书馆都可以从首图下载资源。目前这项服务已由市区扩展到了近郊区，总共已有将近200多个服务点了。

再有就是，首图正在筹备搭建的参考咨询服务体系。网络参考咨询是未来发展方向，首图打算跟全市18个区县联合起来，通过网络实时解答读者所提出的问题。比方说通州读者提出问题，通州图书馆解答不了，可转给首图来解答，这样就组成一张既快捷又缜密的参考咨询服务网。它不仅连起了全市各个图书馆和其他文化单位，也连起了整座城市的文化脉络，而因了这张网，我们的读者则可以徜徉在虚拟的浩瀚书海中，高枕无忧地体味知识的魅力和自主学习的乐趣，丝毫不用担心会被问题难倒，胜似闲庭信步。

3. 创新特色服务新模式,千锤百炼铸成首图优质品牌

如何理解图书馆的学术定义?倪馆长认为应从图书馆的功能和目的角度去理解,即要真正弄清楚图书馆是干什么的,其实兴办图书馆的目的就是为了传播知识和文化,提高人民的文化素质和水平。基于此,只要是能够提高人们的文化知识水平,扩大他们的知识视野,的事情,图书馆都应该积极去做,而不应仅仅局限于文献。要让图书馆的服务在人们中间无界限、无边缘、无时无刻无处不在,就不能老是抱着期刊、图书,哪怕是数字化的;而是应该把服务的视野范围扩大,开辟更多、更为百姓所喜闻乐见的服务模式。倪馆长的这一理念得到首图全馆上下的一致认同,近些年,他们在整个的图书馆服务方面做了很多有益的探索和尝试,举办首图讲坛、各种展览,制作少儿动漫,建设北京记忆,启动奥运记忆,等等。而这些系列形式的特色服务,在经过几年的锤炼后,早已形成了深入人心的品牌效应。

首图文化讲坛从 2001 年开办至今已经做了数千场,每周六、日都会有五六场讲座,按照时事政治、老百姓关心的热点问题、养生健康、儿童精品课堂、北京乡土文化等划分为不同的系列,固定时间、固定地点,每周开讲。2008 年又增加了几个系列,有北京和平解放 60 周年、解密尘封档案、金融危机等,都是邀请相关的专家来做讲座,如请故宫十几个专家来讲故宫系列。最近一两年,随着首图文化讲坛的知名度和品牌效应不断提升,文化讲坛的水平、层次也相应有所提高。当听到读者说“周六、周日到首图听讲座是他们生活中的一部分”时,倪馆长深感很欣慰。

针对少年儿童这个特殊读者群体,首图独创性地为他们制作了 500 多集的少儿动漫,用孩子们最爱的动漫形式编制成一个个小故事,教育祖国的未来要讲文明礼貌、要懂得传统文化、要知晓如何利用图书馆等,一集两分钟。虽然通过互联网在家也能观看,但每逢周六、日,还是会有大批孩子们到馆来看,因为这里浓郁、安静的书香气息更为适合文化休闲式学习。此外,首图还与学校联合开展儿童生活体验活动,组织孩子到校外、野外开展生存体验。2008 年围绕奥运,他们组织奥运主办、协办六城市的少年儿童举办演讲、知识竞赛,还上了电视。倪馆长说,少儿读者群是一个特殊而且重要的群体,为丰富他们的校外学习和阅读生活,图书馆需要做和能够做的事情其实还很多,首图正在慢慢地尝试,为全面提升祖国下一代的文化素养、传承博大精深的中华文化而不遗余力。今后,继续按照“在活动中学习,在参与中提高”的办

馆理念,做好儿童读者服务工作。这个理念是倪馆长在2004年接管北京市少年儿童图书馆时提出来的。

由于社会的发展,传统文化受到的冲击十分严重。抢救传统文化刻不容缓,而担负传播知识、传承文化重要使命的图书馆当仁不让、责无旁贷。为了抢救老北京传统文化,首都图书馆主动前往天桥等老北京传统文化的集散地寻访一些"老北京"、老艺人,将他们请到现场讲故事,以多媒体的形式制作成"北京记忆"大型数据库。他们要把北京历史上一切具有收藏价值的文献,包括文字、声像、图片、老的地图、拓片、京剧、戏曲都全部数字化。对于平时接受的都是现代文化的年轻人来说,补上北京的传统文化、民俗、特别是老北京胡同文化这一课意义非凡,它可以让源远流长的中华传统文化得以代代传承。而另一方面,也为更多的国际友人和学术机构研究北京提供翔实的资料,让世界了解北京,让北京走向世界。现在外国人通过互联网访问"北京记忆"数据库的点击数几乎与中国人一样多,这让倪馆长和他的同事们深感欣慰和自豪。

2008年,百年奥运的梦想终于得圆。其实,从2001年7月13日北京申办奥运会成功那一天起,首图就已着手策划了一个专题——奥运记忆,当2008年北京奥运会一结束,首图就正式启动这一专题数据库的制作工作。大量收集与奥运有关的会议、比赛项目、新闻、志愿者等资料,并专门成立拍摄组,到外景地去拍摄,制作出继"北京记忆"之后的又一大型多媒体数据库。奥运百年梦想同样也是北京的文化遗产,倪馆长认为,图书馆的一个重要职能就是文献的收集和收藏,而收藏的最终目的是为了履行图书馆的另一重要职能——服务,所以完全有必要将其有关的文字、影音等文献资料完整地留存下来,为几十年甚至几百年后的人们回过头来研究北京奥运提供有价值的参考。

4. 二期建设创发展新机遇,"世界前列"成首图发展新标的

首都图书馆一期于2001年5月正式开馆接待读者,其设计藏书能力约为500万册件,随着国家对文化投入的加大,首图现有藏书已达500多万册件,书库已经饱和,更无法满足每年30余万册件的藏书增长量;一期设计日接待能力为3000人次,而面对日益高涨的读者需求目前读者到馆峰值已达9000余人次。2005年北京市少年儿童图书馆迁入首图一期后,到馆小读者数量与日俱增。为此2005年11月,北京市发改委正式批准了首图二期工程,总投资4.6亿元。

首图二期工程是北京市重点工程,是市政府全额投资建设的大型文化设施。项目建成后,全面提升了首图的公共文化服务能力,使首图成为服务触角覆盖整个北京地区的开放型、多功能、现代化的城市中心图书馆。工程建成后,首图建筑面积约 10 万平方米,容纳文献千余万册,拥有 4000 个阅览坐席,具有 2 万人次的日接待能力,大量采取以开架为主,集藏、借、阅、参为一体的管理与服务方式,通过利用现代计算机、互联网和信息与知识处理技术,极大地满足了人们学习、生活和工作的需要。

首图二期工程内数字图书馆的建设,为北京市建立起了现代化的数字图书馆信息服务体系。在科技之光的映照下,现代图书馆已经从简单的藏阅型发展为集多功能于一体的复合型文化设施,成为具有多重功能的复合体,特别是信息时代数字技术、互联网技术的兴起,更是让人们的阅览习惯与方式有了多样性的选择。在首图二期工程的设计中,大量融入并突出了数字化方便快捷的生活方式、即时的信息传递与收集技术、E 时代网络生活模式,数字化体验区、数字化服务设施,数字化借阅、查询,卡式管理、卡式消费遍布馆内,为读者带来的不止是方便,还有先进技术手段的震撼。

首图二期工程在设计中充分考虑了一、二期建筑的聚集与共生,集中了多种文化设施,组成了引人入胜的文化场所,并在一、二期建筑之间加入了共享的休闲展示走廊设计,将一期建筑与二期建筑巧妙地连接起来。工程整体设计以人们现代生活所追求的生态环保、可持续发展为理念,尽力为读者提供环保舒适的阅览环境,主要体现在:减小建筑的进深,充分利用自然采光,自然通风;借用室、内外赏心悦目的景观设计,减少视觉疲劳;设立岛式休闲区,舒适的家具配合室内柔和的色彩、绿植使人有融入自然的感受;设置开放空间,实现自由布局、自助服务,让读者充分享受现代科技的便利;加入会展、餐饮、影院、书店、文印等配套服务设施,满足人们文化及休闲娱乐等多种需求;无障碍设计为残障人员提供方便,充分体现“以人为本”理念。

有了如此优越先进的空间硬件条件,必须要有可以娴熟掌控它的人员和管理平台,而人才资源才是关乎事业发展成败的首要因素。因此,当前图书馆面临的重要挑战就是人才竞争,图书馆亟须补给新鲜血液以充实服务队伍、提高服务水平。据倪馆长介绍,现在每年来首图应聘求职的多达上万人,从本科到博士应有尽有,而每次他们只聘用几十个人,真可谓千里挑一。首图二期工程建成启用后,首图的人员已达到 700 人的规模。

首都图书馆二期新馆已于 2012 年 9 月 28 日正式对外开放。如果说 2001

年首图新馆开馆,为其带来了第一次重大发展机遇的话,那么二期的正式启用定会为首图迎来第二次大发展的历史机遇,依托将近10万平方米的优越载体和空间,首图服务将再上层楼,倪馆长成竹在胸。为迎接这第二次大的发展机遇的到来,首图全馆上下经过讨论,将2001年新馆建成启用时确立的"国内领先、国际知名"的图书馆发展定位提升为"世界前列(国际领先)"。为此,他们还将制定具体的发展指标,用数据来说话,对服务、数据、科研以及为重大课题提供的咨询服务、研究,为业界提出新的思想、新的服务模式都实现量化,积极拓展思路,争取为社会以至全球图书馆界做出更大的贡献,真正走在世界的前列。

首都图书馆,已然成为首都北京的一个举足轻重的文化坐标,晶莹闪烁在京城的东南方,为首善之区的广大读者送去知识、送去文化、送去他们想要知道的一切!

(刘锦山　崔凤雷)

五、吴建中:建设第三空间　强化社会参与

吴建中,1978 年毕业于华东师范大学外语系,1982 年获该校文学硕士学位,1992 年获英国威尔士大学哲学博士学位。2002 年 1 月起任上海图书馆馆长、上海科技情报研究所所长。社会职务有:上海世博会主题演绎顾问、全国社科基金评审组成员、中国图书馆学会副理事长、上海市图书馆行业协会会长。出版有《21 世纪图书馆新论》《国际图书馆建筑大观》《世博会主题演绎》《世博启示录》等著作。

2002 年,上海图书馆吴建中馆长发表专文《中国图书馆发展中的十个热点问题》,对当时我国图书馆事业发展中的一些热点问题以及未来发展的趋势做了深刻的剖析,该文发表后引起业内的普遍关注,而其基本思想也为我国图书馆事业八年来的发展实践所证明。现在,我国图书馆事业可以说处于历史上最好的发展时期,机遇与挑战共存。古语有述往思来之说,在已有成就的基础之上,我们未来当如何前行方能取得更好的成就?因此,带着这样的问题,e 线图情采访了吴建中馆长。

1. 世界视域下的中国图书馆事业

刘锦山:吴馆长,您好!很高兴您又一次接受我们的采访。我记得上一次对您的采访是在 2004 年的年初,到现在已经快八年的时间了。这八年,无论对于我国的图书馆事业甚至是我们国家,还是对于您个人,既是风云变幻的八年,也是成就卓著的八年。2008 年,我们北京成功举办奥运会,2010 年,上海成功举办世博会,而您自己由于对世博会的卓越贡献被评为上海世博会先进个人,并出席了在人民大会堂举行的总结表彰大会;同时,您八年来一直在国际图联相关部门任职。可以说,过去八年是我们国家、我们的图书馆事

业不断深入走向世界的八年,过去八年也是您个人职业生涯不断向世界深入发展的八年。无论对谁而言,八年前后的眼光和视野自然不可同日而语,对您而言更是如此。因此,我们首先想请您从世界的视域谈谈我国图书馆事业的发展状况。

吴建中:首先对大家的关注表示感谢。最近十年我参与的国际活动多一些,国际活动主要在两个圈子,一个是专业圈子,也就是图书馆学、情报学方面的圈子,我在2001年到2005年四年连续两届连任国际图联的管理委员会委员,国际图联改革以后成立了管理委员会,我是当时国际图联改革后重组的管委会第一届领导班子,在其中也发挥了一定的作用,主要体现在下面几件大的事情上面:第一,国际图联官方语言中文化的问题,在我的任期内基本上解决了。第二,中文预备会议,说中文语言的参会者的预备会议。这个模式以前是没有的,也是我在国际图联期间促成的。当时尽管我们中文代表有很大程度的参与,但是没有作为一种形式固定下来,通过努力,正式建立了中文预备会议制度,一直延续到现在,使得中国在国际图联的能见度更高了。当然我的工作是整个中国图书界共同努力的结果,此前的孙蓓欣馆长和我之后的张晓林馆长也做了很大努力,我的这些工作就是在原来的基础上,也是在中国图书馆学会的指导下完成的,如果说有一些成绩的话,成绩也是属于整个中国图书馆界的。

另一个圈子是在联合国、国际展览局,也就是上海世博会,这个圈子我把它叫做社会参与。这个社会参与也很重要。因为图书馆不是孤立的文化机构,它必须要为其服务对象服务。图书馆的服务已经向社会延伸。用我们的话来讲,上海图书馆是三个面向——面向公众、面向研究群体、面向决策部门。实际上,我们三个面向的模式在世博会上有了充分的体现。最近,联合国、国际展览局和2010年上海世博会执委会联合编了一本叫《上海手册》的书,我也是其中的起草者之一。这本书里有上海图书馆跨两页的参与上海世博会的案例。《上海手册》实际上包含了上海世博会的精神遗产和全球城市发展最佳案例两大部分,当中收录了52个案例,上海图书馆非常荣幸能够成为52个案例之一,在案例中介绍了上海图书馆在城市发展中的作用,我对此感到非常荣幸。在这个圈子当中,我有更多的机会和国内外各界人士交往,同时也提升了图书馆的业务能力。

上述两个方面的参与,一是专业方面参与,一是社会参与,应该说都是一种深度的参与。参加国际图联的工作已经到了一个专业的国际机构;参加联合国、国际展览局的工作是在更大的国际范围开展工作,这对自己来讲也是一种锻炼。

现在谈谈从世界视域出发如何来看待我国图书馆事业的发展状况。

我们拉回来看,实际上,我们的图书馆事业有了长足的进步。中国图书馆事业在全球当中是非常出色的,从建筑规模、建筑设施、硬件建设方面看,我们图书馆现在的水平不亚于世界其他国家;从公共图书馆体系上来讲,我们已经实现了县县有图书馆的目标,我们过去做的很多努力就是还历史的欠账,现在历史的欠账基本上已经还完。总体上来说,我们现在处于一个量的发展在向质的发展推进的阶段,量的建设已经比较完备,我们下一步要做的就是怎样推进质的提升,而这方面与国外差距还是很大的。10 万平方米的湖北省图书馆新馆,这是相当大的规模了。8 万平方米的上海图书馆是当时的世界十大图书馆之一,现在湖北省图书馆已经跻身世界十大图书馆建筑之一了。我们的现代化图书馆,像深圳图书馆做到了 24 小时自助借还的体系建设,还有首都图书馆和一些各地的图书馆,我们在硬件建设方面已经不亚于西方发达国家。但是从国际接轨这个角度来看,我们还有很大的差距。我觉得主要有两方面大的差距:

第一,专业深度与文献提供能力有待加强。我们现在还停留在图书馆比较传统的阶段,比如说我们把传统服务看成图书馆的主要业务,一些技术设备、技术手段的使用,实际上就是传统服务的一个技术性突破,它有亮点,但还不能说成是图书馆发展的一个质的突破,即便是采用了一种非常好的高新技术手段,而且是体现图书馆成就的非常好的一个技术,但是它还是停留在图书馆原有服务的量的延伸,而不是一个质的变化上。图书馆专业深度最主要的体现在于参考咨询能力,就是回应社会信息需求方面的能力,这方面还没有看到很好的案例。我们看图书馆是否卓越,不是看它本身拥有多少资源,而是看它能够让读者获取多少资源。文献提供能力应该说是图书馆核心业务之一,这方面很多图书馆还是比较薄弱的。简单地来讲,一个是参考咨询能力,一个是文献提供能力,这两个方面其实都没有突破性的进展,这是我感觉和国际差距的第一个大的方面。

第二,职业制度还有待健全。图书馆员到底是什么,现在大家对其认识比较模糊,我觉得图书馆员既然作为一个职业,就应该有一个完整的职业制度,而这些制度目前还没有很好的建立起来。进入图书馆工作,要不要资格证书,而这实际上涉及这个职业的核心问题、根本问题,到现在我们谈论得很少。我们也在做努力,像上海市图书馆行业协会是全国第一家真正意义上的协会,我是这个协会的会长,这次又连任会长,我们一直在探索,我们也做了一些课题,职业认证资格的研究这方面,做了很多的探索,但是在政府职能转移方面可能与我们这个要求还有距离,所以推进起来有些难度,这与整个制度环境有关。虽然如此,我们还是朝这个方向去努力,促进图书馆职业资格制度很好地确立起来。这样的话,我们就有了我们自己的身份。现在大家觉得任何人都能做图书馆员,这与图书馆本身的核心价值观、职业准入制度没有很好的建立起来有关,这对图书馆人才队伍体系建设影响很大。这说明以前我们比较看重硬件方面的建设,软件方面还有很大距离。因此,我们不能对过去的发展太过乐观,我们与国外还是有差距的,而且这个差距是软实力的差距。

我们一直在讲与国际接轨,但是我们接轨不能只从硬件上接轨,我们还要从软件上、从体系上来接轨。这也是我们今后需要努力的地方。

2. 世博会的启示

刘锦山:吴馆长,您作为世博会的顾问,几年来呕心沥血,付出了大量的时间和精力,为世博会的成功举办做出了卓越的贡献。借此,您对于世博会的前生今世、世博会所倡导的核心价值体系、世博会的运作模式都有了深入而全面的了解。我们想请您谈谈世博会为我们图书馆事业的发展带来哪些启示呢?

吴建中:参与世博会应该说是上海图书馆和上海科技情报所确立了新的发展战略以后的一个重要的项目,或者说是一个案例。上海图书馆在本世纪初确定了一个新的发展目标——世界级城市图书馆,确定了面向公众、面向研究群体、面向决策部门三个面向的知识服务体系,为此,我们做了很大的努力。我们当时也在思考,上海图书馆新馆建成以后,在国内起了一个领头的作用。我们的建筑是按照图书馆的功能来建筑的,不是像其他的建筑是重外形、轻功能的,我们完全是根据图书馆需求,建筑与功能结合得比较好的这样一个建筑。我们当时也是国内第一个引进国外开发业务系统的,一直用到现在,用得很好。我们当时也开创了每周开放84小时的开馆时间。我们打破了很多过去传统的东西。当时我们的老馆长提出,365天天天开放,360行行行都可以办证。现在看来大家都已经做到了,而在当时是一种创新。

但是我们也一直在思考,硬件的老本很快会吃完的,怎么样从质的方面去提升？这就要思考我们的价值观是什么？我们的使命是什么？在这方面我们要去做深入的探讨。我们不能老是守在图书馆这个建筑里面,我们应该要走出去,应该面对所有的利益相关者,这就是我们刚才讲的三个面向。因此,我们的服务不应该局限在图书馆内部,应该走出去。我们现在开放80多个小时,以后延长到100个小时也是可能的,我们有自动的小车在送书,保证了读者走进图书馆20分钟之内就可以获得图书,我们也可以确保10分钟之内。我们可以延长开放时间,也可以缩短读者获取图书的时间,但这些都是有限的。怎样使我们的服务进一步延伸,突破时空的界限,这就需要我们做很大的努力。

为此,一方面我们是三个面向,确立这样一个知识服务体系,另一方面是发展数字化服务。数字化服务应该说没有走过弯路,比较扎实,我们应该做的都做了,不该做的比方说不是我们的资源我们不做数字化,是我们自己的独特资源我们就做数字化,所以我们在数字化上没有重复劳动。上海世博会是上海图书馆三个面向典型的、重要的实践和案例。早在世博会申办成功之后第二个月,我们就建立了世博信息中心,进行相关资源的搜集,我们还出版了很多世博会研究性的著作,现在已经正式出版了十本。此外我们也参与了世博会的宣传推广,我自己作为世博会的顾问,到各地去进行宣讲。在世博会开园的时候,我们在世博园区里面办了一个图书馆,让更多的人来获取这方面的资料,同时也接受一些咨询。我们也参与了世博会很多活动。就我自己来讲,我参与了《上海宣言》的起草,是四个起草者之一。《上海手册》这次刚刚出版,我也参与起草,其中有上海图书馆的案例,这不是我们写进去的,而是由国际展览局的专家写的。此外,我也参与了世博会主题演绎的工作,写了五本关于世博会的图书。

上海世博会的参与本身就是一个案例,就是图书馆怎么参与到城市的发展和建设当中,参与到学习型城市的建设当中,我们为市民提供信息资源,来帮助他们增加知识。图书馆就应该参与到社会当中,世博会应该说是一个比较成功的案例,反映了上海图书馆知识服务方面的一个重要成果。

3. 关于第三空间

刘锦山:吴馆长,您最近提出了“发挥图书馆作为社会公共空间的价值”的观点,您认为这也是图书馆之所以在未来继续存在的根据。请您结合上海图书馆的实践向读者朋友谈谈您在这个方面的思考。

吴建中:关于第三空间,就是图书馆作为第三空间,这段时期我思考得比较多,也写了一点东西,做了一些演讲,都是关于这个话题的。图书馆作为社会公共空间的价值很重要,过去有人一直认为数字化以后就不需要物理形态的图书馆了,我在很多场合对此也都做过反驳。我想谈一个重要的概念,就是我们怎样看待图书馆?图书馆是一个交流中心,不仅仅是静态知识的交流中心,更重要的是动态知识的交流中心,就是人和人的交流中心,所以我经常介绍 information commons(信息共享空间)。上海的复旦大学视觉艺术学院,也就是上海中心图书馆分馆建了这样一个阅览室,叫信息共享空间。

信息共享空间我们有一个中国化的诠释,也就是说不仅仅是国外讲的三个方面——计算机辅导、视听辅导、图书辅导,更重要的是读者参与、社会参与,这可能是我们的一个特色。当然上海视觉艺术学院还有其不足的地方,总的来讲,我们强调的是两大资源在这里的汇合,就是信息资源和人的资源。图书馆本身不仅是信息的交流中心,而且是人的交流中心。我本来是想写一本书,就是图书馆是人的知识交流中心。

我们讲第三空间,第一空间是家庭,第二空间是工作场所,第三空间就是人和人交流的地方,像咖啡厅、图书馆、博物馆之类的,如果说数字化以后不需要第三空间了,那人和人交流的地方就没有了。怎样突显人和人交流,这就需要有图书馆之类的第三空间,如果确立了这些概念以后,我们活动的空间就更大了。我们不仅可以更好地利用 ICT 来发展图书馆的数字化,我们也可以利用这样一个空间让市民进入,让更多的人在图书馆进行面对面的交流,那样这个空间就大了。我一直与馆里的同事讲,不要忽略物理形态图书馆的作用。

上海有上海的特色,我们有一个中心图书馆体系,共有 240 多家公共图书馆,这些图书馆实际上都是一个很好的布局、社会交流的网点,读者不出社区,就可以通过图书馆获得全球、国内或上海地区的资源。我们有一个很好的参考文献提供体系,这些资源能得到很好的利用。同时,在那里人和人也可以很好的交流,所以在社区它可以变成一个社区居民交流活动的中心,同时读者也可以到区图书馆,然后再到市图书馆进行交流,来听听讲座,看看展览,所以我们注重的是这方面的建设。上海也有 24 小时自助图书馆,但是我们更注重的是怎么把图书馆作为场所的价值发挥出来。我认为这是上海图书馆发展的一个特色。我们让这些街道乡镇图书馆能够在社区建设当中发挥更好的作用。这也算是世博会对图书馆发展带来的一个启示吧,就是世博会强调以人为本这样一个价值观,我们也要把这个价值观延伸到图书馆当中,也是强调以人为本。

我们有一个很好的案例。澳大利亚 light from light(光源自光)和我们有过合作,这也是国内第一个"图书馆作为第三空间"的项目。澳大利亚人来推销这个概念的时候,我们就抓住了,把它引进,当时就请了 10 个艺术家,让他们走进图书馆,让他们看能找到什么灵感来做一些创新的创作,后来他们就搞了 10 个方面的作品来图书馆展示,在澳大利亚的一个图书馆同时展出,我觉得很有意义。这也是第三空间的一种形态,就是让读者成为图书馆的主人。在图书馆里面用艺术的眼光来看图书馆,用艺术化的作品来展现图书馆的功能,我觉得很成功,在这里展示以后,又去北京、杭州巡回展出。这也是一个概念,就是呼吁更多的人走进图书馆,而且图书馆是非常艺术化的,不是过去那种死气沉沉的环境。

4. 关于未来

刘锦山:吴馆长,我们知道,2002 年您发表专文《中国图书馆发展中的十个热点问题》,对当时我国图书馆发展中的一些热点问题做了深刻的剖析。我国图书馆事业八年来的发展实践证明,您当时谈到的这些热点问题非常准确,很有前瞻性。最近,您又发表了《2040 年中国图书馆展望》的专文,对未来 30 年的图书馆发展趋势做了高屋建瓴的预测。请您具体谈谈我国图书馆事业有哪些发展趋势值得我们注意。

吴建中:《中国图书馆发展中的十个热点问题》一文中当时提出的一些观点,比如说以人为本,应该说到现在一直还在发挥作用。十大热点尽管有一些谈的是技术性的问题,但总体上的方向还是对的。从上个世纪末到现在,上海图书馆的发展就是以十大热点的基本思想为指导思想,目前看来,上海图书馆图书馆在过去十年的发展中没有走过弯路。

从目前来讲,我觉得有三个方面问题值得引起我们的关注:

第一,关注新技术的应用。我们有一个不足的地方,我们太关注新技术的形态,而比较少关注这个新技术对图书馆服务提升上起到什么作用。新技术是一种手段,而不是一种目的。如果说我们把新技术作为一种目的,技术建好了,其任务就结束了。如果说我们把新技术作为一种手段,那么我们就会思考图书馆怎样利用新技术来达到其使命和功能。所以这是我们更多地要思考的地方。现在我们需要新技术,没有新技术不行,否则我们就跟不上去。

图书馆的发展与电影院相比,差距就比较大了。过去我们看电影,上海人上世纪80年代的时候,一年跑20多次电影院,后来是一次都不到。而现在又逐渐地上升了,特别是3D、4D电影出现以后,很多观众回到了影院。图书馆也是这种情况,就上海图书馆来讲,基本上都保持在平均每年每人一次的到馆水平。现在对我们压力最大的是移民不断进入上海,而我们的发展速度跟不上。移民进来以后,外来人口大量增加,我们跟不上人口的大量增长。但是我们至少保证人均每年一次或一次以上,到图书馆看书也好、访问也好,我们基本上保持了这么一个水平,有点增长,但这个增长速度跟不上电影院,电影院现在的势头非常好。人们之所以又回到电影院,是因为新的技术。我想人们之所以要回到图书馆,更多地走进图书馆,我想还是要有一些新的技术。让一些新的技术发挥作用,然后让更多的读者到图书馆来体验。图书馆和电影院都是依赖场所的文化机构。电影院观影人数的提升就给我们一个很好的启示,我们也要充分地活用新的技术为我们的图书馆服务。所以,对新技术我们特别强调体验。我们建了新技术的体验中心、电子书的阅读中心。我们应该说是比较早地运用国内领先的新技术,我们现在有300多本电子书阅读器,读者可以到我们这里来借。这些实际上也是一种实践,图书馆转型过程中怎样使自己跟得上技术的发展。因此,我们要关注新的技术,但不要把新技术看作是一种目的,而是看作一种手段,通过新技术来提升图书馆服务在质的方面的突破。

第二,关注社会参与。图书馆过去社会参与有一部分,但是不是很多。最近我一直在思考图书馆的价值怎样提升。如果我们把这个问题放在心上的话,那我们必须要走进社区、学校、研究机构、政府部门,因为图书馆的资源都是要发挥作用的,我们在这方面进行了尝试。上海图书馆的咨询服务这几年比较突出,我们不仅有阵地咨询服务,每年差不多回答25万个口头问题,近万个书面问题;同时我们还做上千个课题、报告等,为社会各界服务。实际上这些都是参与社会、提升图书馆员的价值的,也是知识增值的服务方式。这方面我觉得是上海图书馆值得骄傲的地方。我们有一些员工可能有一些顾虑,觉得我们硬件跟人家相比,可能比不上人家。上海图书馆与现在的一些新馆相比,建筑方面确实是有点落后。但是我们在质的提升方面,做了大量的探索,得到了社会各界的认可。比如,我们参与了上海市政协的三个课题,一个是世博会安全课题,一个是城市安全课题,一个是智慧城市课题,这三个课题都上了政协的主席会议。现在,一提到上海图书馆人们就能联想到它的咨询服务。从图书馆发展趋势来讲,我们应该更加关注社会参与,关注社会价值提升的问题。

第三,关注转型和创新的问题。图书馆正处在从过去的传统媒体为主向全媒体为主转型的过程,或者说以数字媒体为主的全媒体时代。过去是传统媒体为主,其他媒体辅助,现在基本上是共存的。我们正处在转换的过程当中,我们其实也看到了人们获取信息的习惯在改变,数字获取占了较大部分。尤其是我们的青少年,现在获取的信息可能更多是来源于数字信息,我们不能忽略这样的一个需求状况,我们应该赶上去,否则图书馆还是处在以传统媒体为主的时代。要朝这方面走,我们的任务还是很艰巨的。因为就图书馆本身而言,目前图书馆的体系机构、模式还是以传统的书为本位的。比如说部门的设置,按照采编部、读者部、保管部等来设置的,这个流程基本上是按照书的流程展开的。现在要按照知识的生产、加工、传播、保存等这样一个知识流来建立图书馆的组织体系。

信息共享空间往往是全媒体的,比如搞一个法律的信息共享空间,所有关于法律的东西都可能集于其中,包括纸质媒体的东西,还有视听的,像法律讲座也很多,我们数字化的东西也很多,还有研讨会。因此,在这个法律信息共享空间,馆员不仅要承担编目的功能,还要承担信息资源搜集的功能和咨询的功能,整个业务流程是按照知识流来完成的。这个知识流完整地体现在一个部门,而不是过去通过各个部门完整地体现出来。面对这样的问题,我们就要思考,在这种转型中,图书馆员应该发挥什么样的作用。

我们现在做了很多探索,数字化在图书馆转型过程中发挥了重要的作用。过去是阵地式、现场式的管理。上海图书馆现在一手抓中心图书馆,一手抓知识库,这两个抓手做到现在应该说是很不错的,取得了不小的成就。但是再进一步发展就需要整合,中心图书馆与知识库相互融合、相互渗透。现在我们找到一个更好的抓手,那就是数字化,而这个数字化不是传统意义上的数字图书馆的数字化,而是与市民需求、与社会需求结合起来的数字化,叫"市民数字阅读推广计划"。这样,使得我们原有的手段能够更好地智能化、更好地走向整合。中心图书馆和科技情报联盟是上海图书馆的两个品牌,这两个品牌实际上有很多是相互渗透的,但两者更需要融合,所以通过数字化使两者能更好地融合起来,这是我们下一步发展的目标。我们现在不再多提"两大抓手",而是强调"数字化引领"。通过"数字化引领"使原有的工作得到智能化的提升。

(刘锦山　吴建中)

六、任竞:将重庆图书馆建成市民的精神家园

任竞,文学学士、党史党建研究生,重庆图书馆党委书记、馆长。兼任重庆群众文化学会副会长、重庆图书馆学会副理事长、重庆社科联委员、重庆市政协文史委员会委员。曾在重庆市群众艺术馆、话剧团、少儿馆工作。有多篇论文在全国相关学术研讨会上获奖。

刘锦山:任馆长,您好!我们知道,重庆图书馆的前身是民国政府为纪念在世界反法西斯战争中做出重大贡献的美国总统罗斯福,于1947年设立的"国立罗斯福图书馆",是当时中国仅有的五个国立图书馆之一。在60多年特别是最近几年的发展历程中,重庆图书馆取得了很大的成就。请您向读者朋友谈谈贵馆的基本概况。

任竞:1950年"国立罗斯福图书馆"更名为"国立西南人民图书馆",后定名"重庆图书馆"。经过60多年风雨历程,重庆图书馆已发展成为中国大型综合性的公共图书馆,是重庆市主要的文献信息收集交流和服务中心,也是重庆对外文化交流的窗口。

2007年6月,重庆图书馆新馆开放以来,重庆图书馆领导班子锐意进取,开拓创新,实现了跨越式发展。重庆图书馆新馆占地50亩,建筑面积5万平方米,阅览座位3000个,600台电脑可同时上网,开设有视障阅览室、杨尚昆赠书阅览室、中国重庆抗战大后方历史文献陈列室等多个特色对外服务窗口;还有报告厅、多功能厅、展览厅等设施为读者提供多方面的公共文化服务。重庆图书馆目前办理借阅证12万余个,年到馆读者近200万人次。尤其是2009年10月1日,重庆图书馆在西南地区率先实现免费开放和率先在西部地区开通重庆数字图书馆,使"免费、平等、开放"的公共图书馆精神在我馆得到更彻底的践行,并标志着我馆的服务已经打破了时空的限制,实现了拥有一张卡就等于把图书馆搬回家的梦想。先后获得了"全国古籍重点保护单

位”“重庆市科普教育基地”和“国家一级图书馆”等荣誉称号。目前，馆藏文献300余万册（件），已形成在国内外颇有影响的民国时期出版物、古籍线装书、联合国资料三大馆藏特色。一是民国时期出版物：现有民国时期出版物76 611种、177 621册，其中抗战文献3.4万种、9万册，是目前全国首家抗战书刊全部数字化并提供网上查阅的图书馆。我馆是我国抗战时期图书、报刊，收集最全、最完整的图书馆之一。二是古籍线装书：重庆图书馆收藏有宋代以来的古籍线装书53万册，内有孤本或稀见本424种，目前已经有173种珍贵古籍进入《全国珍贵古籍名录》，古籍线装书的数量和质量在全国也位居前列。三是联合国资料：重庆图书馆是我国两个最早的联合国文献寄存馆之一，并一直未曾间断，现有联合国资料20余万册（件）。

同时，重庆图书馆也是中国西部重要的文献信息收集交流中心和服务中心，还肩负全国文化信息资源共享工程重庆分中心和重庆市古籍保护中心的重任，目前正在积极筹建重庆中国抗战大后方历史文献中心。作为“西部领先、全国一流”的大型公共图书馆，重庆图书馆在公共文化服务体系的建设中发挥着越来越重要的作用。

刘锦山：任馆长，办馆理念对于图书馆的发展起着非常关键的作用，它直接影响着图书馆的办馆方向和服务理念。2010年8月份，李长春同志视察贵馆时指出“公共图书馆是市民的精神家园”，这既是李长春同志对贵馆工作的肯定又是对贵馆未来工作的期许。而且这句话可以说是我们公共图书馆办馆理念的指针。请您结合贵馆的具体情况谈谈贵馆是如何在实践中践行这一理念的。

任竞：按照“阵地服务与延伸服务相结合，巩固读者与培育读者相结合”的服务理念，不断强化图书馆意识，扩展图书馆链条，让图书馆成为民众终身教育的学校。

主要从以下三方面践行：一是免费开放，取消门槛，吸引更多的读者走进图书馆。这不仅是图书馆自身社会责任的体现，更是我市构建覆盖城乡的公共文化服务体系，促进文化大发展大繁荣的必然要求。2009年10月1日，我馆率先在西南地区实现免费开放，不仅大大拉近了市民与图书馆的距离，方便了读者，提高了读者的到馆率，而且还起到了示范效应，履行了公共图书馆的社会责任，也真正实现公益性文化资源的全民共享。二是丰富馆藏，提高馆藏文献资源利用率，最大限度发挥图书馆的作用。图书馆是传播普及科技文化知识的重要途径，对启迪民智和提高全民素质起到不可估量的作用，只有不断丰富馆藏资源,吸引更多的读者充分利用图书馆资源,也才能更好地服务于社会经济发展。在不断丰富传统文献资源的同时,尤其要大力发展数字资源建设,通过数字资源的全民共享,让更多的民众享受世界文明成果。2009 年 9 月 26 日,我馆率先在西部地区开通重庆数字图书馆,标志着我馆的服务已经打破了时空的限制,实现了拥有一张卡就等于把图书馆搬回家的梦想。三是加强科学管理,构建全天候服务体系,为读者提供优质高效的服务。不断加强馆内各项规章制度的执行与监督,理顺工作关系,实现以制度管理人,以制度管理事的局面;对一线服务岗位、工作强度较强、管理难度较大的岗位实行人才物的政策倾斜;整合业务流程,通过科学的流程设置,合理调配人力资源,提高工作效率。推行总分馆制,实行通借通还,逐步形成与城乡发展、社会需求相适应的公共图书馆服务网络体系。依托文化共享工程和重庆数字图书馆,开展全天候服务。此外,还积极开展图书流动服务,不仅缩小了城乡文化差距、填补了信息鸿沟,而且还提高了文献资源的利用率。四是关爱弱势群体,打造民心工程。弱势群体由于种种原因无法平等地融入社会信息活动中,这与他们本身强烈渴望通过知识技能进入主流社会的信息需求产生了尖锐的矛盾。关注弱势群体是人类社会高度文明的体现,也是现代图书馆人文精神之所在。因此,图书馆大力弘扬读者至上、服务社会的服务理念,帮助他们提升信息素质,增强参与社会竞争的能力,是一项惠及民心的工程。近年来,我馆每年都积极举办 12 期针对农民工、下岗职工等弱势群体的免费电脑培训班,并主动与残联、盲协、盲校等联系,把各项服务送上门,送到残障人士的心坎上。

刘锦山:资源建设是图书馆提升自己服务水平和服务质量的基本保障,据我们了解,贵馆不仅在传统资源建设方面早已形成了国内外颇有影响的三大特色馆藏,而且在数字图书馆建设方面也取得了相当大的发展,建成了在西南地区具有重要影响的“重庆数字图书馆”。请您结合贵馆的具体情况谈谈在互联网时代、数字环境下的资源建设方针和实践。

任竞:为充分体现“开放、平等、免费”的服务理念,秉持“以用为主,以藏为辅”的馆藏建设针,为满足广大读者日益增长的文化需求和科学技术的发展需求,以及适应文献资源的指数增长,重庆图书馆保持不断开拓创新的精神,使馆藏文献和服务模式表现出以下特点:一是以用为主的原则。重庆图书馆坚持以用为主的原则,除基藏书库、联合国资料托管区、地方文献、港澳台文献等,以闭架索书方式供读者查阅,其余全部以开架方式对读者开放。

二是渐具规模的数字资源库。目前,重庆数字图书馆已拥有正式运行数据库13个,试用数据库15个,以及一个具有馆藏特色的自建数据库——民国文献全文检索系统。这些资源库已成为重庆图书馆发展的重点,并逐渐成为优势馆藏。三是基于馆内、馆外访问的数字资源建设。由于版权方面原因,数字资源的使用范围局限在图书馆建筑物范围内,读者使用数字资源必须到图书馆来,这样做虽然在一定程度上保护了资源的知识产权,但却限制了数字资源自身优势的发挥,易造成资源利用率降低及闲置,影响图书馆的服务质量,因此版权问题的解决是开展数字资源馆外服务的重点和难点。为了解决这一矛盾,我馆有计划地与每个数据厂商逐一沟通和磋商,针对每个数据库不同的情况,制定了相应的版权解决和服务方案,取得了数据商的理解和支持,实现了既能维护数字资源版权和数据商正常的销售市场,又能最大限度地方便读者使用。我馆开展馆外服务的正式运行的数字资源均已取得资源所有者或数据商的授权文件,较好地解决了版权保护与开放服务的矛盾,形成了图书馆、读者、数据商三赢的局面。

刘锦山:印度图书馆学家阮冈纳赞在其著名的图书馆五定律中指出“书是为了用的”。图书馆一切工作的出发点都是为了读者服务,使图书馆成为读者的精神家园。我们欣喜地看到,贵馆近几年来取消了多项收费,实现了全面免费开放,进一步降低了图书馆的门槛;同时适应数字时代的变化,逐步扩大了数字资源的免费使用范围。这在读者中间引起了强烈的反响,受到读者的热烈好评。请您结合贵馆这方面的情况具体谈谈贵馆在读者服务工作方面的创新举措。

任竞:创新是知识时代的主旋律,创新是一个民族、一个国家发展的不竭动力。对于图书馆来说,要想抓住机遇,迎接挑战,最关键的就是要服务创新。图书馆应改变传统的服务观念,坚持“以人为本”的原则,深入了解读者需求。充分运用各种服务方式和技术手段,向读者提供全方位、高质量的信息资源服务,靠主动化、个性化的读者服务来使自己不断发展壮大。主要体现在以下三方面:一是坚持“读者第一,服务至上”的服务理念。图书馆服务创新的前提首先是服务理念的更新,只有树立正确的服务理念,树立开放性思维,减少各种关卡,实行便利读者的藏借阅一体化简约管理模式,才能真正体现“以读者为本,把读者放在第一位”。2009年,我馆在西南地区率先实现“零门槛”免费开放。

二是加强服务深度,开展个性化服务。我馆专门成立参考咨询中心,专注于二、三次文献开发和课题参考咨询服务,大大提升了我馆的服务深度和质量。三是充分利用现代信息技术带动服务创新。现代图书馆愈来愈重视对新技术的应用,图书馆要在重视传统服务的基础上,更多地利用现代信息技术,不断改变我们的服务手段,更加方便快捷地为所有读者提供服务。熟练掌握和运用新技术,快速、便捷地为读者提供信息导航和专业化服务,帮助读者破除信息获取障碍,节约读者时间是服务创新的关键。我馆充分利用现代信息技术,积极探索在全市公共图书馆中实行"一卡通"服务,先期在重庆主城九区试运行,成熟后扩大到各区县图书馆。

刘锦山:任馆长,众所周知,随着国家西部大开发战略的实施,重庆近年来的发展及其所取得的成就有目共睹。在这样一个宏观背景下,重庆图书馆既迎来了前所未有的发展机遇,也面临着前所未有的挑战。简单讲,就是重庆图书馆能否适应重庆市以及重庆人民在西部大开发背景下对自己提出的要求?相信贵馆对此早已是信心满满。请您结合重庆的发展要求谈谈贵馆未来的发展愿景。

任竞:2009 年,重庆市委三届五次全会通过的《关于推动文化大发展大繁荣的决定》(下称《决定》)为重庆文化的发展指明了新方向。《决定》提出重庆文化建设的目标:到 2012 年初步建成城乡统筹发展的文化强市,到 2020 年建成长江上游的文化中心。作为重庆文化体系的重要组成部分,重庆图书馆馆必须适应新形势和新变化,在市委、市政府的关心支持和市文化广电局的正确领导下,以科学发展观为指导,创新服务模式、强化服务意识、完善服务机制、履行服务职能、提高服务水平,努力朝着市委、市政府为我馆提出的"西部领先、国内一流"目标奋进,为推动重庆文化大发展大繁荣作出积极贡献。主要从以下三个方面来谈:一是构建重庆城乡统筹背景下公共图书馆服务网络体系。依托共享工程和重庆数字图书馆,积极推进总分馆制建设,实行"一卡通"服务,实现普遍均等、惠及全民,真正保障城乡居民的基本文化权益。二是建成重庆中国抗战大后方历史文献中心。建成"中国一流、世界水平"的国家重要文献战略储备库、中国抗战文献整理与收藏和开发与研究基地、中国抗战大后方历史文化研究服务和人才培养基地、青少年爱国主义教育基地。三是加强国内外图书馆界的交流和合作。争取与国外图书馆进行文献交换、业务交流和人员互访,争取与港澳台地区图书馆的交流与合作,促成馆藏孤本、善本和珍品文献赴外参展,努力把重庆图书馆打造成重庆对外文化交流的重要窗口。

刘锦山:任馆长,显然,目标确定下来之后如何实现需要诸多的条件去配合,但其中人的因素是至关重要的因素。请您谈谈贵馆如何促进、加强人力资源建设和创新工作以促进贵馆未来发展目标的实现。

任竞:人才是第一生产力,人才聚事业兴。重庆图书馆只有确立"人才兴馆"战略,引进和培养推动图书馆事业发展的各类人才,建设适应图书馆事业发展需要的人才队伍,即形成一支由学科专家、业务骨干与复合型管理人才组成的人才梯队,才能真正实现重庆图书馆的未来发展目标,为重庆文化的大发展大繁荣做出积极贡献。首先,优化人才引进机制,拓展多元化人才引进渠道。完善人才管理机制,强化岗位管理与契约管理,淡化身份管理;所有岗位面向全馆职工公开聘任,形成人事部门宏观调控、部门选聘、个人自主择岗的人才管理模式。健全人才激励机制,积极引导和促进人才合理流动。近年来,我馆创新人才引进机制,面向全国招聘优秀博士和硕士,引进了一批图书情报学、文献学等优秀研究型人才。其次,实施"创新人才计划",建设高素质的专业技术人才队伍。依托重庆中国抗战大后方历史文献中心,重点引进与培养学科带头人,形成由"学科带头人""业务骨干"与"复合型管理者"组成的创新人才队伍,解决业务建设与发展中短缺专业人才问题。邀请全国知名的抗战文献研究专家或学者与我馆专家共同研究开发抗战文献,把我馆打造成中国抗战大后方历史文化研究服务重要基地。再次,加强全员培训工作,构建全员素质的普遍提高与创新人才的系统培养相结合的职工继续教育体系。强化职工终身学习、岗位成才的意识。建立结构合理、层次比例适当的职工队伍。到 2015 年,实现大学本科以上学历人员达 2/3、中高级职称人员接近 2/3 的目标。最后,还要不断强化人才资源的组织管理,完善人才评价标准,建立健全人才评估体系。

(刘锦山　任竞)

七、郑智明:理念引领,创新服务

郑智明,女,福建省图书馆馆长。兼任福建省科协委员、福建省信息化技术委员会委员、文化部公共文化服务体系建设专家库成员、全国文化信息资源共享工程专家委员会委员等多项社会职务。学术方向为信息组织与信息技术应用,撰文十余篇,编著著作五部。先后获得文化部科技成果三等奖、中国图书现代成果奖等多项奖励。1999年,参与"城乡知识网络工程"的方案设计与论证,合作撰写工程建设的可行性分析报告,该项目的设计思路与实际运行经验最终被文化部采纳,推动了全国文化信息资源共享工程的实施。2012年,主持的"基于云计算的公共数字文化服务技术支撑平台研究与应用"项目获第四届文化部创新奖。

福建省图书馆成立于1911年4月,其前身创办于1906年。在100多年来的发展历程中,福建省图书馆历代同仁秉持保存人类文化遗产、开展社会教育、传递科学信息、开发智力资源的先进理念,努力工作,创新服务,在不同的历史阶段多次开创工作新局面,为我国公共图书馆事业做出了积极的贡献。因此,e线图情采访了福建省图书馆郑智明馆长。

1. 理念引领,百年传承

(1)薪火相继

刘锦山:郑馆长,您好!非常感谢您能接受我们的采访。我们知道,贵馆是我国创建较早的省级公共图书馆。100多年来,贵馆与时俱进,不仅在保存文献、传承文化、服务地方发展方面做出了积极贡献,而且多次在不同的历史阶段以独具前瞻性的实践引领我国公共图书馆事业发展。之所以如此,我们感觉是与贵馆创办之初形成的办馆理念、图书馆文化及其传承密切相关。请您结合贵馆的发展历史向读者朋友简要介绍一下这方面的情况。

郑智明:福建省图书馆的前身是清光绪三十年(1906)鳌峰课士馆附设的图书馆。1911 年 4 月,该馆迁越山书院旧址,取名福建图书馆,成为独立的全省性公共图书馆。创立之初,虽然办馆条件艰苦,但先贤们一开始就确立了“保存国粹、开启民智”的办馆宗旨。历代馆长及同仁始终把这一宗旨视为自己的神圣职责,一脉相承。秉持这样的理念,先辈们在资源建设和服务公众两个关键方面进行了艰苦卓绝的努力。

资源建设方面,大家想尽办法采取各种手段搜集可供读者借阅的书籍资料,充实馆藏。除了面向书院、官府、社会征集藏书之外,还请海外的乡亲帮忙采购科学文化知识方面的书籍;还推出了寄放图书的服务措施,藏书家可以将自己的图书寄放到图书馆,这样图书馆的资源量也就扩大了,可以更好地造福读者。服务公众方面,图书馆成立之初就面向社会公众开放。1934 年,王孝总馆长提出“以书就人”的服务理念,改变仅限馆内阅览的规则,开启了面向大众的图书外借时代。图书馆设立巡回点,将书送到读者身边,举办各种展览、乡村读书等活动,让更多的人知道、了解图书馆,进而利用图书馆。当时文盲很多,老百姓看不懂书,图书馆就开展了读书活动,读给老百姓听。

在艰苦卓绝的抗战时期,福建省图书馆人也没有忘记自己的职责。当时,图书馆随省政府迁至偏僻的小山村永安,办公空间不够,图书馆不能安置在省政府里面,就在很偏远的地方安顿下来。这种情况下,图书馆坚持设立巡回书库、流通点、分馆,到工厂车间、农村田边开展服务,努力把每本书送到需要它的读者手上,为每位读者找到自己需要的书,这就是“以书就人”。因为局势动荡,大家都顾不上去图书馆,图书馆就利用各种机会把书送到读者身边,例如把书送到车站,这样人们在等车的时候可以看看书。努力发挥图书馆的文化宣传作用,积极履行社会责任,唤醒民族觉悟,号召民众抗战爱国。抗战结束后,常年战乱导致图书丢失严重,图书馆投入很大力量进行搬迁、整合资源。通过与高校图书馆建立协作联盟、开展通借通还的服务方式,互相借力,弥补资源不足。在如此艰难的岁月里,福建省馆的先贤们始终以饱满的热情开展工作,延长开放时间,推出诸多便民措施,到馆读者之多在全国都很罕见,就连很多外国友人在看到福建省图书馆拥有这么多的读者时都惊叹不已。

刘锦山:郑馆长,我们了解到,改革开放以后,贵馆曾经提出了“一个馆顶一个半馆”的办馆方针,在这一方针的指引下,贵馆的工作取得了很大的成绩,在全国引起了强烈的反响。请您谈谈这方面的情况。

郑智明:新中国成立后,福建省图书馆迎来了难得的发展机遇,各项工作均取得很大的发展。改革开放以后,针对人民群众对文化知识的普遍渴求,当时主持工作的姜继副馆长提出了"一个馆顶一个半馆"的办馆方针,最大限度挖掘图书馆的资源和服务潜力,延长开放时间,简化服务手续,更加广泛地开展馆际协作,将服务延伸到车间与田间,服务到生产一线,面向基层做了大量的工作。那时图书馆的作用是非常大的,福建省图书馆的这项改革措施一经推出,便在全国取得巨大的反响,各大报纸争相报道福建省图书馆的改革经验。当时的一系列改革都是围绕"最大限度发挥图书馆的效益,广泛开展协作协调"这个理念展开,各项制度都是围绕这个理念制定的,服务内容、服务方式、开放时间都是围绕这个理念开展的。为了提高服务水平,走出图书馆人才缺乏的困境,馆领导对馆内人才培训做了大量的投入,最大限度地挖掘图书馆的人才资源,为省馆后续发展储备了宝贵的人才。改革开放之初,福建省图书馆在当时的省级馆里办馆条件并不是最好的,但是读者量、购书经费在全国却都是名列前茅的,正是源于姜馆长的这一正确理念。

(2)与时俱进

刘锦山:郑馆长,在信息技术深入影响下,上个世纪90年代图书馆迎来了最为深刻的变化和发展。据我们了解,在这个历史时期,贵馆主动创新,迎接挑战,在全国较早提出信息资源共建共享的理念并据此展开实践,取得了很好的成效,受到文化部有关领导同志的肯定,正是在总结福建及其他省经验的基础上,文化部启动了全国文化信息资源共享工程(下简称共享工程)。请您谈谈这方面的情况。

郑智明:上个世纪90年代,现代信息技术迅猛发展,如何紧跟时代步伐,迎接新技术和社会发展带来的挑战,成为福建省图书馆人需要破解的一个重大课题。当时,郑一仙馆长大胆提出了创新战略,通过引进社会力量,积极推进图书馆现代化建设。我们利用图书馆的资源优势与电信开展合作,由电信投资服务器和路由器,在上世纪90年代中后期就建起了图书馆网站及Internet信息检索室。并在同时期,利用图书馆的宣传阵地优势与福建中银电脑公司合作,由其提供70台电脑,建立起了多媒体阅览室和电脑培训室,由此开辟了福建省馆电子信息服务新时代。为使福建省馆的电子信息服务惠及全省,采购数据库的时候,我们通过与厂商沟通,建立起电子资源镜像服务站,实现一馆建设、全省共享的服务模式,既为厂商培养了潜在用户,也带动了基层图书馆电子信息服务工作的开展,并赢得了基层图书馆的信任。其后,有条件的馆纷纷出资加入省馆倡导的电子信息资源的协调采购,并通过省馆的统一资源服务平台面向全省服务。因此,福建成为全国较早提出镜像资源服务概念并在全省范围内实现信息资源共建共享的省份之一。

随着福建省馆完成网络化工程建设改造,上世纪90年代末,针对我省农村农民普遍存在"看书难、看戏难、看电影难"的问题,我们结合数字图书馆项目建设思考,向省文化厅提出了"福建文化信息网络工程"建设项目,提出创新文化建设与传播方式,整合文化系统资源并进行数字化转换,依托福建省图书馆网站,向全省城乡开辟一条不受时空限制的崭新文化传播渠道。项目获得省文化厅的大力支持并在全省范围内启动实施,经过试点建设到实施推广,取得良好成效。2001年,文化部有关领导来福建调研,了解了我们的做法之后,认为我们的这种思路非常好,建议我们应该广泛宣传。随后在福建召开的文化部南方片文化厅(局)长工作会议上,文化部的领导同志认为福建省的信息资源共享共建实践很有意义,很值得在全国推广。不久,在中央的领导下共享工程启动。

近些年,我们紧紧围绕信息资源共享这一主题,利用现代信息技术手段,在资源建设、服务方式与手段、图书馆之间协作协调等三个方面进行了积极的探索,取得了不小的成绩。在资源建设方面,对纸本资源、数字资源等不同载体的资源进行有机组织;在服务方式与手段方面,着力打造网络化信息服务能力与手段,充分利用网络传输快速、便捷、范围广等特性,使其在图书馆服务中发挥出更大的作用;在图书馆之间协作协调方面,建立图书馆之间的大联盟,实现资源共享,倡导有条件、有实力的馆多做奉献,大馆带动小馆,合力共求发展。为此,福建馆率先垂范,所购的每一个数据库谈的都是全省公共图书馆(室)的使用权,并根据数字资源类型引导建立集中与分布式服务相结合的全省公共图书馆数字资源服务联盟,取得积极成效。

有句广告语说得好:"身未动,心已远。"我们可以把这句话理解为"理念先行"的同义语。对于图书馆而言,办馆理念对于图书馆的发展方向、发展模式和服务方式起着决定性作用。从福建省馆的发展历史可以看出,正是以书求人、以书就人、共建共享等这些与时俱进的办馆理念,让她能够一直走在时代的前列。虽然从全国范围来看,福建省图书馆的办馆条件并不具备很大的优势,但在发展过程中仍能够以无数亮点闪耀于图书馆界,最为重要的一点便在于与时俱进的办馆理念。

2. 共享工程,资源保障

(1)先行先试

刘锦山:郑馆长,从贵馆百年来的发展历程可以看出,办馆理念对于图书馆发展具有十分重要的意义,它是图书馆发展的指针。您刚才谈到,贵馆在资源共建共享理念的指引下建设的福建文化信息网络工程,取得了显著的成效,同时也为国家共享工程的实施提供了宝贵的经验,受到文化部有关领导同志的肯定。请您具体介绍一下这方面的情况。

郑智明:福建文化信息网络工程是我们基于资源共建共享理念启动的一项惠民工程。我们知道,公共图书馆是面向全民服务的,资源和服务不仅在图书馆系统共享,而且要延伸到城乡基层文化站(室),特别是乡村文化站(室)。我们在调查中发现,福建许多县级公共图书馆条件非常艰苦,没有书看;乡村文化站(室)情况更加不容乐观,许多乡村文化站(室)在上个世纪五六十年代非常红火,现在却门可罗雀,因为没有资源,名存实亡。农村存在着严重的"看书难、看戏难、看电影难"的问题。我们知道,"文化三下乡"很受农民欢迎,但是一年只有一次。我们有没有可能利用现代信息技术,走出一条超常规的发展之路,打造一支真正永不离开的"三下乡"队伍呢?

从技术手段来讲,已经不成为问题。关键是创新思维,创新发展机制。我们将公共图书馆的资源共建共享理念和实践扩展到乡村,问题就迎刃而解了。这就是我们创建福建省文化信息网络的出发点。资源从何而来?我们主要从三个方面解决这个问题。首先,盘活文化系统自有资源。文化系统拍摄了很多优秀文化资源,保存起来了,但没有盘活,时间久了磁粉会掉,拍下来的东西会毁损。很多优秀的剧目,很多优秀艺术家的作品都毁损了。通过共享工程整合资源,多一种传播方式、多一种记忆方式,对文化资源也是一种保护,也丰富了农村文化生活。其次,商用资源的引进。我们通过与企业谈判,由省馆采购,全省公共图书馆共享,再由各级公共图书馆面向乡村文化展示提供服务。最后,自建特色资源。我们建立了一支数字文化资源建设队伍,主要从事视频资源的采拍、制作,为数字文化资源提供保障。我们搜集、制作了一些市面上没有,但读者又急需的、独特的东西,这些东西现在不抢救就会消失。通过编辑、整合,形成包含文字、视频、图片的多媒体数字资源,这是一个超越,图书馆由纯粹"拿来"到主动创建资源。这在资源建设观念上是一个突破,是一个创新。

基于上述思考,我们创建了福建文化信息网络工程。文化部在我们这里开会调研,考察后认为这种做法对于创新文化发展与建设是一个好的经验和模式。在综合吸收福建经验基础上,文化部提出了全国文化资源共建共享工程,上升到中央的决策层面。共享工程体现了缩小城乡文化差别、消灭信息鸿沟、坚持社会公平正义、保护人们的合法权益等理念。我觉得这个工程一直被赋予很高的社会价值与意义,这并不为过。文化信息网络建设、共享工程,关键在于内容建设,发挥先进文化的主导作用。

(2)行知并重

刘锦山:郑馆长,贵馆的思路和实践紧紧抓住了资源建设这一关乎共享工程发展的关键,在这方面做出了积极的探索和卓有成效的创新,以较小的投入取得了很好的社会效益。请您再具体谈谈贵馆在福建省特色资源建设方面的实践和做法。

郑智明:最近几年国家对文化事业很重视,图书馆也因此受益不小。虽然福建共享工程起步比较早,全国的共享工程也从福建得到灵感,但是国家对共享工程建设的资金投向有个原则,就是重点保障中西部,对东部是以奖代补。因此,"十一五"期间,福建在这方面的受益是比较小的。为什么呢?东部的以奖代补,地方投入多的、做得好的才有奖励,福建在东部,经济发展水平在东部平均线以下,这样的经济条件决定了福建很难得到国家给予的奖励。在这种情况下,我们怎么办?我们因地制宜,把有限的资金用到刀刃上,发挥最大效益。我们紧紧抓住共享工程的核心——资源建设开展工作。因为站点铺得再多,没有资源,都是无本之木、无源之水,没有可持续性,无法永续发展。

因此,我们重点抓住资源建设这个核心,以普及型资源建设为基础,以特色型资源建设为开拓,着力打造具有福建地方特色的精品文化数字资源。我们在建设内容和建设手段上实现了很大的跨越。首先谈第一个方面,共享工程要面向基层。因此,我们首先明确服务对象是谁,根据服务对象的需求组织资源,根据图书馆传承文明的要求组织资源。我们的对象是基层的农民,他们需要解决的是看书难、看戏难、看电影难的问题以及对生产致富信息的迫切需求,围绕这样的需求我们进行资源组织,通过采购、征集、整合等几个方面进行组织,打造资源包,将图书、讲座、影视、戏曲、文化专题片、生产致富信息集成起来,适应基层群众的需要。这主要是普适性资源组织。

对于特色资源,下力气打造自有知识产权的精品特色资源,着力视频、图片型资源的采集制作,并在深入一线的生产实践中,带动文字型资源收集工作的有效突破。我们把共享工程的特色资源建设与数字图书馆特色文献资源建设、非物质文化遗产保护项目结合起来,来提高特色资源建设的内涵和项目意义。数字图书馆特色文献资源建设很重要,这是我们的看家宝贝,很重要,但受众比较少,经费投入较大。非物质文化遗产保护项目因为贴近老百姓生活,在社会上有广泛的认同,而且就是特色的东西,我们把它与共享工程、数字图书馆资源建设结合起来,就有了一个落脚点。文化资源这么多,我们要做什么?我们以入选国家非物质文化遗产的项目为主,然后逐步扩展到省级。

闽南文化生态保护实验区是国家建立的第一个文化保护试验区,其中有18个国家非物质文化遗产项目,泉州花灯即是其中之一。我们去采拍泉州花灯各种各样制作技艺,把整个制作工艺记录下来,拍的过程中很留意画面精美性,有角度、有镜头感,但首先注重的是史料性。在拍的过程中广泛搜集纸质资源,采拍过程中有图片拍摄,回来之后一个一个专题片就出来了,最终形成多媒体数据库。我们所做的数据库有文字、图片、视频等各种表现形式,这些工作其实是数字文化记忆。

根据收集资源的涉密与授权程度,我们将资源组织成几个使用版本,有典藏版、公众观赏版、学术研究版。典藏版本,这是完整的数字记忆版本;公众观赏版本在互联网上完全公开;学术研究版本就进行设限观看,因为有些技艺是秘不示人。这样所做的工作就更具意义,得到各方面的配合。我们去拍妈祖祭典,专家们都说功德无量,因为我们的工作,把特色资源建设上升到数字文化记忆的高度。

在资源的表现形式方面,一定要超越以往,以往图书馆做的数据库公众大多是不爱看的,不但国内这样,国外也是如此。是不是读者不需要?之所以如此,是因为图书馆资源生动性不足、单一载体、规模小、内容枯燥,图书馆做的许多仅仅是把资源从这个载体转化成那个载体。我们现在怎样把资源做得既有史料性、知识性,又有趣味性,能抓住眼球?这就要在资源的揭示和呈现上有所创新,使得资源的易用性、生动性得到较大的提升。把史料性、知识性、趣味性、生动性、易用性几个方面有机地结合来,扩大资源的利用率。在这一思想指导下,这几年我们锲而不舍地开展特色资源建设,使馆藏资源价值与社会服务成效显著提升。

正是在上述理念的指导下,通过加强特色资源建设的力度,福建省图书馆走出了一条共享工程建设的独特发展道路,受到了文化部的充分肯定。

3. 理论保障,持续发展

刘锦山:郑馆长,在图书馆发展的过程中,发展道路的选择、战略方向的确定都是至关重要的,而这与理论研究或者学术工作的开展是密不可分的。但是,在实践中,我们也可以发现,轻视理论研究工作的现象确有存在。您是怎样看待这一现象的?

郑智明:图书馆工作的实践性很强,但越是实践性强的工作越需要理论的指导。方向是否正确、工作是否卓有成效,都与学术相关。所谓学术,就是借助理论、知识、经验对存在的问题进行探讨、分析,做出有指向性、引领性的结论出来。因此,图书馆积极开展理论与学术研究活动,并将研究成果用于指导图书馆实践,对于图书馆事业的科学发展是十分必要的。这几年,包括国家图书馆在内的许多图书馆,都特别强调面向实际开展图书馆基础理论研究的重要性,如图书馆最基础的藏书建设理论和读者服务工作理论,在新时代要有新时代的特点。上世纪二三十年代,流动图书馆、图书馆讲座、文化读书活动等都开始做了,现在再做就要有新时代的特点,这就要求我们在理论上有新的发展,而不能只是恢复,要将新时代的事物纳入进来,引导图书馆事业的发展。学术研究对图书馆的实际工作具有指向性、影响力,这是上海图书馆王世伟先生提出来的,我觉得很贴切。需要指出的是,图书馆在开展学术研究时,应立足现实,着眼于当下需要解决的实际问题,通过对过去的回顾,对现状的分析,借助知识经验提出有价值的、既解决当下问题又面向未来、具有前瞻性的结论。

刘锦山:可持续发展对于公共图书馆的重要性不言而喻,请您结合贵馆的情况谈谈图书馆可持续发展的内涵以及如何保持图书馆的可持续发展。

郑智明:可持续发展非常重要,这是围绕人的发展提出的,就是既要满足当代的需要,又要满足未来发展的需要。就图书馆而言,从历史的眼光来看,可持续发展意味着当前建设是未来发展的基础或根本。我们讲有多少馆藏,这是前人的建设留给我们的结果,使我们现在有一个发展的基础,是一个延续;把当下的事情做好,才可以保证未来图书馆的发展,这一发展理念对图书馆和整个社会都是非常重要的。我们处在当代就必须把当前的事情做好,当然这离不开图书馆的办馆根本——传承文明,服务社会。

因此，图书馆从设备、资源保障、基础业务、读者服务等方方面面，都要建设好。每个时代的建设有其自身的特点，我们所处的这个时代是依靠文化项目的带动来推进图书馆事业的发展，如共享工程、数字图书馆推广工程、电子阅览室建设计划、古籍保护工程等。这几年，依靠文化项目带动，公共图书馆事业建设取得突飞猛进的发展，特别是在设备、技术、资源、人才队伍方面。我一直觉得，从事图书馆建设工作给我以战战兢兢的感觉，因为这是一份传承文明的事业，应当慎重、负责任的对待。在百年馆庆时整理馆史，我们发现，如果前人给我们留下有序的资料，整理起来就会非常方便；如果没有留存的话，就是大海捞针，做起来是很困难的。说到藏书建设，书怎么买，剔除什么，地方特色资源的专藏体系建什么，都是值得深思的。如果一边搜集古旧东西，一边对当下的东西视而不见，这恐怕是对历史不负责任的。对当下的东西视而不见，就会使我们的后代像我们一样花费很大精力搜集我们这个时代的东西。早年原国家图书馆采编部副主任郑少雄先生就曾谈过，他是以一种战战兢兢的心情对待采选工作，就怕对不起这份事业。因为一个人的学识有限，不可能穷尽一切知识，知道什么是好书，然后采购过来，所以就唯恐遗漏好书，不能藏下来保存国粹。我们在藏书建设上一直强调，不要遗珍。这样的前提下，怎样来满足读者的需求？要用有限的资金，在对书目进行认真分析的情况下来购买。

如何保证图书馆持续性发展？我们制定了“资源保障、科技引领、人才兴馆、服务立馆”的可持续发展战略。遵循这一战略，“十二五”期间，福建省图书馆的目标是建立起资源保障体系、知识服务体系，保存国粹、传承文明，将福建省馆建设成为高水平、综合性、研究型的公共图书馆。在资源保障体系方面，根据福建地域特点，加强特色文献专藏。例如，台湾文化很大程度上受闽南文化的影响，因此我们非常重视闽台谱牒的收藏。利用谱牒，对于维系两岸同根同源的关系，加强文化认同，是非常有益的。

其次，紧跟时代步伐，充分利用现代科技手段，走创新发展之路，引领图书馆的建设与发展。从手工服务到自动化服务，从阵地服务到远程服务、移动服务，从传统图书馆到数字图书馆，我们见证了科技创新引领图书馆事业进步发展的历程。图书馆是社会会发展的产物，社会发展，特别是代表社会先进生产力的科学技术的发展必然带动图书馆的发展。以往我们认为，把图书馆传统业务管理全部整合到计算机上去，就是图书馆自动化。实际上，图书馆自动化是一个动态发展过程，不断有新的技术增加进来，进入到图书馆工作中，比如自助借还、电子读报屏、自动还书机、图书的自动传送系统、无人值守的图书馆等。因此，图书馆自动化一定是依靠科技引领，不断引进新技术，不断创新图书馆服务的方式和手段。一定要有这样的理念，才能发展。图书馆一定要与时代同呼吸共命运，随着时代的发展而发展。有这样的理念才能有这样的建设方向，这是办馆理念对图书馆事业的指向性、影响力。

三是加大人才队伍的培养，为图书馆事业的振兴与发展打造出一支强大的生力军，以人才兴馆。图书馆的可持续发展离不开图书馆同仁的奉献，人决定成效的高低、事业的大小。有了人，没有条件可以创造条件，而有了条件没有人，一切都只能是空谈。福建省馆的百年历程充分证明了人才的重要性。

四是以多种服务方式与手段，多层面地开展有针对性的服务，以服务立馆。全面推行开放存取，保障社会公众对图书馆知识、信息利用的便捷性，建设一个面向社会的公共图书馆服务体系。面对不同的群体，推出不同的菜单，实行分层服务，即针对不同受众，提供多层次服务方式与手段。如向全省10万个科学委员免费提供电子访问卡，面向少儿、残障人士、监狱服刑人员等弱势群体、特殊群体提供服务，开展军民共建服务，等等。“两会”期间，我们开展了图书馆服务走进“两会”服务，为出席“两会”的人大代表、政协委员提供参考咨询服务。由于工作开展得好，我们不仅得到了省委、省政府领导的肯定，在全国人大机关相关工作会上，还受到了吴邦国、王兆国等领导同志的点名表扬，取得了非常好的社会影响。另外，我们还启动了分馆建设、汽车图书馆建设、网络服务建设、面向新媒体应用建设，如打造数字图书馆、手机图书馆、移动图书馆。我们提出了“想学就找图书馆”的终身学习理念，通过讲座、展览、阅读等多种方式来打造终身教育学习平台，扎实履行图书馆的社会教育、文化传播责任。通过手机、网络等现代科技手段，打造无处不在的图书馆，帮助读者管理“碎片时间”，实现“碎片学习”。通过讲座和展览这两种图书馆与社会互动特别好的方式，在扩展了服务阵地的同时，大大提升了图书馆的声誉和知名度。

“十二五”期间，我们将通过项目带动，不断推进图书馆的可持续发展。2012年，福建省馆重点抓住图书馆改扩建项目、海峡数字图书馆项目，提出了建设“1527”工程的宏伟蓝图。以共享工程、古籍保护工程、数字图书馆建设工程、公共电子阅览室建设计划、文献保护等五大文化建设项目，推动图书馆持续向前发展。着力打造讲座平台、决策信息参考两个平台,加强移动图书馆、流动图书馆、面向“两会”、面向少儿、面向特殊群体等七个方面的服务。在战略理念的指导下,加强队伍建设,建立健全内部机制,细化目标任务,围绕重点进行文献保障体系、知识服务体系、公共文化服务、终身教育平台的建设,扩大服务阵地,立足福建,辐射两岸,延伸海外,传承文明,播种知识,服务社会,造福一方。

(刘锦山　郑智明)

八、李晓秋:精心传承民族文化,良心筑就放心工程

李晓秋,内蒙古图书馆馆长、中国图书馆学会常务理事、全国文化信息资源共享工程内蒙古分中心主任、全国古籍保护中心内蒙古分中心主任。1985—1987 年兼任赤峰市广播电视大学教师,1988—2000 年任赤峰市图书馆馆长,2000—2001 年任赤峰市文化局助理调研员。2001—2004 年任内蒙古自治区群众艺术馆馆长,2004 年至今任内蒙古图书馆馆长。2005 年在文化部挂职锻炼,任社会文化图书馆司司长助理。2004—2006 年在内蒙古大学修完中国古代史(文博方向)硕士研究生专业,2007 年被内蒙古大学人文学院聘为客座教授。1995 年荣获全国图书馆先进工作者,2009 年荣获全国文化系统先进工作者(省部级劳模)。组织、策划并参与完成了《内蒙古历史文献丛书》出版编辑工作,该书荣获 2008 年中国图书馆学会单项奖。组织、策划并参与完成了《中国少数民族古籍总目提要》《中华古籍联合目录(内蒙古卷)》等国家级科研课题。编辑出版《少数民族图书馆研究》等学术专著,发表《内蒙古长调民歌亟待保护》和《少数民族地区图书馆学研究的比较方法初探》等 10 多篇专业论文。

有着百年历史的内蒙古图书馆坐落在“青城”呼和浩特,其发展历史可上溯到清光绪三十四年(1908)十一月所创办的“归化城图书馆”。1925 年改名为“绥远省立图书馆”。内蒙古图书馆是内蒙古自治区最大的公共图书馆,功能齐全、设施先进。2008 年 1 月,正值百年之际,内蒙古图书馆改扩建工程正式启动,历时两年多,于 2010 年 5 月 1 日正式开放。改扩建后的图书馆馆舍面积近 3 万平方米,为读者提供了大型阅览室和休闲区,改变了传统图书馆的借阅方式,实现了读者和图书的零距离接触。在改扩建工程中,李晓秋馆长自始至终亲自参与,坚持吃住在工地长达 17 个月,每一个建筑符号都凝聚着他的思想与辛劳,而一句质朴的“就为了读者能够在这里舒舒服服地读书和

学习”,成就了一名共产党员真正的平凡与伟大。

1. 精心传承民族文化

20 世纪初的清光绪年间,新学兴起,全国各地掀起了建立公共图书馆的热潮,内蒙古图书馆的前身“归化城图书馆”正是在这一大背景下建起的,是全国最早的公共图书馆之一。从只有几套桌椅的阅览室和一两名工作人员起步,历经百年沧桑,今天的内蒙古图书馆已经发展成为内蒙古自治区的重要文化中心,收藏于馆内的“绥远省图书馆”藏书章是最好的证明。作为一个欠发达的民族地区,也曾饱受战乱之苦,但内蒙古图书馆对整个内蒙古地区经济、文化的发展起到了不可估量的作用。旧的馆舍虽早已不在,但是它的藏书还在,代表着世界文化、中国文化以及民族文化的一些文献古籍这里都有收藏。在中华人民共和国古籍保护工程实施以来,内蒙古图书馆成为国务院首批全国古籍保护工作 51 个重点保护单位之一,这表明内蒙古图书馆在全国公共图书馆发展史上有着举足轻重的地位。

在百年的沧桑中,内蒙古图书馆的前辈们给广大的读者留下了一大批具有重要学术研究价值和重大历史意义的文献资料,20 多万册的古籍藏量,虽然并不算多,但大部分都是小语种的珍稀古籍,质量上乘,使内蒙古图书馆拥有较为完整的古籍藏书体系。李馆长说,世界仅存的三部蒙文《甘珠尔经》,内蒙古图书馆就收藏有一部,汉文《大方广佛华严经合论》也是世界唯一的一本。满文《几何原本》经过国家古籍保护中心古籍专家鉴定为康熙御用原件,书中有康熙皇帝的朱笔御批和学习心得,也是世界仅存的三部之一。由于此书用韩国著名医书《东医宝鉴》的书皮做封皮,所以一直被误认为是医书,直到 2005 年才被发现是满文几何书。

藏书是图书馆事业发展的物质基础,服务手段和服务方式的创新,以及服务层次的高与低,其落脚点都归结为完整的文献资料。具体到内蒙古图书馆,李馆长说,就是要立足于本地区、本民族,深入、广泛地收集蒙文文献、其他少数民族文献和地方文献,为各民族的读者提供优质的文献服务,更好地传承各民族的文化。不仅如此,内蒙古图书馆正在实施一项计划,就是争取利用 5—10 年的时间,将内蒙古图书馆打造成为世界级的蒙古文文献收藏中心。该计划已获得内蒙古自治区 3000 万元的资金支持,并且后续的资金投入还将逐年递增。他们广泛搜集世界各地包括俄罗斯、德国、日本、外蒙古在内的蒙古文文献,包括书、刊和报纸。这样大量而完备的蒙文文献不仅成为内蒙古图书馆独特的馆藏，同时也是内蒙古图书馆立于不败之地的强大根基和立足点。

内蒙古属少数民族地区，少数民族图书馆学较之于通用图书馆学有其特殊性的一面，因为它既承担着汉文文献的收藏和利用，也承担着少数民族文献的收藏和利用，为此，李馆长潜心致力于少数民族图书馆学的研究十几年。他认为，为了加强图书馆事业在少数民族地区的繁荣与发展，对一些政策的制定和理论的研究应该结合民族性和地方性。他说，中华民族有着悠久灿烂的历史和文化，其构成并非单一的汉文化，而是由 56 个民族的文化综合而成的多民族的、多元化的文化体系。任何民族的文化都是这个民族灿烂的结晶，没有先进和落后之分，而只能用发展繁荣与否来论断。为了推动中华文化的大繁荣和大发展，首先要尊重少数民族文化，促进少数民族地区图书馆学的繁荣与发展，最终实现少数民族地区图书馆事业的繁荣发展。

2. 真心打造读者家园

在新馆建设期间，李馆长一直都在思考一个问题：如何将内蒙古图书馆建设成为具有地方特色的现代化的综合性图书馆？他说，虽然同属于公共文化体系的组成部分，但图书馆不同于群艺馆和博物馆，除了传承历史文化的责任，更兼有开启民智的教育职能，是一个具有完整、系统、全面的教育功能的文化教育机构。图书馆事业是润物细无声的事业，在潜移默化中就能够让读者享受到其应有的自由、民主、平等的文化权利，这应该就是现代公共图书馆的定位。根据这一定位，李馆长执著思考的问题也就迎刃而解了。于是，内蒙古图书馆在新馆建设伊始，就确立了综合性、人文性以及自由化的定位，要将内蒙古图书馆打造成快乐求知的平台，好让读者在这里可以自由地徜徉书海、快乐地享受阅读。近几年，内蒙古图书馆的读者数量逐年增加，特别是从 2011 年 4 月 1 日免费开放以来，读者数量已经翻番，每天办证和外借的加起来达五六千人。

在为读者提供自由、民主、平等的文化服务时，内蒙古图书馆强调细节决定胜负的指导方针。通过细致入微的人文关怀，让图书馆有家的感觉，读者在舒适、快乐中真正享受到完善的公共文化服务。他完全可以躺着看书，只要他乐意；他可以随意索取任何一本书，只要他需要。虽然出于文献与环境的清洁卫生考虑，阅览室不允许带食物入内，但在图书馆餐厅建成后，允许读者带食物入馆,在指定的区域用餐。这些人性化的服务细节,于细微处足见真情。针对残疾人特殊群体,内蒙古图书馆积极与残联合作,主动走出图书馆,将文化服务的触角延伸至残疾人学校和家庭中。而为了释放儿童的天性,一改图书馆“静”字高悬的传统限制,专为他们设立了朗读室,让天真活泼的孩子们自由自在的读书学习,更同步开发了语言功能。此外,内蒙古图书馆还利用现代网络信息化技术,积极打造数字化图书馆,让公共文化服务惠及千家万户,让书香溢满辽阔的大草原。

李馆长说,需求就是市场,图书馆的服务方式是由读者需求中产生出来的。作为馆长,要把眼光放在读者身上,以读者的需求为第一要素,创新服务模式,也只有这样,读者才会愿意来图书馆。再有就是要尊重读者,信任读者。来到图书馆的人绝对不是到自由市场的人,因为目的不同。到自由市场的人是去买卖,买卖过程中会有真与假的问题,但到图书馆的人大多是为寻求知识而来的,学习过程中无所谓真与假,所以图书馆应该给予读者基本的信任。知识赋予读者更高的素质,当图书馆赋予他家的感觉,他也一定会珍爱这个家。为了让读者真正把图书馆当成一个家,内蒙古图书馆每周都会开展一次“工作人员日”“我当图书馆工作人员”等活动。由此,图书馆与读者之间渐渐建立起了相互理解、相互信赖、相互支持的良性关系,从而自由、民主、平等的文化服务得以切实地推行。

21 世纪,是人才竞争的世纪。知识经济与信息时代要求高素质的人才做推动,于是人才高消费应运而生。在这样的时代背景下,图书馆自然也难以免俗。许多图书馆在引进人才时,总把高学历放在第一位,非博士、硕士不能进。针对这一现象,李馆长指出,图书馆是一种服务性机构,特别是面向大众提供服务的公共图书馆,所需要的人才并不是学历越高越好,而是所引进人才的专业覆盖面越宽泛越好。这里不仅需要懂文学、懂数学的,同样还需要懂音乐、懂舞蹈的,懂经济、懂科技的,等等。总而言之,读者的这个大家园需要的是有各种专业背景的服务型人才。公共图书馆要建立一个综合性、多元化的人才知识结构,确保为大众提供多元化的、优质的文化服务。避免因为人员知识结构的单一,导致服务内涵的单一化,甚至于造成图书馆事业的单一化发展。多种专业背景的人员共聚一馆,相互之间的沟通与交流将会大大促进思路的拓展、视野的开阔,迸发出更多智慧的火花,为图书馆事业的可持续发展开辟更为广阔的空间。

3. 良心筑就放心工程

作为公共文化服务的重要阵地,传统图书馆的单一借阅服务已远远不能适应服务功能多元化的定位,现代图书馆不能只有书库和阅览室,还需要有报告厅、展览厅等多种服务设施,为读者提供讲座、展览等形式多样的文化服务。当具备了综合性、多元化的人才队伍结构的软件条件后,馆舍等硬件条件的改善被提上日程,2008 年 1 月,正值建馆百年之际,内蒙古图书馆改扩建工程正式启动。图书馆提出整幢建筑的设计理念和使用功能,由内蒙古工业大学的设计师完成设计。那么,新馆的设计理念究竟是怎样的?李馆长用了“简单大方”四个字加以概括。他说,身处信息社会的现代人生活节奏明显加快,人们的衣食住行在现代科技的支持下变得越来越简便快捷,这使得人们的风格喜好也由以往的繁复奢华逐渐转变为简约明快。因此,在新馆设计之初,内蒙古图书馆便定下了“简单大方”的设计理念——在简约大气中融入热情浓郁的民族风。

新馆以白和红两种颜色的经典搭配为主色调,辅以现代时尚的亚金色,经典之中不乏现代时尚之感。而之所以采用在原馆基础上改扩建的方式,李馆长说,这是出于文化传承的考虑。他希望能够将这座百年老馆的建筑风格很好地保留下来,让读者进馆来不仅有眼前一亮、焕然一新的感觉,又在隐约之间透出似曾相识的感觉。因此,一楼原有的柱子和大理石都完整地保留了下来。但原来的砖墙被全部推掉,改用通透的玻璃来代替,以此来彰显现代图书馆开放、透明的文化理念。图书馆内部的整体结构是按照蒙元文化建筑设计的,一走进来就立刻能感觉到浓浓的蒙古族气息。二楼大厅的墙体浮雕、书库护栏的八思巴文图案和古籍阅览室四周 3000 多个小佛像都是李馆长亲自设计的,精致雅韵,堪称艺术品。全馆整体装饰的设计营造出民族庄严、神圣的氛围,让人顿生敬畏,从而对人类历史文化所积淀出的厚重感有了更深切的感受。

新馆从设计到施工,李馆长全程参与其中,整整 17 个月,他坚持吃住在工地上。工程技术人员们都知道,每一层、每一个楼梯、每一块玻璃的建设安装,李馆长都有参与,可以毫不夸张地说,新馆的每一个建筑符号都凝聚着他的思想和辛劳。为了选取最好的建筑材料,他翻阅了 140 多种建筑材料的资料,认真比较,精心筛选。可想而知,从土建到建筑设备,包括灯具、空调、消防设施、家具等,事无巨细,李馆长在这 17 个月中该是怎样的辛劳?可当被问及是否太辛苦时,他却一笑置之:“任何建筑都是有缺憾的艺术,只要能把遗憾减至最少,再苦再累都是值得的。”

工程竣工,经过核算,内蒙古图书馆新馆改扩建面积为28 000平方米,土建和建筑设备两大项仅花费7275万元,平均下来才2500元/平方米。这样低的造价简直令人难以置信,然而却又是完全真实的。到底有什么秘诀成就了内蒙古图书馆如此低投入、高产出的改扩建工程呢?其实,答案就在李馆长吃住在工地上的那500多个日日夜夜中……

在28 000平方米新落成的内蒙古图书馆里,李馆长有一个梦想——将内蒙古图书馆建设成数字化的图书馆,成为内蒙古公共文化服务体系中一颗璀璨的明珠。虚拟的服务方式不再只囿于物理的馆舍中,内蒙古图书馆将插上虚拟服务的翅膀,为草原上的千家万户送去最好的文化信息服务!

(崔凤雷)

九、褚树青:藤蔓再长,瓜落故乡

褚树青,研究馆员。现任杭州图书馆馆长,国际图联手稿和珍善本委员会常委,中国图书馆学会理事、学术研究委员会委员、图书馆统计与评价专业委员会主任,浙江省图书馆学会副理事长,杭州市图书馆协会理事长,杭州市历史学会副会长,杭州市地方志学会副会长。2000 年任杭州图书馆馆长,带领杭州市图书馆界从服务内容、服务形式、服务手段等方面进行创新实践,使杭州图书馆逐渐成长为国家一级图书馆,实现了杭州地区公共图书馆业务从传统向现代的转型及跨越发展,为杭州创建文化名城和构建和谐社会做出了特殊贡献,也为中国公共图书馆界的创新发展带来了可借鉴的实践样本和理论探索。褚树青长期从事古籍文献整理,主持完成了《杭州图书馆古籍善本书目》《馆藏南宋史文献目录》《馆藏丛书子目》《杭州历史大事记》的编撰。2009 年 11 月,被文化部评为全国文化系统先进工作者。

2011 年年初的"微博事件",在毫无预兆的情况下把杭州图书馆和褚树青馆长推到了风口浪尖上,这引发了包括中央电视台等多家国内外媒体对杭州图书馆和褚树青馆长的关注,并由此掀起了一场针对公共图书馆的全民大讨论。俗话说:"内行看门道,外行看热闹。"为此,e 线图情专门采访了褚树青馆长,以求从专业的眼光来洞察事件背后的必然。

1. 关于"微博事件"

刘锦山:褚馆长,您好!非常高兴您能接受我们的采访。新世纪十年是我国图书馆事业发展最好的十年,而贵馆在过去的十多年中也取得了非常大的成就,实现了跨越式的发展,受到业内普遍关注,特别是 2011 年年初的微博事件,使得贵馆的办馆理念和办馆实践在社会上引起了强烈的反响。请您首先向读者朋友谈谈贵馆这么多年来不平凡的发展历程。

褚树青：确实如您所说，近些年社会各界对杭图关注很多，“微博事件”更是将这种关注推向了一个高潮。我国国内的公共图书馆一直以来都是默默地工作着，杭州图书馆之所以被关注，纯粹是一种偶然，但可能其中也有必然。因为我们进行的开放性办馆实践，容易引起大家的关注。

我不是学图书馆专业的。我到杭州图书馆工作后，考入浙江大学举办的图书馆专业夜大学习，读了三个月，因为我的工龄还差三个月才满两年，不符合招生规定，就没有读成图书馆专业，后来念了中文系。这样的经历虽然让我后来不得不恶补了一些图书馆学方面的知识，但从另一方面来说，也使得我在工作思路上比较容易跳出传统图书馆理念的框框，更加注重从社会化的视域来审视图书馆，思考图书馆究竟是什么、图书馆能干什么。

另外，杭图近些年来参与了诸多国内外的文化交流活动，我本人就曾经到日本、法国、美国、德国、丹麦等发达国家的图书馆参访学习，这些经历也确实开拓了我们的眼界和思路，让我可以从多个角度思考图书馆的发展和未来。

所以，我认为，杭州图书馆之所以被大家关注，就是因为我们对图书馆事业进行了深入的思考，对图书馆工作进行了重新定位。十余年来，杭州图书馆一直在免费开放，中心馆—总分馆体系建设、数字图书馆建设、第三文化空间拓展、绩效管理与评价等方面不断努力，可以说，正是在这些理念指导下的实践，构成了杭州图书馆多年来不平凡的发展历程。

2. 关于“杭图模式”

(1)免费之路

刘锦山：褚馆长，我们知道，指导办馆实践的是办馆理念，有什么样的办馆理念就有什么样的办馆实践。我们了解到，基于免费服务的理念，贵馆提出了“为普通民众提供知识扶持，对特殊读者做好学术帮助”的办馆口号，确立了“平民图书馆、市民大书房”的办馆方针，这一办馆理念被业内人士称之为“杭图模式”。2010 年 3 月 1 日，美国《世界日报》评价杭州图书馆的服务理念是“有 150 年历史的公共图书馆概念，在中国内地的首次应用”。请您向读者朋友谈谈贵馆免费服务之路的形成和发展过程。

褚树青：新世纪以来，新华书店企业改制和营销模式的改变，“到书店看书”成为城市一景，而图书馆却门可罗雀，这种情况对当时的我产生了非常强烈的冲击，也给我带来了沉重的“图书馆存在的危机感”。书店以赢利为目的能够开放图书接纳民众对图书的利用,而肩负“公共”使命的图书馆却以各类规章制度和收费项目限制民众使用,这显然背离了图书馆的宗旨和时代的发展要求。从国外来看,马克思 19 世纪就能在英国大不列颠图书馆免费读书,21 世纪的社会主义中国的图书馆为什么就不能免费为公众服务? 图书馆的“平等、免费”宗旨是被写进联合国教科文组织在 1994 年发布的《公共图书馆宣言》的,图书馆收费涉及我们整个民众福利的后退。

2003 年我们迈出了改革的第一步——在全国同行中首先推出免证阅览制度,任何人进入杭州图书馆阅览书籍都不需要证件和费用,并且对 14 岁以下儿童、60 岁以上老人以及困难家庭进行了免费服务,对困难家庭还免掉押金。

2006 年,我们牵头制定的《杭州地区公共图书馆服务公约》把杭州地区的公共图书馆带入了免费服务的时代。此举向社会展示了一个全新的公共图书馆形象,引起了社会和公众的广泛关注。财政对图书馆的支持力度也加大了,图书馆步入了良性发展。之后,杭州图书馆免费开放的步伐进一步扩大,读者活动、电子阅览室、日常咨询、馆际互借等服务均免费,读者可自由出入,没有任何限制。提高每证借阅册次,从原来的 3 册提高到 6 册,进一步开放阅读。

2008 年,借由新馆建设的契机,杭州图书馆推行了“平等、免费、无障碍”服务理念,成功推出免收借书押金的创新举措,实现了真正的“零门槛”全免费服务。

2011 年,杭州图书馆将每证借阅册次提高到 10 册。2012 年,这一举措在整个杭州地区的公共图书馆得以实现,各县区馆在杭图的引领下并提出了“大书房·小书房”的阅读概念,将图书馆阅读和家庭阅读连接起来,体现了更大程度的开放,真正实现了让阅读嵌入生活。

(2)中心馆—总分馆制

刘锦山:褚馆长,我们知道,公共图书馆是为所有人提供终身学习的智力支持和公共空间。因此,您提出了“学历教育在学校,非学历教育在图书馆”的新型办馆理念。您认为公共图书馆应以树状结构呈体系式分布,与学校教育并行成为公民实现终身教育的一个重要场所。但要实现这一点,光依靠单体图书馆显然是不可能做到的。因此,您推动杭州图书馆开始了第二次蜕变,也就是从单体馆向中心馆—总分馆的蜕变之路。请您谈谈这方面的情况。

褚树青:单体图书馆的布局不利于图书馆服务效能的发挥。为解决这一问题,图书馆界和理论界也进行了很多的探索和研究,图书馆联盟的实践和探索就是我们为解决这一问题所做的诸多努力之一。有的学者从理论上提出了总分馆体系,但是总分馆在国外是非常严谨的,总分馆的人、财、物是集中的,而中国的财政是分税制的,是解决不了人、财、物的集中的。怎么办呢?我们就提出来中心馆—总分馆体系,杭州图书馆是中心馆,杭州市的区、县图书馆就是总馆(分中心),乡镇(街道)、社区(村)为基层点的体系建构模式来架构覆盖城乡的公共图书馆服务体系。李国新教授认为中国内地公共图书馆服务体系的突破点就在于中心馆—总分馆制。

为配合这一服务体系的架构,尤其是加强乡镇图书馆的网络建设,实现全体公民特别是农村群众的非学历教育在图书馆的目标,我们从2009年起开始拟订《关于进一步加强杭州市公共图书馆服务体系建设的实施意见》(下称《实施意见》),经过三年数十稿修改,《实施意见》终于在2011年12月31日由杭州市委、市政府正式颁发。《实施意见》明确了杭州市公共图书馆服务体系建设的指导思想,制定了区县(市)、乡镇(街道)、村(社区)各级公共图书馆基础设施建设的具体指标,同时对图书馆规范服务、绩效考评、人才队伍建设等作了明确规定,是杭州市公共图书馆事业的一个行动纲领和政策保障。《实施意见》的颁发对于迅速改变杭州市公共图书馆发展不平衡、服务辐射力不强等问题起到积极作用,对杭州市公共图书馆服务全地区,整体、均衡、全面可持续发展起到积极的推动作用。

(3)数字图书馆

刘锦山:褚馆长,互联网技术和数字技术的发展对于图书馆服务提出了严峻的挑战,请您谈谈您在这方面的思考和贵馆的实践?

褚树青:技术的发展和信息获取方式的深刻变化确实对传统图书馆服务提出了更为严峻的挑战。因此,我们认为,杭图既要有现代化的图书馆大厦,又要有虚拟的数字图书馆,两者要实现互动和有益互补,最终使公共图书馆真正成为“没有围墙的终身教育学校”。

2002年,以社会募捐的13万元作为启动资金,开始着手图书馆网站“文澜在线”建设,它的正式运行是杭州图书馆数字化建设的开端。之后的几年,杭州图书馆陆续进行了以杭州地方风物为内容的馆藏文献数字化,并购买了中国知网等多个数据库,进一步丰富馆藏数字资源,拓展服务内容和手段。

2010年12月29日正式推出了基于“三网合一”的杭州数字图书馆,通过与多家社会机构,尤其是华数传媒的合作,成功推出网络、电视、手机三大服务终端,实现了“用户在哪里,服务就在哪里”的泛在化图书馆信息服务,初步实现了资源的采购、编辑、出版、多媒体制作的综合发展。

(4)第三文化空间

刘锦山:褚馆长,2010年年底,丹麦奥尔胡斯图书馆邀请您作为三名核心演讲嘉宾之一出席 Next Library 2011 年会议,这是国际上较有影响的图书馆论坛。为准备演讲,您系统梳理和总结了贵馆十多年来的发展历程,借鉴美国社会学家雷·奥登伯格的“三个空间”理论,您提出了“把图书馆打造成为市民生活‘第三文化空间’”的思想,由此开启了杭图的第四次蜕变。请您具体谈谈这方面的情况。

褚树青:我一直认为,公共图书馆并不是仅仅像大多数人以为的那样只是一个简单的借书还书的机构,而是一个给大众提供多种文化服务、开展多元文化活动的空间。因此,新馆开放以来,我们从保障群众文化权益、满足群众精神文化需求出发,把“多元文化服务”作为一个最为重要的服务内容,让各种文化表现形式在馆内得到实现,确立一种全新的图书馆“大阅读”概念,并逐步从单一的文献服务领域转向整个文化建设,成为具有提供文献、信息、文化等综合服务能力的图书馆,在满足群众学习知识、获得文化娱乐享受的同时,为读者打造一个融学习、交流、表演、创作为一体的公共平台。由此,我们成功地打造了“文澜大讲堂”“总有一种声音打动你”“清风讲坛”等品牌文化活动。

2010年年底为准备 Next Library 2011 年会议的演讲,我们借鉴雷·奥登伯格的思想,将多年来杭州图书馆的实践总结为“第三文化空间”实践,希望把图书馆打造成为除家庭空间、工作空间之外的重要的“第三文化空间”。这实际上涉及未来公共图书馆发展模式的问题,21世纪公共图书馆,是一个综合文化体系,是继家庭和单位之外,你最想去的地方,什么样的文化内容、什么样的文化样式,都可以在图书馆里面找到,不同年龄和阶层的人都能找到他们喜欢的内容,所以我们给它定义为“第三文化空间”。阅读是其中一个概念,它还包含了体验空间、灵感空间、交流空间,再加上阅读学习空间,所以是“第三文化空间”。

(5)新馆建设

刘锦山:褚馆长,建一个新的图书馆不是一件容易的事情,这不仅仅是因为新馆建设需要很大的投入,更因为新馆承载了大家对图书馆更多的期待。贵馆新馆建成投入使用之后,被业内专家称为“最像图书馆的图书馆”。请您谈谈贵馆新馆建设方面的情况。

褚树青:杭州图书馆新馆建成开放是杭图发展历史上一个具有里程碑式的事件,也打开了杭图发展的新篇章。我认为杭州图书馆新馆建设至少体现了以下几个方面的特点,即开放性、时代性、舒适性和科技性。

开放性就是把图书馆办成"平民图书馆,市民大书房"。"平民图书馆"是让所有人能够走进来,"市民大书房"是让老百姓喜欢并认可,这是我自家的书房,这是我的权利。以前,我们把图书馆定位成知识的殿堂,体现出来的却是殿堂的高不可攀,让大多数人望而生畏,很难进去。我认为这样是不对的,公共图书馆就应该是一个每个人都可以来并且都喜欢来的地方。

时代性就是要解决现代图书馆的表现形式究竟是什么。现代图书馆还是那种以传统阅读作为自己的主要表现形式吗?如果不是,那还有什么?通过把功能细分,我们发现现代图书馆具有会展、借阅、表演、交流、休闲等多种功能或者表现形式,把这些功能统筹考虑进去,就会形成一个有效的人流、物流、信息流交互的空间,这就是具有时代性的图书馆。这已经与传统图书馆不一样了。

舒适性就是要让图书馆适合市民的阅读需求,给人舒服的感觉。所以我们采用了暖色调、大开间软分割的布局,引入壁炉、沙发的家居设计,采用多重灯光效果。很多读者都反映,到杭州图书馆看书感觉非常舒服,比家里的书房还要舒服。我们经常说改革成果要共享,怎么共享?公共文化的共享就是行之有效的共享。因此,不同城市根据自己的经济水平建不同档次的图书馆,这是对当地民众的一种最大的服务。

最后是科技性。杭州图书馆整个楼宇是智能化的。杭图是基于 RFID 无人自主管理图书馆,全市范围通借通还,一直覆盖到 13 个区县(市)和村级图书馆。杭图新馆大楼内无线网络覆盖全部区域,任何人带着电脑都可以在图书馆上网,浏览获取信息。安全监控措施也很到位,有效地保证了读者的安全。

3. 关于未来

刘锦山:褚馆长,关于杭州图书馆未来几年的发展,您有什么想法?

褚树青:未来我们要做的事还有很多,我主要考虑有以下几个方面:

一是要继续拓展多元文化功能,让市民更多地参与图书馆的工作,不仅是作为文化活动的参加者,更是图书馆业务工作的策划者,把杭州图书馆真正打造成为市民的第三文化空间。

二是进一步加强内部规范化、标准化管理,向管理要效益。目前,我馆正在进行内部管理的国际标准 ISO 9000 质量管理体系认证工作,希望借此实现业务工作的完全标准化和与国际接轨，带来服务能力的提升。

三是进一步推动杭州市图书馆事业基金会工作。2003 年由杭州图书馆发起成立的杭州市图书馆事业基金会是我国第一家推动公共图书馆事业发展的公募基金会，在宣传图书馆事业的文化担当和公益宗旨，为图书馆事业的发展及募集、管理、使用基金等方面做了很多工作，在我国具有典型意义。今后我们将会继续致力于推动基金会工作的开展，为我国图书馆事业的多元资金投入方式积累经验。

四是从绩效评价入手，深入推进图书馆对社会的价值贡献研究。大英图书馆、美国国会图书馆、美国佛罗里达公共图书馆等多个国际著名图书馆都公布过其对国家或地区的 GDP 的贡献值，以此衡量图书馆的存在价值。杭图目前也在做这样的工作，邀请北京大学、浙江大学等高校的专家学者对杭州图书馆的绩效进行评估。同时，希望借此推进图书馆第三方评估工作在我国的发展。

印度著名图书馆学专家阮冈纳赞曾经说过："图书馆是一个不断发展的有机体"。我一直认为，图书馆必须不断发展，不断变革，不断赋予自己新的使命和内涵，才能体现出自己应有的价值。杭州图书馆正是因为坚持发展创新的理念才能够取得今天的成绩，我们会一直这样走下去，为杭州市的文化事业、为群众的文化生活做更多的贡献。

（刘锦山　褚树青）

十、李静霞:创新服务,春风化雨

李静霞,图书馆学专业硕士,研究馆员。1984年10月至今在武汉图书馆工作,历任部门主任、副馆长,现任武汉图书馆馆长。国际图书馆协会联合会(简称国际图联)公共图书馆委员会常务委员,中国图书馆学会理事,湖北省图书馆学会常务理事,武汉市图书馆学会副理事长。曾获湖北省“巾帼建功”先进个人、武汉市基层文化建设优秀工作者等荣誉称号,2005年11月被评为“武汉市有突出贡献中青年专家”,2006年当选为武汉市第十一次党代会代表。

在2009年的文化部全国公共图书馆第四次评估中,武汉图书馆以“指导思想明确,态度认真,自评工作扎实有效”获得评估专家组的好评,被评定为国家省级一级图书馆。走进坐落在汉口建设大道金融一条街上的武汉图书馆,感受着浓郁的文化气息,体验着先进的服务设施,置身于人性化的服务氛围,你一定会与我有相同的感慨——实至名归。武汉图书馆的前身是始建于1946年10月的“汉口市立图书馆”,1953年正式更名为武汉图书馆。伴随着新中国的发展与成长,今天武汉图书馆的馆藏文献总量已达211.318万册(件),其中古籍21.5万余册(件),已基本建成集印刷文献、电子文献、缩微文献、视听文献、网络文献于一体,学科门类齐全、虚拟与实体馆藏相结合的文献资源保障格局,形成了以中国哲学、法律、经济、碑帖等学科为重点,以地方文献为特色的馆藏体系。2008年武汉图书馆被列入首批全国古籍重点保护单位之一。

多年来,武汉图书馆始终以“传承文明、传播文化、启迪民智、服务社会”为己任,全力实施“三种服务结合(大众服务和专业服务、阵地服务与延伸服务、常规服务和网络服务)、三项建设同步(文献资源建设、人才队伍建设和管理制度建设)、三大工程并举(文化信息资源共享工程、古籍保护工程和武汉市公共图书馆通借通还工程)”的发展战略,逐步实现了图书馆事业的全面协调与可持续发展。

武汉图书馆始终坚持“读者第一、服务至上”的办馆理念,不断深化服务层次、拓宽服务领域、创新服务项目,以品牌带服务、以服务创品牌,开展了外借、阅览、多媒体视听、参考咨询、文献检索、定题服务、课题查新、读者教育、文献传递等多类型、多层次的图书馆服务;推出了 24 小时自助还书、手机短信、掌上图书馆、电子资源馆外访问、随书光盘镜像等服务新方式;打造了“汽车图书馆”“武汉市流动图书书库”“名家论坛公益讲座”等服务品牌。为详细了解武汉图书馆的创新服务品牌与服务模式,以期广大图书馆同仁能有所参考借鉴,我们专程采访了武汉图书馆李静霞馆长。

1. 坚持“三种服务相结合”,不断拓展服务领域、创新服务形式、提升服务质量、打造服务品牌

武汉图书馆在加强传统服务、大众服务和阵地服务的同时,实施“三种服务相结合”战略,即大众服务和专业服务相结合、阵地服务与延伸服务相结合、常规服务和网络服务相结合,坚持公益办馆,充分发挥图书馆的公共文化职能。在面向大众服务方面,李馆长介绍说,我馆常年坚持全年 365 天开放,每周开放时间达 84 小时,不断扩大免费开放的程度和范围,同时利用现代技术为读者提供 24 小时的网上服务项目,包括网上参考咨询,数字资源免费使用、网上预约服务、网上续借服务、网上读书、读者荐书、声像视频点播、网上讲座、网络资源导航等服务项目。此外,还陆续推出了 24 小时自助还书、手机短信、掌上图书馆等服务新举措,已实现手机、电话、网络等多种渠道服务方式。读者通过手机,以无线接入 Internet 方式实现借阅查询、掌上续借以及预约查询和取消等;通过手机短信获取图书馆各类信息;通过电话服务中心进行自助查询和业务办理;通过 24 小时自助还书服务系统,不受图书馆开放时间限制,自助还书;通过 RFID 智能图书管理系统,为读者提供自助、自主借阅的服务,提高了图书的流通速度,简化了借书还书的过程。本着以人为本的服务原则,武汉图书馆将弱势群体列为重点服务对象,推行人性化服务。这不仅体现在遍布全馆的无障碍设施上,更体现在视障人士阅览室、进城务工人员专用书架、残疾人和老年读者专座的设立,以及老花镜、放大镜等用具的配备上,并且为弱势群体提供免费领取借书证、电话预约、送书上门、阅读服务等便利服务。例如,他们为建筑工地农民工送书上门,为辖区内农村流动儿童免费办理借书证等。特别是于2004年7月在全国首创“阳光电子阅览室”,本着“免费、健康、安全”的原则,为未成年读者暑假期间提供网络服务,帮助青少年了解网络知识,引导他们正确利用网络。“阳光电子阅览室”开办至今已成功举办各类主题活动,有讲座、网页设计培训、“电子贺卡”设计竞赛等,累计投入电脑170余台,接待青少年读者21万余人次。中央电视台《新闻联播》曾以“营造绿色环境,让孩子健康成长”为题对此进行了报道。2009年,他们接待的读者达174万人次。在做好普通的借阅服务的同时,把服务的触角延伸到馆外,走出馆门,到学校、机关乃至边远地区为读者办证。

武汉图书馆充分利用馆藏资源,积极开展各类专业服务、延伸服务以及网络信息服务,比如相继开通“文化产业动态”“领导决策参考”“廉政手机报”“廉政新书推荐”“城市公共资源”“城市交通之友”等项专业服务,不断拓展服务领域。他们为领导机关决策、企业发展及社会大众提供定期跟踪、不定期定题、网站平台、情报调研、代查代检、文献传递、政务信息公开等服务,开通武汉市反腐倡廉建设文献信息中心网站、市政府网络信息服务平台。为推动武汉地区政务信息公开,武汉图书馆还设有政务信息公开查阅专区,免费向读者提供“武汉市人民政府公告”“湖北省人民政府公告”等政务信息查询服务,并与省市政务信息网链接,供读者上网查阅。

2. 积极开展延伸服务,创办“汽车图书馆”,把流动书库送到最基层、最偏远的地方

1983年武汉图书馆在全国首创了“汽车图书馆”,1985年12月,在文化部图书馆事业管理局领导的重视与支持下,由武汉图书馆和原飞达汽车改装厂共同研制的我国第一台“汽车图书馆”专用车试制成功,并交付使用。1987年2月,该车在文化部召开的第四次科技成果鉴定会上获四等奖。1991年,“汽车图书馆”先进工作经验在广州全国“汽车图书馆”工作会议上得到推广。1994年武汉图书馆“汽车图书馆”被文化部授予“全国汽车图书馆工作先进集体”称号。目前武汉图书馆通过汽车图书馆这一平台建立起包括劳教所、部队、农场、学校、社区、福利院、医院及郊县农场等场所在内的49个流动服务点,为青少年、老年人、进城务工人员、残障人士等特殊群体送书上门。除开展送书上门外,还开展了丰富多彩的文化活动:如与武汉市女子劳教所共同举办了“魅力读书、重塑美好人生”为主题读书征文活动;利用“三下乡”“科技周”等活动，开展科技文化宣传活动等。

2006年5月，在武汉市文化局的组织策划下，由武汉市、区财政共同投资建设的“武汉市流动图书书库”项目正式启动，旨在通过“武汉市流动图书书库”构建起一个辐射市、区、乡三级的城市图书馆服务网络，将全市边远城区和农村纳入图书馆公共文化服务体系范围。截至2007年年底，13个区馆流动图书车全部投入运行。2008年市级流动书库已累计投入购书经费100余万元，联合采购编目图书7.6万册，建立市、区两级公共图书馆馆外集体外借点、流动服务点、分馆达346个，各点通过流动图书车交换图书1519次，流动图书53万册次，读者人数达49万人次。各级流动图书书库图书的采购、编目、管理等，由武汉图书馆和武汉市少年儿童图书馆统一组织实施。

我们不禁感慨，武汉图书馆通过汽车图书馆和流动图书书库这两种方式，将图书馆的服务延伸到了武汉市内最基层、最偏远的地区，为丰富基层群众的文化生活，使市民能够平等便利地享用图书馆的公共文化服务做出了贡献。

3. 精心举办公益讲座和公共文化会展活动，着力打造图书馆服务品牌

自2003年开设“名家论坛”公益讲座，武汉图书馆已成功举办讲座400余场，累计接待听众20余万人次，武汉图书馆网站“名家论坛”专栏的点击率近150万次。经过6年的打造，武汉图书馆“名家论坛”公益讲座已成为武汉公益文化建设的一道靓丽风景线，被市民誉为武汉本土的“百家讲坛”。2007年5月，“名家论坛”改版，由市委宣传部、市文化局、市社科院主办，武汉晚报社、长江网、武汉教育电视台协办，武汉图书馆具体承办。按照“大文化、公益性”的指导思想，以“关注民生，陶冶情趣”为主题，以“弘扬先进文化，关注大众话题，普及科学知识”为宗旨，于每周六下午在武汉图书馆二楼多功能报告厅举行，同时在门前广场、一楼大厅、二楼学术活动室设三个分会场对讲座进行现场直播，满足读者需求。在认真策划讲座选题的同时，“名家论坛”还十分注重主讲人的选择，以确保专业性和权威性。阎崇年、葛剑雄、周国平、欧阳康、秦晖、王立群、钱文忠等一大批学者名流都受邀来过“名家论坛”，他们渊博的学识、深厚的文化素养，加之机智幽默、逻辑清晰的语言表述，彰显了真正的名家风范和人格魅力，主导了“名家论坛”的强大吸引力。在讲座宣传方面，《武汉晚报》每周对“名家论坛”都会进行预报，刊登嘉宾专访、讲座报道；长江网对每期讲座进行网络直播和视频免费收看；武汉教育电视台开辟

“名家论坛”专栏，每周日播出剪辑制作后的精选讲座；而在武汉图书馆的网站上，也可以随时浏览过往的讲座视频。为最大限度地扩大“名家论坛”讲座覆盖面，提高讲座的影响力，武汉图书馆还对每期主讲人的个人信息资料进行分类整理，建起了名人资料库，并将演讲稿收集整理，出版了讲座文集。每期讲座的视频录像经后期剪辑、字幕加工等处理，建起了专题讲座音像资料库，并陆续制作成视听产品，上传至文化部全国文化信息资源建设管理中心，在全国范围内播放，让全国各地的读者受益。而在武汉市内，武汉图书馆免费将“名家论坛”的光碟送到社区及相关单位进行公益播放，或作为礼物送给广大在校学生，采取多种方式扩大讲座的受益面。

继“名家论坛”之后，武汉图书馆又先后推出“社科讲坛”“礼仪课堂”“家装课堂”“绿色讲坛”等系列讲座，形成“武图讲座系列”。此外，他们还充分利用良好的环境和场地，结合时政热点举办各类展览。仅2008年，武汉图书馆举办的“地震知识展”“奥运知识展”“读书乐摄影巡展”“武汉市治理商业贿赂警示教育”图片展、“以色列·中国友好交流历史”图片展、“世界知识日”专题展览、“争创全国文明城市，建设美好幸福家园”等展览，就吸引参观读者16.5万人次，并在黄陂、江夏、黄石、大冶和鄂州等湖北地区图书馆组织巡展，取得了良好的社会效益。

4. 深入广泛地开展读者活动，充分发挥图书馆对社会大众的文化引领作用

为了让读者及时了解图书馆新增资源和服务，增强公众对图书馆的认知度，吸引更多的市民到图书馆，武汉图书馆定期举办读者培训，发放宣传册和宣传单、编发新书通报、利用电子屏幕、图书馆网站、新闻媒体等多种方式宣传、推广图书馆的文献信息资源和服务。仅2008年，武图共接待读者187.7万人次，举办读者活动150次，书刊宣传活动64期（次），新闻媒体、网络对武图各类新闻报道共计178次。他们常年进行全国文化信息资源共享工程的宣传推广，开展了公众信息素养培训、新书推介、迎新春送春联、经典电影免费欣赏等形式多样的读者活动。还举办了“全民读书月和服务宣传周活动”“图书漂流活动”“武汉期刊节”“爱我中华网上行”电脑作品征集活动、“祝福奥运，网上签名寄语”、关爱四川震区来汉学生暑期系列文化活动、向地震伤员送祝福等读书活动。此外，武汉图书馆还经常开展科教兴农活动，组织专家到农村举办农技、文化等讲座、展览，对偏远城区养殖专业户进行定期上门服务，共编制科技农业专题信息30多种，发放农业资料10万余份，中央电视台

记者曾现场进行采访报道。

不过曾在美国做过一年访问学者的李馆长,仍然不由的感叹道:“从美国回来,还是深感国内图书馆在服务网络的便利和读者活动,特别是读书活动的开展方面还需借鉴和改进。”李馆长认为,图书馆并不仅仅是一个借书还书的地方,更应是一个区域内居民的文化活动中心。在这里,以图书为主体,衍生出一系列与图书相关的文化活动,这是图书馆生存发展的根基。她特别希望国内的公共图书馆体系能够尽快建立起一个非常便于市民利用的图书馆服务网络,并开展丰富多彩的读书活动,让图书馆渐渐成为市民精神寄托的场所。我们衷心的祝愿李馆长和她挚爱的武汉图书馆走得更远,飞得更高!

(崔凤雷)

十一、吴晞:道行器用,其事乃成

吴晞,深圳图书馆馆长,研究馆员。1982 年北京大学图书馆学系毕业,历任北京大学图书馆馆员、副研究馆员、研究馆员,文化部图书馆司文献资源处处长。1998 年起主持深圳图书馆工作,兼任深圳市图书情报学会理事长,广东省图书馆学会副理事长,中国图书馆学会常务理事,中国图书馆学会阅读推广委员会主任,《中国图书馆学报》编委、副主编,公共图书馆研究院执行院长,《公共图书馆》杂志主编,北京大学兼职教授,深圳市政协委员等多项职务。荣获美国图书馆学会(ALA)和美国公共图书馆学会(PLA)荣誉会员,文化部优秀专家,全国优秀科技工作者,深圳市政府专家,深圳市高层次人才等多项荣誉。曾担任 1998 年文化部项目“图书馆自动化集成系统(ILAS-II)”课题组、2001 年国家级科研项目“数字图书馆体系结构与应用平台开发”等多个课题组组长和项目第一负责人,所负责的项目荣获多项省部级奖励。对图书馆学诸多领域有较深造诣和深入研究,正式出版专著 10 部、译著 2 部,发表论文 50 余篇。曾获“文献资料智能排架分拣运送装置”“图书馆自助终端”等五项国家专利,均为第一发明人。

深圳作为我国第一个经济特区,是我国经济改革和对外开放的“试验场”。经过 30 多年的建设,如今的深圳已经由一个昔日的边陲小镇发展成为具有一定国际影响力的现代化城市,创造了世界工业化、城市化、现代化史上的奇迹。2003 年,深圳启动了“图书馆之城”的创建活动,如今已形成了以深圳图书馆为中心的市、区、街道、社区四级 600 余座的公共图书馆网络,公共图书馆图书总藏量达到 1800 万册(含电子文献)。针对这一创举,我们走访了深圳图书馆的吴晞馆长。

1. 昔日的边陲小镇,今日的“图书馆之城”

吴馆长说,深圳是一个经济发展非常快的城市,从无到有不过30多年的时间,就奇迹般地出现了这样一个现代化的城市。但是有了钱不一定就有了文化,有了钱不一定就有了素质,若要确保这座新城拥有长期可持续发展的动力,相应的城市文化建设事业必须蓬勃开展起来。图书馆对于城市文化建设事业的重要性如同古语说的“兵马未动,粮草先行”。文献信息资源就是城市文化建设的“粮草”,城市要发展,没有信息资源做保证、没有文献做支撑,是无法实现可持续发展的,因为公民的文化素质低,自然无法高水平建设城市,也就无法实现城市的持续发展。自2000年起,深圳图书馆就开始积极探索为全体市民提供更为优质、便捷的服务新模式,并逐渐形成了“图书馆之城”的理念,即把深圳建成一个没有边界的图书馆网络,让大大小小的图书馆遍布全城、服务全民。“图书馆之城”的建设自2003年开始实施,2005年第一个三年实施方案顺利完成。目前,深圳共有640多个经过评估、验收通过、达标的图书馆,吴馆长希望再过两年能够达到1000多个,从而达到世界先进水平。

在具体建设中,深图借助自身的技术优势,将图书馆建设得更加有高技术含量和时代特色。他们的“城市街区24小时自助图书馆系统”以RFID(Radio Frequency Identification,无线射频识别)技术为核心,集各种高新技术为一体,是以现代科技为先导,不断开拓进取、锐意创新的产物。通过“城市街区24小时自助图书馆系统”,深图不仅将数字化图书馆和各种信息资源推向了城市街头巷尾,还传递流通了符合广大读者需要的传统纸质文献,成功地实现了物理图书馆与数字图书馆的接轨。目前,遍布深圳大街小巷的“城市街区24小时自助图书馆系统”已经达到200台,“十二五”期间将会达到300—500台。

吴馆长说,自助图书馆不是一个个孤立的图书馆,不是信息资源的孤岛,也不是什么另外的图书馆,它是一个完整意义上的图书馆,具备了图书馆所有的服务功能,并且在某种程度上甚至更为高效、便捷。通过自助服务机和网络、物流系统,读者可以得到图书馆几乎所有的服务,实现一个图书馆几乎所有的功能:自助借还书、自助办证、自助远程利用数据库、自助预借图书、参考咨询、读者互动等。通过一个个遍布全市的自助图书馆,深图将服务的触角延伸到了各个街区,延伸到了千家万户。深图与遍布全市的每一台自助服务机之间,是网络相连的一个整体,图书馆近千万的资源可以随时随地供全体市民使用。"城市街区24小时自助图书馆系统"是深圳图书馆在世界上独一无二的创新,然而最重要的是,它是以人为本的产物,图书馆通过它更好地实现了服务大众、普惠大众,让全社会从图书馆的发展中受益的既定目标。

在2008年4月7日文化部召开的技术验收会上,专家们用跨越物理图书馆和数字图书馆的"第三代图书馆"的美誉,高度概括了"城市街区24小时自助图书馆系统"的主要特点:自助图书馆集数字化、人性化、智能化为一体,实现了传统图书馆与数字图书馆的完美结合,在服务理念、服务模式、服务手段上均属国内首创,已研制出的自助图书馆服务机和集成化软件系统均处于国内领先水平,在世界图书馆领域也无应用先例,可以称之为"第三代图书馆"。

针对"城市街区24小时自助图书馆系统"自问世以来受到业界有关成本和价格的质疑之声,吴馆长不以为然,他说,研制这套系统的目的之一就是要创建一种节约型的图书馆建馆模式。相反,从实际效果来看,"城市街区24小时自助图书馆系统"节省下了高昂的物理新馆建设资金,节省下了大量的建物理图书馆所需的土地占用,节省了图书馆人员编制,真正实现了可持续发展。所以说,"城市街区24小时自助图书馆系统"顺应了图书馆自助服务的发展潮流,是有生命力的,它带给我们现代图书馆如何发展的经验和启迪。

2. 天下之公器,人文之关怀

2006年7月,深圳图书新馆落成开放。吴馆长充分利用这一大好时机,决定将多年来对公共图书馆的理解与探索融入到新图书馆中,全力打造一个"真正的公共图书馆"。他们祭起了"天下之公器"的旗帜,提出了"开放、平等、免费"的办馆理念,呼唤以人文关怀为核心的公共图书馆精神,面向社会全体民众敞开了大门,首开国内公共文化场所全面免费的先河。他们公开宣称:"深图向所有读者敞开大门,免费提供服务。无论你的身份、地位如何,有没有工作、户口、住房,衣着是否鲜亮,囊中是否羞涩,既然来到图书馆,就是渴求知识,拥抱文明,都会受到一视同仁的热情接待。"这一创举引起了轰动效应,社会反响强烈,业界热评如潮,读者人潮如涌,馆内人头攒动,深图成为社会各界瞩目的焦点。

他们面向公众直言不讳:"到深图不用带钱包。"这不是"忽悠"大众,而是实实在在的事实。深图实行了彻底、全面、真正的免费服务,就连一般准许收费的如读者证工本费、读者年审费、上网费等都免除了。读者涉及的费用实际上只有两项:一是象征性的外借押金,一是逾期滞纳金及书刊损坏赔偿金。深图的这一办馆理念在全社会产生了积极而深远的影响,无论是有关领导、业界专家,还是媒体、市民,都对此给予了积极的评价,一时间仿效者蔚然成风。此后不久,深圳的各大文化场所都陆续免费对公众开放,全国有多家省市级公共图书馆也相继宣布实行免费服务或减少服务收费。作为国内探索和实践公共图书馆精神以及公益文化服务的先行者,深图为推进城市文化公益事业起到了不可替代的重要作用。

在以实际行动践行"平等、开放、免费"的办馆理念的过程中,深图不畏艰难困阻,以实际行动诠释了图书馆的根本之道。他们自开馆以来一直将开放作为旗帜,并且多年来始终走在全国最前列。率先开架服务、免证进馆、不分户籍敞开办理借书证、向所有人开放所有阅览室等一系列措施,向全体市民彻底打开了深图的大门。然而在全面贯彻这一方针的过程中,还是遇到不少阻力。譬如,当时严格执行非户籍人口办理暂住证和边防证的制度,否则一律按照"三无人员"收容并遣送回原籍,图书馆免证进馆的做法明显与这一规定不符,因而受到了有关部门的非难。再如,全面免证开放也使得不少小偷、流氓及精神病患者来到图书馆,大大加大了安保管理的难度。但无论如何,深图都还是克服困难坚持了下来,殊为不易。

然而最大的难题还在于"全面免费"理念的推行。由于多年实行"以文养文"的政策导向,形成了"十亿人民九亿商"的局面,机关和事业单位"创收"成为一时风气。当时的深图自然也不例外,变收费为免费,必定会直接牵涉职工的切身利益,难能可贵的是,深图没有知难而退。他们迎难而上,抓住时机、适度推行、逐步改进,先是对有偿服务进行整顿,杜绝未经批准的乱收费行为,对创收不足造成奖金减少的部门由馆里给予补贴,进而抓住全市事业单位对奖金发放制度进行改革的契机,由市财政发放统一标准的岗位津贴,从此取消了所有的有偿服务项目。

"平等、开放、免费"的办馆方针是深图一切工作的出发点和终极目标,亦可谓深图的根本之"道",受到了全国各界的广泛好评和欢迎。2008 年年初,由新浪网和《出版人》杂志联合举办的"全国年度书业"评选中,首设"年度图书馆"的评选,经全国网友投票,深圳图书馆当选为全国唯一的"2007 年年度图书馆"。为此,吴馆长感慨万端,他说,深图曾经获得的荣誉很多,但是这次不同以往,因为它是来自全国各地网友自发的信任和肯定,来自广大普通民众发自内心的认同。

3. 道行器用,其事乃成

深图 1986 年建馆,与国内许多百年老馆、大馆相比,失去了许多历史机遇,显得先天不足。他们没有可称为"镇馆之宝"的珍稀馆藏,没有多少动态的资源,也缺少深厚的业务系统。后来者如何居上,如何才能跻身大馆、强馆的行列,成为摆在深图人面前的重要课题,为此他们决心要把历史的缺憾变成历史的机遇,变弱势为强势,绝不甘当二三流的图书馆。最终,他们决定发扬深圳作为改革前沿的高新技术优势,走技术立馆、技术强馆之路。

图书馆自动化集成系统(Integrated Library Automation System,ILAS)是 1988 年文化部下达、由深圳图书馆承担开发研制的重点科研项目,20 多年来,ILAS 由 1.0 到 5.0,又相继发展了 ILAS-Ⅱ、d-ILAS(ILAS-Ⅲ),以及公共版、大学版、企业版、小型版、Big5 版、Unicode 版,还有相关的 LACC(集中采编)、UACN(联合采编),已经成为适合各种需要的图书馆自动化系列产品。"20 多年 ILAS 的研发历程,为深图的历史书写了浓墨重彩的一页,是全体深图人的骄傲。"吴馆长自豪地说。

的的确确,ILAS 是国内首个独立开发、具有自主产权的图书馆自动化系统,是国产图书馆自动化系统软件的骄傲,是中国图书馆自动化的里程碑,可以说,没有 ILAS,就没有中国图书馆自动化、数字化的今天。正是 ILAS,给国内成百上千的图书馆带来了自动化、数字化的观念和技术,使他们由此走上了建设现代化图书馆的道路。因为当时同期的美国同类产品 IN-NOPAC 系统的售价为 50 万美元一套,这样的价格一般图书馆根本承受不起,而 ILAS 最初的售价却仅为 5000 元人民币,所以说 ILAS 为国内图书馆自动化的普及做出了巨大贡献,用户最多时有 4000 多家,几乎全国所有图书馆都在用。

吴馆长说,ILAS 是一所大学校。通过 ILAS 系列产品的研制和改进,深圳图书馆凝聚和培养了一大批精通 IT 和图书馆业务的两栖人才,产生了许多国家级、省市级专家,以及劳动模范、高级专业技术人员、突出贡献人才等,使深图成为全国图书馆现代化的人才高地之一。随着 ILAS 的推广使用,在全国数千家图书馆中也形成了一支又一支高水平专业技术队伍,现在他们已是各馆现代化的基础力量。因此,ILAS 不仅仅是深圳图书馆的 ILAS,也不仅仅是文化部的 ILAS,它属于全中国的图书馆,属于全国图书馆界从事 ILAS 使用、维护、推广的全体同仁,属于通过 ILAS 利用图书馆的千千万万读者。准确地说,ILAS 是中国图书馆的骄傲。

自问世以来,ILAS 共获得国家、省部级及联合国教科文组织的大奖达 11 项之多,其中不乏“国家科技进步奖”这样含金量极高、荣誉极大的奖项。这样多的荣誉在国内图书馆界乃至整个文化界是绝无仅有的。同时,ILAS 还是科研成果产品化、市场化的典范。ILAS 研制成功后,没有束之高阁,停滞不前,而是成立了专门推广这一产品的科图公司,利用市场化的手段迅速推向全国,在很短的时间内就让全国图书馆界受益,ILAS 也因此而充满活力,不断走向成熟和完善。现在,作为文化部的项目,虽然早已结题验收,但 ILAS 却成为深图永远的课题,永远的事业。

除 ILAS 之外,深图还与湖南图书馆、福建省图书馆、上海图书馆、天津图书馆、辽宁省图书馆等 6 家图书馆首创了联合采编协作网。联合采编协作网的正式名称为“地方版文献联合采编协作网(China Regional Libraries Network,CRLNet)”。深图当之无愧地成为全国的书目数据中心和数据质量控制中心。如今,CRLNet 已发展了香港、广西、浙江、广州、北京、吉林、黑龙江等多家单位成员馆,形成了一个超过 200 万条记录的网上书目数据库。CRLNet 按照国际先进的理念和通行的模式,突破了多年的瓶颈,建立起平等协作、互利互惠、实时上载下载,并由执行编目员控制质量的一整套制度和技术保障,形成了 OCLC 之外最大的中文编目网和中文书目数据库,而且在全国速度最快、效率最高。从实际功效上看,CRLNet 解决了成员馆的编目难题,实现了书目数据的共建共享。2005 年,CRLNet 荣获了文化部首届“文化创新奖”的殊荣,这也是该年度唯一获奖的图书馆项目,这项文化系统的最高荣誉充分说明了社会各界对这项成果的高度认可。

吴馆长说,公共图书馆的人文关怀精神是为“道”,现代科学技术和图书馆学相关研究是为“器”,道行器用,其事乃成。

走出深圳图书馆寓意着文化森林的大门,驻足回眸,这座处处洋溢着科技与未来之光的“文化之城”在阳光下熠熠生辉,煌煌大观。

博尔赫斯说过,天堂就是图书馆的样子。那么我想,在深圳读书人的心目中,深圳图书馆应该就是距离天堂最近的地方。

(崔凤雷)

十二、张伟:中国缺少教堂,更需要图书馆

张伟,1978 年参加工作,浦东图书馆馆长。上海市一级一等校长、教育教学管理高级教师、上海市首批名校长后备、全国十佳校长,曾就读于华东师范大学教育管理专业、美国加州富乐敦大学高级公共管理专业、北京师范大学教育经济与管理博士班、北京大学与美国联合培养的管理哲学博士班等。兼任上海市图书馆行业协会副会长、浦东新区图书馆学会理事长、中国教育学会初中教育专业委员会副理事长兼学术委员会主任、中国教育学会《初中教育研究》杂志编委会副主任等。著有《教育变革的现代视野》《学校变革的实践》《问道》等多部专著,主编有《走向会教》《师爱的艺术》《走进新课程》等多本教育文集,发表论文、文章近百篇。

新世纪以来,经济、技术的发展使得图书馆的生存背景发生了深刻的变化,为顺应变化,图书馆也相应开始了转型实践的探索。上海浦东图书馆最近几年在这方面做了卓有成效的工作,引起了业内和媒体的积极关注。为此,e 线图情采访了上海浦东图书馆张伟馆长。

1. 文化名片

刘锦山:张馆长,您好! 非常高兴您能接受我们的采访。我们知道,浦东图书馆新馆是一座新建成开放不久的图书馆。请您首先向读者朋友介绍一下贵馆新馆的基本情况。

张伟:上海浦东图书馆新馆始建于 2007 年 9 月,由日本设计株式会社中标承担设计,华东设计院提供配套,经过了两年多的建设,整个工程于 2010 年 2 月通过验收,2010 年 6 月 18 日到 2010 年 10 月 21 日这一段时间为试开馆,2010 年 10 月 22 日正式开馆。浦东图书馆是上海最大的区级层面的图书馆,

新馆用地面积约3公顷,总投资8.5亿元,总建筑面积60 885平方米,藏书容量约200万册,阅览座位3000个,日接待读者能力为6000人次。

浦东新区2007年投入8.5亿建设一所大型图书馆,当时的决策很超前,压力也很大。但是从理性或发展的角度来考虑,浦东作为中国改革开放的前沿地带,还是需要有这样一张文化名片的。我原来工作过的上海市进才中学,1994年就投资了3.5亿,也在浦东。当时3.5亿建一所中学也是很难想象的,但现在看来当时的超前是完全正确的,在教育和文化上的大手笔是需要智慧和勇气的。浦东新区和原南汇区两区合并之后,面积和人口均占了全市1/5,发展不平衡,城乡差距很大。2010年2月新馆通过工程验收那段日子里,来自区人大、政协的代表和委员中有很多不同的声音。有的认为,这么多的钱投到一个馆,不可能全区读者都到这里来;浦东现在是38个街镇,如果把这么多钱分到各个街镇,可以惠及更多的民众;还有的说,我们现在的病床还很有限,不能满足老百姓的看病需求,应该把钱投到医院。类似这样的声音有很多,舆论压力使得领导都不敢来浦东图书馆视察参观。2010年4月1日,浦东新区区长姜梁同志来到浦东图书馆,一进门就说:“张馆长,这个地方这么偏,建这么大的一所图书馆会有人来吗?”从这句话可以看出,我们的领导还是很担心政府投入巨资的浦东图书馆是否能够得到老百姓和社会各界的认同。当然,姜梁区长视察后很满意。2010年4月19日,区委书记徐麟同志来浦东图书馆视察后,给予了充分的肯定。2010年6月21日试开馆第三天,市委宣传部部长杨振武同志视察浦东图书馆,并给予高度评价。2010年7月8日,市委副书记殷一璀同志来浦东图书馆视察,她看到浦东图书馆里有很多读者后非常高兴,认为浦东新区办了一件大好事。2010年10月22日我馆正式举办了开馆典礼,上海市委的三大常委都应邀出席了会议。当天,市政协副主席、浦东新区区长姜梁同志主持典礼,市委常委、区委书记徐麟同志致辞,市委常委、市委副书记殷一璀同志和市委常委、市委宣传部部长杨振武同志共同为浦东图书馆正式开馆剪彩。

浦东图书馆开馆以来,受到社会各界和读者的积极欢迎。周六、日和暑期每天都有1万多人到馆,新馆一个月的借阅量超过了浦东新区38个街镇图书馆当月借阅量的总和。第一年的到馆读者量和借阅量分别是263万人次和239万册,两者都跃居全国公共图书馆前列。

2. 精神家园

刘锦山:张馆长,贵馆新馆虽然开放仅仅只有一年时间,但却取得了很好的运营效益和社会影响,如您刚才介绍的,这是非常了不起的。请您总结一下贵馆新馆开馆一年来何以能取得这样的成绩呢?

张伟:浦东图书馆新馆正式开馆才一年多的时间,由于没有可借鉴和比较的,也很难说取得了很好的运营效益和社会影响。近些年全国各地都在建设新图书馆,我们也是赶上了很好的时间点。我馆在中央十七届六中全会召开前一年建成开馆,这就是一种机遇。我觉得我们浦东新区领导在这方面很有前瞻视野,抓住了中国社会发展的走势。

当校长期间,我一直说我要当书生校长,也一直在华东师范大学、上海海事大学等大学里兼课。当馆长后,我说我要做书生馆长。我们这些读书人可能比较书生气,但书生更多的从理性和历史的角度看我们的现状和发展。30年河东30年河西,这句话有没有道理呢?黄炎培与毛泽东在窑洞里的对话,一个甲子60年,朝代的更迭或者历史发生大的变化,平均的周期就是60年左右。有的40年、50年,有的70年、80年,但是平均下来就是60年左右。从新中国成立到现在,60年的发展,我们也是看到了"三十年河东三十年河西"的情况。中国前30年搞社会主义革命和建设,使得我们中国人民站起来了,真正独立了;但由于运动不断,加上我们所犯的一些错误,使得国民经济到了崩溃的边缘。到了1978年前后,邓小平问什么是社会主义?怎样建设社会主义?我们开始了对社会主义的本体论、价值论和方法论层面的追问。贫穷不是社会主义,所以中国走上了以经济建设为中心和改革开放的道路。经过这30多年的努力和付出,现在我国的GDP总值列世界第二。但是我们现在又面临"什么是发展?发展为了什么?怎样发展?"的问题,这是对发展的本体论、价值论和方法论层面的追问。通过总结历史经验,中央提出了科学发展观。从上述历史来看,中国的发展是有一定的规律可循的。这让我们有了更多的思考空间,在新的30年开始之际我们应该深层思考中国接下来怎样发展,我们应该更加理性地设计、规划、部署以后的发展。

60年前,钱穆先生在《文化学大义》上讲过:"今天的中国问题,乃至世界问题,并不仅是一个军事的、经济的、政治的,或是外交的问题,而已是一个整个世界的文化问题。一切问题都从文化问题产生,也都该从文化问题来求解决。"这段话很重要,中国的发展缺少文化的根基,这同样是我们现在面临的很现实的问题。经济建设须有深厚的文化底蕴,否则就如同高楼大厦建设在沙滩上,难以长久。翻开中国的历史,1840年之后,中国的文化出现了断裂,没有得到很好的发展。鸦片战争、太平天国运动、中日甲午战争、义和团、八国联军、辛亥革命、军阀混战、日本侵华、国共内战、一直到新中国成立,我们哪有时间进行文化建设?建国以后也没有开展系统的文化重建。虽然民国时期诞生了一些文化大师,但整体来看,从1840年起到现在170多年来我们的社会一直缺乏系统的文化战略设计和建设。今天,我们回过头来看这一段历史、总结历史,我们发现中国发展最缺的还是文化。传统的东西一直在被解构,但是新的东西却没有建构。解构的同时新的东西一定要建构,尤其是思想和价值观层面,价值观缺失会带来思想混乱,社会随之就会失序。上世纪初发生的"新文化运动"反对封建、传播新思想,这些都是值得肯定的。但是不可否认,"新文化运动"在对待传统文化方面有偏激的一面,例如当时提出"打倒孔家店"、把中国传统文化贴上"封建"标签、《新青年》杂志每一期的封面头像都是外国人等,当时确实有一批人彻底否定我们自己的传统文化。这种现象到了文化大革命时期发展到了极端,"打倒孔老二"由高层喊出实际上是对我们自己传统文化的彻底否定。这种彻底否定中国传统文化的极端思想影响了中国好几代人。文化上的不认祖、不认宗,造成了中国文化发展的断层。

马克思主义思想虽然指导着中国的革命和建设,但这毕竟是外国人的理论智慧,要扎根中国,就必须重视本土化的改造。马克思主义如何与中国传统文化相结合、如何中国化的问题将是我们始终面临的重要课题。现在,由于我们传统的文化和价值观受到冷落,而新的文化和价值观又没有建立起来,导致国民价值观缺失、精神衰退。社会主流价值观没有了,什么是好?什么是坏?佛山的"小悦悦事件"就很值得深思,外国报纸说5000年文明礼仪的古国现在变冷漠了。所以,我们今天需要重新建设我们自己的精神家园。新的30年发展之始,中国需要一场新的"新文化运动"。在这场新的"新文化运动"中,图书馆的价值就是为这场运动提供精神和文化的养料,倡导社会主流价值观的建构。当然,用"文化运动"这个词不大好,用"文化启蒙"这个词可能更妥帖一些。

浦东图书馆新馆诞生既是浦东新区领导智慧和勇气的结果,同时也是顺势而为、应运而生的产物,这是历史发展的必然,顺应了当下中国重视文化建设、重建精神家园的发展趋势。浦东图书馆的成功或者说在这一阶段引人注目,归因分析有两点很重要:第一,浦东是国家改革开放的热土,在全国备受瞩目;第二,一个民族的发展史就是精神的成长史,社会发展到今天,老百姓需要建设自己的精神家园,而精神成长史就是阅读史,建设自己的精神家园离不开读书。解构"和谐"词义本身的含义就是人皆有饭吃,人皆能说话。但人说话要有道德底线,要有思想,不能总是非理性的谩骂;说话的背后要有价值观,这就需要读书,需要有思想。现在中国社会发展到了这样的一个阶段——老百姓开始寻求自己的价值观和精神归宿,这是好事,富而好学、富而好礼。浦东图书馆新馆在这个时期诞生也是必然的,顺应了老百姓的需求,同时也折射出社会由外向内的发展趋势。如果人总是向外求,永远膨胀怎么得了?人应该向内求,就像季羡林先生与温总理对话时说的,人最重要的是要做到自己与自己和谐。《大学》里讲"修身、齐家、治国、平天下",修身是中间环节,"自天子以至于庶人,壹是皆以修身为本"。这些都很好地说明了修身的重要性。"修身"是什么?"修身"就是指修养身心以达内在和谐。怎样努力提高身心修养水平呢?那就要多读书。所以我说,浦东图书馆之所以备受关注是因为顺应了时代发展的要求。当然,这里面也有我们浦东图书馆全体同仁积极有为的贡献。

3. 价值诉求

刘锦山:张馆长,列宁曾经说过,"没有革命的理论就不会有革命的实践",说的是理论对于实践的指导作用。贵馆一年来成功运营实践的背后一定有着成功的理论作为指导。请您结合贵馆的具体情况谈谈理论思考对于图书馆发展的重要意义。

张伟:我们今天接触的理论有很多。我经常讲,我们不缺操作的理论,缺的是理论的操作。一个缺少理论思考的民族一定是灰色的、不会长久的。英国前首相撒切尔夫人曾讽刺我们中国说,一个只会生产电视机的国家是不可能成为世界强国的。这句话对我们很刺激,但也有一定道理。一个国家只能生产电视机是不可能成为思想强国的。一个民族没有思想一定是灰色的,怎么可能成为世界强国呢?我现在还在中国教育学会兼职,中国教育学会会长、北京师范大学研究生院院长顾明远先生也曾到我原来任职的学校参观过。他参观时跟我讲过一句话,"所有的理论都是好的,但不一定适合你"。顾先生讲的就是理论与实践的关系。所有的理论都有其背景、土壤、一些特定的条件,但是它是不是适合你呢?到你这里,环境不同了、对象不同了、执行任务的人不同了,就不一定适合了。因此,我们要不断学习,而学习就是建构一种新的思维方式、建构一种新的资源,丰富原有的思维方式。建构不是简单的照搬,照搬是很难成功的。浦东图书馆新馆诞生的时候,我作为图书馆馆长,个人的压力是很大的,大家都在看着我,浦东新区从重点高中挖了一个校长过来,为什么挖他过来呢? 哦,他曾经去过美国读书;他有学术背景,是中国教育学会初中教育专业委员会的副理事长、学术委员会主任;他是全国十佳校长、是浦东新区最年轻的一级一等校长;他是上海市首批名校长后备……大家都在看,但图书馆毕竟和学校是两回事。从我个人来讲,一级一等校长岗位在上海市校长专业职务中已经是最高的了,人生到了这个阶段应该属于守成阶段了,但最终我还是服从了组织安排,到浦东图书馆任职。跨行业、跨系统、跨专业,这对我个人的挑战很大。到图书馆后,怎样认识浦东图书馆新馆? 浦东图书馆新馆是什么? 浦东图书馆新馆为了什么? 浦东图书馆新馆怎么办? 这是我一直思考的问题。随着思考的不断深入,我理解浦东图书馆的发展要从外延发展走向内涵发展。而内涵发展要关注结构治理,其中重要的有五个方面:办馆理念、制度设计、功能拓展、馆员队伍与图书馆文化建设。

我们知道,结构治理分为内部治理与外部治理两个方面。在上述提到的五个方面中,外部的制度设计对于图书馆事业的发展影响很大,应该引起我们足够的重视。

刘锦山:张馆长,请您谈谈浦东图书馆的办馆理念。

张伟:浦东图书馆是交钥匙工程,我们接手的是一个现成的物理的图书馆。但图书馆最终是靠内涵支撑的,这里很重要的是我们应该有什么样的办馆理念。办馆理念就是我们怎样去认识图书馆,这需要有本体论和价值论两个方面的思考。本体论层面思考图书馆的本质就是要解决图书馆"是什么"的问题。我认为,图书馆本质上还是一个教育机构,从事的是社会教育,虽然与学校教育有所不同,但还是教育。和学校一样,图书馆所秉持的还是"教,上所施下所效也;育,教子使作向善也";图书馆也追求《大学》里所讲述的"大学之道,在明明德,在亲民,在止于至善";图书馆更崇尚"格物,致知,诚意,正心,修身,齐家,治国,平天下",相信"博学之,审问之,慎思之,明辨之,笃行之"。中国缺少教堂,更需要图书馆。北宋理学家张载曾经说过:"为天地立心,为生民立命,为往圣继绝学,为万世开太平。"这何尝不是我们图书馆的最高追求呢? 人总是要有一点精神的,总是要做一点事情的,否则人是走向死亡的生命体,活着有什么意义呢? 尼采也曾经说过,从现实的角度看生命是无可救药的，很悲惨，但是从审美的角度来看，人生又是美不胜收的。我们从审美的角度来看，把人生当成是一个美的历程。美的历程怎么能缺少读书呢？现代图书馆作为大众教育机构，应该是大众的精神家园，一个极富吸引力的，融教育、文化、生活为一体的公共大平台。

从价值论层面看，图书馆的本质就是要解决“为什么”的问题。文化引领是图书馆的核心价值所在。我刚来图书馆就提出这点，当时还有人提出异议，说图书馆就是借还书，要发挥什么文化引领作用？我想，图书馆是否应体现出精神家园的地位，是否应在社会中发挥文化引领作用，这些问题我们可以讨论，甚至争论。美国有学者认为，真理就是论争的过程。我还是坚持认为，图书馆应很好地发挥文化引领作用。图书馆就是要通过引导读书，关注社会学术成长。试想，来图书馆的人多了，爱好读书的人多了，一个区域的学术之风建设起来了，民风不就淳朴了吗？社会不就向上了吗？这就是文化引领，这就是图书馆的文化软实力。从个体悟道来看也是如此，佛家讲所见之物即是色，色即是空。色中见空有大智，空中见色成大悲。那么，怎样从色中看到这个空？怎样去悟这个空？这就是一种人生境界，需要通过读书悟道来修得。这个过程也就是图书馆的“教”和“育”。教育是触及人内心世界的东西，如果我们所开展的这些读书活动能够帮助读者改变他自己内心的世界，这真是善莫大焉了。知识是可以忘记的，但是在我们内心修得的价值观是不能忘记的。价值观的形成主要靠个体的觉悟，但也需要外部有大量的资源去引导，去帮助人去伪存真，主动建构，这样才能够帮助人逐步形成他自己的健康向上的价值观。苏格拉底在熙熙攘攘的大街上找人，大家问他在找什么？他说在找人。人是精神动物、价值动物，苏格拉底在找的实际上是精神和价值层面的人。这引发了“怎样才能够成为一个人？”这样一个哲学命题。知识分子秉承一种坚守、一种思考，当然要对社会有所贡献，这是知识分子天然的一种使命，也是图书馆人的一种价值诉求。

2006 年中科院的一个研究报告指出，中国和美国的差距有 100 年。我认为，这还仅仅是表面的、物质层面的差距，而内在的道德、价值则相差更远。由于我们自身的原因加上外来文化的冲击，我们传统的道德、价值体系已被摧毁殆尽。所以，我们今天要重新建构我们社会的主流价值观。现在的 80 后、90 后对我们优秀的传统文化到底了解多少？认同多少？我去台湾访问的时候，台湾中学校长告诉我，台湾搞“去中国化”那是不可能的，台湾永远不可能“去中国化”，从台湾的教材就可以看到这点：台湾语文教材的 60%—70%

都是古文。他们说“去中国化”在内地,内地的语文教材中古文只占30%左右,看你们的教材就知道你们在搞“去中国化”;台湾学校的课程还保留了写格律诗、毛笔字等,对中国传统文化传承得很好。台湾的发展没有牺牲自己的优秀传统文化,这些做法给了我们很好的借鉴。中国未来的30年该怎么走?现在一定要理性思考和选择。当然,把经济搞上去很重要,但搞经济不能牺牲自己的文化。这方面,中国的图书馆可以大有作为。

4. 制度设计

刘锦山:张馆长,您从治理结构的视角来审视和看待图书馆的发展,并进而提出图书馆的制度设计问题,请您具体谈谈您在这方面的思考。

张伟:制度属于文化范畴。图书馆文化有愿景文化、制度文化、环境文化等。就图书馆内部的制度设计而言,实际上是指图书馆的制度文化建构。制度设计的本质就是怎么样去建构一种相对合理的文化。浦东图书馆的办馆理念虽然确定下来了,但它的内涵还需要不断拓展,所以,接下来要关注理念的制度化实践。个体图书馆的实践,其生命力是非常强大的,但同时它又是非常软弱的。所谓软弱在于图书馆是一个系统,它需要一个整体的环境、制度的支持,这里讲的制度主要指的是外部的制度设计,缺少外部制度支持的个体图书馆实践是很苍白的。国外有句话,政策就是拨款。中国当下需要将图书馆的政策进入到制度层面、法律层面,包括各级图书馆的经费落实都需要从法律上寻求支持。可悲的是当下有些地方的图书馆经费即使在政策层面上也没有落实。

中国缺少教堂,更需要图书馆。国外的社区大都有一所教堂,老百姓到教堂修心、捐赠。《圣经》中规定要把10%的收入捐给教会,教会拿了这些钱去做好事、善事,去帮助更多的人。比尔·盖茨做软件,赚了很多钱,但他把自己90%多的钱都捐出来了。中国图书馆事业的发展如果没有制度和法律层面的支持,很多问题的解决就会缺少依据,比如新馆开办要人,编制怎么定啊?要钱,钱怎么算啊?现在图书馆开放时间都很长,全年无休,节假日也要正常开馆,窗口服务朝九晚八两班倒,一个岗位需要两个人,编制当然与其他单位不一样了,但上面管编制的人不理解,问依据在哪里?再如职称,我曾经在浦东新区教育学院工作过一段时间,主管全区的校长培训。教育学院50%的教师岗位都是高级职称。当我来到图书馆的时候,发现上级给区县图书馆的高级职称比例是8%,而且区县图书馆还不给正高职称;另外,图书馆职称不应仅仅只有一个图书档案系列，它的岗位中还应该有公共文化系列、教育系列，复合型图书馆需要有相应职称的人才加盟，但现在其他系列职称的人进图书馆后原来职称都不承认，这个问题必须引起注意，政策需要突破。再从培训上讲，重点中学校长每年都有机会出国培训或考察，还有机会参加名校长培训、重点中学校长培训、骨干校长培训等，这些培训资源帮助你不断更新专业知识，完善自己的知识结构；教师培训也是如此，高级教师每5年必须完成540学时的学分，中级教师须完成240学时的学分等。教师培训的这些要求，政府在上世纪90年代初就写进了教育法规。可是，目前政府对图书馆馆长、馆员培训的规定还是空白，这些问题如何在制度上去突破和创新？实践中类似这样的问题有很多，究其原因是图书馆缺乏法律法规和与时俱进的政策支持。没有一个标准，实践中就五花八门，基层图书馆的管理就很累。馆长很多精力陷入了所谓的协调，最后一事一议，如此又会给继任者留下很多后遗症。

严格来说，我国的图书馆目前仍属于政策治理且政策也不完善的阶段，虽然有图书馆行业的若干规定，但图书馆方面的法律还是空白。现在中国的图书馆已开始探索转型的实践，这个时候尤其需要制度方面的支持，而恰恰在这方面我们是很滞后的。中央十七届六中全会关于文化大发展、大繁荣的决定很好，但是落实还有一个过程。有人说"文化的春天来了"，我说还很早。教育在80年代就有国家法律出台了，发展了20多年才到今天这个局面。图书馆的发展还需要很多年的积累，是一个漫长的过程。

没有法律，只好人治。官本位体制下，我们寄希望于我们的行政长官。行政长官的意志很重要，如果行政长官意识到图书馆这样一个文化机构的发展很重要，能够进行超前的决策，能够大胆突破一些禁区，这样对于图书馆的转型与发展就会起到很好的推动作用。但是，基于官本位的推动力充满着不可预见性，我们不知道下一任领导是否与上一任领导具有同样偏好，因此，我们需要从制度层面上进行设计，为图书馆的转型和发展奠定良好的基础。

5. 功能拓展

刘锦山：张馆长，您曾经指出，图书馆功能拓展是图书馆内涵发展的重要内容。请您谈谈贵馆在功能拓展方面的实践和思考。

张伟：今天，图书馆的功能需要我们重新认识和重组。浦东图书馆在功能拓展上，着眼于以项目求突破，注重高起点、多功能、品牌化。在对图书馆传统服务内容“保留其真”的基础上,我们推出了许多新的文化服务项目:第一,我们推出了“6+2”模式,充分利用好每年的浦东图书馆读书节和法定节假日。“6”就是国家规定的重要节假日包括寒暑假,“2”就是周六、周日,我们对这些时间进行了整体布局和项目设计,把不同的项目内容设计好并分配到不同的时间段,以适应不同读者的文化需求。2012 年浦东图书馆第二届读书节期间,我们搞了很多读书活动,深受读者欢迎。第二,高嫁接,横联谊,低辐射,广泛搭建教育和文化大平台。我们加强与中国浦东干部学院、上海电视台、上海市作家协会等有关机构的合作,共同推出了浦东文化讲坛、浦东图书馆学术论坛、浦东人文艺术展等系列活动。余秋雨、葛剑雄、钱文忠、周国平、鲍鹏山等一批著名学者应邀走进了浦东图书馆。公共图书馆虽然公益性、大众化、无门槛,但主办的各项活动必须高品质。第三,营造“第二起居室”的生活氛围,追求图书馆的人性化、生活化。与传统图书馆服务不同的是,浦东图书馆注重需求导向,密切关注读者的情感和需求,思考基于读者、为了读者、在读者中、让读者充分参与的图书馆服务方式的创新。浦东图书馆里有咖啡厅、餐厅和面包房,有各种读者喜闻乐见的读书活动,读者可以一整天都在这里享受阅读的惬意。第四,浦东图书馆还有一项重要工作就是立足阵地,兼顾其他,做好图书馆的延伸服务。目前,浦东图书馆的延伸服务已涉及浦东新区范围内的 38 家街镇图书馆、180 多家流通点、325 家农家书屋。浦东新区图书馆学会将把浦东新区范围内的大学图书馆、中小学图书馆、公共图书馆和其他企事业单位图书馆联合起来,着力打造浦东新区图书馆共同体。

功能的拓展使浦东图书馆走向了复合型。浦东图书馆正成为浦东新区青少年阅读指导中心,我们的少儿馆还有一块牌子——青少年阅读指导基地,其任务是指导孩子怎样去阅读好书、开阔视野;浦东图书馆正成为浦东新区的情报研究中心,受有关机构委托,我们正在做浦东舆情分析和世博会、大飞机和迪士尼等项目的情报分析研究和推送,以满足政府、企事业单位读者对信息咨询与情报研究的需求;浦东图书馆正成为浦东新区的文化活动中心,馆内各种主题讲座、展览、电影、读书活动等丰富多彩,俨然已是读者的“第三空间”;浦东图书馆正成为浦东新区的盲人服务中心,盲人服务吸引了来自浦东、浦西的众多盲人读者,从盲人的感谢中可以看到,浦东图书馆已成为这些盲人的精神家园。

6. 馆员“活性化”

刘锦山:张馆长,在图书馆的发展过程中,以馆长为代表的馆员队伍是图书馆发展的最关键因素,即使有了良好的制度设计作为保障,但是图书馆的发展仍然依赖于图书馆团队的主观能动性。请您谈谈您在这方面的思考。

张伟:确实,人的因素是非常关键的。路线确定以后,干部就是决定因素。在图书馆,不仅是干部,我觉得馆员也起着决定作用。我当校长的时候经常讲,一线教师就是专家。我们一线的馆员也就是图书馆的专家。读者到图书馆来,首先接触的是馆员。馆员内在的人文素养、境界、格局和外在的礼仪都会对读者产生一种文化上的影响。图书馆“活性化”,不仅仅是图书资源的“活性化”,更重要的是馆员对读者人文影响的“活性化”。

图书馆正在转型中,转型中的图书馆靠什么支持?关键是人才。在国外,图书馆是教育机构,隶属于教育行政部门管理。中国的图书馆属于党委宣传部和文化行政部门主管,但这并不影响图书馆的教育属性。如前面所提到的,浦东图书馆还是浦东的青少年阅读指导基地,开馆以来,我们一直在与学校共建,指导学校充分利用图书馆来上阅读课,指导孩子充分利用图书馆,真正走向陶行知所希望的“教活书、活教书、教书活”。这样我们就需要一批具有教育专业背景的专业人才来与孩子沟通、与学校沟通、与社会教育机构沟通。作为社会大课堂,图书馆还有一项很重要的职责就是做好图书馆课程的开发,而这些课程的开发和实施是需要专业人才支持的。转型中的图书馆还将承担着公共文化馆、展览馆的部分功能等。图书馆要活性化,就需要人才;聚集一批人才,图书馆转型实践才有智力支持。从图书馆系统整体来看,由于长期以来缺少制度层面的支持,图书馆系统现有的人才状况,已很难适应图书馆转型发展对人才的需求。

作为馆长应该率先思考中国图书馆的转型实践,但实事求是地讲,目前基层图书馆的馆长队伍不是太乐观,这还是与制度设计有关系。以中小学校长为例,中国的校长正在走向职业化,校长是作为职业化的专业人才在培养,上海市还出台有专门为校长岗位设计的专业技术职务系列——校长职级制。但当下的基层图书馆馆长不是这样,不管是文化行政部门,还是大部分的馆长自身,都把图书馆长看成是一个行政化的官员。文化行政管理部门也没有任何的包括馆长遴选和专业培训的规范性要求,馆长在工作中只要听命、听话、不出事就行了。官本位的架构把基层图书馆馆长的有限智慧和精力都转移到唯上、唯权、唯人际方面,大家都向上、向权、向关系看,很少有人关注自身的学术成长。在我的观念里,图书馆长应该是一个学术性岗位。图书馆馆长对一个单位的领导有行政领导,但更重要的是思想领导、重视学术、崇尚专业。当下基层图书馆远离思想、远离学术、远离专业,会把图书馆最终变成一个行政体,这将是图书馆的悲哀,也是馆长的悲哀。

图书馆要活性化,还需要一支懂专业、善管理、肯奉献的干部队伍。2010年12月2日,浦东图书馆聘任首批中层干部那天,我写了一篇文章——《干部靠什么生存》,主要讲怎样做浦东图书馆的干部。我希望,图书馆的干部要靠理论支撑、靠理论指导下的实践、靠团队合作、靠好心态、靠人格魅力生存。因此,我心目中的浦东图书馆的干部,不是一个只看到眼前事物的人,而是一个有历史的、多维的、批判的视野,能系统思考,看到图书馆发展规律、方向及全局意义的人;不是一个狭隘的个人主义者,而是一个心胸开阔,对他人、社会、自然充满责任感和使命感的人;不是一个简单技能型的人,而是一个注重自我学习、有理论支撑、有专业精神和创新实践能力的人。

7. 转型之路

刘锦山:张馆长,过去十年是我国图书馆事业发展最快的十年,经济、技术、社会的发展使得图书馆的生存背景发生了深刻的变化,为顺应变化,公共图书馆也相应开始了转型实践的探索。您对此也做过深思和探索,并因此引起了媒体的关注。2011年1月4日,《人民日报》在《效益双丰收　群众享实惠(回眸“十一五”　展望“十二五”)——各地促进文化大发展大繁荣纪实(上)》一文中特别提到贵馆和您在这方面所做的探索以及所取得的实效。请您具体谈谈您对公共图书馆转型这个问题的思考。

张伟:“观”是对事物的认识和看法,“观”一旦形成就会对行为产生影响。通过学习交流、调研考察和深层思考,我们一直在努力寻找适合浦东图书馆的发展理念和发展方式。建馆之初,我们就提出了浦东图书馆要走内涵发展之路。浦东图书馆内涵发展要从理念、制度、功能、队伍、文化等五个方面形成它的治理结构。我当时提出了“以人为本,文化立馆,把浦东图书馆办成读者和馆员的精神家园”的核心办馆理念,并多次强调办馆理念中提到的“人”通“仁”。我们前面曾谈过办馆理念,这里我再做一些补充。浦东图书馆办馆理念不仅是上述核心办馆理念这一句话,它是一个体系,如在服务功能上,浦东图书馆注重以品为本,高嫁接、横联谊、低辐射,创新公共图书馆服务方式;

在学术上,注重以专为本,营造崇文尚哲、价值引领之学术研究风气;在用人上,注重以德为本,做人第一,强调品格比才华更重要;在内部管理上,注重以心为本,建立“制度 + 人文”的管理方式;在公共关系上,注重以谦为本,谦恭好客,广交朋友,创读者满意、业界认同、社会好评、政府放心的公共图书馆。

浦东新区是全国综合改革实验区,创新发展是浦东新区的应有之义。与浦东图书馆同时诞生的还有一种使命和责任,即浦东图书馆一定要在微观领域探索中国公共图书馆转型的实践。我曾把公共图书馆转型的主要走向归纳为六个方面:从重书走向重人、从重藏走向重用、从重技术走向重人文、从单一走向复合、从被动走向主动、从纸质走向数字与纸质并重。浦东图书馆诞生后,国内有很多媒体报道,如《深圳特区报》当时就报道,浦东诞生了一家全新的图书馆。新在哪里呢?仅仅是建筑之新吗?我想很重要的是办馆的理念和实践要创新。我们的这些思考最终形成了《浦东图书馆发展规划(2011 年—2015 年)》,并在 2011 年 8 月由浦东图书馆首届职代会正式通过,这是浦东图书馆首批创业者的集体智慧结晶。

浦东图书馆毕竟是新馆,正式开馆四年还不到,我们希望今后能有更多的机会向同行们学习。感谢“e 线图情”的采访。

(刘锦山　张伟)

十三、李东来:在探索中前行　在变革中发展

李东来,1984 年毕业于北京大学图书馆学系,被分配到辽宁省图书馆工作,历任辅导部副主任、自动化研究室副主任、馆长办公室主任、现代技术部主任、馆长助理,1995 年被破格提前晋升为副研究馆员,1996 年任副馆长,2000 年晋升为研究馆员。2002 年被聘任为东莞图书馆馆长。主编出版专著《城市图书馆集群化管理研究与实践》《城市图书馆新馆建设》。

目前,我国图书馆事业面临着前所未有的发展机遇。城市图书馆的崛起,意味着我国图书馆事业进入了跨越式全面发展的关键阶段。探索建立适合我国国情的城市图书馆管理体系,推进城市图书馆事业的整体发展,已成为图书馆人亟待解决的新课题。

近年来,东莞图书馆以新馆建设为契机,在城市图书馆事业发展模式、图书馆行业管理体制、图书馆服务体系建设等方面进行了大胆而有益的探索和尝试,以集群化网络管理为手段,推行总分馆制,着力构建城市图书馆公共服务体系,促进了区域基层图书馆事业的整体升级和全面发展,走出了一条独具特色而又可资借鉴的城市图书馆发展之路。

为此,e 线图情采访了东莞图书馆李东来馆长,请他介绍他们的具体做法和体会。

1. 东莞:一座新兴的现代化城市,一个开创事业的新平台

李东来原是辽宁省图书馆副馆长,2002 年 9 月作为高级人才被引进到广东,就任东莞图书馆馆长。近几年来东莞图书馆事业得到了快速发展,李东来也开创了事业的新平台。是什么原因使李东来抛开原来很好的工作环境和事业,选择来到东莞呢?

世纪之初,城市图书馆面临着深刻的变革。李东来一直在思考这种变革,希望找到一个施展的舞台和一片实施的土壤。这时,东莞图书馆4.5万平方米的新馆动工兴建,并面向全国招聘馆长。在世纪之初,有这样一个现代化的图书馆,对李东来来说是有一定吸引力的。加之东莞是个新兴的现代化城市,其城市发展和经济实力、文化追求、政府对文化事业的重视以及市民不断增长的文化需求,对图书馆事业的发展,是相当难得的机遇。李东来感到,自己对图书馆变革的认识,以及建设新型图书馆的设想,能够在这里得到实现。但从北到南,这中间的空间跨度的确是非常大的,最后决定选择东莞,李东来把它归结为"四个感召":第一,是这座城市发展活力和朝气的感召;第二,是市委、市政府引智政策的感召;第三,是当时正在筹建的这座新的现代化图书馆的感召;第四,是东莞市引智办工作人员务实、高效和富有人情味的工作作风的感召。

李东来深入地考察了图书馆面临的深刻变革及其应对办法。他认为,首先是信息需求的变化。信息与文献量的急剧膨胀导致社会由信息稀缺进入到信息过剩阶段,人们对文献信息的需求日益多样化。其次是图书馆服务需求的变化。对图书馆服务的内容、服务环境与设施、服务方式与功能提出了多样、便捷、舒适、互动的要求。最后是技术环境的变化。计算机网络技术的发展,使获取信息的经济成本已经降低到普通大众可以承受的水平。这些变化对图书馆发展的未来走向影响是非常大的。随着经济文化发展到一定阶段,作为文化载体形态之一的图书馆一定会发生跨越性的质的变化。主要表现为:在组织形态上,由单馆向群体(集群)发展;在功能上,由单一的文献查阅服务向多元化文化中心转型;在技术上,先进的计算机网络技术全面应用;在管理体制上,由行政管理向行业管理、资源的高级整合和充分利用等转变。因此,李东来认为,城市图书馆事业发展已经进入了以集群化管理为主要特征的新时代,应该从管理体制、管理技术、服务体系等方面进行改革、探索和创新。在东莞,对新馆和图书馆事业发展的战略构想和规划正是基于对这种变革的把握而形成的。

2. 整体化发展:衡量城市图书馆事业发展水平的重要标志

李东来认为图书馆面临大的变革,需要新的办馆模式和思路。而东莞图书馆新馆的办馆思路,一是考虑社会环境的变化,一个是图书馆发展本身的要求。2002年9月李东来到东莞后,头两个月的主要任务是开展调查研究,掌握东莞经济社会发展实际和图书馆发展现状，对应图书馆发展的趋势和需要，理清工作思路。这个工作的结果就是《东莞图书馆新馆建设与发展规划纲要（2002—2010）》（下称《纲要》），对东莞图书馆未来发展蓝图进行了描绘，把对图书馆变革的思考和认识转化到具体的操作层面。《纲要》制定后，成为他们后来各项工作推进的指南和行动纲领。

《纲要》点面结合，既规划出东莞图书馆新馆定位和发展目标、任务，又勾勒出东莞地区图书馆事业的发展规划。虽然李东来就任的是市图书馆馆长，但他已经把目光放到整个地区图书馆事业的建设上面来。

《纲要》从东莞地区的图书馆事业发展整体着眼，强调新馆的龙头和中心作用。这其中最重要的就是体现了图书馆区域整体协调发展思想。李东来认为，现代城市图书馆整体化的发展趋势越来越强，在新的环境条件下，我们要有大图书馆的视角，实现从单馆到多馆的思维转变，从城市发展的角度来思考图书馆的发展。基于这样的认识，在《纲要》里就有了一个点面结合的目标规划，点是关于新馆的定位与建设，面则是如何创新东莞地区图书馆发展模式。从某种程度上说，一个城市图书馆的整体化程度，是衡量这个城市图书馆事业发展水平的重要标志。具体到东莞，要满足 2465 平方公里土地上 800 多万人口对图书馆服务的需求，只有点面结合，发挥集群优势，才能实现办馆宗旨，服务好广大市民。

3. 总分馆制：构建东莞地区集群图书馆网络模式的探索

"总分馆制"是《纲要》中提出的创新东莞地区图书馆发展模式的具体形式。李东来认为，发挥图书馆集群优势、由图书馆整体来保障对城市的知识和信息服务，需要有具体的形式来承载。在来东莞之前，他已经对国内外一些地区总分馆制的情况作了了解和研究。像城市国家新加坡，在集中统一的组织管理体制下，实现了全国图书馆馆际间人、财、物及文献信息资源的统一调配和完全共享；香港也是，采用人、财、物等集中一体化管理，形成了完整的图书馆事业网络，图书馆服务网点遍布各社区。应当说这是一种成功有效的城市图书馆运作模式，而且是最理想的集群管理模式。但我国图书馆事业管理是以行政区划管理体制为主导，条（系统）块（区域）分割，影响了图书馆整体效益的发挥。立足现实，学习和借鉴先进的城市图书馆管理经验，寻求现行体制下事业发展的突破，是东莞图书馆发展和创新要面对的主要问题。

东莞有其自身良好的条件：一是较为特殊的市区（镇）二级管理体制；二

是镇(区)经济高度发达,已实现城市化;三是市委、市政府高度重视图书馆事业,将"图书馆之城"作为三大城市文化品牌之一来打造,这为推动总分馆制提供了政治、经济和物质等可靠保证。2004年,他们拟定了《东莞地区图书馆总分馆制实施方案》(下称《方案》),经文化局审定上报,市政府很快以东府办〔2004〕56号文下发,决定在东莞地区推行实施总分馆制。这个《方案》的要点是大力推行总馆加分馆的事业管理体制,构建与东莞城市建设相适应的地区图书馆网络形态:即一个中心(城市中心图书馆),两个方面(镇区图书馆和院校图书馆),三级结构(中心、镇区院校、社区基层网点),形成以技术为依托的整体图书馆网群,覆盖和服务全地区。

李东来和他的同事们从实际出发,实施步骤分两步走:第一步,实现统一采购、集中编目、通借通还,达到"合理分工、共同负担、分别保存、合并使用"的目的;第二步,将行政管理变为行业管理,分馆作为总馆派出的一个机构,分馆的人员、财务及设备均由总馆管理,达到"集中使用资金投入,合理组织专业分工,统一业务规范管理,最大实现资源共享"的目的,建立起国际上通行的总分馆体制。

在推行总分馆制的过程中,政府的支持力度是非常关键的。《东莞地区图书馆总分馆制实施方案》以文件形式下发,要求各镇人民政府(区办事处)、市府直属各单位认真贯彻执行,为总分馆体系的建设和发展创造了良好的政策环境。在经费上,由市政府统筹安排镇区分馆业务管理系统和网络通讯基本费用,保证了基层图书馆采用同一系统,利用总馆资源,开展业务工作的基本条件。在考评促进上,将"建设共享工程基层中心""参与东莞地区总分馆体系建设""与市图书馆联网"等图书馆建设方面的要求纳入镇(区)、村(社区)、企业(单位)文化建设的考评标准,建立起总分馆建设的激励机制。

同时,总馆和分馆是一个统一的整体,共同构成一个地区图书馆网群,其业务管理集中于总馆,由总馆牵头制定了一系列的工作程序、规范标准和规章制度,用以指导总分馆建设,保证了工作流程的统一和顺畅,保证了服务的水平和质量。

通过努力,目前以东莞图书馆为总馆,已建有10个分馆,100个图书流动服务站,达到了"规范标识,集中管理,同一平台,凸现特色,共享资源"的总体要求,动静搭配、虚拟与实体结合的地区图书馆网群正逐步形成。

4. 集群化管理:城市图书馆发展的必然趋势

2005 年,由东莞图书馆联合开发的“Interlib 图书馆集群网络管理平台”解决了集群化管理的技术瓶颈问题,发挥了强大的技术支撑作用,是东莞总分馆制的突出特色。

东莞图书馆事业的发展选择的是一条城市图书馆集群化管理之路。“Interlib 图书馆集群网络管理平台”是东莞图书馆在推行总分馆制过程中,根据城市图书馆集群的社会环境和总分馆业务管理现实要求量身定做的。该项目于 2002 年底立项,2003 年 10 月首先应用于东莞图书馆,随后在首家分馆——常平分馆安装运行,2005 年 5 月通过了文化部组织的科技成果项目鉴定。专家们认为,该项目具有创新的理念,突破了以往单馆、纯技术的研究模式,平台结构合理、技术先进、实用性强、具有广泛的推广价值。系统在东莞地区投入使用以来,实践验证了其具有的经济、高效、实用、方便等性能,初步实现了东莞地区动静结合的图书馆总分馆形态,奠定了东莞图书馆总分馆集群化管理的基础,扩展了东莞图书馆的服务效能,实现了基层分馆业务工作的跨越式发展,提升了东莞城市图书馆事业整体发展水平。

这个平台的主要特点有以下三点:一是使图书馆集群之间实现了完整意义上的业务和资源的大整合,大大方便了读者和市民;二是系统网络管理平台可以提供图书馆集群管理服务,用户只需通过互联网登录到总馆服务器,就可以使用图书馆网络管理平台,大大节省了中小型图书馆功能相近的图书馆管理系统重复建设资金,降低了中小型图书馆使用自动化技术的人才和技术门槛;三是妥善解决了图书文献资产所有权与使用权的分合问题,为集群的发展奠定了良好的基础。

“Interlib 图书馆集群化网络管理平台”的研制有重大意义:第一,是从把握城市图书馆集群化管理的趋势出发,树立了区域集群管理和文献共建共享的设计开发理念,通过核心开发,实现集群内各成员馆业务管理自动化、地区联合编目和文献资源的通借通还;通过整合开发,实现馆内外文献资源的充分提示与多层级服务,从而突破了原有单一馆使用范畴,为图书馆集群的资源共享和联合服务打下了基础。第二,是从国情出发,适应现阶段行政隶属关系不改变的现实,解决了图书文献资产所有权与使用权的分合问题,使业务协作、通借通还和资源共享能顺利实现,符合图书馆发展趋势,又能解决现实问题。第三,从前面的特点介绍可以看出,用户只需通过互联网登录到总馆服务器,就可以使用图书馆网络管理平台,非常便于推广,易于应用。

5. 新馆建设:奠定城市中心图书馆的核心与导向地位

在新馆的定位上,李东来认为要把新馆建设成为现代城市中心图书馆,而城市中心图书馆概念的提出,是试图打破现行行政管理体制对图书馆事业发展的束缚,让市级图书馆获得“合法领导”地位,成为全市各级图书馆理所当然的管理中枢和技术中心,以便整合全区域公共图书馆的所有资源,形成一个布局合理、资源共享的城市图书馆服务网络。

城市中心图书馆对城市图书馆事业发展有着相当重要的作用:第一,有利于实现集中有效的统一管理;第二,有利于对整个城市图书馆事业的发展进行全面规划,使其布局合理,均衡发展;第三,有利于建立地区性文献资源保障体系;第四,有利于图书馆工作的高度组织化,实现图书馆业务工作有序化、规范化、标准化和网络化;第五,有利于增强图书馆服务的便捷性,尽可能方便群众,贴近社会,增强效益。

根据东莞经济文化发展大趋势和图书馆事业发展目标,李东来他们把新馆放在“领头羊”的位置,以带动形成统筹规范、集中管理、特色服务、分工协作、互相补充的公共图书馆服务网络体系,加速图书馆事业的发展。

东莞图书馆新馆定位是以数字图书馆为基础,体现知识交互理念,融合传统图书馆功能的现代城市中心图书馆。可以看出来,这里面有四个构成要素。因此,在新馆建设过程中,他们按照中心图书馆定位进行资源配置;通过开发数字图书馆进行资源整合,已经初步形成规模,积极推进文化信息共享工程;通过采用现代信息技术手段,提高传统图书馆的服务能力,增强实力;通过开展多元化服务,拓展服务领域,最大限度地满足读者的需求。此外,“Interlib 图书馆集群网络管理平台”业务系统的开发,本身也是立足于城市中心图书馆和整个地区的。新馆的人员、技术、资源优势和中枢地位十分明显,在统一管理、业务组织、技术开发上发挥了重要作用。

(崔凤雷)

十四、屈义华:创新思维　创新发展

屈义华,1978年考入湖南大学图书馆学专业。近30年的从业经历中,先后担任过高校图书馆部门主任和基层图书馆馆长,也从事过多门图书馆专业课程教学、职业技术教育研究和高校行政管理工作,1994年11月,被文化部授予“全国图书馆先进工作者”称号。曾任佛山市禅城区图书馆馆长,现任佛山市图书馆馆长,研究馆员。研究成果有:主持部级(文化部下达)科研课题“计算机多媒体陶瓷产品数据库”研发,获部、省、市、区多级奖励;主编《基层图书馆信息资源建设与服务实务》等多部著作;发表论文20余篇,英文译文多篇、近3万字,日文译文3篇、近2万字。2002年起开始打造佛山市禅城区联合图书馆总分馆制服务体系,并主持推出佛山市联合图书馆二代身份证免押金书刊借阅、新书借阅、智能图书馆、电视图书馆等服务,取得了显著的服务效益。

广东作为我国改革开放的前哨地区之一,在经济、社会、文化发展等诸多方面都领风气之先,图书馆事业发展亦不例外。特别是最近几年,广东地区的图书馆同仁们在理论研究与实践中,积极探索图书馆事业发展战略与机制,有力地推进了广东地区图书馆事业的发展,为我国图书馆事业的发展做出了积极贡献,而佛山市图书馆屈义华馆长也是其中杰出的代表之一。

1. 关于总分馆

刘锦山:屈馆长,您好！非常高兴您能接受e线图情的采访。您在主持佛山禅城图书馆工作期间,开创了被业内誉为“禅城模式”的佛山市禅城区联合图书馆的总分馆体系,与上海市中心图书馆、东莞城市集群图书馆等一道成为我国公共图书馆创新办馆模式与机制的典型代表,有专家认为,禅城区联合图书馆的创建与运营在全国具有“标志性”作用。请您首先向读者朋友谈谈这方面的情况。

屈义华:首先非常感谢 e 线图情对我个人以及佛山图书馆事业的关注,并提供这样一个良好的机会让我们与业界同仁学习和交流。

党的十六届五中全会首次提出要“逐步形成覆盖全社会的比较完备的公共文化服务体系”,将公共文化服务体系建设明确列入党和国家科学发展的大局之中。公共图书馆作为公共文化服务体系的重要组成部分,在公共文化进入“体系建设”的轨道时,也必须思考和探索自身服务体系与服务网络的构建。早在这之前,列宁就提出“要满足广大群众的文化需要,需要达到每走 10 到 15 分钟就有一座图书馆”。这种“15 分钟图书馆圈”的实际就是通过构建一个布局合理、贴近民众的公共图书馆服务体系以最大限度满足民众的文化需求。

禅城区图书馆是较早开始进行体系建设探索的基层图书馆之一。2002 年年末,佛山市行政区划调整,由佛山市城区、石湾区和原南海区整合而成的禅城区挂牌成立,原石湾图书馆也于次年更名为禅城区图书馆。区域扩大了,读者数量增加了,怎么样满足读者的文化需求成为禅城区图书馆不得不思考的问题。

2002 年的台湾之行,我考察了台湾的总分馆体制,这为我后来提出在禅城区建立联合图书馆的方案提供了灵感。就总分馆本身而言,并不存在什么创新,这是国外和港澳台图书馆界盛行的模式。但禅城区图书馆要完成对总分馆的成功移植必须要打破我国“分灶吃饭”的财政体制。在我国,公共图书馆按照行政等级划分成省、市、县图书馆,并由相应等级的政府管理。以佛山市为例,作为中心城区的禅城区里面就有由市政府管辖的佛山市图书馆、禅城区政府负责建设的禅城区图书馆以及由街道投资和运营的街道图书馆。三级图书馆服务能力、服务水平和服务标准的不同,使得图书馆在资源重复建设的同时读者服务的效益也不明显。

由此我提出了建设“禅城区联合图书馆”的方案,并争取到区政府和街道的支持。禅城区联合图书馆由区图书馆集中管理,统一财政、统一服务,并根据街道(镇)特点确立分馆的服务内容和服务功能,从而逐步形成了“一主五分”、我国目前为止真正意义上的总分馆服务体系。

在禅城区联合图书馆总分馆制方案提出之后,佛山市联合图书馆区域性服务网络也开始酝酿。由市图书馆牵头构建统一的业务管理平台,在成员馆之间实行联合编目、资源共享、通借通还。到目前为止,佛山市联合图书馆已经拥有45家成员馆,并以平均每年5到10家的速度在增长,形成了足够的服务覆盖能力。

刘锦山:屈馆长,您觉得我们国家其他地方如果也做类似佛山联合图书馆这样的事情,主要阻力在哪里?是我国的财税体制还是理论方面?理论上,一个市由市级财政拿钱来做这样的事情,问题应该不大。但现实中这样的例子除了佛山其他地方还没有发现。您看主要问题在哪里?

屈义华:引用李国新教授的话"总分馆制在我国从来不是一个理论问题而是一个制度问题"。总分馆制的构建要求打破财政"分灶吃饭",将原本属于多级政府财政支出变成由一级政府负担。这种阻力可想而知。禅城区联合图书馆的成功有幸遇到了禅城区打造标志性文化工程的重要契机,并得到了区政府的大力支持。

在我国现有的行政体制下,"禅城模式"不可能遍地开花。然而许多图书馆因地制宜地构建了符合自身实际的服务体系。我个人觉得,这些服务体系和模式之间并不存在好坏优劣之分,如邓小平所说"白猫黑猫,抓到老鼠就是好猫"。评价一个服务模式是否成功的唯一标准就是它能否提升自身的服务能力,从而更大程度地满足当地民众的文化需求。

其实无论是总分馆制、区域型服务网络、流动服务或者我们通常所说的文化圈,最后的动力来源于文化需求。我们推行城镇化不应该仅仅是人身份的城镇化,关键还在于文化的城镇化。一群人住进了高楼大厦、住进了别墅,但是如果得不到文化服务,就和住在沙漠里没有区别。这正是这些年来我国珠三角、长三角发达地区文化体系建设快速发展的原因。

2. 关于服务创新

刘锦山:屈馆长,对于大多数图书馆而言,新馆的建成以及启用是图书馆发展史上的一个重要标志,大家都将其作为一个发展契机,通过新馆的启用推进图书馆的各项工作更好地发展。贵馆新馆也即将启用,请向读者朋友谈谈这方面的思考。

屈义华:新馆建成以后的发展思路方面我个人更多强调的是责任,而不是具体某一件事情、某一项措施。作为一个市级图书馆,我们的责任在哪里?作为图书馆的工作人员,我们的责任是什么?我觉得这才是问题的关键。佛山市图书馆新馆即将在2013年年底向广大市民开放,然而我们对新馆并没有过多在功能、措施和服务上的宣传。曾经也有媒体总是关心新馆能够给市民提供什么,与旧馆相比有哪些提升。我认为这些方面固然很重要,但是最重要的是心中铭记一份对市民的责任。这种责任可能很朴实,但是它可以激发图书馆人的使命感和创造力,可以让我们在服务读者的道路上有目的、有意义的创新,而不是追求人无我有的哗众取宠。

对于公共图书馆来说,更好地满足读者最基础的需求才是服务创新的出发点和落脚点。我相信新馆的许多新功能和新服务会让读者感到意外和惊喜,但是就图书馆整体服务而言这并不是一种突破,它不会让读者觉得这是完全不同的另一个图书馆。在业界,我们提出了许多新概念、新想法、新举措,但是"新"不是根本目的,我们一切工作的重心最终都要回归图书馆的本质。我觉得图书馆的责任和使命就是为读者提供一种交流、一种服务,提供一份人文情感的满足。这是我们不断追求的目标,是我们服务创新的基础和前提。

刘锦山:屈馆长,我所理解的一种创新模式就是把存在于某个环境中的事物移植到另一个不存在该事物的环境中,例如古代把西瓜从非洲移植到中国,中国本来没有西瓜,移植培育后有了西瓜,中国人也能吃上了西瓜。因此这种移植也属于一种创新。这种创新的模式在IT领域很常见,新浪移植于雅虎、百度移植于谷歌、电商移植于亚马逊等。禅城区联合图书馆的总分馆移植于台湾地区和国外,但在移植过程中有所改造,使之更加适合于佛山的情况,成为大陆真正意义上的总分馆,这毫无疑问是创新。

屈义华:您说的有道理。创新必须以实际承受能力为基础,佛山市图书馆这几年结合实际推出来的几项重要措施可以说都是水到渠成的,比如读者自助采购新书、电视图书馆、智能图书馆、汽车图书馆等。人们常说有困难找警察,对于图书馆而言,我们希望有一天听到人们说"有难题找图书馆",只要是知识方面的问题,咨询图书馆就能获得解决。

要完成这样一个项目需要一个强大的团队,需要24小时在线。这样的服务一经推出就将改变人们对图书馆的传统看法——图书馆不仅仅是图书的借借还还,还可以有许许多多的功能和服务。图书馆是巨大的知识宝库,而所谓的知识宝库就是给每个人一把知识钥匙!

3. 关于项目立馆

刘锦山:屈馆长,我们知道,各国由于政治、经济、文化等方面的情况不同,公共图书馆事业的发展机制、模式各有特点,您对这方面的情况也多有了解与研究。您针对我国公共图书馆事业的具体特点,2011 年在贵馆正式提出了“项目立馆”的办馆理念。请您结合贵馆近年来在这方面的实践具体谈谈“项目立馆”的内涵、操作模式以及需要注意的事项。

屈义华:随着我国从管理型政府向服务型政府的转型,公务员的压力加大了,服务态度好转了,服务水平和服务效率提升了,公众对于政府办公的评价也越来越积极了。而我们公共图书馆到目前为止给大多数民众的印象还是清闲、安逸、无压力,这是很多人选择图书馆工作的重要原因。无论是一个人还是一个组织想要获得可持续发展都需要一定程度的压力。这种压力主要源于自由竞争,在一个健全的竞争体制中,最大程度发挥潜能从而使自身和组织都得到进步。

基于这样的一个背景,我们在 2011 年提出了“项目立馆”。这是一个全新的概念,在提出伊始,我对它的理解也是不清晰的,只是构想着将图书馆重复循环的日常工作打包成一个个有生命周期的项目,从而提升员工积极性和图书馆的工作效率。通过项目的立项、审核、跟踪、评估、结项等环节,我们可以将日常工作很好地串联起来,这意味着图书馆的日常管理工作可以转化为一种对一个个项目的管理。

2011 年,我们提出了“项目立馆”的三年试用计划。2012 年 11 月,《国家图书馆学刊》发了一组文章专门讨论项目立馆。项目立馆是一个非常庞大的工程,甚至可以说在某些方面已经超出了我的知识范围,超出了我本身的驾驭能力,因此我们馆成立了专门的项目管理小组。2013 年是“项目立馆”试用的第三年,三年的试用过程中效益很明显,问题却也不少。对于这个崭新的课题,我们目前仍然还处于摸索阶段。

我国公共图书馆现在整体责任缺乏,我们企图改变现状,尝试了很多办法但效果都不明显。项目立馆目前在我们图书馆运作的情况还不错,但是一些瓶颈性问题怎么去解决,也是我们正在探讨的问题。

刘锦山:提出问题就等于解决问题的一半,提出问题是非常重要的。屈馆长,请您具体谈谈项目立馆过程中遇到的这些瓶颈问题。

屈义华:第一,项目如何与职工经济收入挂钩。项目立馆落实到职工身上就是他对某一事情的直接参与,要调动职工的积极性,让大家真正有一种发自内心的责任感,除了做通职工的思想工作之外,还需要必要的经济杠杆。这方面我们一直在研究,怎样把职工对项目的参与度与其经济收入挂钩。随着佛山开始实施绩效工资,这方面的社会条件已经成熟,然而我们目前还没有找到一个较好的工资计算方法。

第二,如何解决职工参与项目的动力问题。在实现项目和经济挂钩之前,我们需要解决职工对项目参与的热情和动力问题。为此,我们实行了项目和职务提升、职称评定、岗位聘用挂钩,建立了项目评分体系。每个员工都有聘用期,聘期结束想要续聘就必须完成指定的分数,未达到条件者不得续聘或只能高职低聘。

第三,项目和图书馆经费不挂钩。2012 年我们完成了 64 个项目,年终审核 64 个项目的总投资额是 800 多万。在 2012 年中国图书馆年会上很多人提出我们项目的成功源于我们有足够的经费支持。实际上,我们的项目和经费是没有关系的,经费是我们先做好计划财政批下来的,就算没有项目,这 800 多万也将下拨作为图书馆的正常开支。

第四,项目立馆更大的一个瓶颈问题则是管理。许多项目同时展开,对项目的审核、管控,甚至对项目未来的发展,都要有一个基本的概念,要不然项目就会流于形式或者小产。因此,在项目的管控力度、细度和深度方面都要需要加强。为此我馆的业务管理部成立了专门的项目管理小组,对馆内各个项目进项审核和监控。

经过这几年的实践证明,项目立馆是行之有效的管理方法。但要实现其在图书馆的成熟应用,可能需要要一代人、甚至两代人,经过 10 年、20 年的努力。

4. 关于图书馆营销

刘锦山:屈馆长,图书馆营销对于图书馆拓展服务面有着积极的作用和意义,国际图联专门设立有“管理与营销组”。我国目前公共图书馆持证读者比例普遍不高,这种情况下更应该加强图书馆的服务影响,让更多的居民走进图书馆。请您谈谈贵馆在这方面的实践。

屈义华:这确实是一个重要的问题,酒香还怕巷子深,公共图书馆的服务要想为大家所了解、要想更多的人走进图书馆,必须加强图书馆的营销工作。办证服务是每个图书馆最基础的业务工作,为了提升图书馆办证率,2012 年我们对办证服务也进行了项目打包,并为该项目提供了 60 万的活动经费和汽车图书馆。在办证项目实施过程中,非外借部门的其他同事只要可以推荐办证对象,比如联系一个企业、一个学校等就可以成为这个项目的成员,这充分体现了项目管理打破部门限制的优势。推行办证项目之后,我馆仅 2012 年一年的办证量就有 7 万多。

刘锦山:现在咱们总的持证读者数有多少?

屈义华:我们馆目前的持证读者接近 14 万,整个佛山联合图书馆的持证读者已经超过 30 万。佛山常住人口(不含顺德)是 480 万。(顺德属于省管区,并且顺德图书馆没有加入佛山联合图书馆。)因此如果按照 480 万人口计算,佛山市联合图书馆的持证读者比例差不多 3%。

刘锦山:屈馆长,请您再向读者朋友谈谈一个非基础工作的立项管理情况。

屈义华:实际上,图书馆的基础工作和非基础工作很难截然分开。非基础工作立项情况案例比较多。例如我们佛山全市有视障居民有 2400 人,我们专门打包了一个"阅读温暖"项目,为视障读者提供贴身服务。为了做好这个项目,我们打造了许多服务内容:第一,我们把盲文书送到视障人员的学校和单位。第二,请他们来馆看电影,我们有专门的志愿者为他们讲电影。第三,请人来培训他们使用计算机和手机。第四,开展一些针对他们需要的文化活动,像盲人朗诵比赛、盲人歌唱比赛等。第五,组织他们去游览一些诸如广州科学馆等比较有影响的地方。

这个项目做得非常成功。第一,项目得到了企业的资助,我们佛山的"海天酱油"企业为这个项目赞助了 5 万块钱。第二,通过这样一个活动,我们把社会上一些有爱心的人士组织起来,形成了一个庞大的志愿者队伍,专门为视障人士服务。这个项目获得了省、市多级奖励。

这样的案例还有很多,比如我们每年暑假都有专门为佛山外来务工子女组织的夏令营活动。2012 年夏令营规模不到 200 人,而 2013 年突破 300 人。通过这样的活动,让这些外来务工人员找到一种归宿感,感受到佛山这座城市的人文关怀。

5. 关于人力资源

刘锦山:屈馆长,您刚才所谈已经涉及了图书馆的人力资源工作,在图书馆所有组成要素中,人是最为关键的要素。通过项目立馆,确实可以起到锻炼队伍、培养人才的作用。贵馆的这种做法很值得我们借鉴。

屈义华:人力资源工作很值得深入研究。无论哪个管理者都希望自己手下有一批精兵强将。但人才引进来了,怎么让他们各得其所、留住他们,是需要管理者思考的问题。通过实施项目立馆,我们解决了很多问题。在实施项目管理之前,由于部门的划分,要实现跨部门合作完成一件工作通常是困难的。而项目管理的扁平化结构使得项目管理者可以跨部门招募成员,项目成员以其对项目的贡献获取分值,这样就可以充分调动每个人的积极性。

在我们2013年的招聘工作中,20个人的名额引来了710人报考,最后录取的专业有7个,研究生12个,其中有3个留学生。大批人才进来了,怎样让大家各尽其才?目前我们正在安排布置一个对应的项目。在国内外对专业人员的管理方面,我个人了解得比较多的就是一些高校和科研院所的专业馆员制度。现在还没有公共图书馆引进这种制度,我们希望将其引进并称之为专业馆员制度。在这批新入职的馆员中,有的就已经具备成为专业馆员的条件,如3个留学生对其留学国家的教育、生活情况非常熟悉,能为希望在这些国家留学的读者提供很好的建议,我们可以将他们称之为留学服务专业馆员。专业馆员制度目前还正在筹备当中,我相信它能给图书馆的人才队伍建设提供一剂强心针。

6. 关于文化建设

刘锦山:屈馆长,目前包括企业在内的许多机构都比较重视组织文化建设,图书馆本身就是一个文化传承机构,图书馆自己的文化建设问题最近几年也受到业内的关注。请您谈谈贵馆这方面的情况。

屈义华:图书馆作为一个公益性的文化机构,其主要职责就是为读者服务。在这个基础上,图书馆也应该有自己的文化。佛山市图书馆1957年建馆,回顾佛图发展历程,我馆的文化主要体现在如下几个方面:

第一,积极向上的精神。这可以从很多方面反映出来,比如说佛山市图书馆走出去了很多人才,他们在这里的工作成绩得到了上级部门的认可,得到了个人应有的回报。这种向上的文化还体现在哪里呢?就是佛山市图书馆从改革开放以来就在中国图书馆界占有很重要的位置,1993年开馆时是全国最大地市级图书馆,现在又要开新馆了,仍然是全国最大地市级图书馆。多年来,佛山市图书馆的一些做法还是处于很领先的地位,比如信息服务是很有特色的,而且这么多年一直坚持下来的。

最近几年,随着我们国家公共文化服务体系的建设,佛山市图书馆做了很多事情,在全国是很有影响的。例如,我们的读者自助采购新书创新了图书采购方法,将图书采购的自主权交给了广大读者。我们把一楼的一部分空间无偿提供给图书供应商供其摆放现版的新书,读者可阅可借。读者借出的新书将纳入我们的馆藏。这样使得图书馆花最少的钱,让读者看最多的新书,书商获得了一个免费宣传和销售的场所,从而实现了图书馆、读者、书商的三赢。

再如,使用二代身份证注册代替借阅证,没有地域限制,不需要任何证明,只需持本人身份证或护照就可以开通借书功能并且无需任何押金,这也体现了佛山文化的包容性。

第二,踏实负责的精神。佛山市图书馆很少见诸报端,哪怕是一些实实在在的宣传也都很少。大家都踏踏实实地工作,不在乎别人想法。此外图书馆有一大批负责任的馆员,这是图书馆的福气,也是佛山市图书馆文化的精髓。佛山市图书馆的馆长比较好做,因为有这么一批人在踏实工作,只要你敢想,只要你想法是对的,大家都能齐心协力把这事办成。

第三,和谐包容的精神。我调过来的时候,正值省委、省政府提出打造“幸福广东”战略之时,顺理成章,佛山市图书馆也要有所作为,要使在这里工作的绝大部分人感觉自己很幸福、很满足。有时候幸福和付出是不成比例的,有时付出很多也不见得幸福,有时付出越多越幸福。佛山市图书馆有很好的基础,有好多人才,更主要的是以前这里曾经有好几任好馆长,为图书馆引进了很多人才,在图书馆界的影响还是很大的。我们十分重视对馆员的人文关怀,内部管理上特别重视馆员关系的和谐。馆里特别强调对生病的同事、家里有事的同事以及老同志的关怀。作为馆长,这么大一个馆交给你去做,怎么把馆里的事情管好,这是一个很大的课题,我的思考是这样的——不能靠个人,要靠大家,要在馆里培养一大批责任心很强的人。做好管理工作,包容很重要,要懂得广开言路,要有接受不同意见和想法的胸襟和度量。如果固执己见,无容异之量,这样的图书馆是没有希望的。

(刘锦山　屈义华)

十五、颜务林:“知识公园”是现代图书馆的一面旗帜

颜务林,一个喜欢思考的图书馆实践者。1983 年浙江林学院(浙江农林大学前身)毕业后留校图书馆工作,1984—1985 年在兰州大学进修图书馆学专业,后回原馆继续从事图书馆工作。1990 年起任浙江林学院图书馆馆长。2002 年应宁波市政府聘任,到宁波筹建宁波大学园区图书馆,担任首任馆长至今。研究方向是图书馆营运和数字图书馆发展。职业生涯中有过两首小插曲:一是 1997 年下半年,担任过浙江林学院校网办首任主任,始建校园网;二是 1999—2002 年,兼任浙江林学院产业后勤处处长。几乎做过图书馆任何一种专业技术工作,包括流通、阅读、文献采访、中西文图书馆分类编目、期刊工作、文献检索教学、参考咨询、自动化系统建立与管理等。几乎担任过公共图书馆每一级别的职务,包括图书部副主任(副科级)和主任、馆长办公室秘书和主任、副馆长(主持工作)和馆长等职。管理过高校图书馆,更有幸创建了宁波大学园区图书馆。一个不太入流的图书馆学探索者,没有可以值得炫耀的学历和学位,也没有令人高看的社会职务。奉行把工作当学问做,干一岗,思一番,成一文。

新世纪以来,关于现代图书馆发展的实践探索与理论思考日渐引起业内有识之士的重视,其成果精彩纷呈,信息中心、共享空间、学习中心、文化空间等作为不同发展阶段的代表性成果,有力地推动了图书馆事业的发展。多年来,宁波大学园区图书馆在颜务林馆长和他的同仁们的不断努力下,办馆成效卓著。最近,颜务林馆长通过对图书馆发展趋势和实践的思考和研判,提出了“现代图书馆是知识公园”的主张,并着力推进图书馆的大众化发展方向,受到了大家的关注。为此,e 线图情采访了颜务林馆长。

1. 关于“知识公园”

(1)图书馆发展趋势

刘锦山：颜馆长，您好！非常高兴您能接受我们的采访。最近几年您提出了“以人气为中心”的办馆理念，您认为图书馆作为学习中心，作为终身教育机构，必然要求大众化，而人气是大众化的最好体现，您形象地称之为“大众化加人气”。您的这一思想一方面不断指导着宁波大学园区图书馆的办馆实践，另一方面这一思想也随着贵馆办馆实践的发展而不断升华和拓展。我们注意到，您最近在《中国教育报》的一篇文章中提出了“现代图书馆是知识公园”的理念，请您首先谈谈您提出这一理念的考虑。

颜务林：谢谢刘总和e线图情对宁波大学园区图书馆的持续关注。“现代图书馆是知识公园”这一理念的提出，有三个方面的原因：首先是我本人一直以来主张的图书馆办馆理念逻辑发展的结果。2003年，我提出公共图书馆的出路在平民化，随后又提出以人气为中心办图书馆、走出图书馆办图书馆以及全开放的图书馆等理念，“现代图书馆是知识公园”实际上与上述思想一脉相承。

其次，我认为图书馆有着自身的发展规律，图书馆的发展主线有两条：一条主线是从封闭走向开放的过程。从早先的古代藏书楼到一个世纪以前的近代图书馆，再到现代图书馆、数字图书馆，这是一个从封闭走向开放的过程。我们都知道，古代藏书楼不向平民开放，皇家藏书楼只有帝王将相才能使用，寺庙藏书楼只有寺庙里的僧人才能使用，私家藏书楼也只有自己的主人或者家人能使用，而且有着严格的限制。天一阁主人范钦80岁时立下族规：“非各房子孙齐至，不开锁。子孙无故开门入阁者，罚不与祭三次；私领亲友入阁及开橱者，罚不与祭一年；擅将书借出者，罚不与祭三年；因而典鬻者，永摈逐不与祭。”当然，古代藏书楼重藏轻用是与古代印刷业相对落后、图书发行传播量少、长期保存很困难，这些客观条件相适应的。近代图书馆出现以后，先后经历了闭架借阅、半开架借阅和全开架借阅的发展过程，直到今天的全开放服务。显然，这个过程就是一个从封闭到开放的发展过程。闭架方式相当于商业领域早期的百货商店服务模式，而现在的全开放方式好比是超市服务模式。大家喜欢超市，不喜欢百货商店，这已经成为事实。但是，由于藏书楼思想的影响根深蒂固，图书馆全开放在实践上一直都是有阻力的，也不是很彻底。伴随着从封闭到开放的发展过程，图书馆发展的第二条主线是其服务对象从精英化走向平民化的过程。以前图书馆的服务对象基本上属于社会的精英阶层——帝王将相、士人、僧人等,知识神圣而高不可攀,对于一般人而言,图书馆可望而不可即。所以直到今天,老百姓还有这种思想,认为图书馆是较高的知识阶层、知识精英才能去的地方,而不是普通百姓可以去的地方。这也是现在公共图书馆持证率低的重要原因之一。但是,图书馆服务对象平民化是一个必然的趋势,我们要顺应这个趋势。

第三个原因是受到无门图书馆实践这一现象的启发。宁波鄞州高级中学图书馆这几年推行无门图书馆服务,无门锁、无监视、不关门、自由进出、自助借阅。几年来,该校学生阅读量和图书馆利用率大幅上升,学生成绩和综合素质也在提高,馆藏图书并没有人们担心的失窃。这一实践获得了宁波市社会各界很好的好评。受到宁波鄞州高级中学图书馆的启发,我觉得无门图书馆和城市公园有很多相似的地方:第一,它是公共性的,任何人都可以使用;第二,没有门槛,可以自由进出;第三,不需要身份认证;第四,没有管理人员把守。所以我觉得无门图书馆和公园很相似,于是我自然而然想到了"知识公园"这个概念。我认为这种形态应该作为现代图书馆的一个发展方向,所以提出来"现代图书馆是知识公园"的想法。

(2)"知识殿堂"与"知识公园"

刘锦山:颜馆长,"知识公园"这一提法很有创意,通俗易懂但与现代图书馆发展趋势契合得非常好,而且也蕴含着知识公平、知识自由的深刻思想。请您谈谈"知识公园"这一理念对于图书馆事业的重要意义。

颜务林:"现代图书馆是知识公园"这一提法意义很大。首先,有助于我们从理念方面重新审视图书馆的性质,图书馆是什么。前几年大家喜欢把图书馆叫作信息中心,现在也有叫作学习中心,或者叫作第二书房,还有叫作第三文化空间,等等。我觉得这些定义有其合理性,但是也有局限性,有一种不够平和、亲民的感觉;而"知识公园"这一提法带有前瞻性和方向性,既符合图书馆自身发展规律,也指出了图书馆未来发展方向。其次,"知识公园"与过去我们习惯上把图书馆说成"知识殿堂""知识宝库"相比较,"知识殿堂""知识宝库"虽然强调了图书馆的重要性,但是它有一个非常负面的影响,就是让市民或者平民与图书馆之间产生一种距离感,因为宝库、殿堂和普通百姓肯定有距离。殿堂是什么?它是帝王居住的地方场所。宝库是什么?不是普通百姓能拥有的。这两个概念和平民化这个理念不协调。而"知识公园"具有平民化的特点,我们说图书馆是"知识公园",这种平民思想,就有助于去除市民或者平民中由来已久的这样一种心理，其实很多人都有这种心理——认为图书馆是精英去的地方，你这又是宝库、又是殿堂的，一般人都会有这种心理。其实，图书馆自从产生以来平民就存在着这种心理障碍。“知识公园”可以去除这种心理障碍，有助于形成图书馆是面向全民提供普惠服务机构的理念。最后，无门图书馆是社会诚信的一个晴雨表，或者说一个窗口、一个衡量指标，是对市民诚信、素质的一个衡量、一个考验。

2. 关于无门图书馆

(1)去除图书馆之门

刘锦山：颜馆长，您从图书馆历史发展的过程阐述了图书馆从“知识殿堂”向“知识公园”不断嬗变的必然性，这一必然性同时也与精英教育向大众教育的嬗变相辅相成，体现了历史的进步；但是，任何美好的理想或事物，其实现或者到来都不是一蹴而就的。在现今的情况下，我们在具体实践中如何具体推进“知识殿堂”向“知识公园”的转变呢？

颜务林：在实践中怎么来推进“知识殿堂”向“知识公园”的转变，我想可以从下述几个方面展开：

第一，明确树立和普及现代图书馆是“知识公园”的理念。图书馆是“知识公园”，无门图书馆是图书馆发展的必然趋势。公园和百姓很亲近，没有心理隔阂、没有门槛，更没有门锁，公园是不需要门锁的。图书馆像公园一样，普通百姓可以自由出入。而那些打了围墙、关门收费、百姓不能自由进出的“公园”，其实不是真正的公园，应另当别论。图书馆从有门到无门，不仅仅是形式上的变化，更重要的是观念上的改变。“殿堂”的主人不可能是百姓，公园的主人才是平民百姓。读者进出无门图书馆，就像进出公园一样，自由自在，因为他们是主人。

第二，我们不仅要去除图书馆的有形门锁，还要去除图书馆无形的“门锁”，这种无形的“门锁”主要表现在制度上。这些年图书馆在去除制度“门锁”方面有了很大的推进，比如免费服务、免费办证等。但实际上无形“门锁”还是存在的，例如，一些公共图书馆办证收押金制度，就是如此。办证收100块钱、200块钱押金，对很多人来讲，这是一道门槛。这也是导致现在市民持证率低的一个重要原因。近年来，在政府的要求下，免费办证在全国推行，但是收取押金的做法依然如故。读者办证收押金的理由是防止读者有借无还，实则是对读者的不信任。公共图书馆免押金办证是国际上普遍做法，我国的港澳台地区及国外许多国家都做到了。前些年,我在美国考察期间,仅凭护照就办了美国国会图书馆、哈佛大学图书馆和耶鲁大学图书馆的借书证,享受了免费、免押金待遇。我们要主动学习国外这种好做法,同国际图书馆接轨。宁波大学园区图书馆从起初就实行全免费服务,早在几年前又推出办证免押金,实施免押金办证后人气大增。一些人担心的有借无还的情况并未出现。据统计,自实施免押金制度以来,我们图书馆超过一年借出未还的图书低于4‰。我认为,国内公共图书馆实行免押金的条件是具备的,应该推行实施。

第三,去除读者心理之门。平民百姓与图书馆之门是有心理阻隔的,中国公共图书馆的精英化情节向来很重。古代藏书楼与百姓无缘,皇家藏书楼是供帝皇享用,寺院藏书楼为僧人使用,民间私家藏书楼为私家享用。近代公共图书馆声称向社会开放,但是真正走进图书馆的多为社会文化人,社会底层大众很少去图书馆。直到现代图书馆,这种心理阻隔并未完全消除。国内市民公共图书馆持证率仅为1%—2%,与西文发达国家相差甚远。时至今日,中国公共图书馆平民化并未实现。因此,大力提倡"知识公园",应努力去除读者的心理之门。

第四,在实践上我们每个图书馆应该从自身的实际出发,最大限度地降低图书馆的门槛,甚至去除图书馆的门槛,让市民能自由地进出图书馆。有条件的图书馆可以仿效宁波鄞州高级中学图书馆的做法,去除图书馆的门锁,24小时自由开放,读者自己办理借还手续。特别值得一提的是,中小学可以实施无门图书馆,因为读者的诚信有保障;中小学图书馆一般设在学校内,学校是教书育人的地方,读者主体是教师和学生。虽然,当下社会诚信有这样那样的问题,学校也不可能是世外桃源,但是在中小学校园内,师生的行为规范受到严格约束,诚信相对有保障。

还有一个问题需要我们注意的是,数字图书馆的注册登录,这其实也是一道门。现在不是都在讲"数字鸿沟",读者本身对数字图书馆的使用就不是那么熟练,再弄上一个注册登录的功能,其实就是一道门槛,这道门槛仅仅是为了统计管理的需要。当然这里有知识产权的问题,如果在知识产权合理性范围之内,就可以把这道门槛也去掉,这其实就是一道技术之门。有些图书馆门口还有门禁,这就是地地道道的门槛,没有借书证你就进不去,即使你是它的读者,你没带借书证你就是进不去,这完全应该取消。

(2)无门图书馆操作方略

刘锦山:颜馆长,在理论上您提出了“知识公园”的概念,而在实践上您又提出“无门图书馆”这一办馆模式或者服务模式。前者指出了图书馆的发展趋势或者办馆理念,后者指出了实施“知识公园”这一办馆理念的具体操作方法,二者契合得非常好。我们知道,每个图书馆的馆情以及外部环境都有所不同,因此在具体推行无门图书馆的实践中,我们应该注意哪些问题?

颜务林:第一,不能一刀切。因为不同类型图书馆情况不同,目前要在一般的公共图书馆普遍实行无门图书馆,说实在的现在还不具备社会诚信方面的条件,但是在中小学这样的特殊类型的图书馆是没有这方面问题的,我们就应该积极去进行。如果说,我们现在就在一般公共图书馆普遍实施无门图书馆,这样肯定有点超越时代了;反之,今天的中小学图书馆具备了实施无门图书馆的条件,我们仍然实施闭门服务就是落后于时代了,所以应该区别对待。第二,读者要很好地珍惜自己的诚信,这也是我们实施无门图书馆的基础所在。第三,图书馆馆员要有更好的作为,应该把自己管理角色转换成服务角色,不是去管,而是去服务。我们要推进无门图书馆,馆员应该有服务意识。

刘锦山:颜馆长,确实如您所指出的那样,中小学实施无门图书馆具有其他图书馆所不具备的一些有利条件,请您谈谈中小学实施无门图书馆的重要意义。

颜务林:首先,中小学实施无门图书馆最重要的一个意义是可以从小培养读者的诚信意识。无门图书馆是对读者,特别是对学生的高度信任。这种信任对学生的成长,乃至整个一生都有不可估量的作用,被信任者会更加有诚信。中小学图书馆与学生不仅是服务与被服务的关系,而且是教育与被教育的关系。图书馆既是服务方,也是教育方;学生既是被服务者,也是受教育者。对学生来说,无门图书馆不仅更加方便,而且还是接受诚信教育的好方式。学生去无门图书馆,不仅可以获得知识上的服务,而且,还能得到实实在在的诚信教育。也许当初学生到无门图书馆享受的是不受人监视的自助服务,对心灵来说都是一次洗涤。久而久之,习惯成自然,诚信的习惯就是这样培养起来的。有图书馆诚信,就会有到考场诚信,就会有社会诚信,这不正是教育的目的吗?因此,无门图书馆在教书育人方面的作用不可低估。

其次,无门图书馆不仅可以增加对读者的吸引力,提高人气,更好地发挥图书馆作为第二课堂的作用;同时,还可以节约管理成本。相比无门图书馆,当下图书馆业内为防图书失窃,投入不少的人力、物力和财力。很多年前,我参观了一次大型的图书馆设备和设施展览会,会上有众多的国内外图书馆设备商家参展,各种图书馆设备设施非常丰富。我发现,几乎所有的图书馆设备设施,国外都比国内商家略胜一筹,唯独防盗设施设备例外,国内的胜于国外的。起初,有点欣慰,后来仔细一想才明白,那是人家不需要那么强的设备防盗。

3. 视野、胸怀与格局

(1)进步与成本

刘锦山:颜馆长,从图书馆方面来讲,实施无门图书馆大家最为担心的一个问题就是馆藏资源的毁损与流失,请您谈谈对这个问题的看法。

颜务林:确实如此,无门也好、取消办证也好,客观上肯定会造成一些书籍的毁损与流失。我认为只要书籍毁损、流失的量不是过大,在一定范围之内,我们就可以接受。服务肯定有成本,这种毁损、流失就是一种必要的成本,只要这种成本是合理的,我们就应该认可。如果没有这样一种思想,那么我们就永远迈不开步。以我们图书馆为例,在建筑上图书馆还是有门的,但作为一个公共图书馆,我们在前几年就已经取消了办证、取消了押金。有很多朋友担心,你这样借出去的书人家都不还怎么办?我们实践的结果是这样的,一年以上没有归还的图书低于4‰,像这样一个比例是我们可接受的合理成本。事实上,从制度上取消图书馆门槛还是收到很好的社会效益,到馆率、节约率提高了。我们如果今天不能像宁波鄞州高级中学那样取消图书馆建筑之门,但是我们至少可以从押金上取消图书馆的制度之门,应该说在国内绝大多数图书馆都是具备这方面的条件的,现在有的馆长肯做,有的不肯做。关键在哪里呢?关键就在于对无门图书馆服务成本的认可,服务肯定是有成本的,任何服务都是有成本的,正常借阅的图书也会看破的。

刘锦山:您谈的这一点非常重要。有一种社会发展与社会代价理论,按照这种理论,任何进步和发展总是有代价的。以往我们总是希望多快好省,既希望发展多、快、好,又希望代价或成本省,甚至不付出成本,这实际上是不可能的。我们图书馆做服务一样,我们要让大家很方便地利用图书馆,您谈到的在合理范围之内的毁损与流失率,这就是一个必要的、合理的成本。社会进步也是需要成本的。

颜务林:4‰的流失率是可以接受的,当然这个比例可以讨论。如果有一个比例,图书馆、政府、市民都可以接受,那无门图书馆在此范围内的图书流失率就属于合理的成本。

刘锦山:而且纸本图书过一段时间就需要剔旧,因为图书馆库容有限,总是有些书到一定时候就要被剔除掉。

颜务林:我们还要强化一种理念,书是为了用的,开门办馆造成在一定范围内的图书毁损、丢失不是浪费。我们不能为了省事,把图书放在架子上三年、五年乃至更长的时间而没有读者去利用,这样更加浪费。知识公园、无门图书馆无非是为了解决书的使用问题,特别是一些大家普遍喜欢的图书,例如通俗小说、计算机应用、励志等方面的畅销书,其生命周期往往比较短,不很快加以利用、不敞开让读者看的话,过几年就可能没有人看了。当然,一些价值比较大或者非常珍贵的特藏,需要特殊对待,可以有门、可以加锁。对此,读者是可以接受的。但是这样的文献毕竟占少数,绝大多数图书馆的绝大多数馆藏都不在此范围。

(2)我们要有理想

刘锦山:颜馆长,无门图书馆的推进还需要图书馆具有相当的胸怀与气魄。美国国会图书馆面向世界读者提供服务,不仅像您刚才谈到的那样持护照即可办证即可借阅,而且其数字化项目——“美国记忆”也是向全球开放的。为什么美国的图书馆能如此?一方面固然与其发展阶段有关,另一方面也是与其远大的理想、宽广的胸怀和宏大的气魄有关的。没有一定的理想、胸怀和气魄,是难以推进无门图书馆的实践的。

颜务林:确实如此,推进图书馆的发展与服务需要相当的理想、气魄与胸怀。图书馆应该有理想,应该有职业理想,要干大事情,要有大的胸怀和气魄。我们不是那几本书的管理者,我们是全民的知识服务者,我们图书馆就像公园一样滋养着整个社会,多好啊!一个城市能没有公园吗?一个城市能没有图书馆吗?市民怎么感觉公园,就怎么感觉图书馆。平民化是公共图书馆的根本出路。实现公共图书馆平民化,首先要去除百姓与图书馆的各种有形与无形的阻隔,让百姓心情放松地、自由自在地进出图书馆。无门图书馆无疑是最有效的,它让百姓体会到图书馆如同公园,自己是主人。去除障碍,敞开大门,让百姓像逛公园一样自由进出图书馆,图书馆发展的春天就一定会到来。

(刘锦山　颜务林)

十六、郑炯文:书是哈佛的,知识是全人类的

郑炯文,广东恩平人。香港中文大学毕业后留学美国,在芝加哥大学师从该校东亚图书馆馆长钱存训先生。曾担任芝加哥大学东亚图书馆馆长、加州大学洛杉矶分校东亚图书馆馆长。1998 年 5 月,任哈佛燕京图书馆第三任馆长。

改革开放以来,中美图书馆界之间的交流日趋频繁深入,哈佛燕京图书馆由于其独特的发展历史,在中美图书馆界之间的交流中扮演着重要的角色,为中美图书馆事业的发展做出了积极的贡献。在北京大学图书馆建馆 110 周年庆典暨环太平洋数字图书馆联盟 2012 年年会之际,e 线图情采访了哈佛燕京图书馆馆长郑炯文先生。

1. 哈佛燕京图书馆的前世今生

刘锦秀:郑馆长,您好! 非常高兴您能接受 e 线图情的采访。我们知道,贵馆是欧美地区馆藏最为丰富的大学东亚图书馆,馆藏仅次于美国国会图书馆亚洲部,是世界汉学研究和东亚问题研究的资料重镇。请您首先向读者朋友谈谈贵馆的发展历史。

郑炯文:谢谢 e 线图情对哈佛燕京图书馆和我本人的关注。哈佛燕京图书馆馆藏汉学资料和东亚资料是相当丰富的,但是我们不敢说自己是欧美地区馆藏最为丰富的大学东亚图书馆。在北美,包括美国国会图书馆在内有 90 个东亚图书馆,有的很大、有的比较小、有的不大不小,分布在美国与加拿大两国。这 90 个图书馆中,除了国会图书馆之外,哈佛燕京图书馆是最大的,1928 年开馆。我们图书馆与哈佛燕京学社的关系非常密切,而且是分不开的。从 1928 年开馆到 1976 年,哈佛燕京图书馆是哈佛燕京学社的一个私人图书馆,与哈佛大学没有关系,只是馆舍建在哈佛校园里面,而经费由哈佛燕京学社提供。

哈佛燕京学社是一个私人基金会,是一个叫查尔斯·马丁·霍尔(Charles Martin Hall)的美国人用他的一部分遗产成立的一个文化机构。霍尔从奥柏林学院毕业以后,从事铝业工作。现在可口可乐等饮料所使用的罐子,就是他发明的,所以霍尔赚了很多钱。霍尔没有结婚,当然也就没有孩子了,他去世之前订立遗嘱,将财产分为三份,1/3 捐给他的母校,1/3 捐给远东传教教会,远东当然就是日本和中国了。还有 1/3,要在美国成立一个与东亚进行文化交流的学术团体,这就是哈佛燕京学社。

这个机构为什么叫哈佛燕京呢?因为这个机构成立在哈佛大学,所以哈佛成为这个机构名字的一半。1928 年要成立这个学社的时候,董事会就决定在中国成立一个办事处。燕京大学是美国人开的一个教会学校,也就是现在的北京大学,司徒雷登当时是燕京大学的校长,后来做了美国的驻华大使,当他听说这个学社要在中国成立办事处,就回到美国与学社董事会联系,建议将中国办事处设在燕京大学,学社董事会接受了他的建议,哈佛燕京学社的名字也就由此而来。

哈佛燕京学社 1928 年成立,我们图书馆也是当年成立的,因此我们图书馆是哈佛燕京学社自己的一个私人图书馆。但是我们与哈佛大学有一个君子之约,哈佛大学免费提供地方给学社,学社就免费向哈佛大学的教师和学生开放图书馆的服务。我们与哈佛大学的关系就是这样的。

哈佛燕京图书馆 1928 年成立以后,发展相当快。第一任馆长是裘开明先生,裘馆长那时刚在哈佛大学念博士,所以学社就请他做哈佛燕京图书馆的第一任馆长,他一做就做了 38 年,直到 1966 年退休,我们图书馆的基础就是在裘馆长主政图书馆 30 多年中奠定的。那时,所谓汉学图书馆注重在文史哲方面的馆藏建设,裘馆长对中国的善本书特别爱好,当时收集起来也比较容易,这主要有三个原因:一是因为经济的原因与战争的影响,流散出来的私人藏书相当多;二是裘先生一遇到私人藏书流出来可以在市面上买了,就向学社申请经费,基本上是有求必应,学社有这种经济能力,所以,他就很容易从北京琉璃厂,从上海、江浙一带的私人藏书家手里买回到哈佛燕京图书馆;第三,我认为是最重要的原因,就是裘馆长与国内的一些著名的图书馆专家、学者有很好的关系。这是最重要的原因,就是这批人做了裘馆长的“耳目”,他们一知道有什么好东西出来就去告诉裘馆长,裘馆长也告诉他们我们对哪一方面的东西感兴趣,他们就帮他留意,这是最重要的原因。在这三方面的因素配合之下,哈佛燕京图书馆发展相当快。我们 1928 年开馆,到了 50 年代初期,在西方除了国会图书馆外,我们已是最大的东亚图书馆。到1976年,我们图书馆发展的规模已经非常大了,董事会说,他们一群人是搞学问的,不懂怎么管理那么大的一个图书馆,于是决定把哈佛燕京图书馆的管理权送给哈佛大学。因为我们图书馆馆藏是文史方面的东西,哈佛大学就把我们算作哈佛文理学院下面的一个分馆,一直到现在。

裘馆长1928年任职到1966年退休,为哈佛燕京图书馆建立起来的文史哲方面的馆藏非常丰富。第二任馆长是吴文津先生,吴馆长到哈佛燕京图书馆之前在斯坦福胡佛研究院工作,大家都知道,吴先生扩大了对近现代中国文献的收集,特别是在文史馆藏的基础上扩展了社会科学方面的馆藏。费正清先生在哈佛大学教书,他要把哈佛大学传统的汉学课程拓展到东亚社会科学这方面去,开设了东亚文明课程,所以哈佛燕京图书馆把吴馆长请过来,拓展社会科学方面的资料搜集。吴馆长1966年到哈佛燕京图书馆,一直做了32年,1997年年底退休。在32年之中,吴馆长把哈佛燕京图书馆的馆藏数量翻了一倍以上,把哈佛燕京图书馆变成为一个综合性的东亚图书馆。

我是第三任馆长,1998年5月份过来的,之前我在加州大学洛杉矶分校工作。我是香港长大的,在香港接受小学、中学和大学教育,从香港中文大学毕业以后,在芝加哥大学跟钱存训先生念东亚图书馆学。钱先生当时是芝加哥大学东亚图书馆的馆长,所以钱先生退休后,我就接任了钱先生的工作,我在芝加哥大学工作了12年。1986年我转到加州大学洛杉矶分校,在东亚图书馆工作了12年。1998年5月我转到哈佛燕京图书馆,到2012年在哈佛燕京图书馆工作已经15年了。

2. 哈佛燕京图书馆的馆藏

刘锦秀:郑馆长,请您首先向读者朋友介绍一下贵馆馆藏情况。

郑炯文:哈佛燕京图书馆收藏资料基本是人文科学和社会科学方面的资料,收藏的时间范围是从上古一直到现在。我们收藏5个文种的资料:中文、日文、朝鲜文、越南文和西文,其中西文关于东亚的东西,大部分都是英文的出版物。大家都知道,所谓汉学不是在美国发展起来的,而是起源于欧洲。15、16世纪,欧洲传教士到中国来,学了中文,对中国文化很羡慕,回去以后就在欧洲发展东亚文献收藏,以文史为主。第二次世界大战以后美国变成一个强国,汉学的中心慢慢从欧洲转移到美国来了,现在西方的汉学中心是在美国。

目前我们馆藏超过 140 万册,其中中文收藏将近 70 万册,日文收藏将近 34 万册,朝鲜文收藏将近 17 万册,越南文收藏比较少,才 2 万册左右。西文馆藏,就是英文和东欧文字的收藏超过 5.2 万册。我们现在因为得到哈佛燕京学社的支持,所以馆藏的上涨率是蛮大的,现在每年基本上是 4 万册新书的增长。我们注重在文、史、哲三方面文献的收藏,科技领域的文献收藏很少,但是科技史的东西我们收。现在,除了美国国会图书馆之外,在西方国家所有的东亚图书馆中,哈佛燕京图书馆还是最大的。

哈佛燕京图书馆的善本书很丰富。西方国家中文善本书收藏最大的两个图书馆是美国国会图书馆和哈佛燕京图书馆,我们图书馆的中文善本有 4200 多种。所谓善本就是乾隆以前(即 1795 年以前)刻印的东西才算是善本,中文善本合计有 52 000 多册,我们图书馆就有 4200 多种。此外,哈佛燕京图书馆中文馆藏文史哲、经济方面的图书也很丰富。哈佛燕京图书馆地方志馆藏也很有特色,我们收藏的新中国成立前的地方志相当多,原版地方志有 3000 多种,加上近年来收藏的数字化胶卷地方志,哈佛燕京图书馆新中国成立前的地方志大概有 6000 多种。新中国成立以后从 1982 年、1983 年开始,中国内地各地重修地方志,每个区、每个县都出地方志,我们收了差不多 30 000 种左右。我们的地方志收藏可能比中国国家图书馆还要多点,我们有不同的收集渠道。地方志有连续性,因为不同的县官来了就要修志,要表扬他的业绩。我们很重视地方志的收集,在世界范围内,中国地方志的收录不敢说第一位,也可以说是第二位。

3. 书是哈佛的,知识是全人类的

刘锦秀:郑馆长,数字化是现代图书馆发展的一个重要趋势,我们了解到贵馆和中国国家图书馆进行合作,进行善本的数字化。请您介绍一下这方面的情况以及开展这项合作的一些考虑。

郑炯文:2009 年,我们与中国国家图书馆签了一个协议,中国国家图书馆把我们馆藏的所有善本数字化,现在已经扫描了 1700 多种,经部和史部已经做完了,中国国家图书馆把这些数字化的善本向全中国开放。此外,我们与韩国国家图书馆也有类似的合作,韩文善本我们的收藏也不少,我们有 2000 多种、30 000 多卷。我们已经与韩国国家图书馆合作了 3 年,2012 年开始第二个三年的合作。我们从蒋经国基金会获得了一些经费,我们与美国的国会图书馆、普林斯顿大学东亚图书馆,中国台湾的“中央研究院”历史语言研究

所傅斯年图书馆合作,也把部分中文善本数字化。除了这几个大的项目之外,我们把自己的资源(部分来自于哈佛燕京学社,部分来自于哈佛文理学院图书馆)进行数字化,到现在已经做了16个善本馆藏数字化项目。例如,有个德国人捐给哈佛一批北京20年代、30年代和50年代初期的老照片,大约5000多张,我们把这些照片数字化,放到网上。美国有一个传教士,曾在甘肃、宁夏、西藏等地传教,他想把穆斯林变成基督教徒,他拍了1000多张老照片,这批老照片在我们图书馆收藏,这批照片也数字化了。我们还有另外一个收藏,是500多张日本佛教的图画,我们也把它扫描放在网上供学者利用。民国的东西我们有1000多种,现在没有版权的部分,我们也把它数字化后免费开放。我们还收藏有400多卷的纳西文馆藏,我们与中国社会科学院合作出了一个目录,我们把这部分资料扫描放到网上。凡是在哈佛燕京做的这些数字化项目,对全世界免费开放,在哈佛大学图书馆的网站和哈佛燕京图书馆的网站上都可以查到,可以免费阅览、免费下载。美国在这方面比较开放,希望把我们的特色馆藏尽量发布出去让读者免费使用。现在我们做了16个项目,有大有小,以后这两三年准备还要做五六个项目。我们的目的就是把哈佛燕京图书馆的特藏、善本、图片以及其他馆藏数字化,通过网络让全世界的学者广泛利用,这是我们的目的。

哈佛大学图书馆是全世界高校中最大的图书馆,哈佛大学有73个图书馆,馆藏有1700多万册。哈佛大学图书馆发展到今天,收藏了这么多宝贵的东西,这些馆藏当然是哈佛的财产,但这些馆藏的内容不是哈佛的财产,而是全世界的、全世界搞学问的人的财产。正是基于此,我们哈佛燕京图书馆要把馆藏尽量数字化,让读者使用,这样会大大方便读者。如果中国的读者要用我们的善本,没有数字化之前,要飞7000多里路到哈佛大学去看,我们把这些善本数字化后放到网上,中国的读者不用出门就可以看得见我们的东西了。因此,书当然是哈佛的财产,但它的内容不是哈佛的财产,而是全人类的财产。所以我们在哈佛也希望中国的图书馆,能够改变理念,千万不要说这是我的好宝贝,你最好是不知道,这样子你就不来用我的东西。这是非常落后的一种观念,自己封闭起来,是非常落后的一种观念。我希望我们国内的同行,以后慢慢改变这种观念。我们为什么要做这个项目呢?也就是希望先从哈佛做一个榜样,我们想这样子来做。

刘锦秀:郑馆长,随着时代的进步以及图书馆的发展,图书馆馆藏资源的同质化成为不少图书馆面临的一个问题。贵馆作为一个以收藏东亚资料为主的图书馆,与绝大多数美国其他大学图书馆相比有着自己鲜明的特色。我们想了解,贵馆关于东亚文献的馆藏发展政策与贵国国会图书馆亚洲部有何区别?

郑炯文:国会图书馆是美国的政府机构,当然有它的条件和政策。哈佛大学是一个私立学校,它也有它的条件和性格。据我所知,哈佛燕京图书馆老一辈的人与国会图书馆竞争得很厉害,认为哈佛燕京图书馆是东亚文献收藏最大的美国图书馆,但国会图书馆说他们才是最大的。到我这里,我认为这倒不重要。我现在出来在外面开会,如果国会图书馆的同行认为它是东亚文献收藏最大的,我也不跟他犟,你觉得你是老大哥,就老大哥算了。我认为这没有什么所谓,你说你收的地方志、善本是最好的、最多的,我从来不计较。我也希望国会图书馆的同行们能把它里面藏的好东西,好好地整理出来,然后把它公开。我对国会图书馆的唯一一点意见是他们并没有这样做。

4. 关于未来

刘锦秀:郑馆长,请您谈谈哈佛燕京图书馆未来 5 到 10 年的发展规划。

郑炯文:我们的发展计划很简单。我们现在面临一个地方不够的问题,馆舍简陋,我们现在已经有 140 万册的藏书,差不多一半已经挪到到别的藏书楼去了,藏到我们校外的一个密集书库里。虽然在校外,调回来还是蛮方便的,用电子邮件发个请求,不到 24 小时,书就回来了。哈佛燕京学社图书馆未来有个新的计划,就是想在哈佛大学建立一个东亚研究中心主楼,这个主楼有三栋楼,一栋给哈佛燕京图书馆用,一栋给哈佛燕京学社来用,第三栋楼给东亚系用。现在因为地方不够,东亚系跟学社都分散在不同地方,很不方便。建东亚研究中心主楼,大概要募集 1 个亿吧,现在就看这个项目校长是不是能够通过。哈佛大学是私立学校,什么都是募集回来的,我们没有政府支持,但是 1 个亿的资金我们的教授觉得很容易募,也不用愁,现在就看学校最后同不同意,院长已经通过了。所以我们以后 5 年到 10 年有这样改善的一个计划。

图书馆的发展我们还是尽量地维持哈佛燕京的特色,在纸本方面我们会继续发展特长,但是我们也了解到电子资源这方面的重要,所以我们现在感觉到有些压力,我们的经费在北美所有的东亚图书馆之中也算是比较高的吧,但是采购电子出版物的压力也是特别大。特别是这几年,中国的电子出版物越来越多。有一句批评的话,中国搞电子出版物参差不齐,重复的现象很多。而且国内的电子出版商有个误解,都说北美的东亚图书馆是最有钱的,这是非常错误的感觉,所以卖出来的东西特别贵,我们感到的压力越来越大。我们未来5年的发展,哈佛燕京图书馆会继续保存纸本,因为现在大部分的教授,他们做研究的时候,还是比较喜欢看纸本的。但是不可否认电子的比较好用,查起来比较方便,所以我们也要兼顾这一方面,这是我们这几年的发展规划。还有刚才我也已经讲过了,我希望陆陆续续募集一些经费回来,把哈佛燕京收藏的善本和特色馆藏数字化,免费向全世界学者提供。这方面哈佛燕京图书馆相对北美的一些东亚图书馆可能是起步比较早,经验比较丰富一些。如果弄到钱,最好是全部数字化。哈佛燕京图书馆没有很漂亮的馆舍,但是我们有非常好的馆藏,有些馆藏是国内一些图书馆都没有的,所以我们可以骄傲。多年以来我们注重的就是馆藏建设这个方面,另外我们馆藏对外面是全部公开的,供所有学者来用,所以每年到哈佛来用我们哈佛燕京图书馆藏书的人相当多,有时候比我们本校的教授、学生还多。因为我们有的东西是其他学校所没有的,馆藏非常多样化,非常丰富,所以这是我们哈佛燕京的一个特色。

5. 给中国同行的建议

刘锦秀:郑馆长,您对中国的大学图书馆同行们有什么建议吗?

郑炯文:这个问题我要小心讲话了。这也是2012年到哈佛燕京图书馆访问的武汉大学图书馆采编部主任和我谈的问题。我们尽量和国内的图书馆合作,但是我们是一个小单位,我们实际上没有能力与所有的大学图书馆合作,因此我们选择一些和我们对口的图书馆合作,例如北京大学图书馆、清华大学图书馆、南京大学图书馆、武汉大学图书馆、南开大学图书馆、中山大学图书馆、四川大学图书馆等。对口就是藏书差不多、项目也差不多的学校。

我个人觉得中美图书馆界的交流是值得提倡的,我从来没有认为只有中国人要到美国去,向美国人学习;我这次到北京来之前也参加了南京大学图书馆举办的一个会议,我认为美国图书馆也应该多到中国来参观访问,向中国图书馆界学习,应该有来有往的。我从来不相信只有中国人到美国去学习,我也希望国内的图书馆界敞开大门,邀请一些美国的图书馆员、美国图书馆界的人到中国来学习交流。近年来我们尽量扩大电子出版物的收藏,所以内地很多重要的数据库我们都有,台湾的一些专题库我们也有。我们现在与国内的一些重要大学的交流非常密切,来往的机会也非常多。我们现在有个访问馆员的项目,每年和国内一些重点院校图书馆合作,相互派馆员到对方进行交流、互访和工作,期满后馆员再回到自己的图书馆。目前,哈佛燕京图书馆和北京大学图书馆、南京大学图书馆、武汉大学图书馆等都有人员交流合作项目。这是哈佛燕京图书馆与内地大学图书馆合作的一个特点。

我1979年第一次到内地来,以后基本上是每年都来内地,来搞项目合作与交流。我深深地感到内地这30多年来发展得相当快。中国的民生问题得到了解决,中国有一个很优良的传统就是重视文化,所以政府就都有能力在图书馆方面大量地投资。几年前,武汉大学图书馆的燕今伟馆长到哈佛访问,我就给他讲过一句话,我说这20年将是中国高校图书馆发展的黄金时代。这几年,我陆陆续续地来看了一些图书馆建设情况,你们的图书馆建设,北大也好、中山也好、武大也好、南大也好,都有了非常好的馆舍,在硬件的很多方面已经超过美国了;软件方面,就是搞自动化、数据库,也跟美国的图书馆接轨,距离越来越近了。在哪些方面中国还可以向美国学习的呢?就是在管理理念这一方面,就是人才的培训,但是你也可以慢慢地看,这几十年慢慢地变。我80年代到中国来的时候,国内唯一可以介绍他们的馆员的素质是怎么样好呢?就是我有一两个大学毕业生。现在到中国来访问,已经是差不多每个人都是大学生了,他现在介绍的是我有多少个硕士,甚至于我馆里面有多少个博士毕业生,这个也是一种改进,也是一个好的地方。

但是,不可否认在管理理念这一方面,就是怎么样治理一个馆、怎么样开放、怎么样进行图书馆员的培训、怎么样把图书馆搞好,国内的图书馆还可以向外国的图书馆多交流,多学他们的经验。当然,国情不一样,你不能把美国的那一套百分之一百地搬到国内来。我们在美国久了,也不能到中国来看到这里就批评这里、看到那里就批评那里,因为各有各的条件。我觉得这20年国内的高校图书馆改变了不少,跟国外图书馆的差距越来越小了,我是非常希望多一些国内的图书馆员到外面去,给一些人机会,让大家开开眼界。我也希望国内的同行邀请美国的一些图书馆员多到国内来,了解你们,向你们学习。

(刘锦秀　郑炯文)

第三部分　案例:城市图书馆运营创新案例研究

一、赤峰市图书馆:抓住机遇　跨越发展

(http://www.cflib.net)

赤峰市位于内蒙古自治区东南部,蒙冀辽三省区接壤处,有蒙、汉、回、满等30多个民族,是一个以蒙古族为自治民族、汉族占多数的多民族城市,也是内蒙古第一人口大市。赤峰市图书馆创建于1982年,新馆位于赤峰市新城区锦山路南段,建筑面积7800平方米,2011年12月投入使用。目前,已建成以赤峰市图书馆为总馆和中心馆,以12个旗县区馆为分馆,包含学校、社区、乡镇、企业、部队图书室,覆盖全市城区与农村的赤峰市图书馆总分馆服务体系,并实行免费开放服务。

1. 多方筹措乔迁新址,基本服务免费开放

赤峰市图书馆原名昭乌达盟图书馆,1982年正式建馆,属辽宁省管辖。1983年,昭乌达盟改制为赤峰市,昭乌达盟图书馆亦更名为赤峰市图书馆。赤峰市图书馆位于赤峰市红山区钢铁西街北五段一号,馆舍面积4200平方米,主楼四层,书库侧楼八层。由于馆舍采用的是防震框架结构,南北两面都是巨型玻璃窗,冬天极冷、夏天酷热;阅览区、外借处、报告厅、办公室等区域没有明显界限,既影响读者借阅,又影响馆员办公。同时,由于公共空间狭小,读者没有休息场地,无论从结构还是空间上,已不能满足越来越多的读者需求。

赤峰市政府搬迁到新城区以后,经多方筹措资金,2007年12月4日,图书馆新馆奠基。新馆占地面积20亩,建筑面积7800平方米,投资6000多万元,于2010年8月8日竣工。但由于搬迁经费短缺,没有立即实施搬迁。2011年7月,新一届领导班子正式成立以后,经过4个多月的努力,先后争取到地方财政50万元的设备购置费、13万元的购书经费,争取到自治区级财政资金200万元,中央补助地方经费100万元,更重要的是同时争取到免费开放

经费 50 万元,为新馆搬迁和读者服务工作的开展做好了资金准备。2011 年 12 月,赤峰市图书馆顺利完成搬迁,2012 年 2 月实现报刊阅览、自学阅览、图书外借等基本服务项目的免费开放服务。

2012 年 7 月 18 日,赤峰市图书馆隆重举行建馆 30 周年暨新馆开馆庆典活动仪式。在庆典仪式上,中国光华科技基金会及多家出版社和相关企业向赤峰市图书馆捐助 550 万元的图书,赤峰市五位作家也当场捐赠了自己的作品。

2013 年 6 月 18 日,在江苏省张家港市图书馆举办的全国中小型公共图书馆联合会 2013 年研讨会上,举行了由全国中小型公共图书馆联合会倡议的"东部联西部带中部——大手拉小手"结队仪式,江苏省张家港市图书馆与赤峰市图书馆结为帮扶对子,并正式签约。2013 年 7 月 12 日,赤峰市图书馆与国家盲人图书馆签约,成为被帮扶的民族地区盲人支馆。

新馆开馆以来,为全面提升免费开放服务水平,赤峰市图书馆积极争取政府支持和社会捐助,到 2012 年 12 月,社会捐助的总计 30 万册图书已全部到馆,将馆藏总量增加了 1.5 倍,使图书馆资源建设工作上了一个新台阶。

2. 注重读者利用与馆员培训,两手抓数字图书馆建设

2012 年,赤峰市图书馆通过争取中央、自治区、赤峰市三级财政支持,加大了基础设施建设投入力度,投资 1000 多万元,建设大型电子阅览室和数字图书馆,并于 2012 年 11 月末投入使用,实现了传统图书馆到现代图书馆的转型。一方面,赤峰市图书馆聘请资深专家,举办全市图书馆专业技术人员继续教育专业培训,为馆员讲授数字图书馆理论与实践技能;还将 e 线图情(http://www.chinalibs.net)作为馆员在职学习的平台,使大家能够及时了解国内外图书馆界的理论、实践、技术和产品方面的动态,促进大家视野和业务水平的提高。另一方面,举办"牵手数图"——数字资源利用辅导培训活动,培训读者对电子期刊、电子报纸、电子图书、视频等数字资源的查阅和使用方法,吸引更多读者走进电子阅览室,便捷地使用数字图书馆的高品质数字资源。为充分利用电子阅览室,赤峰市图书馆还积极组织读者参与由中国图书馆学会、国家图书馆等单位举办的"全国少年儿童网络知识竞赛"活动,希望通过竞赛的形式,吸引广大少年儿童进行数字资源的使用和检索,同时也对宣传和利用数字图书馆起到了促进作用。

2013 年,赤峰市数字图书馆已拥有 25 万册电子图书,10 000 多种电子期刊,数千集的视听资料,各种取证考试试题、高考报考指南、学科导航、红山文化特色库等多种数字资源。

3. 与社会各界广泛合作,创少儿读者招牌服务

赤峰市图书馆为了让更多的小读者走进图书馆,本着"为少年儿童奉献阅读的愉悦、赋予他们展示才华的精彩"的宗旨,开辟了少儿活动中心,并于2012年5月27日正式向小读者免费开放。

(1)图书馆服务宣传周系列活动

2012年5月27日,赤峰市图书馆与赤峰市松山区妇联、松山区玉龙街道办事处、红山区洪森书城联合举办的"洪森书城杯"2012庆"六一"图书馆服务宣传周活动启动。启动仪式上,图书馆现场为10名小读者发放了少儿活动中心的阅览证和借书证,来自全市多家幼儿园的小朋友为到场观众呈现了精彩的歌舞,赤峰歌舞剧院表演了人偶剧《喜洋洋与灰太狼之神奇药水》并与小朋友倾情互动。仪式结束后,少儿活动中心正式免费开放,工作人员向小读者发放了精致的小礼品。

服务宣传周期间还举办了《如何爱孩子》少儿心理健康公益讲座,请心理咨询师为小朋友和家长讲授少儿心理学知识;举办了"少儿有奖书画创意作品征集活动"的颁奖仪式,对评选出的一、二、三等奖和优秀奖分别由洪森书城出资给予奖励,作品在少儿中心展出。

在服务宣传周活动中,赤峰市图书馆协调洪森书城为出资方,为系列活动"少儿有奖书画创意作品征集活动"颁奖解决了资金问题;聘请红山区美术协会的专家对小读者送来的作品进行严格的评比,因而使此次书画创意作品评比具有公平性和权威性;聘请专家举办的公益讲座,充分体现了公共图书馆的免费开放和公益性原则。

(2)少儿活动中心常规系列活动

赤峰市图书馆少儿活动中心开放以来,通过与社会各界广泛联合,经常定期或不定期举办或组织参加各类文化活动,吸引更多的孩子走进图书馆,扩大图书馆的社会影响力。例如,评选每两个月一期的读书小明星,赤峰市图书馆对小明星给予奖励,并将小明星写作的读后感在少儿活动中心展出。

与其他单位合作,举办各类比赛。如2012年12月9日少儿活动中心与赤峰电台合办"芳草地'V—KOOL威固杯'首届动漫配音大赛";与赤峰松山一小、中国建设银行赤峰分行在松山一小联合举办"建设银行信用卡杯——

童心看赤峰”2012 有奖征文活动;2013 年 4 月 21 日,由赤峰市图书馆主办,赤峰市广播电台农村牧区广播、动漫协会协办的“4·23 读书日”主题活动——“阅读让我的世界更丰富”少儿朗诵比赛在少儿活动中心举办,参赛选手从全市各小学、幼儿园进行选拔,引起了较大的社会反响。

举办小记者活动,让孩子深入了解图书馆。2013 年 5 月 25 日,赤峰市图书馆少儿活动中心与《红山晚报》联合举办“聚焦赤图”——《红山晚报》小记者集体体验图书馆活动。40 位小记者们走进图书馆,以他们独特的视角观察图书馆,对图书的加工、上架等过程做了全程了解,并通过他们的文笔表达出热爱读书、热爱图书馆的真挚情怀,作品发表在《红山晚报》中,从而吸引了更多的小读者走进图书馆,利用图书馆。2013 年 8 月 22 日,赤峰市图书馆、赤峰市农村牧区广播电台“芳草地”栏目组联合举办“聚焦赤图”——2013“芳草地”暑期小记者在行动系列活动。

鼓励家长和孩子一同参加图书馆活动。从 2012 年 11 月 5 日开始,少儿活动中心与赤峰市动漫协会合办“妈妈帮”亲子课堂,每周日上午上课一小时,帮妈妈解决教育问题,让孩子健康成长,受到许多家庭的欢迎与响应。2013 年 6 月 1 日,赤峰市图书馆少儿活动中心在松山步行街举办了“童心秀经典”——国内外经典故事人物环保服装秀,吸引了 1000 多名小朋友、读者和市民参加。

抓住孩子喜欢动漫的心理,组织和参加动漫节活动。如 2012 年 8 月 6 日,少儿活动中心组织小读者参加赤峰市“我爱我家杯”第三届动漫节活动,工作人员与小读者一起表演了“放飞梦想”少儿舞蹈节目。2013 年 8 月 28 日,赤峰市文化局、赤峰市图书馆主办,赤峰市动漫协会承办了“第四届动漫节暨第一届亲子阅读节”。

自新馆开馆以来,丰富多彩、持续举办的少儿服务活动,已成为赤峰市图书馆的招牌服务。

4. 赤峰市图书馆总分馆服务体系

2013 年 6 月,赤峰市图书馆建成“赤峰市图书馆总分馆服务体系”,即以赤峰市图书馆为总馆和中心馆,以 12 个旗县区图书馆和赤峰市图书馆分馆为整个服务体系的分馆,形成覆盖全市城区与农村的公共图书馆服务体系。读者可就近选择任何一个图书馆(室),享受到与总馆同样内容和水平的优质服务,还可以通过赤峰市图书馆提供的 VPN 服务与移动图书馆服务,便捷地使用总馆的高品质数字资源。2013 年 7 月,赤峰市图书馆举办“赤峰市图书馆总分馆服务体系”全市图书馆业务培训班。全市公共图书馆以及赤峰党校图书馆派业务骨干共 40 多人参加了培训,为总分馆服务体系的进一步完善和发展奠定了人才和技术基础。

在资金相对缺乏、起步较晚、新馆建设时间还较短的情况下,赤峰市图书馆紧跟现代图书馆最新发展趋势和服务理念,与社会各界广泛接触与合作,利用一切可以利用的社会资源,积极向政府主管部门争取支持,充分利用现有条件开展深层次、有特色的读者服务,尤其是利用少儿活动中心,“从娃娃抓起”,让图书馆服务深入人心,是值得同等条件地区的公共图书馆参考借鉴的。

(赤峰市图书馆提供资料,刘锦秀整理。)

二、东莞图书馆:创新引领发展

(http://www.dglib.cn)

东莞图书馆成立于 1960 年。现位于东莞新城市中心广场内的新馆于 2002 年 9 月 4 日正式破土动工,2005 年 9 月 28 日落成开放,总建筑面积为 44 654平方米。东莞图书馆目前已实现了 365 天 24 小时全天候服务,覆盖全市 32 个镇街的总分馆制公共服务体系;建成全国首家漫画图书馆、衣食住行图书馆等馆中馆,并在全国首次推出 24 小时自助图书馆和"可放置于任何地方"的图书馆 ATM。

2008 年 5 月,将位于城区的建筑面积 9000 平方米的旧馆改造建成少年儿童图书馆,设有玩具图书馆、粤剧图书馆、老年人图书馆等特色馆;开辟公益网络学习平台"东莞学习中心",并创办以阅读和学习为主题的刊物《易读》和《易学》;2012 年被广东省人力资源与社会保障厅授予"广东省博士后创新实践基地",成为国内首个招收博士后研究人员进行科研工作的地级市图书馆。

从 2002 年新馆破土动工以来,东莞图书馆就进入了一个空前快速的发展阶段,取得了令人瞩目的成绩,除了政策的支持之外,在很大程度上与其理念、管理、服务等的不断创新、与时俱进息息相关。

1. 东莞模式的总分馆制:区域图书馆集群管理与协同发展模式

2001 年,东莞将文化新城确立为重要的城市定位,提出了建设文化新城的发展战略。2002 年 9 月新馆破土动工,同年 12 月《东莞市图书馆新馆建设与发展规划纲要(2002—2010)》出台,提出了构建与东莞城市建设相适应的地区图书馆网络形态:即一个中心(城市中心图书馆),两个方面(镇区图书馆和院校图书馆),三级结构(中心、镇区院校、社区基层网点)①。东莞图书馆通过对全市公共图书馆状况的详细调研,于 2004 年 5 月拟定了《东莞地区图书馆总分馆制实施方案》报送市政府,市政府以〔2004〕56 号文颁发《关于印

① 冯玲等. 城市图书馆集群管理的路径选择与实现方式——以东莞图书馆总分馆为例[J]. 图书馆建设,2007(3).

发东莞地区图书馆总分馆制实施方案的通知》(以下简称《通知》),明确了要在东莞建立以东莞图书馆新馆为总馆的地区图书馆网群。

(1)目标

《通知》中明确的总体目标是“全力建造与东莞城市发展相适应、相配套的现代图书馆服务体系,初步形成以东莞图书馆新馆为总馆,各镇区图书馆为分馆,村、社区(居委会)图书馆以及图书流动车为补充,吸收企业、学校等其他系统图书馆加入的地区图书馆网群。争取到2005年,建成分馆10个,服务点100个;到2010年,使图书馆覆盖全地区,让信息服务进社区、进家庭”。

(2)建设和运营经费

由于正值新馆建设,总馆集群业务管理系统、网络设施和设备、图书流动车、共享图书和数据库等首期启动的费用在东莞图书馆新馆经费中统筹支出,捆绑使用;分馆业务管理系统和ADSL网络通讯费由市统筹,按每年实际加入的分馆数量将统筹经费划拨到总馆,以保证同一技术平台,利于共享资源;镇区分馆所在地政府每年投入总分馆制建设的费用,全部用于该分馆的建设,并实行购书经费单列,专款专用;各分馆的运营经费及人员的工资和一切福利待遇仍归属于当地政府。

(3)东莞特色的总分馆管理模式

总分馆制运营初期制定的管理模式是:在不改变原有行政隶属及人事、财政关系的前提下,总馆负责全区域内的图书采购、配置及加工;各类数字资源实行共建共享;业务管理集中于总馆,使用统一的业务管理平台,通借通还;总馆对分馆工作人员的聘用特别是对分馆馆长的聘用有建议权,同时指导和协调分馆的业务管理工作,负责对分馆人员进行专业培训;为体现总分馆制的整体形象,各分馆统一使用“东莞图书馆XX分馆”名称,馆内各项标识系统规范统一,新建分馆装修格调一致。但在实际运作中,由于购书经费由各分馆所在地政府承担,图书采购改为总馆指导采购、帮助分编的模式。

为从技术上实现集群管理的总分馆模式,2002年东莞图书馆联合企业研制开发了Interlib图书馆集群网络管理平台,并于2003年10月正式在东莞图书馆上线,2005年5月通过了文化部组织的科技成果项目鉴定。该系统可实现多个图书馆协同服务、图书通借通还、资源共建共享等功能,妥善解决了图书文献资产所有权与使用权的分合问题,奠定了东莞图书馆总分馆集群管理的技术基础,填补了国内区域性图书馆集群网络管理的空白,达到了国内领先水平。此后国内有2000多家图书馆使用Interlib系统,投入使用的实践验证了其具有的经济、高效、实用、方便等性能。

(4)服务

总分馆之间通借通还,读者可以到任何一家成员馆借还书,可以检索全部的书目信息和借阅情况,可共享数字资源,实行"一馆办证,多馆借书;一馆借书,多馆还书"和"网上预约、电话预约、送书上门"等便捷服务。2009 年,东莞市图书馆联合各镇街、村(社区)图书分馆共同启动"图书馆服务到户工程",计划在 2009 年 11 月前建立 100 个图书馆服务到户示范家庭,以点带面,以户带村(社区),推送图书馆服务到家庭。

欧美国家以及我国港澳台地区公共图书馆的总分馆制,多实行的是人员统一调配,经费统一控制,文献统一采集、加工、配置,统一服务规范,实施通借通还,被称为是真正意义上的总分馆制。与此相比,东莞图书馆的总分馆制可以说是具有东莞特色,或更大范围讲是"中国特色的总分馆制"。在现行体制下,我国图书馆事业管理是以行政区划管理体制为主导,条(系统)块(区域)分割,多数图书馆难以突破这样的壁垒,东莞特色的总分馆制以技术为依托,在现有的行政体制框架内实现了区域内图书馆的业务整合,无疑对中国大多数城市图书馆是有借鉴意义的。

2. 细分读者群体,制定个性化服务策略

通过对用户市场的分析研究,东莞图书馆从终身学习和学习型社会两个层面,按照年龄和社会机构对用户进行了细分:从学习型社会的层面,按社会机构细分为企业、部队、学校、监狱(服刑人员)、分馆、政府;从终身学习的层面,按年龄细分为学前儿童(≤7 岁)、学龄儿童(7—13 岁)、青少年(13—20 岁)、成人(20—60 岁)和老年人(≥60 岁)以及残障人士。用户群确定后,根据不同用户群的特点,再制定相应的个性化和特色服务策略。

(1)个人用户服务

根据不同读者群,开设不同专题的"馆中馆",同时举办相应主题活动。如根据学前儿童、学龄儿童和青少年用户各年龄阶段身心发展水平的差异,开设玩具图书馆和漫画图书馆;开办"礼仪之家"活动,通过营造现实生活场景,免费为 6—10 岁的儿童进行社交、公共意识方面的培训;举办大型动漫节,通过原创漫画精品展、COSPLAY 表演、漫画现场比赛等丰富多彩的活动,使青少年读者流连忘返。针对老年人常陪伴儿童到图书馆的实际情况,建立老年人图书馆;根据老年人日常生活需要,以保健养生、琴棋书画学习欣赏为重点配置书报刊文献,并经常举办老年人曲艺表演交流活动;收藏各类粤剧书籍、海内外粤剧杂志和木鱼歌等上万种粤剧资料,开设粤剧图书馆等;开办与市民日常生活紧密相关的衣食住行图书馆;为广大 IT 爱好者开设 IT 图书馆;为在东莞投资的台商及其眷属开设台湾原版书刊服务的台湾书屋;举办包括公益讲座、公益课堂和打工学堂的东莞市民学堂,开辟公益网络学习平台"东莞学习中心"等;通过开设视障人士阅览室,送书到敬老院、监狱,举办盲人计算机培训班以及文艺表演等活动,让特殊人群平等地享受图书馆各种服务。

(2)社会机构用户服务

2008 年 9 月,东莞图书馆承办"2008 全国图书馆企业信息服务年会",邀请近 300 名企业代表参加。2009 年,东莞图书馆开始计划并实施企业信息服务项目,面向企业开展信息情报咨询、专题查询与跟踪、国内外文献的代查、学科综合信息导航等服务,帮助企业建立采集与利用信息的通道,提高核心竞争力;组织成立专题信息服务小组,为政府决策提供高效、优质的信息服务。东莞图书馆从 2004 年起,就开始为东莞政协会议和人大会议提供信息服务,工作人员在"两会"前进行深入调研,编制"两会"专题资料,提供会前议案服务,会中提供信息查询、现场办证,开通电子资源及书报刊借阅服务,会议结束后还有后续的跟踪服务等。

3. 建设组织文化,提升组织软实力

2002 年东莞图书馆新馆破土动工之际,市政府即面向全国招贤纳智,时任辽宁省图书馆副馆长的李东来作为高级人才引进东莞,就任东莞图书馆馆长至今。可以说,东莞市政府的引智政策是东莞图书馆创新发展的重要缘起。同年,《东莞市图书馆新馆建设与发展规划纲要(2002—2010)》出台,明确提出了建设国内一流图书馆的目标,提炼出"学习成长、智慧奉献、业务创新、服务惠民"的核心价值观。2010 年制定的《东莞图书馆"十二五"发展规划》又进一步提出了"国内一流、国际知名的现代化城市中心图书馆"的愿景目标。在实际工作中,制定了"开放办馆、人才兴馆、技术立馆"的办馆思路,形成了以价值观为核心的"和谐、高效、认真、愉快"的组织文化。

东莞图书馆实行全员聘用制,馆长聘用中层、中层择优聘用员工,逐级签订聘用合同和岗位责任。为有效践行组织文化,通过举办生日会、文娱活动等营造和谐、愉快的团队氛围;通过学习培训、职业路径设置等为员工成长提供顺畅的职业通道。2004 年,东莞图书馆确立了建设学习型组织的目标,将

"学习工作化,工作学习化"的理念贯穿于图书馆业务工作和员工学习过程。开展全馆性学习活动,组织馆员参加学术性会议,邀请国内外专家来馆进行学术交流,与北京大学信息管理系合作开设图书馆学研究生课程进修班等。2006年起,东莞图书馆开始实施项目管理机制,以"一次性、时限性、目标确定性"为原则,年初实行项目招标,鼓励馆员积极申报和参与研究性和工作性项目;建立有效的绩效考核机制,对员工进行表彰奖励,激励员工和图书馆共同成长。

明确的组织愿景和目标、以价值观为核心的组织文化贯穿整个业务工作环节,使员工充满责任感、荣誉感、工作热情和创新精神,成为东莞图书馆不断前进的内在动力。

(东莞图书馆提供资料,刘锦秀整理。)

三、佛山市图书馆:总分馆制的领头羊

(http://www.fslib.com.cn)

佛山市位于广东省中部珠江三角洲腹地,东倚广州、南邻香港,是"广佛都市圈""广佛肇经济圈""珠三角经济圈"的重要组成部分,在广东省经济发展中处于领先地位。佛山市图书馆是市(地)级公共图书馆,最早成立于1957年。现位于佛山市中心祖庙路的馆舍楼高七层,馆舍面积18 000平方米,于1993年1月8日落成开放。2008年2月,佛山市政府将佛山市图书馆新馆建设列入佛山新城文化中心项目之一,并于2010年1月破土动工,预计2013年内开放接待读者。佛山市率先在禅城区图书馆建设了国内第一个"总分馆"服务体系,成功地带动和提升了基层图书馆的服务水平,并以此为基点,建设了整个佛山市的联合图书馆服务体系。近两年又相继推出了读者自主采购借阅服务、"二证合一"与"二金全免"的零门槛服务等,源源不断的创新活力,使得佛山市图书馆的服务创新始终走在全国同级同类图书馆的前列。

1. 禅城模式的总分馆制——激活基层图书馆服务

2002年9月,禅城区委、区政府发布了《佛山市禅城区建设文化名城实施意见(2003—2010)》,确定实施"禅城区联合图书馆"建设工程。作为佛山市联合图书馆的试点区,2003年,禅城区图书馆开始建设国内第一个"总分馆"服务体系。

(1)总体目标

根据当时禅城区人口分布状况以及各街道(镇)的产业特点,禅城区联合图书馆的总体目标是到2010年建成主馆1个、分馆8至9个,每10万常住居民拥有一座公共图书馆的中小型公共图书馆群。这些图书馆要求布局合理、深入社区、贴近市民,在满足各街道(镇)产业发展对专业文献和信息需求的基础上,提供社区图书馆服务①。

---

① 中共佛山市禅城区委,佛山市禅城区人民政府.中共佛山市禅城区委、佛山市禅城区人民政府关于佛山市禅城区"联合图书馆"建设方案[EB/OL].(2013-01-07)[2013-09-01].http://www.chinalibs.net/ArtInfo.aspx? titleid=279189.

(2)建设和运营经费

建设投资以区政府投入为主导,动员镇或街道财政甚至是企业和社会力量参与,允许投资的企业或个人冠名。如澜石金属图书馆、张槎图书馆和环市童装图书馆皆由其所在街道投资建设;图书馆的日常运作经费则由区政府全额承担,从而保证了其服务的持续性和公益性。

(3)管理

"一馆多地"的主分馆制,各分馆将管理权"全权委托"给主馆统一管理,并实行统一标识。统一管理是指采用统一的技术平台,资源共享,文献统一采集、统一加工,人员统一调配、经费统一控制,同时主馆为各分馆提供业务指导和协调,由此真正实现集中统一管理、分层分点服务,资源高度共享。所有分馆无论由谁投资,其管理权必须归属主馆,即禅城区图书馆。同时吸纳区内各学校或社会一定规模的其他图书室加入联合图书馆体系,但前提条件是必须将其管理权移交禅城区联合图书馆。统一标识是指各分馆必须采用醒目统一的标志,总名称统一使用禅城区联合图书馆,以体现联合图书馆服务的整体和连锁特性;分馆名称则可根据实际情况自行命名。主馆与各分馆以签订合同的形式,落实各项合作事宜。

(4)服务

实行一卡通借通还,结合当地镇街产业优势和特色专业,建设专业分馆,在为专业人员服务的同时,也满足普通读者的信息需求,如澜石金属图书馆、环市童装图书馆。到目前为止,禅城区联合图书馆已建成主馆 1 个,分馆 4 个,总建筑面积近 6000 平方米,藏书 30 万余册。

2008 年 10 月,佛山市联合图书馆正式启动建设。其建设目标定为"建设以公共图书馆为主体,各行业系统图书馆加盟,覆盖全城、服务全民的文献信息资源共享网络。纵向,建立和完善以市图书馆为龙头、区图书馆为骨干、街道(镇)图书馆为节点、社区(村)图书馆为网点的公共图书馆四级网络;横向,公共图书馆与学校、企事业单位图书馆等不同类型的成员馆实现互通互联、优势互补、资源共享、协同服务;逐步形成高水准、覆盖全社会的图书馆服务网络和科学合理、富有地方特色的多级文献保障体系"①。联合图书馆由市和区两级建设。其中市级联合图书馆建设由市负责;区级联合图书馆建设由各

① 佛山市人民政府办公室. 佛山市联合图书馆建设方案[EB/OL].(2008 - 11 - 13)[2013 - 09 - 01]. http://zwgk.gd.gov.cn/007039450/201103/t20110331_29506.html.

区政府组织区信息产业局等相关部门联合建设。四年来,佛山市联合图书馆在统一标识、统一平台、统一资源、分级建设、分级管理、分散服务的原则指引下,成功实现了“多馆联合服务,一卡通借通还”,以及数字图书馆与联合图书馆系统的对接。2013 年 6 月,成员馆由建设之初的 9 家发展到 47 家,其中既有市、区、镇(街道)公共图书馆,也包括村居图书室和大、中学校图书馆。可以说,禅城区联合图书馆的成功运营,为整个佛山市联合图书馆的建设奠定了理论和实践基础,而政府的支持成为不可或缺的要素之一。由于实行总分馆制管理,政府承担日常运营经费,最基层的小型图书馆(室)有了经费、人员、技术、管理等的支持和保障,其服务和运营也进入良性循环状态。

2. 知识超市——读者自主采购借阅服务

联合图书馆将图书馆服务送到读者身边,如果只是“送到”,服务没有创新,效果也会大打折扣。知识超市——读者自主采购借阅服务是佛山市图书馆提升和深化服务的又一新举措。2011 年 3 月,佛山市图书馆设立了新书借阅处,首次应用读者自主采购借阅服务理念;2011 年 9 月 30 日,由于读者量猛增,新书借阅处扩大后更名为知识超市。

(1)知识超市的运作和服务流程

前期由佛山市图书馆免费提供场地,设计业务流程,供应商提供阅览室内部装修及设备,负责将提供的新书上架,并配备工作人员,安装相关软件系统,读者即可入室阅读、外借或购买。如读者需借阅新书,工作人员则为其快速办理新书借阅手续:贴条码,在书店的售卖系统对图书进行售出处理,在图书馆流通系统借出图书,然后在借出信息里对该图书进行编辑,输入 ISBN 号、书名、价格等信息后完成借阅手续。外借的新书只作为临时馆藏,读者首次借阅归还后再配复本正式购入,由采编部门做入藏加工处理。读者需要购买的新书,由供应商直接收取书款。

(2)新书质量保证

为保证图书的“新”与“快”,对于长时间无人问津的图书则做退书处理,规定最迟 3 个月要进行一次大规模的下架、退书工作,并保证每周都有新书上架。在新书的选择上,结合馆藏重点和采购原则,既满足读者的阅读兴趣,同时也要保证图书品质。购书经费则可通过控制读者借出量来平衡。

知识超市让读者直接参与图书采购,改变了传统采编流程,采用先流通,再加工的模式,缩短了新书和读者见面的时间;由于每一本图书都经过读者的“精挑细选”,因此也提高了图书的采编质量和利用率,使有限的购书经费发挥了最大的经济效能。在向佛山市联合图书馆成员馆推广读者自主采购借阅服务模式的同时,佛山市图书馆也将该服务模式应用到了汽车图书馆,根据服务点和服务对象的不同,配置不同类型的新书。2011年底又开通了“音像视界”服务,即与供应商合作进行音像资料的读者自助采购借阅服务。另外,他们还设想直接在书店开辟新书借阅处,使“知识超市”的服务场所不仅仅局限在图书馆。

3. 阅读零门槛时代——“二证合一”与“二金全免”

2011年10月25日,佛山市联合图书馆“二代身份证”免押金书刊借阅服务正式启动,读者仅凭“二代身份证”,不限户籍,与佛山市联合图书馆签订一份《读者服务协议》后即可开通免押金借阅服务功能;无“二代身份证”人士可免费办理“一卡通”借阅证;原“一卡通”借阅证可继续使用,读者可到原办证馆办理退押金手续。

“二金全免”、不限户籍,实现了真正意义上的全民免费、公平阅读,体现了对读者的充分尊重和信任,同时也是对读者诚信借阅的考验,在一定程度上对建设诚信社会起到了推动作用。

4. 管理创新——项目立馆

项目管理因其灵活、快速、高效的特点而具有很强的可操作性,已渗透到各行各业的管理中。2011年,佛山市图书馆正式提出“项目立馆”的办馆理念,以“崇文佛山·阅读春天”系列读书活动为项目试点,正式在图书馆管理中引入项目管理的运作模式。

为使项目管理模式顺利引进,前期,佛山市图书馆首先组建了“项目立馆”课题研究小组,开展相关推广工作的研究;成立业务管理部门,全面管理和监控项目的运作,并为项目团队和项目负责人提供及时的支持和指导,先后制定了《佛山市图书馆项目实施步骤》《佛山市图书馆项目文档模板》《佛山市图书馆项目实施答疑》《佛山市图书馆项目等级说明》《佛山市图书馆2011年项目申报办法》等一系列项目实施文件。同时建立了绩效评价体系,以项目创新和项目目标完成作为馆员考核指标,激发了馆员的积极性和创造力。

2011年,佛山市图书馆顺利完成了“读者自主采购借阅服务”“二代身份证免押金书刊借阅服务”“24小时智能图书馆自助图书馆”等创新项目;2012

年年初全馆申报项目 62 个,成功立项 53 个,其中创新项目 30 个,占总项目数的 57%①。需要注意的是,所有项目的经费均出自图书馆日常的运作经费,包括资源建设费等。

项目管理的引进,为图书馆传统的金字塔式的管理模式注入了活力。由于项目团队组织的横向性和扁平化特性,容易实现跨部门的沟通和协作,有利于工作的顺利开展和快速推进,有利于图书馆整体价值观的建立。对实施"项目立馆"中出现的一些问题,如多项目如何更有效地管控、如何制定更加合理的项目评分体系等,佛山市图书馆还在积极探索和研究中。

(佛山市图书馆提供资料,刘锦秀整理。)

① 洪文梅.项目立馆的实践与思考[J].国家图书馆学刊,2012(4).

四、杭州图书馆：史上最温暖图书馆

（http://www.hzlib.net）

杭州图书馆始建于1958年7月。1994年在全国图书馆评估定级中被评为一级图书馆、全国文明图书馆。2008年10月，杭州市委市政府投入近4亿在城东钱塘江畔市民中心建成新馆。新馆建筑总面积43 860平方米，地下一层，地上四层，近90%的面积用于开放接待读者，是目前国内开放比例最大的公共图书馆。杭州图书馆倡导"平等、免费、无障碍"的服务理念，2008年新馆开放后即实行免押金、免服务费、免办卡费制度，因允许乞丐和拾荒者进馆读书而饱受争议，被网民称为"史上最温暖图书馆"。近年来，杭州图书馆在坚持免费开放的大前提下，不断开拓创新和实践，许多做法和理念走在了全国图书馆界前列。

1."公平、免费、无障碍"服务，让图书馆真正成为读者心目中的天堂

2003年，杭州图书馆迈出了免费开放的第一步——在全国首先推出免证阅览制度，即任何人进杭州图书馆阅览书籍都不需要证件和费用，并且对14岁以下儿童、60岁以上老人以及困难家庭进行免费服务，对困难家庭还免收办卡押金，提出了"为普通民众提供知识扶持，对特殊读者做好学术帮助"的办馆口号。

2006年6月1日，杭州图书馆牵头制定的《杭州地区公共图书馆服务公约》正式颁发，向市民承诺"不以种族、国籍、年龄、性别、宗教信仰、语言、社会地位、教育程度等为条件向读者设置任何使用限制，保障读者免费利用图书馆基本服务的权利"，这标志着杭州地区公共图书馆进入免费服务时代。

2008年10月，杭州图书馆新馆开馆，确立了"平民图书馆、市民大书房"的办馆方针，明确向市民提出"平等、免费、无障碍"理念，取消了办证工本费、服务年费，本地市民凭第二代身份证或市民卡即可免费开通借书功能。

2009年，杭州图书馆将文献外借册次由3册调整为6册，2011年再次将6册调整为10册，业务指标迅速增长，其中年到馆人次和文献外借册次分别从2008年的77万人次和116万册次增长到2012年的336万人次和300万册次。

2. 提供多元文化服务,打造“第三文化空间”

杭州图书馆早在新馆建设之初,就把满足为多元社会、多元人群的多元文化需求的服务理念融入了功能设计中,并参与了整个建设过程。新馆采用家居式装修风格,大开间、全开架阅览,并用沙发、桌椅、书架进行“软分隔”;采用棚顶灯、书架灯、书桌灯三重式灯光设计,通过工艺美术品的陈设和装修风格的细节变化,突出地域特色,营造家居氛围。设有借阅区、报告厅、交流区、研究室等功能区块,开设有配备现代音乐设备的音乐主题图书馆。新馆的功能设计为开展包含借阅、会展、沙龙、音乐鉴赏、文艺表演等多种形式的多元文化服务提供了空间和硬件支持,自开放以来年活动场次均在700场以上。

笔者随机查看了杭州图书馆官方网站上公布的2013年4月的活动预告,活动内容涉及书画沙龙、禅修学习交流沙龙、京剧和话剧欣赏、摄影展、图片展、微博活动、无障碍电影、少儿英语学习、少儿阅读、少儿绘画、书法展、音乐赏析(张国荣97演唱会欣赏、经典民族乐器赏析等)、健康讲座、法律讲座、经济理财沙龙、外语学习沙龙、国学文化沙龙、自然科普沙龙(PM2.5与环境污染)、阅读书友会系列(汽车结构与驾驶技术、心理系列:情绪的力量、周易·奇门遁甲)、文澜大讲堂系列讲座以及读者参与的表演“广场流行大家唱”等80多场活动。可以看出这些活动涵盖了各种年龄阶段、不同爱好的读者群体,活动场地除在新馆各功能区之外,还包括各区县分馆,有些活动甚至走进了小学、监狱。

另一方面,为读者提供自主活动平台的服务,使他们可以个性化策划、自主性安排,与馆员共同参与图书馆服务设计。目前已成功组建起“市民合唱团”“文澜沙龙”“京剧俱乐部咏秋社”“市民主讲”“读者之友社”等社团,以“读者讲给读者听”“读者写给读者阅”“读者演给读者看”的创新形式,鼓励读者自主创新和自主表达,使他们既是文化成果的消费者,又是文化成果的实践者、体验者。

2010年,杭州图书馆褚树青馆长首次提出建设“第三文化空间”,即集学习空间、交流空间、创意空间、展示空间、娱乐空间于一体,“要让图书馆成为市民除家庭、单位以外最想去的地方”。多元文化服务的融入,使杭州图书馆不仅是传统的阅读和学习的场所,更成为读者文化休闲、人际交流和自我展示的空间。

3. 中心馆—总分馆制——实现全民“非学历教育在图书馆”

杭州图书馆提出了“学历教育在学校,非学历教育在图书馆”的新型办馆理念,认为公共图书馆应从单体图书馆服务转向集群图书馆服务,并以树状结构呈体系式分布,与学校教育并行成为公民实现终身教育的一个重要场所。2003 年 8 月,杭州市文化局印发《杭州地区公共图书馆“一证通”专项业务工作实施意见》的通知,明确要在杭州地区公共图书馆实行“一证通”专项业务工作。同时,以此为基础,开始推行“中心馆—总分馆制”,即由杭州市文化局和杭州图书馆牵头,依托于“文化共享工程”,建立以杭州图书馆为中心,区县(市)图书馆为分中心,乡镇(街道)、社区图书馆(室)为基层服务点的公共图书馆四级服务网络。

(1)管理

建立城乡覆盖、四级一体、逐级管理的服务网络体制。杭州图书馆与各成员馆签订合同,实行统一技术平台,图书统一分类、编目,统一借阅制度等,中心馆对分馆进行业务培训和指导,但不干涉分馆管理。2006 年,由杭州图书馆牵头,制定了《杭州地区公共图书馆服务公约》,以地区公共图书馆联盟的形式,规范图书馆业务工作,强化工作人员职业服务水平,统一提供免费的服务。

2011 年 12 月 31 日,由杭州图书馆牵头拟订的《关于进一步加强杭州市公共图书馆服务体系建设的实施意见》(以下简称《实施意见》)由杭州市委、市政府正式颁发,成为杭州市公共图书馆建设的行动纲领和发展标杆。2012 年 10 月,根据《实施意见》要求,由市委、市政府分管领导任主任的“杭州市公共图书馆发展委员会”正式成立,负责全市公共图书馆服务体系建设的协调、指导、监督和考核等工作。

(2)资源建设

采取协调采购的方针,成立信息采编中心,采访人员主要由“一证通”各成员单位的采访专业人员组成,由他们共同负责四级服务网络的资源建设。购书经费由各成员馆所在地政府承担;按基层服务点的文献流通要求,通过市级中心馆(杭州图书馆)或区、县(市)级馆的运作,不定期地批量调拨文献给有需求的基层服务点,以保证这些服务点文献的正常流通,激活了一些因为资源缺乏不能正常开展服务的基层服务点。

(3)在政府投入保障的同时多渠道筹集图书馆活动经费

2003 年,杭州图书馆成立国内第一家推动公共图书馆事业发展的公募基金会——杭州市图书馆事业基金会,其主要任务是为杭州市公共图书馆事业的发展募集、管理、使用基金,宣传图书馆事业的文化担当和公益宗旨,凝聚和整合新时期有志于文化公益事业的社会力量,促进杭州市公共图书馆事业的繁荣发展①。基金会募集的善款优先用于加强杭州市欠发达地域的城镇乡村社区大众阅读基础设施建设的投入,对杭州市基层图书馆(室)的普及和发展起到了重要的推动作用,成立以来已得到了包括杭州旅港同乡会在内的众多企业的资金支持。2009 年起,基金会每年主办"杭州市公共图书馆优秀工作者评选活动",以激发杭州市公共图书馆从业者尤其是乡村基层公共图书馆从业人员的积极性和创造性。

截至 2012 年年底,杭州市已建立区、县(市)馆 11 家,棋院分馆、佛学分馆、盲文分馆、印学分馆等专业分馆 6 家;乡镇(街道)图书馆(室)190 所,村(社区)级图书室 2000 多所。

4. 引入绩效管理与评价制度,激活图书馆内部发展动力

为提高管理效益,杭州图书馆借鉴产业管理的经验,将"绩效"概念引入服务工作,以"投入—产出"为核心,全面推进内部管理的科学化、规范化和民主化,同时开展外部社会评价,由第三方评估图书馆的社会效益。

在内部管理中,杭州图书馆推行"用制度管人,按制度办事"的原则。2010 年成立了由馆长牵头的制度建设小组,全面负责管理体制和分配体制的改革。一方面根据部门工作性质和业务特点,将全馆 13 个部门划分出"职能部门""支持部门""对外服务部门"三大类,并按照其职能给予相应的决策权、监督权,在放权的同时,形成各部门间、部门与馆部间的相互制约和相互促进;另一方面成立职工代表大会和馆员委员会,形成了三级管理和两级分配的管理体系,建立起一套自下而上管理、自上而下调控相结合的民主、公开的管理制度和扁平式的管理模式。为实现管理的科学化、标准化、规范化,2011 年,杭州图书馆委托有资质的公司对其制度建设进行 ISO 9001 质量管理体系认证,并于 2012 年年底顺利通过。

2010 年,杭州图书馆邀请北京大学、浙江大学等一些图书馆学专家同行,以杭州图书馆为蓝本对其进行社会经济价值评估,最后得出的结论为:杭州

---

① 杭州图书馆. 图书馆基金会[EB/OL]. [2013-09-01]. http://www.hzlib.net/about.aspx? ITID=149&iid=219.

图书馆2009年的效益成本之比为1.8688,即对杭州图书馆1元人民币的投入可以得到将近2元人民币的直接效益回报。这样的研究在我国图书馆界尚属首次,不仅具有开创意义,证明了公共图书馆可以产生经济效益,为公共图书馆争取更多的社会支持提供了有力的证据。

5. 创新设计多终端杭州数字图书馆,实现实体与虚拟相结合的泛在式图书馆服务

2010年12月29日,杭州图书馆正式推出了基于"三网合一"的杭州数字图书馆,即通过网络、电视、手机三大服务终端,实现了"用户在哪里,服务就在哪里"的"泛在化"图书馆信息服务。用户无需注册、无需认证,在杭州地区范围内登录杭州图书馆网站——文澜在线,即可无限制访问杭州图书馆丰富的数字资源。2012年6月,"文澜在线"项目获第四届文化部创新奖。此外,杭州图书馆还分别于2010年年底、2011年2月开通了新浪微博和腾讯官方微博,粉丝数一直保持每月3%—4%的增长率,目前粉丝数近2.14万人,在国内公共图书馆微博影响力中位列三甲。

(杭州图书馆提供资料,刘锦秀整理。)

五、金陵图书馆:“南京都市圈”图书馆群为科技创新服务①

(http://www.jllib.cn)

“大都市图书馆”(The Metropolitan Libraries)这一概念得到推崇,最终取决于2004年成立的“国际大都市图书馆分部”(The Metropolitan Libraries Section,MLS)。隶属于IFLA的“国际大都市图书馆分部”将其定义为“人口在40万及以上的城市图书馆,服务不同地区、覆盖同样或更多人口的图书馆也可能被包括进来,但是也有可能会有例外,比如人口少于40万的首都或主要城市群”。

按照上述定义,“南京都市圈”内的各城市图书馆,显然属于“大都市图书馆”的范畴。“南京都市圈”(Nanjing Metropolitan Circle)是以南京为核心,沿沪宁、宁通、宁杭、宁马高速公路和京沪、宁芜铁路等对外交通线扩展的都市圈。该圈包括南京、镇江、扬州、芜湖、马鞍山、滁州以及淮安的南部地区,其空间半径为100千米,高速公路行程在1小时左右。其中核心城市为江苏省的南京、镇江、扬州和安徽省的马鞍山。根据规划,都市圈各城市将通过优势互补、利益共享,建设基础设施网络,消除各城市市场壁垒,在推行市场一体化等方面取得进展。

2011年,为落实第五届“南京都市圈”市长峰会上签署的《2011年度宁马一体化合作协议》精神,金陵图书馆与安徽马鞍山市图书馆举行一体化合作签约仪式。此次宁马图书馆一体化合作是以数字化服务为手段,跨省、跨行政区域进行信息资源共享与服务的一次创新。

为了更有针对性地设计信息资源共建共享想要实现的目标,在总体上不明显增加更大投入、能够更有效地为科技创新人才培育服务,我们预先对南京地区部分科技人才和科技企业的信息需求展开调研。

① 本文作者为金陵图书馆严峰馆长,原题目为《大都市图书馆一体化创新服务设计的需求基础——“南京都市圈”图书馆群为科技创新服务的调研分析案例》,现题目由本书作者修改。

1. 科技人才与科技企业信息需求调研

现代文明社会中,图书馆的价值不在于贡献 GDP,社会的发展对图书馆提出了越来越高的需求。无论有多少人类记录的知识进入因特网、图书馆、特别是大都市图书馆,仍将在未来发挥重要作用。越来越多的参考咨询服务、知识和信息的增长,使图书馆的信息资源互通和服务一体化变得更加重要,大都市图书馆一体化的首要目的是更有效地为科技创新人才培育服务。

根据南京市现有科技创业社区的情况,我们选定了位于建邺区的新城科技园作为调研的园区,以园区内 200 多家科技企业技术人员、管理人员为主要调查对象,发放调研问卷,了解他们的信息需求。新城科技园位于南京主城西南、河西新城东南部,北起应天大街、南到绕城公路、西至庐山路、东依南河,总面积 10 平方千米,核心区面积 4 平方千米,是南京主城区面积最大的高新技术产业园。2003 年经南京市政府批准成立,重点发展电子信息、文化创意、新材料、生物医药、节能环保等新兴产业,先后被命名为首批“省级现代服务业集聚区”“省级软件和信息服务产业园”和“省级科技产业园”。新城科技园内高新科技企业数量众多,企业规模上包涵了从孵化器模式培育的微型企业到拥有自身办公楼的集团公司,从电子信息、文化创意、规划设计、生物医药、新材料和节能环保、金融到各类科研机构,企业类型丰富。因此在新城科技园进行数据调研具有一定的客观性和代表性,具有较强的可信性。作为南京主城内面积最大的高新技术产业园,该园区已引进各类科技企业 396 家,其中世界 500 强企业或分支机构 9 家,国内 500 强和上市公司总部或分支机构 20 家。调研数据统计使我们得到了很大的启发。

(1)行业领域

问卷内容涉及公司信息,企业开展信息服务情况,获取信息类型、渠道、障碍,希望获得的信息服务几个方面。根据调查数据分析,本次受调研的企业主要集中在计算机、电子通信、建筑设计、交通设计、工业设计、化工、生物医药等对科技信息要求较高的领域。数据样本符合我们的科技型企业的范围。

(2)科技企业信息服务情况

从图 1 可以看出,科技型企业对于科技信息、市场信息有大量需求,也比较重视自身信息服务建设,有三成以上的企业设有信息服务人员,有三成左右企业设立图书资料室、自建数据库、与大学和科研机构合作。

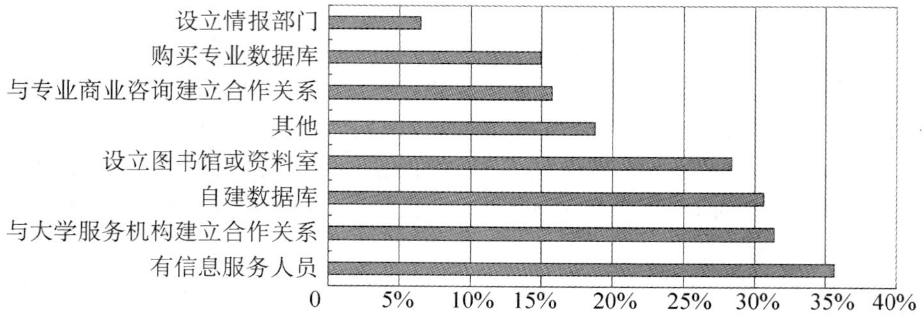

图 1　科技企业开展信息服务数据

(3)科研人员和科技企业管理人员信息需求和利用情况

从图 2 可以看出在获取信息的目的方面,科技人员的需求主要集中在了解行业最新信息、新产品开发研制、市场和竞争对手分析方面。他们对于科技文献和市场信息的需求占了主要部分。

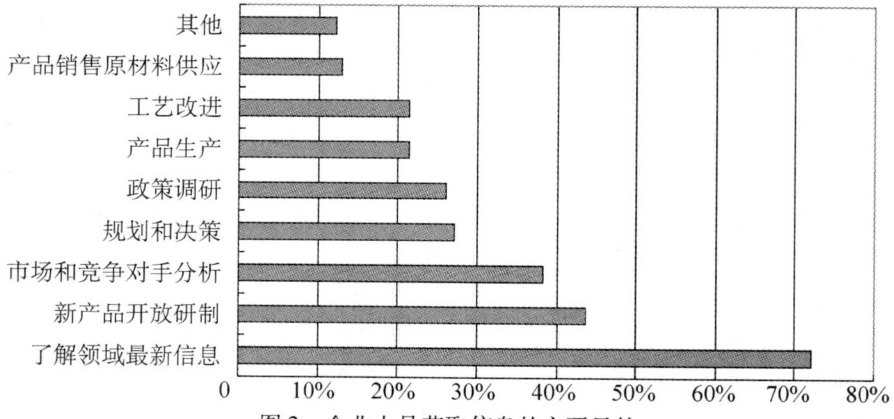

图 2　企业人员获取信息的主要目的

从图 3 中,我们可以看到,科研人员和科技企业管理人员在信息获取渠道上,超过 7 成的人在搜集信息上还是倾向于使用行业网站和便利且信息量巨大的网络搜索平台,他们并不习惯向专业的数据库、图书馆、咨询公司和情报所等专业部门寻求帮助,不到 2 成人会求助于专业数据库。

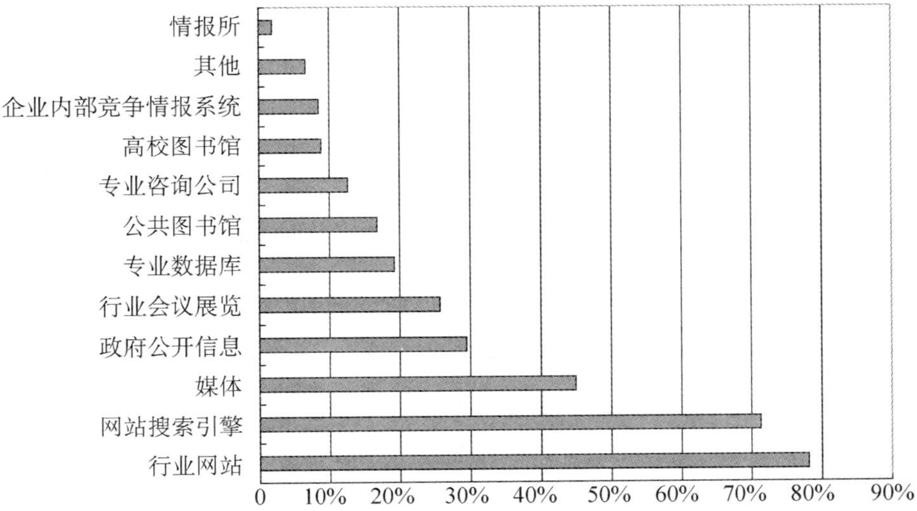

图3　信息获取渠道百分比

从图4可以看出,在科技人员大量使用的网络平台中,他们又以搜索引擎为首选检索工具,接近9成;其次关注的是行业信息服务平台和标准信息网站,只有2成以下的人使用专业信息网站及图书馆网站。

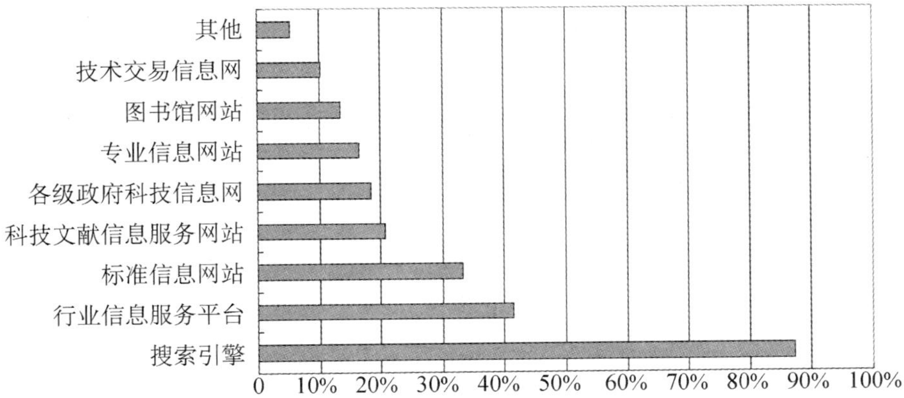

图4　网络平台使用情况分析

在科研人员和科技企业管理人员觉得难以获取的信息类型中,排在前六位的分别是科技文献、竞争对手信息、企业发展政策、行业管理政策、产业发展激励政策和科学数据。而其实这些信息在专业数据库、图书馆、情报所、咨询公司都可以获得。但从图3可以看出,科研人员并不经常使用这些渠道获取信息。

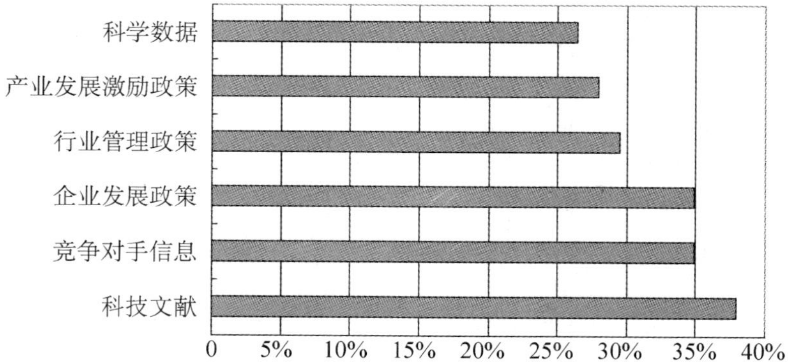

图5　获取困难的信息类型

从图6可以看出,在科研人员和科技企业管理人员获取信息的障碍中,排在前五位的是网络信息冗余、缺乏实用性,信息来源分散、没有统一检索平台,信息获取渠道不畅,图书馆或情报机构的主动性不够、针对性不强,企业人员缺乏专业培训。受访人员在信息搜集的渠道中倾向于使用网络平台的搜索引擎,浏览行业网站和大众媒体,但是信息冗余、没有统一检索平台正是网络搜索引擎的缺点;同时他们一方面觉得专业信息机构提供的服务不够到位,另一方面他们自身也缺乏足够的信息检索知识。这些原因导致了他们过度依赖网络搜索引擎,不愿意使用专业数据库及其他专业信息机构。

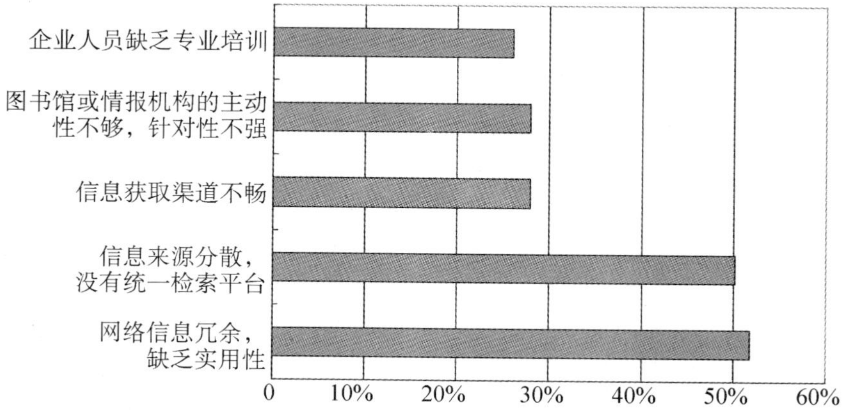

图6　科研人员和科技企业管理人员获取信息的主要障碍

从图7数据可以看出，有4成的科技人员不清楚这项服务，低于2项和没有的约占4成。可以理解为8成科研人员和管理人员没有使用信息服务机构提供的信息服务和产品，尤其是有偿服务和产品。

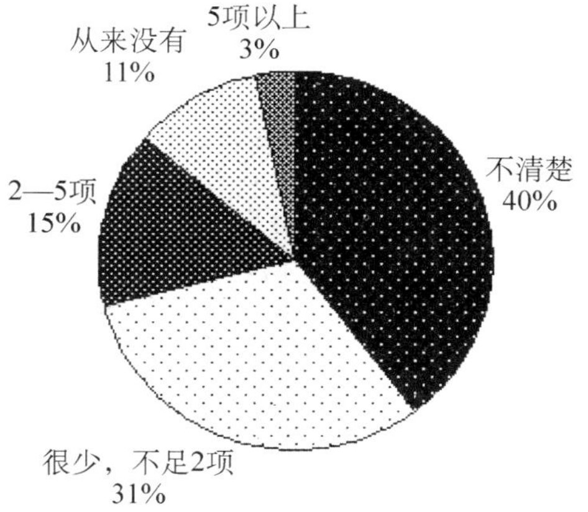

图7　企业接受或购买信息服务和信息产品的比率

（4）专业信息服务机构使用分析

了解受访人员利用信息服务机构的情况，我们可以了解他们对于信息机构的态度，他们理想中的优质信息机构应该具备哪些条件。

从图8的调查我们可以看出，图书馆、情报所并不是科技人员和科技企业管理人员获取信息的主要场所。有4成的人从不去图书馆，有约5成的人每月去1—3次。在我们调研过程中，也听到受访人员反映：工作太忙，没有时间去图书馆；那儿没有自己需要的专业书；情报所信息使用不方便，不知道情报所对外服务之类的问题。

图8显示了受访人员不太去图书馆，那么究竟是什么原因呢？从图9的数据看来，7成以上的人认为图书馆离得太远，不方便；5成左右的人认为图书馆没有自己需要的专业书籍，而且更新太慢；对于想去专业书籍较多的高校图书馆的读者来说，难办借书证又将他们拒之门外；此外也有超过2成的人对于检索存在问题，希望有专业人员协助检索。正是以上这些原因，科研工作者们并不经常使用图书馆。专业书籍加工更新太慢是每一个公共图书馆的通病，因为公共图书馆主要服务对象是普及型读者，读者喜闻乐见的图书加工的紧迫性要高于专业书籍，在加工程序上会有一个轻重缓急；高校图书馆

的通借通还证件已经可以办理,但因一年只办理两次,再加上对外宣传力度不够、办理人员并不太多;而具体到各个个体高校图书馆会因只能办理临时阅览证件而不能借阅,感到非常不方便。

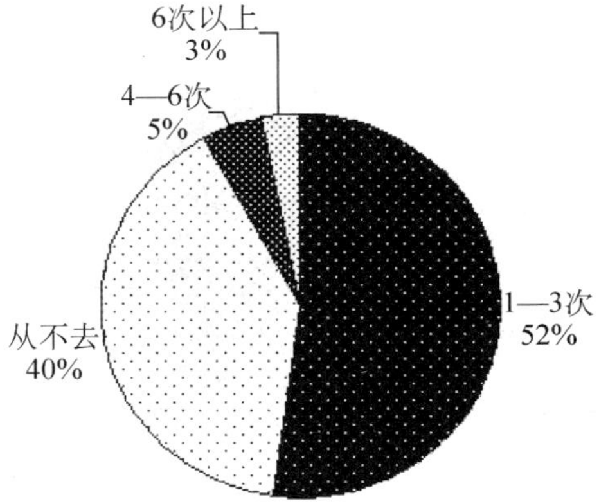

图 8　每月去图书馆或者情报所次数

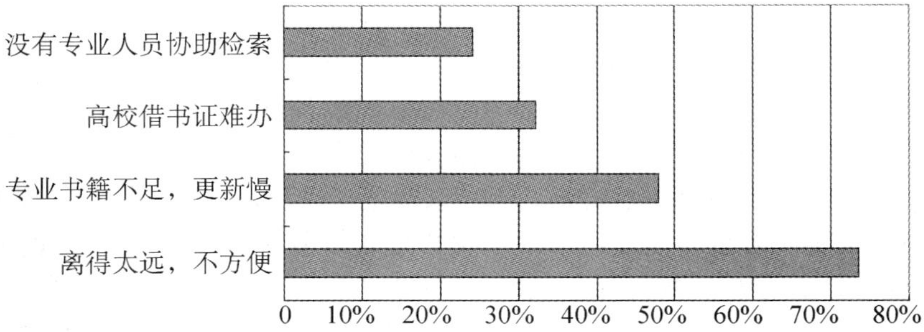

图 9　不去图书馆的原因

既然受访人员对于信息服务机构并不满意,那他们心目中优质的信息服务机构应该具备哪些条件呢?图 10 给出了答案,在科研人员和科技企业管理者心目中,优质的信息机构必须有丰富的资源量,其次他们非常看重服务质量和便利性,这些要求达到了,才会考虑服务的态度、服务的多样性和机构品牌方面。资源的丰富性是提供任何图书馆服务的基础工作,资源建设是基础,读者服务是关键。所以,整合好丰富的资源是提供好服务的关键。资源不一定要拥有,可以使用即可。平台建设中对资源的整合是非常重要的。

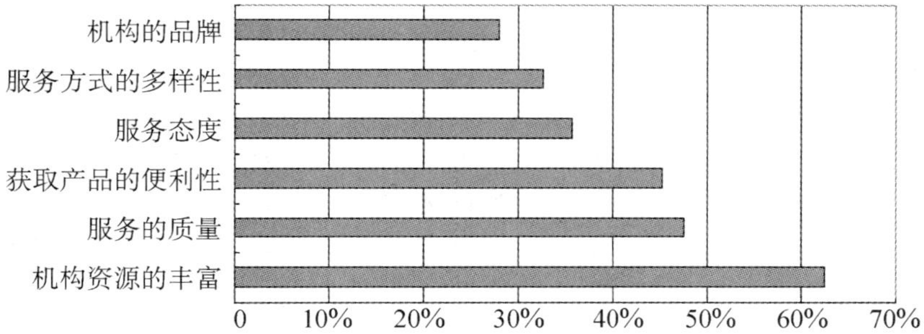

图 10　对于信息服务机构的要求

从图 11 可以看出,受访的科研人员和科技工作者对于信息服务的需求主要集中在:文献检索、书刊借阅等基础服务,提供科研数据库、科技查新、定题情报推送、文献传递等高层次信息服务,创新创业讲座、信息培训服务等读者服务三个方面。这些信息为我们建设创新创业文献信息资源保障体系,提供丰富的、多层次的优质服务,提供参考与建设指导。

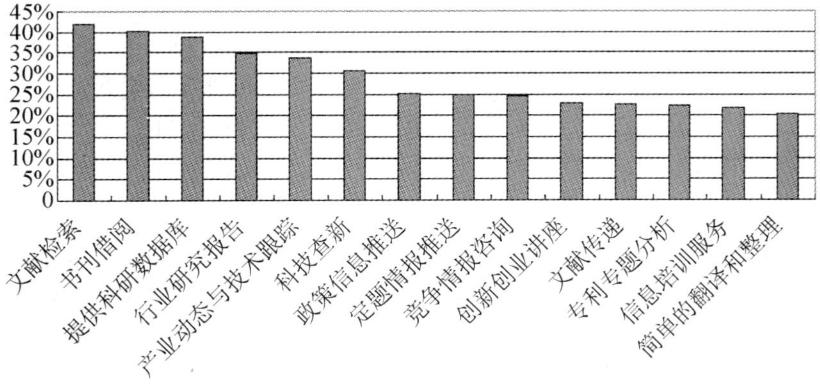

图 11　创新创业人员希望得到的信息服务

通过以上的调研数据统计,我们可以了解科研企业对于信息的需求情况,了解创新型人才对于信息的利用情况,这些数据分析,为我们规划建设都市图书馆服务一体化方案,为城市创新创业提供文献信息资源保障服务提供了参考,指出了建设方向。

2. 社会需求增加与服务创新能力的提升

2012 年 10 月,中国软件评测中心的易兰丽在其研究报告《关于我国城市智慧度评估的 SMART 框架研究》中指出,当前我国城市发展面临的主要矛盾体现在两个方面:城市过快发展与承载能力不足之间的矛盾,城市服务管理水平与社会需求日益提高的矛盾。反映在信息资源保障和服务能力方面,同样存在城市发展过快、社会需求日益提高的矛盾,这或许就是推动大都市图书馆向一体化发展的动力。

国民经济和社会发展"十二五"规划中明确指出,要遵循城市发展客观规律,注重以人为本,保障和改善民生;要科学发展,全面建成小康社会;要实现政府转型,建立服务型政府。中国以信息化为手段,实现了工业社会到信息社会的过渡。《走进信息社会:中国信息社会发展报告 2010》初步测算结果表明,目前中国整体上处于信息社会的准备阶段,正在向信息社会加速转型,信息技术呈现加速扩散的态势,公众成为信息社会发展的最大受益者。经历了电子城市、数字城市的发展历程,城市信息化将向着更高的发展阶段迈进。根据世界银行的测算,一个百万人口以上的信息化城市的建成,在投入不变的条件下,实施全方位的信息管理将能增加城市的发展红利 2.5—3 倍,这意味着信息化城市可促进实现 4 倍左右的可持续发展目标,并且引领未来世界城市发展的方向。

易兰丽在提出了当前我国城市发展的主要矛盾之后,还对基于信息化城市内涵的"SMART 框架"进行了概述,文章指出,总体来说,信息化城市就是要利用新一代信息通信技术来感知、监测、分析、整合城市关键环节的信息资源,在此基础上对各种需求做出智能反应,使城市具备自组织、自优化功能,为城市服务对象创造一个绿色、和谐的环境,提供高效、便捷、个性化的服务。

纵观城市发展的历程,"以人为中心"始终是城市建设的根本。信息化城市的发展,其最终的落脚点也是为了更好地为人服务。信息化城市的内涵揭示出信息化城市发展的逻辑结构,这一结构可以用 SMART 框架进行很好的描述。"SMART"五个字母分别指代"服务""管理""应用""资源"和"技术"(如图 12 所示)。

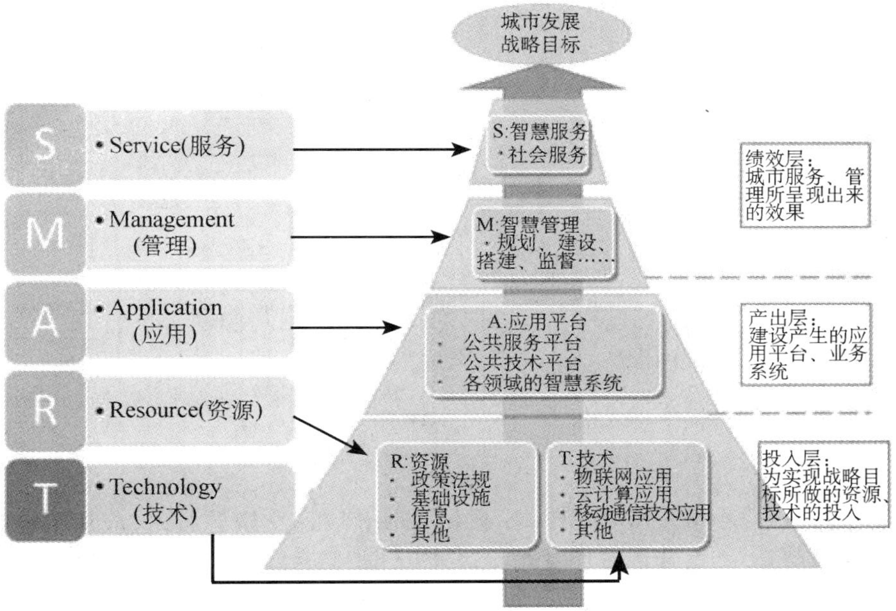

图 12 城市发展 SMART 框架图

根据城市发展通用的 SMART 框架,信息化城市的建设需要依托技术和数据资源,搭建公共信息平台,打破条块分割,实现信息资源服务的精细化、协同化,反映了资源、信息资源服务机构、企业、市民等城市要素之间有序、有力、有效的协调互动程度。

资源可以分为自然资源、基础设施资源和信息资源三大类。资源的开发和利用是信息化城市建设的基础(如图 13 所示)。自然资源包括土地、能源、水资源等天然存在的资源。与信息化城市相关的基础设施资源主要包括网络基础设施、服务终端、防灾减灾设施等城市基础设施和公共服务设施。信息资源是指城市各项活动过程中产生的各种文字、数字、音像、图表、语言等一切信息,既包括人口信息、空间地理信息、法人信息、宏观信息,也包括用户生成的信息、通过感知系统采集到的各类信息。

信息资源的整合和利用是满足社会需求的前提条件。当前社会资源保障体系中普遍存在资源分散、标准不统一等问题,造成信息共享和交换困难重重。因此,急需进行有效的数据元管理、制定统一的交换标准和流程优化标准,为信息化城市建设打造良好的信息资源基础。

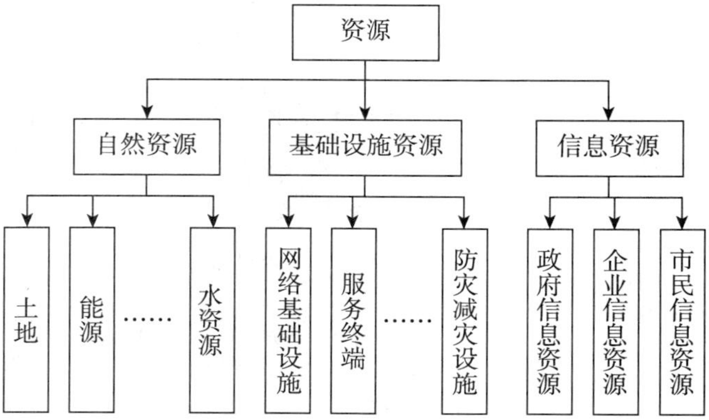

图 13　资源分类框架

从信息化城市建设阶段来看,根据 SMART 框架,资源技术、应用平台和服务管理是一个循环促进的大系统。资源技术条件的优化能够改进应用平台的功能,而应用平台的大范围使用能够极大地提升城市的服务管理水平,在服务管理过程中,用户需求的不断变化将进一步催生出新技术,产生更多优质、标准化的信息资源。

综上所述,在信息社会的大背景下,信息化城市的建设不能局限于单个部门、单个领域,采用割裂的方式显然不能取得好的成效。SMART 框架从信息化城市发展的全局入手,采用系统分析方法,淡化单个职能和领域特性,把握信息化城市建设的关键因素,为信息化城市建设参与主体提供了可资借鉴的思路和方法。

3. 服务一体化进程与服务内容的设计

大都市图书馆服务一体化,作为一项复杂的系统工程,各成员馆必须有机结合、协调运转,才能使整个系统充分发挥其作用。城市图书馆等机构加入一体化系统,需要建立在对自身实力和水平综合评估与分析的基础之上,否则便是盲目的,容易造成决策失误。大都市图书馆服务一体化的建设,需要在充分调研的基础上,依据文献资源布局情况和信息需求,提出切实可行的方案,并对方案进行分析、判断并付诸实施。近年来,国内已陆续出现了一些大都市图书馆群服务一体化的成功案例。

（1）同城化服务进程在加快

2009 年 7 月 30 日，《南方都市报》报道，广州与佛山签署同城框架协议，两地图书馆同城化先共享数字资源，共建文化资源数据库，加强构建地区特色文献资源体系，重点加大地方特色数据库建设，以口述历史形式，搜集和整理粤剧、地方民俗、民间艺术等文化资源建立数据库，共同保护和宣传广佛文化，逐步形成广佛公共图书馆资源的错位发展。

2012 年 5 月 14 日，《厦漳泉大都市区同城化发展总体规划纲要（征求意见稿）》向国务院报批，争取纳入国家区域经济发展版图，形成国家战略。意见稿长达 53 页，由 12 部分组成，其中“推荐公共服务共建共享”是重要内容，计划推出集公共交通、公园游览、图书借阅等功能于一体的“都市区市民一卡通”，并一起构建厦漳泉公共图书馆服务联盟，形成指导当前和今后一个时期同城化建设的纲领性文件。

2013 年 1 月 21 日，由江苏、浙江、安徽和上海三省一市经济和信息化委员会联合制定印发的《长三角区域信息化合作“十二五”规划》（以下简称《规划》）正式实施，意味着长三角区域将向着信息同城化、产业高端化方向前进，其中明确提出要加快图书馆、资料馆、档案馆、教育信息共享。

《规划》在分析研判“十二五”期间区域信息化合作发展趋势的基础上，提出了三省一市“十二五”区域信息化合作的发展思路和目标，明确了“依托信息化加快同城步伐”的工作重点和任务。

根据南京市政府和马鞍山市政府 2011 年 4 月 26 日签署的《2011 年度宁马一体化合作协议》，金陵图书馆与马鞍山市图书馆签订“一体化合作协议”建立南京都市圈图书馆服务平台（如图 14 所示）。

宁马图书馆一体化合作是以数字化服务为手段，跨省、跨行政区域进行文化交流与服务的一次创新。首次尝试的合作内容主要涵盖相互接纳有异地阅读需求的对方读者为本馆的认证读者；建立馆际互借关系，为研究型读者代查检索特定学科文献资料，实行跟踪服务；建立网上学科专家咨询平台，开展面向社会读者的读书知识和部分专业科学知识的解答咨询服务；相互开放网络资源，供双方研究型读者学习使用；协调数据库建设和文献信息数字化的规划和实施，避免重复建设，推进优势互补；建立南京市公共图书馆和马鞍山市公共图书馆的书刊联合目录查询系统，做到馆藏书目数据资源共知共享等如图 15 所示。

图 14　南京都市圈图书馆服务平台

图 15　南京都市圈图书馆联合检索平台

两馆成功实施服务一体化合作后,在促进两地公共文化发展、便捷阅读惠及两市市民等方面起到了积极的推动作用。不仅如此,在充分发挥两馆数字资源利用最大化的同时,宁马图书馆的合作还将为两市经济建设、社会发展提供强大的信息资源支撑。宁马图书馆服务一体化合作,两馆资源共享、互惠互利,开启了宁马文化一体化合作模式和服务手段上的新理念;而这仅是为了加速融入长三角和南京都市圈，推进马鞍山市与南京市文化一体化发展的其中一个方面。

（2）文献信息资源整合要跟上

根据以上的调研和数据，南京地区高等院校云集，科研院所众多，近十几年 JALIS 的建设，以及南京地区科情机构的建设发展、文献资源建设都达到了一定的规模和水平，可以认为，南京地区文献资源量是充足的，科技文献服务水平也比较高。这类资源多数都是对系统内人员开放，保障了高校学术发展和科研院所的文献需求，但是这些系统内的文献对外开放不足，一方面缺乏对社会完全开放的条件，另一方面也在不断探索发展的道路，近年来做了很多努力，建设了一些综合的科技文献信息中心，但还是缺乏覆盖的广度、宣传的力度和服务的深度，这些网络平台的触角也并没有伸向企业科研的内部，在调研中很多企业技术人员表示并不知道这些平台的存在。因此，南京地区充足的文献资源并没有为南京地区企业科研人员和创业人员提供充足的保障。

从文献信息资源的类型上来说，建设重点不仅仅是科技文献资源，还包括了政策法规、经济类、商业管理类等现代科技人才在创新创业中所需要的文献类型。综上分析，南京地区这类文献信息资源是充足的，只是没有充分对南京的科技创新人才开放，因此，南京都市圈中图书馆服务一体化的资源建设重点不是如何购买更多的文献资源，而是通过与各个系统的信息机构共建合作的方式，将南京地区现有丰富资源有机整合，并通过多方的人力资源合作，对丰富的信息加以深度开发，通过网络和实体服务点，将丰富的文献资源向科技创新人才开放。

针对南京现有文献资源的布局与服务现状，我们提出了分步走的战略。

第一步，发挥金陵图书馆作为公共图书馆在创新创业文献信息保障体系中的优势，透过遍布全市范围的通借通还服务网点，实现科技创新创业人才便利地使用文献资源。把金陵图书馆的分馆建设与创新创业大局紧密地联系在一起。在建设社区分馆时，把主要精力放在科技园区分馆建设上，同步建设、同步发展，让在孵科技企业在成长过程中得到科技文献、法律文献、经济文献等相关文献的支撑。通过构建海量专业的教育资源数据库，提升广大公众的信息素养，培育较高素质的创新人才，打造引领经济的创业精英，拓展人力资源管理的新职能，推动南京市创新创业型经济的蓬勃发展。

积极推进数字图书馆推广工程、全国文化信息资源共享工程、公共电子阅览室推广计划三大惠民工程。让三大惠民工程与科技园区的创业者们的需求结合起来,做好资源输送、网络建设与布点工程。

第二步,通过政府之手,建设联席会议机制,构建大都市圈中高校图书馆与情报所、省级公共图书馆、各市图书馆在文献信息服务方面的桥梁。搭建跨系统的图书馆协作联盟,改变既有的信息不对称现象,为创新创业人才建立文献信息保障体系。

高校图书馆社会化服务现实操作是一个综合性问题,现实操作会面临着一定的认知障碍、体制障碍、资源障碍和利益障碍。高校图书馆对外开放应遵循的原则是量力而行,主次有序;适当有偿,公益为主。要建立一个结构合理,资源充分利用的创新创业文献信息资源保障体系,要避免重复建设,这就需要打破体制的束缚,联合高校图书馆为公众服务。

地方上以城市公共图书馆为资源保障主体和实体分馆布局的实施者,邀请相关驻宁高校图书馆加盟。政府在资金的投入上要加大,要考虑到高校图书馆对外开放后会对其在管理上、人员上、组织机构保障上有不小的影响,要加强高校图书馆社会服务效果评价体系的建设:政府保障对高校图书馆联合服务的投入,而高校图书馆则必须有相应的产出,这样才能提高高校图书馆、科研院所情报所向社会开放的积极性与主动性。

(3)“虚”“实”两个服务体系建设同步并举

一体化的服务,更应追求信息资源开发利用的效率、效益和质量,实现信息服务增值,让用户无论在什么时间、什么地方、通过何种方式,都能得到图书馆方便、快捷、高效的文献信息服务。

要使这个理念变为现实,有赖于“虚”“实”两个用户服务体系作为依托。所谓“虚”,就是基于网络的虚拟用户服务体系;所谓“实”就是遍布全市的各个实体服务网点。从实际调研的数据结果显示,用户对于服务便利性的要求,要求检索平台的聚合,实现所有信息的一站式检索,要求实体服务点的距离更近,实现文献资源的近距离获取。因此,图书馆服务一体化的服务平台应从网络平台建设和实体服务点建设两个方面展开。

第一,网络平台建设。网络平台的建设主要是要构建大都市图书馆群信息服务平台,该平台按照功能分为文献建设系统和信息服务系统(如图 16 所示)。

文献建设系统由联机编目、文献采购协作和特色资源数据库建设三个模块组成。通过联合编目减少书刊编目中的重复劳动,提高编目工作效率和书目数据库质量,实现书目资源的共享。通过文献采购协作在系统内和地区内首先实现国外文献订购前的查重与协调，减少不必要的重复，保证必要的品种，达到文献信息资源在地域上的合理配置与经费的合理使用。通过结合地方科技特色建立特色资源数据库，形成自己特有的核心竞争力，达到优势互补的共建共享良性循环。

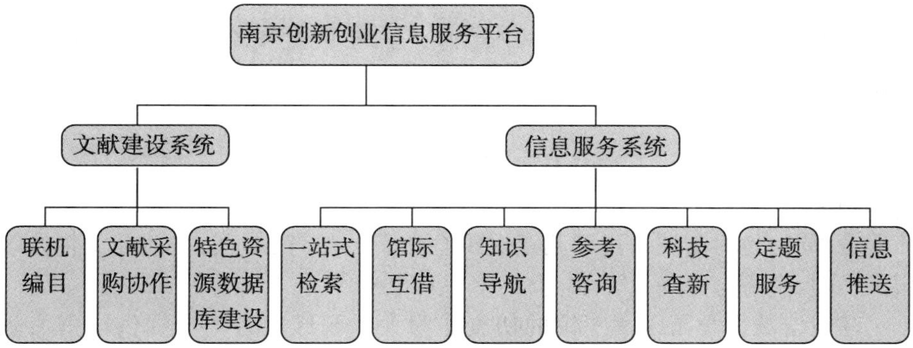

图 16　大都市图书馆群信息服务系统

信息服务系统由一站式检索、馆际互借、知识导航、参考咨询、科技查新、定题服务、信息推送七个部分组成。

此外，根据用户的行业、使用偏好和信息行为分析，为用户提供个性化服务和推送服务，激发科技人员的创新灵感。

第二，实体服务点建设。在网络平台有力的保障下，还需要遍布各市城乡的实体服务点提供配套的信息服务，确保用户可以便捷、快速地获取更多的文献信息资源。

目前，很多大都市图书馆通过汽车图书馆、服务点建设、分馆建设、通借通还建设、共享工程基层点建设等项目建立辐射实体点服务体系。今后，根据大都市圈图书馆服务一体化的建设需求，逐步发展多种形式、多种层次的实体服务点建设，让科技工作者近距离地享受文献借阅、创业讲座、用户培训、电子阅览等信息服务，同时将科技查新、定题服务、信息摘编、信息推送、专利标准服务等优质的信息服务推荐给用户，提升信息资源辐射范围，提供多样化、多层次的信息服务和充足的信息保障。

六、宁波大学园区图书馆:以人气为中心办好图书馆

(http://www.nlic.net.cn)

宁波大学园区图书馆隶属于宁波市教育局,2002 年年初投资建设,建筑面积28 600 平方米,2003 年 12 月 28 日建成并正式对外开放,是宁波市八大文化设施之一,兼有高校图书馆和公共图书馆两重属性,同时又是宁波市第二图书馆、宁波市少年儿童图书馆、宁波市红领巾图书馆、宁波市数字图书馆和鄞州区图书馆,六馆集于一身。既为园区内各高校教学和科研提供文献保障服务,同时也为宁波市民和儿童提供全免费的教育、信息、培训和文化休闲服务,实行免押金办理借书卡,全年 365 天开放。

建设宁波大学园区图书馆的初衷是为大学园区内各高校提供图书文献信息服务,而该馆却在建馆之初提出"以文化为灵魂,以人气为中心,坚持教育职能、信息职能、文化休闲职能三者并举,以人为本,走大众化之路,以信息技术为依托,走数字化之路,立足园区,辐射全市,突出宁波特色,把宁波大学园区图书馆建设成园区乃至全市的知识学习中心"的办馆理念。这一理念直接反映出这家由教育行政主管部门创办的图书馆大胆"包揽"了高校图书馆和公共图书馆的双重职能,既要为高校服务,还要为市民服务,而在体制上,既不归高校馆,亦不同于公共馆。实践证明,就是借用这种体制上的独特优势,他们"包揽"的职能不仅得到了充分的发挥,而且走出了一条持续的创新发展之路。

1. 履行大学园区中心馆的职能

宁波大学园区图书馆直接归属宁波市教育局领导,经费由市教育局提供,管理上独立于园区内各学校。而园区由政府统一规划,园区内的各高校图书馆则由各高校自己建设,经费来源各不相同。独立建制的大学园区图书馆与园区各校图书馆是合作关系,彼此独立,园区图书馆不对各校图书馆的工作进行干涉,各校对园区图书馆也不承担经济上的义务。作为大学园区中心馆,对各校图书馆文献资源建设及信息服务的作用具体体现在以下三个方面:

一是通用性文献资源共享,网上电子文献数据库由大学园区图书馆独家

提供服务,避免了各校重复建设,节省了数字资源采购资金的投入。

二是突出图书文献品种多的优势(是一般学校的3—4倍),“零复本”是其图书采购的基本方针之一,以种类的齐全与园区高校多复本的藏书方针达成互补,为各校教学科研工作提供图书文献品种保障,使各校能把有限的图书文献采购资金,用在范围相对集中的专业图书文献上,避免了经费分散使用。

三是寒暑假及其他节假日期间,为各校师生集中提供开放服务,节省了各校的人力、物力和财力,也节约了能源消耗,同时也提高了文献的利用率。

2. 履行宁波市中小学图书馆联盟中心馆的职能

作为市教育局创办的图书馆,从2007年起,宁波大学园区图书馆就尝试与中小学图书馆开展合作,为宁波市中小学图书馆免费提供图书馆自动化管理系统的应用支撑和管理、免费调拨图书、免费培训馆员,对宁波市中小学图书馆服务工作的提升起到了积极作用。

合作模式采用总分馆制,即在符合条件的中小学设立分馆,实现图书的统一采购、统一编目、统一调配,采用统一的图书文献管理软件,实现图书借阅的通借通还。分馆可以免费在大学园区图书馆任意选择规定册数的图书,一次性流动到中小学图书馆,供全校师生借阅。学校可以根据需要,不定期地部分或全部到园区图书馆调换。园区图书馆还免费为全区中小学师生办理具有“一卡通”功能的免押金图书借阅证,师生用这个借阅证能够在所在学校和园区图书馆同时借还图书。对于数字资源,设立数字资源链接点,即与批准设立分馆的中小学图书馆(室)签订相关协议后,园区图书馆派技术人员免费上门安装,供全校师生在校内免费使用。

针对尚不具备设立分馆条件的中小学图书馆(室)则设立集体借阅点,只需学校到大学园区图书馆办一张集体借书证,即可任意挑选规定册数的图书进行集体借阅,借期两个月,到期归还或调换即可。2008年9月,宁波大学园区图书馆主动向全市中小学校长发出宣传函200余封,内容包括设立分馆、集体借阅点和数字资源链接点等具体事项。

3. 履行宁波市数字图书馆中心馆的职能

为了推进宁波创新型社会建设,提升宁波科技创新的文献保障水平,2005年宁波市政府提出建设宁波市数字图书馆,由市教育局牵头,宁波市政府专项经费资助,2007 年开始筹建,2009 年 3 月正式开通服务。

(1)管理体制

建立由市教育局牵头,市发改、科技、财政、文化等部门和相关行业协会参加的宁波市数字图书馆建设与管理领导小组(以下简称 NBDL 领导小组),NBDL 领导小组下设办公室,NBDL 办公室设在市教育局。建立 NBDL 各成员馆(单位)联席会议制度(简称 NBDL 联席会议),NBDL 联席会议由大学园区图书馆牵头,每年定期举行,其主要职责为:加强 NBDL 各成员馆(单位)之间的交流、联系、协调与合作,共同商议和研讨 NBDL 的建设、管理与服务,促进 NBDL 建设、管理与服务的科学、规范与高效。NBDL 联席会议下设联络组、技术组、资源组和推广组等四个工作小组,人员由相关成员单位派员组成。建设单位由宁波大学园区图书馆、宁波市图书馆、宁波市科技信息研究院及在甬各高校共同组成,宁波大学园区图书馆为责任主体单位,承担中心图书馆的职能,其他图书馆(科技信息研究院)为参与单位①。宁波市数字图书馆中心门户设在宁波大学园区图书馆。根据需要和条件,可在参与单位中选定 2—3 家为项目建设分中心。

(2)建设思路

宁波数字图书馆的建设思路是在不改变资源所有权、管理隶属关系的前提下,把分散在教育、科技和文化等各大系统的文献信息资源整合起来,采用大平台、大网络、大联盟和"一站式"服务,通过集中揭示、统一检索、统一调度、共建共享,为宁波的产业结构优化升级、文化建设与社会发展提供文献信息服务。坚持以服务为导向、公益性、可持续发展和共同参与的原则,在建设和管理上则坚持"整体规划、分工合作、共建共享、服务社会",各成员馆(单位)要坚持"突出重点、兼顾一般、形成特色",同时积极扩展服务范围,主动向宁波社会各界延伸。

(3)资源建设

一是整合宁波市各大图书馆的现有文献资源与服务,对全市的高校馆、公共馆和科技信息研究院的文献信息资源进行整合集成,实行"三馆合一"。二是协调采购电子资源,由宁波市数字图书馆统一采购通用型电子资源,引

---

① 宁波市教育局. 关于印发宁波市数字图书馆项目建设与管理办法的通知[EB/OL]. (2009 - 05 - 16)[2013 - 09 - 01]. http://zfxx.ningbo.gov.cn/gk/jcms_files/jcms1/web5/site/zfxxgk/article.jsp? jdid = 5&cid = 388&infoid = 2245.

入国内外主要文献服务系统,各成员馆根据具体情况单独采购专业数据库;三是由宁波数字图书馆项目预算2000万元经费,各成员馆以项目申报的形式承建宁波特色产业数字文献信息资源库,如宁波大红鹰学院的“汽车零部件特色库”、浙江纺织服装职业技术学院的“纺织服装特色库”等。

(4)服务

面向宁波全市范围提供免费服务,以市民和企业为服务主体。建设具有统一检索、身份认证、资源调度、订阅推送等一站式服务功能的中心门户网站,实行一站式检索,系统根据用户的IP地址区别原文获取方式,在有效IP地址内的用户可远程下载原文。否则,可借助文献传递方式获得原文。根据需要,宁波大学园区图书馆可以委托其他成员馆(单位)协助完成服务工作,签订相关服务任务委托协议,明确委托单位和承担单位的职责及其义务、权利并制定相关服务细则。根据成员馆对馆外提供服务的数量,由政府财政向各成员馆提供资金补贴。

(5)宣传推广

为加快建成宁波市数字文献信息资源共享服务体系,使资源能够最大限度地发挥作用,宁波市数字图书馆一开始就将培训推广列为项目建设的重要内容之一。设置培训服务推广专项经费,以项目申报的方式由各成员馆承担服务推广工作,并组织专家进行验收,如由宁波大学图书馆承担的“宁波市数字图书馆港口物流数字文献资源服务推广”,项目经费5万元;由宁波广播电视大学图书馆承担的“宁波市数字图书馆面向群众性学习活动的数字文献信息服务推广”,项目经费5万元等。构建宁波市数字图书馆“联盟—总分馆”服务模式,建立点、线、面相结合的一体化服务网络,即建立以宁波市数字图书馆各联盟馆为中心馆,区县(市)图书馆为分馆,街道(社区)、乡镇图书馆服务网点为基础的服务模式。在宁波市全地区内形成以联盟馆为主导点,以县区图书馆分馆为骨干线,以基层网点为重点的一体化服务网络①。大力推广以建立百家数字图书馆服务推广站、服务千家企业、培训万名用户为目标的“百千万”服务工程。

宁波市数字图书馆开通以来,以其管用、好用、多用而得到读者认可,作为跨系统的市级区域数字图书馆,同时整合集成了公共图书馆和各高校图书馆的资源,开辟了高校图书馆服务社会的创新模式,完成了它既定的建成宁

① 杨波.宁波市数字图书馆服务体系研究[J].今日科苑,2010(6).

波市“面向地方产业发展的专业性数字文献信息资源服务平台”的目标,而承担中心馆职能的宁波大学园区图书馆功不可没。

4. 履行市级公共图书馆的职能

为配合宁波“全国文明城市”评比的需要,应宁波市政府要求,2004 年增挂“宁波市第二图书馆”牌子,明确了大学园区图书馆需履行宁波市级公共图书馆的职能。为建设“全市的知识学习中心”,提出“走出图书馆办图书馆,从办好一个图书馆到办好一个城市的图书馆”的办馆思想,探索并建立了以图书馆联盟为组织载体的图书文献信息资源共建共享机制,成立了宁波城市图书馆联盟,以宁波大学园区图书馆为中心,吸纳各系统、各领域图书馆加入联盟,目前已有联盟成员 300 多家。作为中心馆,宁波大学园区图书馆免费为各成员馆提供业务培训、咨询与辅导,帮助其提高办馆水平;提供图书馆自动化系统支撑,成员馆与中心馆共用一个图书馆自动化管理系统,由中心馆统一管理和维护;提供馆藏文献支持,成员馆可从中心馆划拨一定量的馆藏图书,并可随时自由更换。各成员馆和中心馆实行文献资源共建共享,通借通还。从 2008 年起,宁波大学园区图书馆就“走出图书馆”,走进企业、社区、农村、部队、监狱,帮助他们创办图书馆,实现资源共建共享,扩展图书馆服务范围。

(宁波大学园区图书馆提供资料,刘锦秀整理。)

七、浦东图书馆:打造市民精神家园

(http://www.pdlib.com)

浦东图书馆新馆是上海市浦东新区公共图书馆,位于上海市浦东新区前程路88号。新馆坐落于浦东新区文化公园北侧,毗邻中国浦东干部学院以及地铁7号线锦绣路站,地处以世博会主会场和世纪公园为中心形成的上海新文化圈内。新馆工程于2007年9月开工建设,2010年投入使用。新馆用地面积约3公顷,总投资8.5亿元,总建筑面积60 885平方米。新馆建筑造型为纯净、简约、大气的六面体形,分为地下两层和地上六层,建筑总高36米,外形用条形码般的干挂石材装饰,远看仿佛是一个凭空悬起的发光"大书柜"。建筑模式从传统格局转变为"全开放""大空间""无间隔""模数式",充分体现了图书馆的人本思想。至2012年,浦东图书馆累计文献总藏量达2 888 994册,其中图书总藏量2 226 445册,报刊总藏量78 513件,视听文献资料总藏量81 386件,电子图书473 700种,电子期刊28 950册。阅览座位3315个,其中少儿阅览座位254个,盲人阅览座位34个;有设施齐全、先进的报告厅及展厅,可举办各种公益性的文化活动。实行全年365天开放,每天开放时间为11小时,自修区每天开放时间为13小时。

浦东图书馆新馆实施全方位的开放性服务、人性化服务,注重技术先进性,文献管理和服务系统采用先进的无线射频识别(RFID)技术,为每一册图书安装智能芯片,实现图书的精准定位。馆内网络千兆主干、百兆到桌面,全馆配备各类计算机586台,其中330台可供读者上网查询馆内外数据文献;分布在馆内的74台读者专用检索查询计算机可供读者查询市中心图书馆和浦东图书馆馆藏文献。新馆着力体现大型城市图书馆的服务能力,现已成为新区公共图书馆服务网络的枢纽、面向社会的文化教育中心、新区文献收藏中心、服务于浦东地区的公共网络信息导航中心,新区文献信息加工、生产、增值中心,情报信息开发与服务中心,以及浦东新区对外文化交流的重要窗口。

1. 办馆理念创新

1994年国际图联和联合国教科文组织《公共图书馆宣言》中指出:公共图书馆是传播教育、文化和信息的一支有生力量,是促使人们寻找和平和精神幸福的基本资源。基于此,在新馆开放之初,上海浦东图书馆提出其核心办馆理念,即“以人为本,文化立馆,把浦东图书馆办成读者和馆员的精神家园”。在定位上,注重以特为本,打造与浦东未来城市发展相适应的示范性公共图书馆;在服务功能上,注重以品为本,高嫁接,横联谊,低辐射,创新公共图书馆服务方式;在学术上,注重以专为本,营造崇文尚哲、价值引领之学术研究风气,以“浦东图书馆内涵发展的实践研究”为龙头课题,引导干部馆员在思考和研究的状态中工作;在用人上,注重以德为本,做人第一,强调品格比才华更重要;在内部管理上,注重以心为本,建立“制度 + 人文”的管理方式,关注人心比制度更重要;在公共关系上,注重以谦为本,谦恭好客,广交朋友,创读者满意、业界认同、社会好评、政府放心的公共图书馆。

浦东图书馆坚持公益性、大众化、无门槛,让公众尽享读书的权利,平等、自由地使用图书馆。在细节设计上,浦东图书馆就充分体现出了“以人为本”的服务理念。残疾人读者活动室位置紧邻北门入口,方便他们进出;少儿借阅在设置上针对少年儿童的特点,在环境布置上色彩明快鲜亮,布局舒适安全,根据年龄的不同,分为低幼的亲子阅览区和少儿学习区,造型可爱的围坐式沙发、桌椅,为孩子们提供了一个轻松借阅环境;地下一层为读者提供上千个寄存柜,并开设读者餐厅、咖啡厅;1—6 层都有免费热水供应,等等。同时,馆内实行所有基本服务项目免费,包括图书外借和馆内阅览、报刊阅览、电子阅览、少儿外借和阅览、盲人阅览和电脑培训、影视光碟馆内外阅览、影视欣赏、借阅证注册、检索与咨询、信息咨询、报告厅(自修室)使用、寄存物品、基层辅导和培训、公益性讲座和展览、流动(延伸)服务等 23 个基本服务项目;免费为读者提供接入无线网络(WLAN)服务,实现了主要服务区域全覆盖;免费为读者提供各类服务,包括访问数字资源、网上冲浪以及开展各类学习研究;远程高端读者可以通过 VPN 方式,连接到图书馆,访问图书馆的各类数字资源。这些设施和举措拉近了浦东图书馆与读者的距离,让浦东图书馆和读者亲如一家。新馆建成后,日均接待读者 5000 多人次,周末及节假日日均接待读者 10 000 人次左右。开馆以来,浦东图书馆借阅流通量基本保持两位数增长。2010 年,接待读者 963 899 人次,外借图书 657 836 册;2011 年,接待读者 2 584 818 人次,外借图书 944 036 册;2012 年,接待读者 2 739 936 人次,外借图书 2 518 492 册。

浦东新区是全国综合改革实验区,创新发展是浦东新区的应有之义。作为浦东的一张文化名片,作为从事公共文化服务的纯公益性事业单位,浦东图书馆新馆的发展方向有别于普通的区县级公共图书馆,不仅要承担起保障公民基本文化权利、保障社会信息公平等社会职责,更要用人文精神来提高大众文化的品质,引领大众文化的走向,帮助大众实现“文化自觉”。浦东图书馆馆内全面实行藏(馆藏)、阅(阅览)、借(外借)、参(参考咨询)四合一的“一站式”服务;基本藏书实行纸本文献、电子文献(计算机阅读)、声像文献(视听设备)的三合一服务,使各类藏书尽可能接近读者,方便使用,基本满足了各类读者对图书馆基础服务的需求。在此基础上,浦东图书馆不断开发潜在的读者群,开展包括学术论坛、文化讲座、展览、浦东读书节等公共文化主题活动,余秋雨、葛剑雄、钱文忠、周国平、鲍鹏山等一批著名学者应邀走进了浦东图书馆。同时,浦东图书馆着力为政府机关和企事业单位提供各种信息咨询服务,并长期为浦东新区政府提供内部参考信息及定题服务。目前,浦东图书馆的“浦东文化讲坛”“人文艺术展览”“盲人视障服务”“信息咨询”“少儿活动”等已逐渐成为百姓关注的品牌。

浦东图书馆还积极开展延伸服务,不断完善以浦东图书馆为中心,分馆、县级图书馆和街镇图书馆为骨干,联结村(居)图书室的三级公共图书馆基础网络,并为有上网条件的流通点免费提供远程接入和馆内数字资源访问服务,开展各种读书活动,使浦东图书馆各服务点在建设学习型社会、和谐社会中发挥出良好的作用。如浦东图书馆在潍坊路、陆家嘴区域内的汤臣大厦、建工大厦、时代金融中心、世界广场、斯米克大厦等 5 家楼宇正式建立的“阳光阅读吧”,让楼宇白领不出办公大楼,就能轻松借阅到图书,解决了楼宇白领借书难、看书难的问题。为了响应市、区实事支持上海金融中心建设的号召,2012 年浦东图书馆送书上门,助力交通银行学习型银行建设,主动帮助设置、定制流动图书车 45 辆,配置图书 4000 余册,每辆图书流动车按“公共书籍 + 业务书籍 + 现代管理书籍”模块分类摆放,分布交行机关 40 多条业务条线,丰富了金融员工身边的文献资料。

浦东图书馆坚持以内涵发展为主线,从理念体系、现代图书馆制度建设、服务功能和方式、馆员队伍建设、文化这五个方面建构其内涵发展之路。参照美国克里夫兰公共图书馆,浦东图书馆将自身发展定位在公共研究型图书馆,既要做好面向大众的开放服务,又要做好信息咨询与情报研究,坚持唯有学术方能提高办馆品质。为此,浦东图书馆做了大量工作。开馆当天,浦东图书馆举办了“第一届浦东图书馆学术论坛”,邀请了来自国家图书馆、上海图书馆、北京大学等机构的业界、学界知名专家学者就“图书馆内涵发展”的主题进行讨论。随后,浦东图书馆成立了学术委员会和发展研究部,专职学习活动组织与科研管理工作,创办馆报、馆刊,定期举办馆内学术沙龙,组织馆员参与馆内外的课题研究与学术活动,在全馆上下营造了良好的学术研究氛围,为弘扬学术精神、倡导文化立馆发挥了积极作用。2009—2012 年,浦东图书馆已有 17 篇学术论文获中央、部级表彰,2011 年、2012 年,分别有论文获中国图书馆学会年会论文评选一等奖。另外,通过实体馆藏和虚拟馆藏相结合、分散建库、加强协作、集中联网等方式,浦东图书馆主动与上海图书馆对接,与其他专业图书馆共建联盟,形成资源共享、协调补充、互为利用的全面、动态、人性化的信息资源保障系统,提升浦东图书馆的核心竞争力。在浦东图书馆的牵头筹备下,2012 年 6 月,上海市浦东新区图书馆学会正式成立。浦东新区图书馆学会将把浦东新区范围内的大学图书馆、中小学图书馆、公共图书馆和其他企事业单位图书馆联合起来,着力打造浦东新区图书馆共同体。截至 2012 年 12 月底,浦东新区图书馆学会共吸纳单位会员 65 家,个人会员 319 名。

2. 组织机构的转型与重构

按照科学、务实、高效的原则,浦东图书馆建立了健全的领导决策系统,制定并严格执行规章制度,实行目标管理、馆务公开,并接受全馆职工的民主监督。馆内设党政领导班子和 10 个内设机构:办公室、人力资源部、读者服务中心、少儿馆、采编部、延伸服务部、公共文化服务部、计算机网络部、信息咨询与情报研究中心、南汇分馆。富都物业管理有限公司浦东图书馆项目部和上海东方国际传媒人才有限公司浦东图书馆项目部,也是浦东图书馆重要组成部分。行政与业务机构分工明确,馆务运转顺畅。

(1)南汇分馆

南汇分馆为原南汇区图书馆,始建立于 1958 年,2000 年新馆建成并正式对外开放,并于 2001 年成为上海市中心图书馆分馆,2010 年更名为浦东图书馆南汇分馆,开始实行总分馆制。在上级主管部门的统一领导下,由总馆统一管理人员、财务、设备,统一实现采购、集中编目,分馆作为总馆的一个部门和总馆保持管理模式、业务规范的统一,并适当根据分馆读者需求和功能定位,开展分馆特色服务。南汇分馆现馆舍建筑面积 5000 多平方米,共设有服务窗口 6 个,包括服务台、中文书刊外借处、综合阅览室、青少年阅读指导基地、电子阅览厅、参考咨询室等,共有阅览座位 500 多席,另有可容纳 160 人的多功能教育培训厅。合并后的南汇分馆共有正式员工 25 人,下设办公室、阅览、外借、少儿、信息 5 个小组,图书采编由总馆统一采选配送,分馆办公室负责外借期刊数据录入;业务辅导活动部成为浦东图书馆延伸服务部南汇分部,业务工作开展由总馆延伸服务部统一安排;信息部和总馆的信息咨询与情报研究中心没有实现业务互联,原来的内参工作取消,仅保留了原有的两个特色数据库建设。

(2)信息咨询与情报研究中心

信息咨询与情报研究中心负责开展参考咨询及相关学术活动,为读者、用户提供文献检索与传递、代查代译、定题跟踪、专题咨询、剪报服务;为政府提供媒体信息监测和决策信息参考等服务;为企业提供行业信息收集和竞争情报等服务;负责"今日舆情""两会服务""媒体报道浦东数据库"等品牌项目的创立开发,馆报馆刊的编撰,与各大学和公共图书馆之间报刊的交流,浦东图书馆学术沙龙活动以及浦东新区图书馆学会的相关工作等。在初创时期,浦东图书馆信息咨询部就确立了图书情报服务共生发展的思路,新馆开放后,成立信息咨询与情报研究中心,将图书馆与情报的业务职能集中在一个部门,实现了单一中心内部的"图情一体化",既注重发挥图书馆基本服务职能,更关注图书情报事业发展转型期的社会需求。为更好地服务用户需求,浦东图书馆通过发放信息需求调查表、征询意见函、电话、E-mail 等方式主动向浦东新区各委、办、厅、局,各类企事业单位、三资企业及重点开发区实体进行用户需求调研,并上门走访有意向的潜在信息用户,积极为其提供不同层次的信息情报服务。2011 年,受上海国际旅游度假区管委会委托,浦东图书馆编发了《上海国际旅游度假区(迪斯尼项目)快报》和《现代服务业舆情资讯》,并适时提供媒体监测报告,为管委会及时了解现代服务业和新兴产业动态,推进相关行业的发展提供了有利的情报支撑。

(3)计算机网络部

计算机网络部负责与计算机、互联网相关的工作,如图书馆图书自动化管理系统的管理与维护,"数字图书馆"品牌的建设和管理,相关设备的管理维护等,并为读者提供数字阅览的指导与培训,帮助读者及时有效利用浦东图书馆数字资源。

(4)公共文化服务部

公共文化服务部主要承担"浦东文化讲坛"讲座的组织、人文艺术展览的策划、读书节活动的承办等职责,致力于浦东图书馆文化品牌的打造。目前,浦东图书馆已成功打造了浦东文化讲坛、人文艺术展览、浦东读书节、真实影院、农家书屋、军营图书馆、今日舆情、“两会”服务、专题文化服务、实事工程、盲人服务、新书导航等众多文化品牌,受到了图书馆用户的广泛好评。

(5)延伸服务部

延伸服务部原为馆外流通部,成立于2006年,主要负责图书馆阵地服务以外的延伸服务工作,主要有三大块:一是为全区36家街道图书馆进行业务辅导和服务;二是为全区325家农家书屋提供业务辅导、培训和添置、更换新书,为每家配置图书1500册并保持每年10%的图书更新;三是为下辖的186家延伸服务点设立独立的延伸书库,近20万册图书在各延伸点之间流通,年服务读者20余万人。目前,浦东图书馆已通过延伸服务部,将公共图书馆的整体外延扩展服务进行整合、深化和提高,并逐步探索出一条初具规模、运营有效、纵横交错的立体服务网络,保障了基层图书文化事业发展的畅通。

(6)采编部

采编部主要负责文献采购、分类、编目、加工,“新书导航”“浦东地方文献资源库”等品牌的创立开发,以及新书介绍、专题书目推荐等读者导读宣传和网站相关导读宣传。2010年,浦东图书馆为适应社会需求以及浦东经济、文化发展的需要,及时调整了馆藏资源发展战略内容和结构,制定了《浦东图书馆文献资源发展战略规划》和《浦东图书馆“十二五”规划》,具体规定了不同学科领域、不同深度和广度的文献资源,不同类型文献的收藏比例,确定经费分配以及未来五年图书馆馆藏发展达到的目标,界定了文献建设各方的责任和工作流程,为图书馆文献资源建设提供了宏观保障。2012年暑假,浦东图书馆对本馆2011年的读者借阅卡信息进行抽样调查统计分析,以进一步从微观上对文献资源的方向进行调整。针对浦东图书馆新馆开放后读者中少年群体以及工人群体的比重呈现上升的趋势,浦东图书馆特别加大了对少儿、教育、语言学习类文献的投入,同时强化了特色馆藏的文献采集力度,如浦东地方文献、外文文献,以及服务于弱势群体的盲文和视听产品的文献。

(7)少儿图书馆

少儿图书馆主要是为浦东地区0—16岁的少年儿童开展具有个性化的阅读服务,设在浦东图书馆二楼西面,分为亲子阅览区、青少年阅览区、数字化阅览区、亲子活动区等六大区域,面积1148平方米,全开架借阅,现有藏书17万余册,报刊260余种,阅览座位200余座,配有先进的电脑多媒体14台,既是浦东新区少年儿童阅读指导基地,又是浦东地区0—16岁少年儿童、家长和少儿教育工作者的文献信息中心。现在,少儿馆的“故事妈妈讲故事”“作家教你写作文”已经成为浦东图书馆的品牌活动。

(8)读者服务中心

读者服务中心肩负着浦东图书馆阵地服务重任,主要工作是为市民提供均等化的公共文化服务,使公共图书馆成为社会教育和知识传播的窗口。主要职责是营造人性化的服务环境,满足读者借阅需求,并举办丰富多彩的阅读推广活动,提高读者阅读兴趣。在开馆两年多的实践中,浦东图书馆依据读者的需求,实施“六个联合”积极开展阅读推广活动,联合名家名流进行经典传统文化的阅读推广,联合社会力量进行针对少儿的阅读推广,联合有关医学杂志进行健康知识的推广,联合纪实频道开展影视知识的推广,联合上海美协等机构开展书画摄影欣赏推广,联合政府机构开展企业管理理论与实践知识的推广,受到极大欢迎。

3. 打造文化服务品牌

在对传统图书馆“保留其真”的基础上,浦东图书馆加强与中国浦东干部学院、上海电视台、上海市作家协会等社会有关机构的合作,搭建平台,引进资源,打造了多个属于自己的文化品牌。与传统图书馆服务不同的是,浦东图书馆十分注重需求导向,密切关注读者的情感和需求,思考基于读者、为了读者、在读者中、让读者充分参与的图书馆服务方式创新问题,满足了读者的多元文化需求,受到了广大读者的好评。

(1)盲人服务

为了让所有人都能平等地获取知识,对于社会弱势群体,浦东图书馆付出了更多的关注,在探索面向残疾人的公益性服务之路上,浦东图书馆一直表现突出。浦东图书馆盲人阅览室是上海市公共图书馆中设施最先进、盲文图书和盲人音像资料馆藏最多的特殊服务场所之一。该室配备盲人专用电脑 15 台,有专为盲人设计的阳光读屏软件和永德读屏软件两种。还配备有刻印机、复印机、打字机、阅读器、助视器、TVC 音响等多种盲人专用现代化设备。该室现馆藏盲文书籍 449 种 1236 册,有声读物 458 种 3545 盘,并为行走不便的盲人读者实行定期送书上门服务。

针对残疾人的特殊需求,浦东图书馆还提供了内容丰富、形式多样的文化服务,如在全国率先开办免费盲人电脑学习班,每次培训 3—4 个月,信息素养的提高为盲人“看”世界提供了极大的便利;组织志愿者队伍开展各种贴心服务，为残疾读者开设各种讲座；由志愿者解说组织盲人看电影；在全区建立残疾人读书会网络、开展各种内容丰富的读书活动；浦东图书馆“残疾人博客”发表了多篇残疾人文章，现点击率已达10万多人次，残疾人博客架起了社会认识残疾人风采的大桥；有160多位盲人朋友参加的“我与世博同行”读书演讲会，被列为“读书，让生活更美好”第12届上海读书活动示范项目，《解放日报》称之为“学习型城市的标志项目，群众性文化的经典品牌”。盲人沈晨娴是浦东图书馆第五期盲人电脑培训班学员，她运用在无障碍电脑学习班学到的技术，带领一群视障者在淘宝网开设网店，为盲人就业开拓新的天地，并荣获“全国就业创业先进个人”。为表彰浦东图书馆在为视障人士服务方面的优异表现，2010年，国际图联向浦东图书馆颁发了国际图联Ulverscroft基金会最佳实践奖，该奖为国际图联年度唯一团体大奖，也是中国图书馆首次获此殊荣。

（2）公共文化服务

浦东图书馆以“6+2+1”为空间服务载体，不断地拓展公共文化服务的广度和深度，提升公共文化服务能力。“6”是指国家规定的重要节假日包括寒暑假，“2”即周六、周日，“1”则代表图书馆开馆庆典周，浦东图书馆对这些重要时间节点进行了整体布局和项目设计，把不同的项目内容设计好并分配到不同的时间段，以适应不同读者的文化需求。“浦东文化讲坛”是浦东图书馆新馆开馆以来致力打造的文化品牌之一，其中包含多个子系列，如“真实影院”系列、“健康讲坛”系列、“浦东文史讲坛”系列等。此外，浦东图书馆的“人文艺术展览”“浦东读书节”等文化品牌也反响甚佳。

仅2012年，浦东图书馆共举办讲座111场，参与人数24 755人；人文艺术展57场，参观人数251 530人。少儿读书活动参与人数达2万多人次。积极协办第二届浦东文化艺术节的展览展示、讲座论坛等。2011年、2012年举办两届浦东图书馆读书节，并成为浦东图书馆进行阅读推广的常规活动。其中2011年承办的第十三届上海读书节“党在我心中”上海市民“读红色经典，诵红色诗篇”市民诵读大赛，吸引了全市广大职工、机关干部、武警战士、社区居民、医务工作者、在校师生、郊区农民以及残疾人、外来务工人员等社会各阶层的积极参与，共有320支队伍参与角逐，大赛获得了2011年上海市振兴中华读书活动优秀项目奖；浦东图书馆2012年度重要读书活动“读街风海韵，诵南汇新城”浦东市民诵读大赛，旨在进一步弘扬中华诗歌文化，提升新城文化品位，打造诗歌文化品牌，培育海洋城市文化。活动的举办在浦东全区范围内掀起了诵读诗文的热潮,弘扬了诗歌文化,营造了全民读书的良好氛围,并获得浦东新区宣传部颁发的创新项目奖。《解放日报》《新民晚报》《文汇报》《浦东时报》、上海教育电视台、浦东电视台等媒体对读书活动进行了报道。

(3)爱心图书漂流活动

浦东图书馆的爱心图书馆漂流活动是由浦东图书馆采编部策划、实施、管理的爱心公益品牌项目,2010 年 8 月 30 日开始运营。在运营第一天,有 6 个书架、共 4000 册图书上架,图书全部来自读者捐赠,而书架、标牌则是利用旧馆的废弃书架和标识牌改装、美化的。为了确保不断丰富和充实漂流图书,图书馆采取了一系列措施,通过网站,开设"爱心图书漂流"微博等加强宣传,在浦东新区政府、浦东市民中心等地增设爱心捐书箱,开通爱心捐书热线电话等,效果明显,截至 2013 年 6 月,已征集了 30 000 多册漂流图书,其中英文、韩文、日文、伊朗文等外文图书 1500 册。基本上每月浦东图书馆都能收到漂流图书 1000 多册,而对于捐赠数量较大的读者,图书馆还提供上门取书服务。随着爱心图书的增加和活动知名度的扩大,报名参与管理的志愿者也越来越多。2011 年 2 月,已有 30 名志愿者经培训轮流上岗,为人们介绍活动内容,阐述活动理念与宗旨,接收读者捐赠爱心书籍,登记读者漂流情况,承担书架整理工作。2012 年暑假,爱心图书漂流书架增设了少儿图书、外文图书、期刊专架,每个专架各放置 1000 册图书。

浦东图书馆现已形成由志愿者管理和服务,由图书馆对图书加工、筛选、登记的漂流图书管理体系。浦东图书馆为这一活动制定了《读者捐赠和取阅办法》,制作了《爱心图书漂流简介》宣传页、《爱心图书捐赠登记表》等,确立专人管理。除在图书馆设立爱心图书漂流站外,还选取了社区、外来务工人员工地、民办图书馆、边远山区的希望小学、贫困地区留守儿童书屋作为连锁漂流站,所有漂流站统一标识、统一管理制度、统一配送漂流图书和登记管理,分站每半年上报图书漂流工作情况总结,分站图书每季度更新,图书漂流总站图书每半个月进行更新。

2012 年 7 月,开馆近两年之际,浦东图书馆新馆展开了一项读者满意度调查。结果显示,读者对新馆整体环境非常满意,尤其对图书馆温度、饮水、卫生、绿化、通风、照明等方面的适宜性的满意度几乎满分。在文献资源方面,无论是休闲娱乐、拓展知识面,还是搜集专业资料、获取最新信息的满意度均很高。舒适的阅览环境和丰富的文献资源给读者带来了愉快的文化体验,很多读者甚至以馆为家,日日光临。与之相比,设备设施的满意度则相对较低,意见主要集中在座位数量和网络环境(包括无线网)。另外,在调查中,“窗口服务”满意率位列各一级指标之首,一线馆员的工作得到了读者的极大认可。而在有关信息获取的调查中发现,读者对检索功能及结果满意率较低,并且有部分读者希望能够延长开放时间。调查还显示,少儿活动、专题讲座和“浦东文化讲坛”系列讲座受到广大读者的欢迎;电影放映和文艺展览也赢得很多观众的喜爱,在传播知识、丰富群众文化生活方面为读者带来了意外收获①。

(浦东图书馆提供资料,刘剑英整理。)

① 信丹丹,滕思琦,曲艳艳. 浦东图书馆新馆满意度调查与分析[J]. 晋图学刊,2013(1).

八、武汉图书馆:贴心的市民之家

(http://www.whlib.gov.cn)

武汉图书馆始建于1946年10月,其前身是汉口市立图书馆,1953年正式更名为武汉图书馆,2000年12月搬迁至现址并对外开放。现址位于汉口建设大道金融一条街,馆舍建筑面积约3.29万平方米,实行全年365天对外开放,每天开放时间12小时,基本服务项目全部免费。武汉图书馆坚持“公益性、基本性、均等性、便利性”的原则,实施“三项建设同步、四种服务结合、五大文化惠民工程并举”的发展战略,先后被评为国家一级图书馆、全国首批古籍重点保护单位,全国首批“数字图书馆推广工程”试点单位,并获得全国“全民阅读示范基地”、湖北省“十佳图书馆”、省市级文明单位等荣誉称号。

1. 武汉市流动图书服务网络体系建设

武汉市流动图书服务网络建设是以市政府文化行政部门为主导,全市公共图书馆参与的区域集群式流动图书馆服务,主要包括汽车流动图书馆服务和流动图书书库建设,其核心目的是实现城乡文化资源共享一体化。

(1)汽车流动图书馆服务

武汉图书馆汽车图书馆始创立于1984年,是全国首家汽车图书馆,经过20多年的发展,目前已建成以武汉图书馆为中心,以流动图书车为纽带,通过设立分馆、服务点,开展送书上门、送书下基层、送书下乡等活动,将服务向馆外延伸。2013年已建立馆外服务点62个,常年到劳教所、部队、农场、学校、社区、福利院、医院及建筑工地等场所为青少年、老人、进城务工人员、残障人士等特殊群体送书上门。武汉图书馆与各服务点每年签订服务协议书,每月定时定点提供送书上门服务,并提供业务工作指导;各服务点的建立均采取合作共建方式,力求建立覆盖面广、服务人群多样化、以弱势群体为重点服务对象、布局合理的服务网点。

(2)流动图书书库

2005年年初,时任武汉图书馆馆长的韩兆海等多位区人大代表和政协委员分别在武汉市十一届人大一次会议、政协武汉市十届一次会议上提交了《关于建立市区两级“社区流动图书书库”的建议》的提案,得到了武汉市委、市政府的重视,并于年底批拨了首批启动资金。该提案建议集中市、区财力,建立市区两级“社区流动图书书库”,通过有限资金的投入,达到扩大图书流通率,实现资源共享的目的。

2006 年 5 月,在武汉市文化局的组织策划下,由武汉市、区财政共同投资建设的“武汉市流动图书书库”项目正式启动,旨在通过“武汉市流动图书书库”构建起一个辐射市、区、乡三级的流动图书服务网络体系,将全市边远城区和农村纳入图书馆公共文化服务体系范围。其具体运作模式是:建立文献配给中心(区、乡、街道、社区分馆专用文献书库),购置一定数量适合基层读者阅读的图书,市财政为武汉图书馆、武汉市少儿图书馆及各区级图书馆配备流动图书车,以市级图书馆为中心,统一标识、统一管理、统一配送图书,形成全市流动图书车服务网络。流动图书馆成员馆的图书由武汉图书馆文献配给中心配给,可定期进行流动交换,最后回流到中心馆文献配给中心。

流动图书书库建设经费由武汉市区两级财政统一划拨,两个市级流动图书书库由市财政划拨专款,市文化部门负责建设;区级流动图书书库由区财政部门划拨专款,区文化部门负责建设。流动图书书库图书的采购、编目、管理等由武汉图书馆和武汉市少年儿童图书馆统一组织实施,定期向各区级流动图书书库配送和轮换。除每年专款采购流动的新书外,武汉图书馆、武汉市少年儿童图书馆及各区图书馆的部分馆藏也作为流动书库资源予以共享。到 2013 年,市区两级公共图书馆在馆外设立流动服务点达 392 个,流动图书 1424 次、200 余万册次,服务人数达 160 万人次。

2. 武汉市公共图书馆通借通还工程

2008 年,武汉图书馆经过充分调研,和武汉市文化局共同制定了《武汉地区公共图书馆文献通借通还项目实施方案》,正式启动武汉地区公共图书馆文献通借通还项目建设。2009 年,武汉市文化局将该项目纳入全年目标管理,项目建设正式开始实施。具体的运营模式是:在不改变现有公共图书馆行政管理体制的前提下,采用市区两级财政分担的建设机制,以市级图书馆为业务中心馆、区级图书馆为区级业务总馆、街道社区图书室为区级业务分馆、24 小时自助图书馆为补充的“中心馆—总分馆制”,实行“一馆办证、多馆通借;一馆借书、多馆通还”的文献资源通借通还服务。

2009 年,武汉图书馆引进 Interlib 图书馆集群管理系统,并逐步在全市区级公共图书馆中进行推广,实现了数据的集中处理和业务的统一管理,在同一个系统平台中开展联合编目、流通等业务工作。同时制定并逐步完善了《武汉地区图书馆文献通借通还工作业务规范——单位代码使用规则》《武汉地区图书馆文献通借通还工作业务规范——行业条码使用规则》等相关的业务规范和技术标准,建立起武汉地区公共图书馆统一检索目录,统一了馆代码规范、读者证条码规范和图书条码规范,并在部分区级图书馆间实现了文献通借通还工作。2013 年年底将实现全市市、区公共图书馆通借通还的建设目标。

2012 年 12 月 26 日,武汉市第一批"24 小时自助图书馆"建成开放,分布在 7 个中心城区和 3 个开发区的商业步行街、文化广场、公园、大型社区等人流密集、交通便利的公共区域,提供 24 小时自助借还书、图书续借、文献查询、数字资源利用及武汉地区公共文化信息发布等多项服务。市民可凭武汉图书馆读者证及武汉城市一卡通在自助图书馆免费借阅图书,每证限借 3 册,借期 30 天。25 台自助图书馆图书可现实通借通还。

3. 联合服务和资源共建共享

近年来,武汉图书馆积极与其他城市图书馆开展多项深层次合作,参与发起或加入图书馆联盟组织,依托各自资源优势,使读者通过图书馆获取的信息资源变得更加丰富。

(1)与其他城市图书馆的合作

2012 年 12 月 26 日,国家图书馆与武汉市人民政府签署了《战略合作框架协议》,向武汉图书馆赠送了 120TB 的数字资源。通过战略合作,武汉图书馆取得了武汉市政府在政策和资金上的支持,与国家图书馆在数字图书馆建设、文献资源共建共享等领域开展了全面合作;先后与国家图书馆、上海图书馆、CALIS 华中地区中心等单位签订馆际互借与文献传递服务协议,开展跨区域、跨行业的馆际互借与文献传递工作;参与国家图书馆、上海图书馆联合编目中心、地方版文献联合采编协作网深圳网络中心联合编目以及湖北地区联合目录工作;与国家图书馆、上海图书馆联合举办公益展览,引进优秀展览资源,提高武汉图书馆的展览品质。从 2009 年起,武汉图书馆即在全市市、区公共图书馆,武汉地区图书馆联盟成员单位,武汉图书馆流动服务点等处开展巡回展览,整体提升了武汉地区图书馆办展水平,最大限度扩大了优秀展览资源的影响力。

(2)参与发起或加入图书馆联盟组织

2009 年,武汉图书馆加入"武汉城市圈图书馆联盟"建设,圈内各个图书馆的读者群体都可以无差别的享受联盟内各个图书馆的资源。

2010年，武汉市16家公共图书馆发起共建了武汉地区公共图书馆讲座、展览联盟。各联盟馆以武汉图书馆为主会场，在具备条件的联盟馆设立了"武汉名家论坛"分会场，远程在线直播"武汉名家论坛"讲座，实现了讲座与展览的资源整合与共享。

2012年，武汉图书馆与武汉地区高等院校图书馆、科研院所图书馆、公共图书馆、企业图书馆和中小学图书馆等各类型图书馆自愿联合发起成立"武汉地区图书馆联盟"，在联盟成员馆间建立资源共享机制，承诺实现"一馆办证、多馆通行""一卡借阅、就近还书""一馆藏书、各馆共享""一馆咨询、多馆服务""一馆讲座、各馆转播""一馆展览、多馆巡展""一馆一品、多样服务"等七项惠民文化服务。

4. 利用新技术开拓服务新模式

武汉图书馆网站创建于2002年，经过六次改版，最新版本于2013年6月上线，设有9个子站的入口，为读者提供24小时网上信息服务。其中武图市民学堂为武汉图书馆持证读者免费提供实体、虚拟两种方式的学习。实体学堂包括读者信息素养、公益培训等项目，定期或不定期在图书馆举办；虚拟部分是依托馆藏数字学习资源而开发的一个学习网站，内容包括学科课程、学术视频、考试资源、学习空间等，读者通过电脑、移动阅读器等终端设备可随时随地进行一站式的资源检索、自主个人学习考试及参加兴趣小组讨论等学习活动。

2012年12月，武汉图书馆"市民之家"分馆暨数字阅读示范基地正式启用，面向市民提供自助办证、书目查询、图书自助借还、网上续借、参考咨询、讲座直播和数字阅读等服务。馆内配有触摸一体机、电子读报机、全媒体阅读器、24小时自助借还设备等，读者除可以访问武汉图书馆提供的网上服务外，还可在线访问全国文化信息资源共享工程、国家数字图书馆、湖北数字文化网、武汉城市圈图书馆联盟等包括部分高校图书馆在内的数字资源。

2012年起，武汉图书馆在新浪微博设立了武汉图书馆、武汉图书馆讲座、武汉24小时自助图书馆等三个公众账号，开展活动公告、微阅读、武图书香等多项服务和活动。此外，依托新技术，武汉图书馆还陆续推出移动图书馆、网上虚拟参考咨询台、400服务专线、手机短信、免费无线WiFi等新的服务举措。

（武汉图书馆提供资料，刘锦秀整理。）

九、美国华盛顿州塔科马港市的皮尔斯县图书馆系统:社区的起居室①

(http://www.piercecountylibrary.org)

美国华盛顿州塔科马港市的皮尔斯县图书馆系统(Pierce County Library System)成立于1946年,包括18所图书馆以及一个处理与管理中心(Processing and Administration Center,PAC),为超过55万的人口提供图书馆服务,如24×7不间断的网络存取服务等,是华盛顿州第四大的图书馆体系。在2012年,体系内各馆图书及其他文献借阅次数达到816.199万,到馆读者超过250万人次,网站访问次数超过264万。

1. 2030年总体发展计划

其实,在2006年,当地人们已经投票通过了一项关于改善皮尔斯县图书馆体系的决议。在这项决议的支持下,皮尔斯县的图书馆开放时间延长了20%,全部的馆在周一都正常开放,部分馆周日也不闭馆;面向未成年人的服务开展得更多,以识字阅读和家庭作业为重点,如皮尔斯县图书馆体系特别提供的一个在线家庭作业帮助平台,能够让学生与专业指导老师在线进行互动;馆藏也有了大量增加,为用户提供了更多图书、电影、有声图书等资源,从而大大减少了畅销图书的用户等待借阅时间,从原来的19个星期降至8个星期;另外,还大力提升用户服务和技术服务,为图书馆添购了数百台电脑供用户使用,并面向成人开设免费的计算机课程。

2010年年初,美国华盛顿州塔科马港市的皮尔斯县图书馆系统发布"2030年总体发展计划"(Pierce County Library 2030: Facilities Master Plan),对其接下来20年的发展做了一个较为全面的规划,该计划指出图书馆作为城市"第三空间"的重要性正日益受到关注。人们对于图书馆的利用越来越广泛,可以把图书馆当做团体的协作场所,也可以带着笔记本电脑在这里一个人静静地做自己的事。就像去一次远足旅行一样,还可以全家人一起到图书馆来,或者参加这

① 文中所引用数据资料均来自美国华盛顿州塔科马港市的皮尔斯县图书馆系统(Pierce County Library System)网站www.piercecountylibrary.org。

里举办的课程,或者找找书、看看电影。在经济困难时期,人们更加热衷去图书馆充电,查找求职信息的同时,还能提高一下自己的计算机技能。

这次发布的发展计划主要集中在图书馆的建筑和图书馆的服务上。首先,为满足日益增长的人口对图书馆服务的需求,决定对现有的18所图书馆进行扩建,其中有近一半的图书馆需要选新址扩建,另外再新建一所图书馆。其次,加强图书馆对用户新需求的满足,如计算机和快速结账(express check-out)服务,这些在当前的图书馆建设中处于弱势,所以在规划新的图书馆建设时予以了更多重视。

目前,皮尔斯县图书馆正在使用中的建筑设施基本上都是上世纪80年代留下来的,建筑平均年龄已超过20年,一直没有翻新,已不能满足现在的需求。当年,皮尔斯县图书馆的建筑是按照为43.1万人服务的计划来兴建的,而现在实际人口已达到55万多,比预计超出了28%。因为建筑太狭小,容易让人感觉吵闹、不舒服,拥挤不堪。和美国当前的优秀图书馆相比,皮尔斯县图书馆的人均使用面积要小一半,只有0.36平方英尺。到2030年,这一数值将达到0.68—0.78平方英尺。其他需要改善的问题还有:座位太少,缺乏足够的馆藏图书和资源,计算机太少、技术有限,会议室有限,服务不够便捷等。针对这些问题,计划提出到2030年,皮尔斯县图书馆体系将拥有2400—3000个座位,馆藏方面将达到人均2.5册,总计为160万—190万册,其中至少20%的馆藏文献有电子版,并可以在线下载。每座图书馆都将拥有一个能容纳75—150人的大型会议室(使用面积为900—1800平方英尺),以及一个稍小点的会议室(面积为600—900平方英尺),培训室将有3—8间;提供给图书馆用户使用的计算机将达到1240—1525台,每座图书馆中至少有30台工作站,工作站中都将安装上文字处理等方面的软件应用,图书馆还将专设笔记本电脑用户区域。相关对比数据见下表:

全体系内	2010年	2030年
人口	551 000	717 800
馆藏	120万册	160—190万册
座位	716个	2400—3000个
计算机工作站	310台	1240—1525台
会议室座位	991个	1990—2200个
小组活动区	27间房,88个座位	590—725个座位
总计面积	200 052平方英尺	490 000—561 000平方英尺

图书馆采用的技术设备和自助服务方面要能满足社区日益增长、不断变化的需求,因此,图书馆的各项服务应与时俱进,及时更新。比如,过去人们离不开打字机,今天则是计算机的天下,而在不久的将来,就可能是移动互联网设备成为主流,取代计算机变成图书馆的必要配置。自助服务如快速结账(express checkout)、自助登记(self check-in)等,能节省大量人力,让图书馆员能将时间、精力更多地放在服务公众方面,这也是图书馆运营创新的一个重点。另外,皮尔斯县图书馆体系还计划将图书馆服务延伸到更多地方,比如在交通中心、商店等人流量较多的地方设置书亭、存书柜,利用流动图书车为偏远地区提供服务,让人们更便捷、更自由地享受到图书馆的服务。

2. 社区的起居室

根据美国人口普查局和普吉特海湾地区委员会的统计数据显示,2000年,在美国,母语为非英语的人口增加了64%,占总人口的11.4%。因此,人口的增长已经不仅仅是密度的增加,更呈现出多元化的趋势,城市、郊区如此,甚至在农村和其他偏远地区也发生着同样的变化。皮尔斯县图书馆体系所服务的也正是这样一个多样化的地区:不断增长的儿童人口,不断涌入的新居民,来这里找工作的、开公司的人也越来越多,还有颇为活跃的老年人群体,等等。针对这一情况,皮尔斯县图书馆体系进行了一些改革,以更好地利用社区资源,提供更有效的高价值服务。经过研究决定,2011年,皮尔斯县图书馆体系对其Fife分馆首先进行了改建,完全按照浏览图书馆来设计,以提高利用率。结果大获成功,在该图书馆开放的头4个小时,就有780位读者到馆,借阅次数达到1566次。而该图书馆体系的早期识字计划现也已成为一个标杆项目,他们和众多组织,如一些保健部门、儿童看护机构等,达成合作来共同开展这一计划,定期举办相关活动,为儿童看护者提供工具和培训,帮助孩子们在上学前做好识字准备。他们的努力也得到了业内的认可,2013年,皮尔斯县图书馆体系获得全美博物馆和图书馆服务国家奖章(IMLS National Medal)。

为公众服务,提高社区居民的生活水平是皮尔斯县图书馆工作中的重中之重。馆员们一致认为,图书馆应该是“社区的起居室”(community's living room),一个充满活力的、美丽的、舒适的聚会场所。图书馆最首要的因素是人,应成为人与人之间最重要的联系纽带,这比作为图书或其他文献的仓库要重要得多。皮尔斯县的居民们也持与此类似的看法。在他们看来,图书馆是一个重要的民间机构,是一个学习的地方。人们对图书馆的认同度极高,“这是我们的图书馆”,图书馆不只提供图书或信息,还能在很大程度上提升社区的文化生活品质,为社区的发展贡献了极大力量,让社区更加宜居。

2008 年,皮尔斯县图书馆体系的一项调查研究结果显示:人们获得图书和信息的渠道按照使用率依次为公共图书馆、互联网、书店、电视、广播;每个月,57% 的受访者会至少去一次图书馆,16% 的人去 6—12 次,13% 的人少于 6 次,只有 8% 的人从来没去过图书馆。这份数据表明,皮尔斯县的图书馆得到了很好的利用。另外,近 20% 的受访者表示他们要利用非英语文献,如西班牙语、法语、德语、日语、意大利语、韩语、中文、俄语等。数据还显示,在对图书馆的利用中,人们最常用的是借书,其他依次为借 DVD、借阅新书、广泛挑书、借音乐 CD、用电脑、上网、借有声图书、帮助查找信息、阅读的场所、做家庭作业或做研究的场所、参加馆内为儿童举办的活动、家人聚会的场所、参加馆内为成人举办的活动、查找孩子家庭作业的相关资料、利用无线网络、帮助家长或看护者教孩子阅读、青少年聚会的场所。

为了让图书馆能够更好地发挥“社区的起居室”的作用,皮尔斯县图书馆体系也进行了一些改革。2011 年,Milton-Edgewood 分馆搬迁扩建后重新开放,新地址让人们来图书馆更加便捷。另外,针对过去馆内青少年活动区与需要安静的阅读区紧邻导致经常互相干扰的问题,Milton-Edgewood 分馆在进行区域规划时做出了解决方案,把两个区域隔了开来,这样,人们可以在学习和工作的时候享受安静的空间,而青少年和儿童们也能放心地开展各种活动,不用担心吵到其他人。

3. 主要服务项目

除了基本的馆藏借阅、参考咨询等服务外,皮尔斯县图书馆体系还为社区居民开展了一些特别服务项目。针对社区儿童越来越多的趋势,皮尔斯县图书馆体系推出了多种未成年人服务,如青少年儿童读书俱乐部工具包(Book Club Kits for Kids and Teens)、在线家庭作业帮助(Online Homework Help)、盛夏读书季(Summer Reading)、“瓢虫图书馆员莉莉”(Lily the Ladybug Librarian)等,还特别向家长、儿童看护者、教师等提供相关帮助。

- 幼儿早期识字计划(Early Learning):这一计划尤其受到欢迎。该计划是面向家长和儿童看护者展开的,馆员为他们提供早教类图书、视频等资源,并开展免费培训,帮助他们教会自己的小孩如何学习阅读。

- 盛夏读书季(Summer Reading):2013 年盛夏读书季活动的开展时间是 6 月 22 日至 9 月 1 日,针对青少年、小学生、学前儿童以及婴幼儿等不同年龄层的孩子设计了相应的活动方案,各有特色,能够很好地激发他们的阅读兴趣。比如,把阅读设计成一个关卡游戏模式,只要小学生记录下自己每次的阅读,每次时间不少于 20 分钟,累计达到 5 小时以上即可在图书馆领取奖励,阅读时间越长奖励越高。对于青少年,则鼓励他们把阅读当做一次自我挑战,找出自己的兴趣所在,和朋友一起互动,进一步去了解社区和图书馆,在动物、历史、厨房主题阅读方面达到一定成就者还可以获得相应的徽章奖励。
- 瓢虫图书馆员莉莉(Lily the Ladybug Librarian):"瓢虫图书馆员莉莉"是一个有着瓢虫外形的卡通图书馆员角色,经常由馆员扮演出现在各种活动中与孩子们进行互动,鼓励 9 岁以上的儿童进行阅读,特别是有声读物方面。
- 面向 50 岁以上老人的服务(Adults 50 +):在为 50 岁以上老人推介适于他们阅读的图书杂志等图书馆资源之外,还为他们提供一些特别服务,如社区信息、救助知识、健康之道、工作和志愿者服务、终身学习、投资理财、旅游休闲等方面。
- 计算机课程(Computer Classes):面向公众开设免费的计算机课程,帮助他们掌握计算机基础技能,以及 Word、Excel 等软件的操作方法,告诉用户如何从图书馆下载免费的电子书,如何使用社交网络,等等。
- 研究角(Research Corner):图书馆员会为用户提供相关咨询服务,帮助查找各种纸质或电子资源,用户可当面,或通过电话、电子邮件等来获得帮助。
- 就业、创业指导(Job + Business Centers):提供求职和创业方面的有关信息、技巧指导,以及职业技能培训,帮助进行职业发展规划,举办继续教育、个人理财等主题讲座等。
- 多语种社团(Language Communities):根据人们需要提供世界各地不同语种的图书文献,还可提供韩语、西班牙语的电话咨询服务。
- 会议室(Meeting Room):为社区居民免费提供会议室及相关设备。
- 军人桥梁(Military Connections):为驻皮尔斯县的军人及其家庭提供相关服务,帮助他们尽快熟悉社区情况,以及更好地了解并利用图书馆。
- 延伸服务(Outreach):由图书馆的社区延伸服务部门工作人员为听障、视障等残障人士,以及说非英语的社区居民提供所需服务。
- 监考服务(Test Proctoring):专为学生提供的服务,以满足他们的教育需求和兴趣发展。

- 经济困难时期的工具(Tools for Tough Economic Times):免费提供求职、理财等方面的帮助,让社区居民能够更好地应对并度过经济困难时期。
- 无线上网服务(Wireless Access):只要有笔记本电脑就可在皮尔斯图书馆体系的任何一家图书馆享受无线上网服务,馆员会指引你哪些地方信号最好。

皮尔斯图书馆体系十分注重图书馆服务和社区公众需求之间的关系。近几年,人们对于网络下载资源的需求十分强烈,网络下载量不断飙升。因此,2011年,图书馆体系推出了一项新的服务——音乐下载,每位用户每周可以免费下载3首歌,受到了大家的欢迎。2011年皮尔斯图书馆体系的年度报告显示,和2010年比较,电子图书下载量上升了378%,十分惊人,有声图书的下载量也增长较快,比2010年增加了38%。

(刘剑英)

十、美国兰乔库卡蒙加公共图书馆：回归基础[①]

(http://www.rcpl.lib.ca.us)

美国兰乔库卡蒙加公共图书馆(Rancho Cucamonga Public Library)于1994年9月对公众正式开放，是兰乔库卡蒙加地区的第一座市立图书馆，现为兰乔库卡蒙加公共图书馆的Archibald分馆，在2008年经过一番改造升级后，该馆的各项服务设施也更为完备，目前藏书已超过14万册，拥有16台电脑。2002年，兰乔库卡蒙加公共图书馆从加州州立图书馆获得7752万美元经费用于建立第二所图书馆——Paul A. Biane分馆，该馆于2006年8月正式开馆，现拥有10万册馆藏，以及一个有着21台电脑的技术中心、一个装有光纤吸顶灯的故事剧场、一个有着壁炉的传统阅读室等。Paul A. Biane分馆在2009年、2010年先后获得加州州立图书馆的资助，成功建成边玩边学小岛(Play and Learn Islands™, PALs)和本地历史展室(Local History Room)。随着互联网的发展普及，2010年，美国兰乔库卡蒙加公共图书馆新建了一座虚拟图书馆，为用户提供图书馆目录查询、数据库利用、家庭作业在线帮助、电子书下载、研究及信息咨询等各种在线服务。现在，美国兰乔库卡蒙加公共图书馆的馆藏总计超过25万册，其中包括图书、杂志、DVD、CD、有声图书、游戏软件等。

1. 全美图书馆服务国家奖章

2013年，美国兰乔库卡蒙加公共图书馆获得全美博物馆和图书馆服务国家奖章(IMLS National Medal)。该馆馆长Robert Karatsu表示，能够获得此奖对兰乔库卡蒙加公共图书馆社区来说是一个伟大的荣誉。兰乔库卡蒙加公共图书馆有着一群热情而知识渊博的工作人员，他们一直在努力将兰乔库卡蒙加公共图书馆打造成一所吸引人的变化着的图书馆，通过不断创新服务，开展互动和体验活动，为社区民众带去更多快乐与归属感。

美国兰乔库卡蒙加公共图书馆服务的社区位于加州发展最快的地区，是一个高度多样化的区域。美国兰乔库卡蒙加公共图书馆有着丰富的文化规

---

① 文中所引用数据资料均来自美国兰乔库卡蒙加公共图书馆(Rancho Cucamonga Public Library)网站www.rcpl.lib.ca.us。

划,同时,也很重视家庭和不同年龄层人群的参与。该馆的一些活动得到了人们的广泛欢迎,如帮助小学生提高读写能力的回归基础(Back to Basics)活动,以及边玩边学小岛(Play and Learn Islands™,PALs),这些活动互动性很强,让孩子们能在阅读的同时发展解决问题的能力,以及读写能力、空间关系认知能力、协作能力和创新能力等。

(1)回归基础(Back to Basics)

美国兰乔库卡蒙加公共图书馆专门针对小学二年级至五年级学生(7—12岁)设计的"回归基础"(Back to Basics)计划,能够帮助他们提高读写技能。如果读写能力较差,或者是想提高自己读写水平的小学生,只要想加入即可就近向图书馆提出申请。该活动还公开招募义务辅导员,只要是年满16岁,并每周能有3个小时的时间到图书馆去即可提交申请。参加活动的小学生将与义务辅导员配对,组成一个小组,利用每周一至周四的课外时间在图书馆开展相关活动或上课。这一活动已在美国兰乔库卡蒙加公共图书馆持续开展多年,效果十分显著。有调查数据显示,89%的参与者的理解力水平提高了1—2级,84%的参与者在语音意识方面有明显提高,92%的参与者在视觉辨识字词方面有了改善。

(2)边玩边学小岛(Play and Learn Islands™,PALs)

促进终身学习是美国兰乔库卡蒙加公共图书馆的一大使命。为了践行这一使命,美国兰乔库卡蒙加公共图书馆为各年龄层的人们提供了不同的学习识字方案。"边玩边学小岛"这一产品就是为了让婴儿和小孩子能够通过游戏学习而设计的。2010年春,这一产品在美国兰乔库卡蒙加公共图书馆正式推出,为社区中的小孩子们带来一种新奇的边玩边学方式。该产品外观为一箱柜型推车(见下页图),带可自锁的脚轮,可在图书馆中自由移动,有着特别的展示空间和多个独立抽屉,装有各种玩具,可根据需要布置成不同的游戏场景,以便开展不同的主题游戏,如从沙堆中找出各种小玩具的"探索挖掘"(Discovery Dig)游戏、搭建拼插出不同模型的"大建设"(Big Build)游戏、由各种发光小玩具组成的"发光艺术"(IlluminART)游戏等,让孩子们在游戏中想象生活、发现生活、创造生活,并从中学习锻炼各种能力,如早期读写能力、空间关系认知能力、协作能力和创新能力等。目前,兰乔库卡蒙加图书馆已向35个加州图书馆的辖区授权免费提供使用边玩边学小岛产品,让更多的孩子能从中获益。

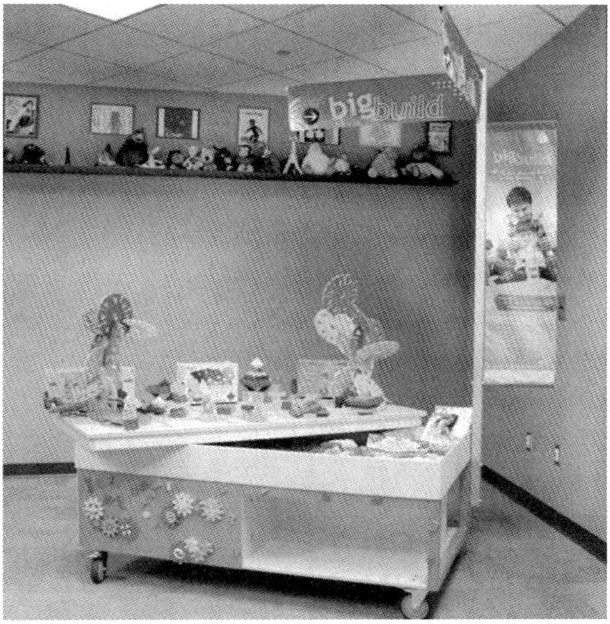

2. 图书馆的其他重要服务

美国兰乔库卡蒙加公共图书馆的宗旨是活跃和丰富社区文化生活,支持鼓励社区居民开展教育、阅读行为。除了前面已提及的面向儿童开展的回归基础、边玩边学小岛服务外,馆内还向用户提供馆藏借阅、免费上网、有声图书及电子书下载、24×7 馆员咨询、图书馆一日游、护照申领等服务。

按照年龄层的区别,美国兰乔库卡蒙加公共图书馆分别面向儿童、青少年、成人提供不同的服务。其中,面向儿童的服务最受瞩目。该社区的一位三胞胎妈妈表示,从孩子 1 岁起,图书馆就是他们家庭生活中不可缺少的一部分,孩子们听着图书馆故事长大,上学前加入了图书馆的学前计划,上学后也经常利用课余时间参加图书馆的各种活动,孩子们可以在图书馆玩电脑上网、做手工艺品,或者把家庭作业拿到图书馆做。目前,她的三个孩子都是图书馆探索俱乐部的成员。

(1)故事时间(Storytimes)

美国兰乔库卡蒙加公共图书馆的故事时间活动主要面向儿童,每期活动持续 7—9 周,活动形式多样,有的需要提前报名登记,有的则随到随加入,面向的儿童年龄层也不一样,从刚出生的宝宝到初学走路的幼儿,从学前儿童到已经上学的小学生,都有专属于他们的故事时间。图书馆鼓励全家人一起参加这个活动,甚至还专门为那些白天不能到馆的儿童推出了特别的夜场"睡衣故事时间"(Pajama Storytime),孩子们可以和他们的家人一道,穿着睡衣到图书馆唱歌听故事。

(2)盛夏读书活动(Summer Reading Program)

美国兰乔库卡蒙加公共图书馆的盛夏读书活动是面向全体图书馆用户进行的,但在具体方案上也各有不同。2013 年,美国兰乔库卡蒙加公共图书馆的盛夏读书活动时间为 5 月 25 日至 7 月 27 日。在整个活动结束后,图书馆还会专门举办一个终极派对(Summer Reading Finale Party),只有参加了盛夏读书活动的人才能得到派对的入场门票。活动期间,儿童记录下自己每周阅读的书籍和时间,定期领取奖品,如能完整地完成全部 8 周的阅读任务,将获得更多奖励。2013 年的青少年盛夏读书活动主题为"阅读是如此的美味"(Reading is So Delicious),图书馆安排了一些和食物相关的阅读主题,以吸引青少年进行阅读。而为成人设计的方案中,除阅读活动外还包含了学习装饰饼干、制作品尝布朗尼蛋糕和酒等环节。

(3)成人识字计划(Adult Literacy Program)

美国兰乔库卡蒙加公共图书馆也为成人用户提供了多种服务,如技术中心开设的计算机课程,可教导用户如何使用 word 软件,如何在 eBay 上买卖东西;还有不同主题的图书俱乐部(Book Club)定期举办活动,如推理迷图书俱乐部、科幻小说图书俱乐部等。而图书馆推出的成人识字计划主要是帮助社区成年居民扫盲,提高基础的读写水平以及计算机利用、生活方面的基础能力,图书馆也鼓励其他人报名担任教师志愿者。这一计划的经费提供者有加州州立图书馆、兰乔库卡蒙加市、当地社区发展基金以及一些私人基金会,还有部分来自个人捐款。教学采用一对一的方式,课程内容围绕学生的兴趣点和需求进行规划,学生和辅导老师每周上课两次,课时为 1—1.5 个小时。如果作为学生的成人家中还有学前儿童,则可以申请和孩子一起加入"家庭扫盲班"(Families for Literacy)上课,并一起参加图书馆举办的其他亲子阅读活动。如果只是想学习使用计算机,则可以直接报名参加"计算机扫盲班"(Computer Literacy),课程内容包括计算机基础知识、键盘输入、文字处理以及互联网接入等。

(刘剑英)

附录　城市图书馆运营创新参考书目及网站索引

编制说明：城市图书馆运营创新涉及办馆理念、发展战略、管理工作、人力资源、馆舍建设、资源建设、技术工作、营销工作、服务工作、图书馆联盟、学术研究、运营评估等诸多方面的问题，是一个复杂的系统工程。因此，城市图书馆运营创新需要切实注意上述各个方面的协调发展，这样才能有效做好图书馆的各项工作。本书目及网站索引就包括上述诸方面的内容，为方便检阅，采取了按主题排序，每个主题内部则按照音序排序。

一、运营创新概述

1. 21 世纪公共图书馆之探索/王元仲著/台北：联经出版公司，2001.

2. 21 世纪中国公共图书馆发展与建设研究：第 17 届全国 15 城市公共图书馆工作研讨会论文集/成都市图书馆编/成都：四川大学出版社，2005.

3. 21 世纪中美图书馆的创新与实践/迟玉华，朱曦，杨丽娟主编/昆明：云南人民出版社，2008.

4. e 线图情. http://www. chinalibs. net.

5. Library co-operation in the United Kingdom : Existing arrangements, gaps in provision and research which may be needed / P. H. Sewell/London : British Library, Research and Development Department, 1979.

6. Local library co-operation in the United Kingdom/Don Kennington/London: British Library, Research and Development Department, 1985.

7. Local library co-operation : Its current state and future development. /M. Yelland/Wetherby, West Yorkshire : British Library Board, 1980.

8. Operations Handbook for the Small Academic Library: A Management Handbook/ McCabe, Gerard B/New York:Greenwood Press , 1989 .

9. Operations Research for Library & Information Professionals/Dariush Alimohammadi/New Delhi:Meghan Ess Ess Publications , 2011.

10. Research & Technical Libraries: Organisation, Operation & Services/ Meghan Dhar/New Delhi:Meghan Ess Ess Publications , 2010 .

11. 城市图书馆发展论丛/王世伟主编/上海:上海社会科学院出版社,2006.

12. 城市图书馆集群化管理研究与实践/李东来等编著/北京:北京图书馆出版社(今国家图书馆出版社),2005.

13. 城市图书馆建设的实践与思考/李东来主编/北京:北京图书馆出版社(今国家图书馆出版社),2007.

14. 城市图书馆建设文集/李东来主编/广州:广东经济出版社,2006.

15. 大都市的公共图书馆事业:国际学术研讨会论文集/方家忠主编/广州:中山大学出版社,2013.

16. 大学图书馆发展与创新. 上/高凡主编/成都:西南交通大学出版社,2004.

17. 大英图书馆. http://www. bl. uk/.

18. 甘肃图书馆事业发展与创新研究/郭向东,董隽主编;甘肃省图书馆学会编著/兰州:甘肃民族出版社,2008.

19. 国际图联. http://www. ifla. org.

20. 国家图书馆. http://www. nlc. gov. cn/.

21. 美国国会图书馆. http://www. loc. gov/.

22. 美国图书馆学会. http://www. ala. org/.

23. 美国图书馆杂志. http://lj. libraryjournal. com/.

24. 世界著名城市图书馆述略/王世伟主编/上海:上海科学技术文献出版社,2006.

25. 图书馆发展与创新/中国图书馆学会编/北京:北京图书馆出版社(今国家图书馆出版社),2003.

26. 图书馆合作创新与发展. 2011 年卷/佛山市图书馆学会,广州市图书馆学会,肇庆市图书馆学会筹委会主编/广州:暨南大学出版社,2011.

27. 图书馆可持续发展与创新研究文集/徐引篪主编/成都:西南交通大学出版社,2003.

28. 网络环境下的图书馆工作创新/杨鸿雁,牛根义主编/西安:西安出版社,2003.

29. 网络环境下图书馆发展与创新:湖北省图书馆学会 2002 年学术年会论文集/胡银仿主编;湖北省图书馆学会,湖北省图书馆编/武汉:湖北科学技术出版社,2002.

30. 西北地区图书馆事业的创新与发展/谢林主编;陕西省图书馆,陕西省图书馆学会编/西安:三秦出版社,2012.

31. 西南地区城市公共图书馆发展研究:2005 年西南地区城市图书馆馆长年会论文集/王嘉陵主编;四川广安市图书馆,四川广安市图书馆学会编/成都:天地出版社,2005.

32. 现代化进程中的城市图书馆建设:第十八届全国十五城市公共图书馆工作研讨会论文集/刘洪辉主编/广州:中山大学出版社,2006.

33. 新时期西北地区图书馆事业创新与发展/张欣毅主编/银川:宁夏人民教育出版社,2008.

34. 中国图书馆学报. http://www. jlis. cn/.

35. 中国图书馆学会. http://www. lsc. org. cn.

二、办馆理念创新

36. 20 世纪西方与中国的图书馆学——基于德尔斐法测评的理论史纲/范并思编著./北京:北京图书馆出版社(今国家图书馆出版社),2004.

37. 21 世纪图书馆新论/吴建中著/上海:上海科学技术文献出版社,2003.

38. 21 世纪图书馆展望:访谈录/吴建中编著/上海:上海科学技术出版社,1996.

39. 百年大势——历久弥新 /中国图书馆学会主编;《建筑创作》杂志社承编/北京: 科学出版社,2004.

40. 城市图书馆研究. 第一卷第一辑/褚树青主编/北京:国家图书馆出版社,2012.

41. 高校图书馆的创新与实践/杜晓林,杨剑平,邢燕丽主编/北京:科学技术文献出版社,2012.

42. 公共图书馆/(美)凯蒂 · 谢伊著;(美)扎卡里 · 特罗弗绘;任艳艳译/武汉:湖北美术出版社,2013.

43. 公共图书馆的文化功能:在社会公共文化服务体系中的作用/柯平等著/上海:上海交通大学出版社,2010.

44. 公共图书馆服务体系的探索与实践:东莞调研报告/国家图书馆研究院主编/北京:国家图书馆出版社,2012.

45. 公共图书馆概论/汪东波主编/北京:国家图书馆出版社,2012.

46. 公共图书馆基本原理/于良芝,许晓霞,张广钦编著/北京:北京师范大学出版社,2012.

47. 公共图书馆是什么/王世伟主编/上海:上海社会科学院出版社,2010.

48. 公共图书馆作为社会教育中心:公共图书馆服务与社会教育国际研讨会(ITIE2012)论文集/张广钦主编/上海:上海人民出版社,2012.

49. 近60年来中国公共图书馆思想研究:1949—2009/潘燕桃著/广州:中山大学出版社,2011.

50. 图书馆发展十大热门话题:策略思考/吴建中主编/台北:文华图书馆管理资讯股份有限公司,2004.

51. 图书馆权利研究/程焕文,潘燕桃,张靖著/北京 :学习出版社,2011.

52. 图书馆资源公平利用/范并思著/北京:国家图书馆出版社,2011.

53. 中小型公共图书馆科学发展与创新:全国中小型公共图书馆联合会2009年研讨论文集/中国图书馆学会,全国中小型公共图书馆联合会,北京市西城区图书馆管理协会编/北京:中国民族摄影艺术出版社,2009.

54. 竹帛斋图书馆学论剑:用户永远都是正确的/程焕文,王蕾编/广州:广东人民出版社,2008.

55. 转型与超越:无所不在的图书馆/吴建中著/上海:上海大学出版社,2012.

三、发展战略创新

56. 公共图书馆发展战略思考/吴建中著/北京:北京图书馆出版社(今国家图书馆出版社),2007.

57. 公共图书馆建设主体研究:全覆盖目标下的选择/于良芝等著/北京:国家图书馆出版社,2011.

58. 公共图书馆战略制定影响因素研究/陈昊琳著/长春:吉林人民出版社,2012.

59. 四川省公共图书馆现状分析与发展战略/李忠昊,王嘉陵著/北京:北京图书馆出版社(今国家图书馆出版社),2007.

60. 战略思考:图书馆管理的10个热门话题/吴建中编著/上海:上海科学技术文献出版社(今国家图书馆出版社),2005.

61. 中国公共图书馆发展蓝皮书.2010/公共图书馆研究院编著/深圳:海天出版社,2010.

62. 中小型公共图书馆科学发展与创新:全国中小型公共图书馆联合会2010年研讨会论文集/中国图书馆学会等编/北京:中国民族摄影艺术出版社,2010.

四、管理工作创新

63. 创新图书馆工作研究/唐蒙著/昆明:云南美术出版社,2009.

64. 创新与发展:信息时代的图书馆:第三届中美图书馆论坛/张仲华,张帆,廖寅主编/昆明:云南人民出版社,2009.

65. 公共图书馆的经营管理/郑吉男著/台北:文史哲出版社,1988.

66. 公共图书馆管理/曾淑贤著/台北:五南图书出版股份有限公司,2009.

67. 公共图书馆管理实务/邱冠华,陈萍编著/北京:北京师范大学出版社,2013.

68. 公共图书馆经营管理国际研讨会论文集/台北市立图书馆编/台北:台北市立图书馆,2002.

69. 公共图书馆经营管理与服务趋势国际研讨会论文集/台北市立图书馆主编/台北:台北市立图书馆,2008.

70. 公共图书馆业务工作的思考/徐晓军主编/北京:北京图书馆出版社(今国家图书馆出版社),2007.

71. 管理创新与图书馆服务:第三届上海国际图书馆论坛论文集/上海图书馆编/上海:上海科学技术文献出版社,2006.

72. 台湾地区公共图书馆经营管理现况调查研究.二,县(市)立文化中心暨图书馆/廖又生计画主持;“中央图书馆”台湾分馆推广辅导组编辑/台北:“中央图书馆”台湾分馆,1997.

73. 图书馆创新经营与永续发展/郑慕宁[等]编辑/台中县:台中图书馆,2010.

74. 图书馆战略规划:理论、模型与实证/柯平等著/北京:国家图书馆出版社,2013.

75. 现代公共图书馆制度研究/蒋永福著/北京:知识产权出版社,2010.

五、人力资源创新

76. 公共图书馆教育职能研究:第十九届全国十五城市公共图书馆研讨会论文集/张本义主编/沈阳:万卷出版公司,2007.

77. 公共图书馆业务培训指导纲要/于群,李国新主编/北京:北京师范大学出版社,2012.

78. 数字时代的图书馆. 下卷,人力资源开发与服务创新/胡银仿主编;湖北省图书馆学会,湖北省图书馆编/武汉:湖北科学技术出版社,2003.

79. 我国公共图书馆人力资源培训之探讨/陈丽玲著/台北:汉美图书公司,1994.

六、馆舍建设创新

80. 沉思与对话:高校图书馆新馆建设/刘锦山,崔凤雷,高新陵编著/北京:国家图书馆出版社,2010.

81. 城市图书馆新馆建设/李东来,刘锦山主编/北京:北京图书馆出版社(今国家图书馆出版社),2006.

82. 公共图书馆空间及营运改善计画成效评估及读者满意度调查研究/台中图书馆编/台中县:台中图书馆,2006.

83. 公共图书馆空间及营运改善计画作业手册/周均育主编/台中县:台中图书馆,2003.

84. 公共图书馆面积规划研究/张广钦著/北京:国家图书馆出版社,2011.

85. 公共图书馆设置区位之研究/苗蕙芬著/台北:汉美图书公司,1995.

86. 浦东图书馆(新馆)建设/陈克杰主编/上海:上海人民出版社,2010.

87. 知识经济时代中小型公共图书馆建设问题研究/林艳著/北京:九州出版社,2010.

88. 中小型公共图书馆建筑设计方案图集/南京工学院建筑系编/北京:书目文献出版社(今国家图书馆出版社),1986.

89. 中小型公共图书馆建筑设计之研究/俞芹芳著/台北:汉美图书公司,1990.

七、资源建设创新

90. 公共图书馆图书资料采购参考手册/台北市立图书馆编辑;曾淑贤主编/台北:“国家图书馆”,2004.

91. 公共图书馆文献信息资源政府采购/方家忠,刘洪辉主编/广州:暨南大学出版社,2010.

92. 公共图书馆文献资源建设法律保障研究/肖希明等著/北京:国家图书馆出版社,2011.

93. 公共图书馆资源建设与服务/杨玉麟,屈义华编著/北京:北京师范大学出版社,2013.

94. 基层图书馆信息资源建设与服务/屈义华主编/北京:国家图书馆出版社, 2011.

95. 面向数字图书馆的著作权制度创新/马海群等著/北京:知识产权出版社,2011.

96. 天下之公器/吴晞著/北京:国家图书馆出版社,2010.

97. 信息资源公共获取与知识产权保护/陈传夫著./北京:北京图书馆出版社(今国家图书馆出版社),2007.

八、技术工作创新

98. 2.0 的图书馆/杨新涯,彭晓东著/广州:中山大学出版社,2011.

99. Library Technical Services: Operations and Management(2nd Revised Edition)/Irene P. Godden/London:Academic Press Inc, 1991.

100. 公共图书馆信息技术应用/李东来,宛玲,金武钢编著/北京:北京师范大学出版社,2013.

101. 美国图书馆馆藏与技术服务学会. http://www.ala.org/alcts/.

102. 美国图书馆与信息技术学会. http://www.ala.org/lita/.

103. 数字化资源环境安全建构研究/张怀涛,崔波,刘二灿主编/长春:吉林文史出版社,2009.

104. 数字图书馆建设体制与发展模式/郑建明著/北京:科学出版社,2013.

105. 数字图书馆实践思考:文化共享工程的发展与创新之路/王芬林著/北京:国家图书馆出版社,2012.

106. 图书馆知识管理创新研究/胡明扬,张亚著/长春:吉林大学出版社,2010.

107. 现代图书馆数字内容管理与创新技术/李欣荣著/成都:四川大学出版社,2010.

108. 智慧城市与图书馆服务:第六届上海国际图书馆论坛论文集/上海图书馆编/上海:上海科学技术文献出版社,2012.

九、营销工作创新

109. Marketing Library and Information Services: II: A Global Outlook/Dinesh K. Gupta, Christie Koontz, Angels Massisimo/Berlin: Walter de Gruyter & Co, 2013.

110. 公共图书馆行销经营/赖甫昌等编辑/台中县:台中图书馆,2005.

111. 公共图书馆宣传推广与阅读促进/李超平编著/北京:北京师范大学出版社,2013.

十、服务工作创新

112. e-Research 学术图书馆创新服务/陈雪华,陈光华编著/台北:台湾大学图书馆,2012.

113. 城市发展中的公共图书馆服务研究[博士论文]/束漫著;徐引篪指导/2006.

114. 城市图书馆公共文化服务体系论丛/王世伟主编/上海:上海社会科学院出版社,2008.

115. 促进老年人阅读的公共图书馆创新研究/肖雪著/天津:天津大学出版社,2010.

116. 当代公共图书馆用户:需求、行为与结构/李桂华著/成都:四川大学出版社,2010.

117. 覆盖城乡的公共图书馆服务体系:上海市中心图书馆建设十周年/上海图书馆主编/上海:上海社会科学院出版社,2010.

118. 覆盖全社会的公共图书馆服务体系:模式、技术支撑与方案/邱冠华,于良芝,许晓霞著/北京:北京图书馆出版社(今国家图书馆出版社),2008.

119. 高校发展与图书馆服务创新/陈华,王靖主编/武汉:武汉出版社,2007.

120. 公共图书馆的未成年人服务研究/潘兵,张丽,李燕博著/北京:国家图书馆出版社,2011.

121. 公共图书馆读者服务案例/吴晞,肖容梅著/北京:北京师范大学出版社,2013.

122. 公共图书馆读者与非读者特质分析:台北市民生社区抽样调查/曾淑贤著/台北:汉美图书公司,1990.

123. 公共图书馆读者资讯需求与资讯寻求行为之研究/公共图书馆读者资讯需求与资讯寻求行为之研究小组编辑/台北:台湾省政府文化处,1999.

124.《公共图书馆服务规范》应用指南/王世伟,张涛编著/北京:国家图书馆出版社,2013.

125. 公共图书馆服务体系的探索与实践:山西调研报告/国家图书馆研究院主编/北京:国家图书馆出版社,2013.

126. 公共图书馆服务体系的探索与实践:天津调研报告/国家图书馆研究院主编/北京:国家图书馆出版社,2013.

127. 公共图书馆服务效果100例/广西壮族自治区文化厅群文处,广西壮族自治区图书馆合编/南宁:广西壮族自治区文化厅群文处、广西壮族自治区图书馆,1988.

128. 公共图书馆服务研究/束漫著/北京:国家图书馆出版社,2009.

129. 公共图书馆建设与服务:广州市图书馆专业人才高级研修班论文集/刘洪辉,叶敏主编/广州:中山大学出版社,2007.

130. 公共图书馆全方位开放的厦门模式/林丽萍著;中共厦门市委宣传部,厦门市社会科学界联合会编/厦门:厦门大学出版社,2012.

131. 公共图书馆实践与思考/吴文浩著/上海:上海科学技术文献出版社,2012.

132. 公共图书馆事业与利用/黄国正著/台北:秀威资讯科技股份有限公司,2007.

133. 公共图书馆未成年人服务/范并思,吕梅,胡海荣编著/北京:北京师范大学出版社,2012.

134. 公共图书馆文化产业研究/王志东著/济南:山东人民出版社,2012.

135. 公共图书馆系统及其服务/(美)坎贝尔(Campell,H. C.)著;黄健元,张保明译/北京:科学技术文献出版社,1986.

136. 公共图书馆政府信息公开服务的实践与探索/杨瑞英著/天津:天津

科学技术出版社,2012.

137. 公共文化服务与图书馆实践的创新:浙江省图书馆学会第十次学术研讨会论文集/浙江省图书馆学会编/杭州:杭州出版社,2006.

138. 国家创新体系中专业图书馆的服务与发展/中国图书馆学会专业图书馆分会编./北京:北京图书馆出版社(今国家图书馆出版社),2006.

139. 基层公共图书馆服务模式的探讨:以“平民大书吧”为例/钟少薇,谢洁华主编/广州:岭南美术出版社,2012.

140. 魅力图书馆:长春图书馆服务创新案例选编/刘慧娟,孙启彦主编/长春:北方妇女儿童出版社,2006.

141. 全国公共图书馆讲座工作论文集/曹宁,张志清主编;国家图书馆文化教育部编/北京:国家图书馆出版社,2010.

142. 全国十五城市图书馆工作研讨会论文集:1987 ~ 1995/全国十五城市图书馆工作研讨会组委会编/成都:四川科学技术出版社,1996.

143. 数字环境下图书馆服务的演变与创新/魏来著/长春:吉林人民出版社,2012.

144. 图书馆创新服务与可持续发展/万群华,胡银仿著/武汉:湖北科学技术出版社,2010.

145. 图书馆创新服务战略研究/张晓林主编/北京:北京图书馆出版社(今国家图书馆出版社),2005.

146. 图书馆发展变革与服务转型/初景利著/北京:国家图书馆出版社,2012.

147. 图书馆服务创新理论与实践/洪修平主编/南京:南京大学出版社,2012.

148. 图书馆服务创新与发展论丛/王世伟主编/上海:上海社会科学院出版社,2005.

149. 图书馆服务 · 公益性 · 创新性 · 与政策法规保障/中国图书馆学会,金陵图书馆主编/南京:南京出版社,2011.

150. 图书馆延伸服务/陈克杰主编/上海:上海科学技术文献出版社,2009.

151. 网络信息时代图书馆服务创新管理的发展研究/郑红京著/长沙:湖南大学出版社,2010.

152. 网站图书馆:知识管理与创新/顾敏著/台北:扬智文化事业股份有

限公司,2003.

153. 现代城市图书馆公共服务论丛/王世伟主编/上海:上海社会科学院出版社,2007.

154. 现代图书馆信息资源服务及创新研究/杨秀平,赵悦著/北京:中国商务出版社,2013.

155. 浙江省公共图书馆服务成果选编/浙江省文化厅编/杭州:浙江省文化厅,1987.

156. 自主创新时代专业图书馆的服务与发展/李宏荣,周金龙主编;广东省科技图书馆编/广州:广东科技出版社,2007.

十一、图书馆联盟

157. Library co-operation in a networked world : papers presented in the national seminar held at the University of Calicut, 25 – 26 May, 2001 /M. Bavakutty, M. C. K. Veeran, T. K. Muhammed Salih/New Delhi : Ess Ess Publications, 2002.

158. OCLC 全球在线计算机图书馆中心/吴建中,吴建明主编;王仁芳等编著/北京:华艺出版社,2002.

159. 图书馆合作创新与发展/广州市图书馆学会,佛山市图书馆学会主编/广州:暨南大学出版社,2010.

160. 图书馆合作创新与发展. 2012 年卷/肇庆市图书馆学会,广州市图书馆学会,佛山市图书馆学会主编/北京:中国轻工业出版社,2013.

161. 信息时代高校图书馆联合、创新与发展/程显秋,张桂岩主编/北京:首都经济贸易大学出版社,2010.

162. 中小型公共图书馆的体系建设与可持续发展:全国中小型公共图书馆联合会 2011 年研讨会论文集/中国图书馆学会,全国中小型公共图书馆联合会,北京市西城区图书馆管理协会编/北京:中国民族摄影艺术出版社,2011.

十二、学术研究

163. 公共图书馆挑战与学习/台中图书馆编/台中县:台中图书馆,2007.

十三、运营评估

164. Economic valuation of the British Library/Oxford Economics/London:

Oxford Economics, 2013.

165. 图书馆服务创新与绩效评估/《图书情报工作》杂志社编/北京：海洋出版社,2012.

166. 数字馆藏评价与绩效分析/索传军著/北京：北京图书馆出版社（今国家图书馆出版社）,2007.

十四、标准规范

167. 多元文化社区：图书馆服务指南（第三版）/国际图联/海牙：国际图书馆协会联合会, 2009.

168. 公共图书馆标准/国际图书馆协会联合会（IFLA）编；刘淑蓉译/台北：台湾学生书局,1977.

169. 公共图书馆服务发展指南（中文版）/菲利普·吉尔（Philip Gill）主持的工作小组代表公共图书馆专业委员会编写；林祖藻译/上海：上海科学技术文献出版社,2002.

170. 公共图书馆服务规范（GB/T 28220—2011）/全国图书馆标准化技术委员会编/北京：中国标准出版社,2012.

171. 公共图书馆规划与建设标准解析/李国新,冯守仁,鹿勤编著/北京：国家图书馆出版社,2009.

172. 公共图书馆建设标准（建标 108—2008）/中国图书馆学会主编/北京：中国计划出版社,2009.

173. 国外公共图书馆建设标准与规范概览/张广钦主编/北京：国家图书馆出版社,2009.

174. 数字时代图书馆的创新与共享/中国科协学会学术部编/北京：中国科学技术出版社,2009.

175. 图书馆物业管理实施 2000 版 ISO 9001 标准实用指南/吴建中,李道林主编；上海图书馆编/上海：上海科学技术文献出版社,2002.

176. 信息与文献　图书馆绩效指标（GB/T 29182—2012）/全国信息与文献标准化技术委员会编/北京：中国标准出版社,2013.

177. 信息与文献　图书馆统计（GB/T 13191—2009/ISO 2789:2006）/全国信息与文献标准化技术委员会编/北京：中国标准出版社,2009.

后　　记

城市是人类文明的产物,也是人类文明不断演进的标尺。城市化是农业社会向工业社会、信息社会进化的必然趋势,但是城市化绝非简单地等同于物理上乡村向城市的转变及农民从乡村进入城市。城市化还有更重要的内涵,即乡村文化向城市文化的转化,以及城市居民心灵的安顿。因此,城市图书馆等公共文化服务机构在城市化进程中所承担的历史责任自然不言而喻,也正是基于这样的考量,我国提出了加强公共文化服务体系建设的国家级战略。

改革开放以来,我国的城市化进程发展很快,但是包括城市图书馆在内的公共文化服务体系的建设却与城市化迅猛发展的势头不相匹配,特别是涉及城市中大量流动人口的公共文化服务工作,仍有相当大的提升和改善空间。城市图书馆本应该是城市文化生活的重要中心之一,但是我国城市图书馆的读者持证率还处于一个相当低的水平。显然,这种状况必须改变,这既是包括流动人口在内的城市居民的要求,也是城市图书馆自身发展的要求。如何改变?答案很明确——要对城市图书馆的运营进行创新。运营创新的根本目的在于降低城市图书馆的运营成本,提高城市图书馆的运营效益。我们要从办馆理念、发展战略、管理工作、人力资源、馆舍建设、资源建设、技术工作、营销工作、服务工作、图书馆联盟、学术研究与运营评估等诸多方面进行积极思考和实践,以不断提升城市图书馆的服务效能,使城市图书馆在城市化进程中发挥出应有的作用。

在城市图书馆运营创新问题上,有两个方面特别需要我们加以重视:一方面是关于城市图书馆运营的成本,另一方面则是关于城市图书馆运营创新的理念要素。过去“以文养文”的创收方式背离了图书馆的公益性原则,并不可取。因此,在经费基本依靠财政拨款的情况下,我国城市图书馆如何利用有限的资源获得最大运营效益,对于政府主管部门、图书馆以及其他利益相关者来说都是一个需要重视的问题。在目前我国城市图书馆居民持证率普遍偏低的情况下,通过增加持证读者数量和服务数量来摊薄单次服务成本是一个非常有效的低成本运营战略。而在城市图书馆进行各种运营创新探索的过程中,对于图书馆基本理念的坚持同样十分重要。在城市图书馆发展过程中,具体的办馆理念可以因馆而异,但是“人本、平等、多元、泛在、普惠、公益、辩证、和谐”等基本理念要素,却是所有图书馆都不可违背或丢弃的。

本书在编著的过程中,吸收和借鉴了国内外图书馆界的最新实践和研究成果,这些富有成效的前瞻性实践和研究成果对本书帮助甚大,我们对他们的贡献再次表示衷心的感谢。希望本书的出版能够对城市图书馆运营创新有所帮助。

由于笔者水平所限,本书定然有诸多不足之处,还请各位读者朋友不吝指正。

刘锦山

2013 年 10 月 1 日